论科学社会主义和中国特色社会主义

李崇富 ◎ 著

中国社会科学出版社

图书在版编目（CIP）数据

论科学社会主义和中国特色社会主义 / 李崇富著. —北京：中国社会科学出版社，2015.6

（中国社会科学院学部委员专题文集）

ISBN 978-7-5161-5597-4

Ⅰ.①论⋯ Ⅱ.①李⋯ Ⅲ.①科学社会主义理论—文集②中国特色社会主义—文集 Ⅳ.①D0-0②D616-53

中国版本图书馆 CIP 数据核字（2015）第 037465 号

出 版 人	赵剑英
责任编辑	朱华彬
责任校对	任晓晓
责任印制	李寡寡

出　　版	中国社会科学出版社
社　　址	北京鼓楼西大街甲 158 号
邮　　编	100720
网　　址	http://www.csspw.cn
发 行 部	010-84083685
门 市 部	010-84029450
经　　销	新华书店及其他书店

印刷装订	环球印刷（北京）有限公司
版　　次	2015 年 6 月第 1 版
印　　次	2015 年 6 月第 1 次印刷

开　　本	710×1000　1/16
印　　张	27
插　　页	2
字　　数	431 千字
定　　价	88.00 元

凡购买中国社会科学出版社图书，如有质量问题请与本社联系调换
电话：010-84083683
版权所有　侵权必究

《中国社会科学院学部委员专题文集》
编辑委员会

主任 王伟光

委员 (按姓氏笔画排序)

王伟光 刘庆柱 江蓝生 李 扬
李培林 张蕴岭 陈佳贵 卓新平
郝时远 赵剑英 晋保平 程恩富
蔡 昉

统筹 郝时远

助理 曹宏举 薛增朝

编务 王 琪 刘 杨

前 言

哲学社会科学是人们认识世界、改造世界的重要工具，是推动历史发展和社会进步的重要力量。哲学社会科学的研究能力和成果是综合国力的重要组成部分。在全面建设小康社会、开创中国特色社会主义事业新局面、实现中华民族伟大复兴的历史进程中，哲学社会科学具有不可替代的作用。繁荣发展哲学社会科学事关党和国家事业发展的全局，对建设和形成有中国特色、中国风格、中国气派的哲学社会科学事业，具有重大的现实意义和深远的历史意义。

中国社会科学院在贯彻落实党中央《关于进一步繁荣发展哲学社会科学的意见》的进程中，根据党中央关于把中国社会科学院建设成为马克思主义的坚强阵地、中国哲学社会科学最高殿堂、党中央和国务院重要的思想库和智囊团的职能定位，努力推进学术研究制度、科研管理体制的改革和创新，2006年建立的中国社会科学院学部即是践行"三个定位"、改革创新的产物。

中国社会科学院学部是一项学术制度，是在中国社会科学院党组领导下依据《中国社会科学院学部章程》运行的高端学术组织，常设领导机构为学部主席团，设立文哲、历史、经济、国际研究、社会政法、马克思主义研究学部。学部委员是中国社会科学院的最高学术称号，为终生荣誉。2010年中国社会科学院学部主席团主持进行了学部委员增选、荣誉学部委员增补，现有学部委员57名（含已故）、荣誉学部委员133名（含已故），均为中国社会科学院学养深厚、贡献突出、成就卓著的学者。编辑出版《中国社会科学院学部委员专题文集》，即是从一个侧面展示这些学者治学之道的重要举措。

《中国社会科学院学部委员专题文集》（下称《专题文集》），是中国社会科学院学部主席团主持编辑的学术论著汇集,作者均为中国社会科学院学部委员、荣誉学部委员,内容集中反映学部委员、荣誉学部委员在相关学科、专业方向中的专题性研究成果。《专题文集》体现了著作者在科学研究实践中长期关注的某一专业方向或研究主题,历时动态地展现了著作者在这一专题中不断深化的研究路径和学术心得,从中不难体味治学道路之铢积寸累、循序渐进、与时俱进、未有穷期的孜孜以求,感知学问有道之修养理论、注重实证、坚持真理、服务社会的学者责任。

2011年,中国社会科学院启动了哲学社会科学创新工程,中国社会科学院学部作为实施创新工程的重要学术平台,需要在聚集高端人才、发挥精英才智、推出优质成果、引领学术风尚等方面起到强化创新意识、激发创新动力、推进创新实践的作用。因此,中国社会科学院学部主席团编辑出版这套《专题文集》,不仅在于展示"过去",更重要的是面对现实和展望未来。

这套《专题文集》列为中国社会科学院创新工程学术出版资助项目,体现了中国社会科学院对学部工作的高度重视和对这套《专题文集》给予的学术评价。在这套《专题文集》付梓之际,我们感谢各位学部委员、荣誉学部委员对《专题文集》征集给予的支持,感谢学部工作局及相关同志为此所做的组织协调工作,特别要感谢中国社会科学出版社为这套《专题文集》的面世做出的努力。

《中国社会科学院学部委员专题文集》编辑委员会
2012年8月

目 录

"共产主义渺茫论"的方法论剖析 …………………………………… (1)
全民所有制的经济结构分析和新型经济体制的理论基础 ………… (13)
"公有制为主体"不能动摇 ………………………………………… (26)
市场机制的二重效应与人生价值导向 …………………………… (31)
学习邓小平"两个飞跃"思想 推进农业产业化 ………………… (36)
论邓小平理论的哲学基础 ………………………………………… (49)
在坚持中发展 在发展中坚持 …………………………………… (104)
论邓小平理论的历史地位 ………………………………………… (109)
当代社会主义必须回答的理论课题 ……………………………… (121)
论科学发展观的哲学基础 ………………………………………… (197)
建设社会主义核心价值体系的哲学思考 ………………………… (210)
论科学地理解科学社会主义 ……………………………………… (216)
关于马克思主义阶级观点和阶级分析方法的正确理解与运用 ……… (230)
推进社会主义改革开放必须始终做到"三个坚定不移" ………… (261)
中国特色社会主义是科学社会主义新形态 ……………………… (269)
历史唯物主义及其社会形态理论的现实意义 …………………… (282)
正确认识"两次飞跃",自觉推进马克思主义中国化 …………… (304)
毛泽东与马克思主义中国化 ……………………………………… (320)
论加强共产主义理想信念教育 …………………………………… (376)
增强坚持和完善我国基本经济制度的坚定性和自觉性 ………… (388)
马克思主义国家观和国家认同问题 ……………………………… (407)
编后话 ……………………………………………………………… (423)

"共产主义渺茫论"的方法论剖析

科学共产主义，亦即科学社会主义，本来是经过了100多年的实践检验的客观真理。为何有人却说它没有经过实践检验，与此相关，有人又认为共产主义是"渺茫的空想"呢？这种极端错误的思想观点的产生，除了其他原因之外，尚有一个方法论上的问题。本文试图用马克思主义哲学的全面、发展和辩证的观点，剖析"渺茫论"在方法论上的荒谬，并阐明我们的有关看法。

一

共产主义在完整的意义上讲，是指将来要实现的一种社会制度和阐明这种制度实现的必然性与条件的学说，以及对这种学说的实践，即共产主义运动。换言之，共产主义是运动、学说和制度的统一。断言共产主义未经过实践检验的人、共产主义"渺茫论"者，在思想方法上失足之处，首先是看问题的片面性。持有这种观点的人，将共产主义的完整内容加以形而上学的肢解、割裂和片面化，即仅仅将其视为在理想中确立的一种未来社会的状况。这样，就从根本上失去了正确地观察问题的出发点。

按照科学共产主义创始人的观点，在共产主义作为运动、学说和制度的统一中，强调的是共产主义运动。马克思和恩格斯曾明确指出："我们所称为共产主义的是那种消灭现存状况的现实的运动。"[①]

强调共产主义是"消灭现存状况的现实的运动"，是一切真正的共产主义者的基本观点。这是因为，无产阶级及其政党的根本目的，是要推翻

---

① 《马克思恩格斯全集》第3卷，人民出版社1960年版，第40页。

资本主义旧世界，创造共产主义的新世界。而作为这个旧世界立足基础的，是资本主义的私有财产制度和现实的经济力量，企图维护这种经济关系不至崩溃的上层建筑的核心，又主要是通过其"物质的附属物"①来实施的暴力镇压。在这种情况下，"对实践的唯物主义者，即共产主义者说来，全部问题都在于使现存世界革命化，实际地反对和改变事物的现状。"②诚然，对旧世界的思想批判无疑是重要的。但是，批判的武器当然不能代替武器的批判，物质力量只能用物质力量来摧毁。马克思说得好："要消灭私有财产的思想，有共产主义思想就完全够了。而要消灭现实的私有财产，则必须有现实的共产主义行动。"③因此，只有现实的共产主义运动，才是实现共产主义制度的必由之路和唯一现实的手段。强调共产主义是"消灭现存状况的现实的运动"，集中地体现了科学共产主义的实践性和彻底革命的精神。

既然共产主义运动是一种"消灭现存状况的现实的运动"，那么它就可能包括无产阶级领导的不同革命阶段上的性质不同的运动。各国无产阶级及其政党，从其所处的"现存状况"出发，开展共产主义运动的起点也就不尽相同。发达的资本主义国家是从社会主义革命开始的。而那些未完成反封建任务的国家，则可能是从无产阶级政党领导的以"某种再版的农民战争"④为主要形式的新型的民主革命开始的。共产主义运动的这两种不同的起点，是由该国和世界的历史过程所造成的历史条件决定的。共产党人只有积极地参与、推动和领导这种民主革命，才能锻炼和壮大自己，才能动员和组织革命力量，争取民主革命的胜利，并为尔后转变到社会主义的革命和建设，创造历史的前提和条件。恩格斯在总结他和马克思一起领导欧洲无产阶级投身于当年革命的经验时指出：当时"我们的旗帜"，"只能是民主派的旗帜，但这个民主派到处，在各个具体场合，都强调了自己的特殊的无产阶级性质，这种性质是它还不能一下子就写在自己旗帜上的。如果我们当时不愿意这样做，不愿意站在已经存在的、最先进的、

---

① 《马克思恩格斯选集》第 4 卷，人民出版社 1972 年版，第 167 页。
② 《马克思恩格斯全集》第 3 卷，人民出版社 1960 年版，第 48 页。
③ 《马克思恩格斯全集》第 42 卷，人民出版社 1979 年版，第 140 页。
④ 《马克思恩格斯选集》第 4 卷，人民出版社 1972 年版，第 334 页。

实际上是无产阶级的那一端去参加运动并推动运动前进,那我们就会只好在某一偏僻地方的小报上宣传共产主义,只好创立一个小小的宗派而不是创立一个巨大的行动党了。"[1] 科学共产主义创始人关于无产阶级必须积极参加、推动和争取领导民主革命运动,并力图把这一运动纳入共产主义运动的光辉思想,教育了全世界的特别是东方的无产阶级。以毛泽东同志为代表的中国无产阶级及中国共产党人,创造性地实践了马克思和恩格斯提出的并为列宁发展了的这个伟大的思想,从而完成了我国新民主主义革命并胜利地转变到社会主义的革命和建设。因此,在我国以及同我国具有大体相似的历史条件的国家中,共产主义运动是包括新型的资产阶级民主革命、无产阶级社会主义革命和社会主义建设,直至最终实现共产主义的完整的历史过程。

为何像中国这样的新型的民主革命,能够成为共产主义运动的一个组成部分呢?这是因为,判断一个运动属不属于共产主义运动,不仅取决于革命的动力、领导集团的阶级性质和直接的目标,而且取决于这一运动是否追求共产主义的最终目的,并且这一最终目的是否能在指导运动的思想、纲领和路线的贯彻中,通过实际步骤历史地体现出来。质言之,共产主义运动之所以为共产主义运动,就在于它是代表无产阶级根本利益的科学共产主义学说的实践。科学共产主义是关于"无产阶级所进行的斗争的性质、条件以及由此产生的一般目的"[2] 的学说。离开了科学共产主义的指导,离开了共产主义这个"一般"的也是最终的目的,任何以无产阶级名义进行的运动,或者是自发的运动,或者是投降叛卖活动。机会主义鼻祖伯恩施坦曾经提出一个臭名昭著的口号——"最终目的算不了什么,运动就是一切"。由于伯恩施坦和第二国际后期的其他首领们背叛了科学共产主义,放弃了共产主义的"最终目的",因而他们所从事的和操纵的活动,就不是共产主义运动,而是机会主义的叛卖活动。所以,科学共产主义学说,就作为共产主义运动的一个内在的规定,包括在共产主义的范畴之中。

---

[1] 《马克思恩格斯选集》第4卷,人民出版社1972年版,第178页。
[2] 同上书,第193页。

至于共产主义的社会制度，它是共产主义运动的必然结果和最终的归宿。运动和制度总是具有某种不可分割的联系。运动的成果要通过新制度的建立来巩固、来体现。共产主义运动在破坏旧制度的同时，总是要建立某种与运动的发展水平相一致的制度。共产主义运动、学说与制度的统一，既表现为这种运动总是以共产主义制度的完全实现作为根本的出发点和最终目的，而且在运动的每一次发展中，总是为共产主义的最终实现开辟着道路和创造、增添、积累着物质的与精神的因素。因而，这种统一是历史的和具体的。关于共产主义这个未来社会的状况，马克思和恩格斯只是通过对社会经济关系的不容置疑的科学分析，预言了它的一些最基本的特征。有关未来社会组织的具体情形，他们从来不愿作出根据不足的猜测。恩格斯当年在回答法国《费加罗报》记者提问时说过："我们是不断发展论者，我们不打算把什么最终规律强加给人类。关于未来社会组织方面的详细情况的预定看法吗？您在我们这里连它们的影子也找不到。当我们把生产资料转交到整个社会的手里时，我们就会心满意足了。"[①] 这就是说，科学共产主义创始人，在指明了未来社会的主要特征的同时，把共产主义运动、学说与制度统一的具体的历史形式，留给将来的实践去解决。

100多年来，国际共产主义运动在这方面积累了丰富的经验，取得了丰硕的成果。法国工人阶级创建"巴黎公社"的伟大尝试，列宁领导下的俄国无产阶级建立"苏维埃"国家的经验，中国工人阶级建立"人民民主专政"的社会主义国家的伟大胜利，都是为寻求这种统一的具体的历史形式而取得的伟大成果。现在，中国和其他社会主义国家不仅在社会主义公有制代替私有制方面，逐步实现科学共产主义创始人的基本思想，而且在社会生活的广泛领域内，正在建立和发展着适合自己国家和民族特点的新型的社会主义关系。共产主义运动、学说和制度，正在实现着自己的具体的历史的统一。我们说这种统一是"具体的"和"历史的"，就意味着，这种统一是在一定水平上，是在社会发展的一定阶段上实现的有差别的统一。这种统一必然要经历一个由低级向高级发展的历史过程。正是在这种具体的历史的统一中，共产主义运动的水平不断提高，社会不断进

---

① 《马克思恩格斯全集》第22卷，人民出版社1965年版，第628—629页。

步，科学共产主义也不断受到检验、得到发展。

因此，只有尊重历史发展的辩证法，如实地全面地把握共产主义作为运动、学说和制度的统一，才是我们正确理解共产主义学说和这一学说的实践的内在联系，以及后者对前者检验的理论前提。对共产主义做任何片面的理解和人为的割裂，都只能导致自己陷入荒谬的境地，并且必然会引出荒谬的结论。

二

有人说，尽管共产主义运动是现实的，但共产主义制度的实现是遥远无期的，因而是"渺茫"的。把共产主义制度看作是"渺茫"的，不仅立论的前提是把共产主义制度和共产主义运动割裂，而且是用孤立、静止的眼光来看待共产主义制度的形成。在"渺茫论"者眼中，共产主义制度的出现只能是一种没有过程、没有历史的连续性和凭空产生的"奇迹"。这就从根本上违反了马克思主义哲学的基本的思想原则。

辩证唯物主义的发展观认为，任何事物的存在和发展，都是作为历史过程而展开的。同样，人类社会经济形态的发展也"是一种自然历史过程"[1]。在历史上，一种新的剥削制度的出现；它的经济关系和反映这种关系的社会意识，总是在旧社会的母体中孕育、产生和发展起来的，后来才借助于其思想的和政治的革命，而使自己取得对整个社会的支配地位。虽然崭新的共产主义制度，特别是它的经济关系，不可能在剥削制度的母体中自发地产生。但是，通过无产阶级政治革命建立的、作为资本主义对立物而出现的这种没有阶级剥削的新制度，其自身的发展，照样要经历一个从低级到高级、从不成熟到逐渐成熟的历史过程。共产主义制度自身的这种历史发展，是历史的阶段性与连续性的统一。社会主义社会和共产主义社会的科学划分，所表征的正是这种辩证的统一。

从理论和实际的情形来分析，社会主义社会并不是一个独立的社会形态。它只是共产主义的社会形态的低级阶段，或第一阶段。

---

[1] 马克思：《资本论》第1卷，人民出版社1975年版，第12页。

第一，社会主义和共产主义作为社会制度的理论概括，是用以表征同一社会形态或同一社会形态之不同发展阶段的范畴。马克思和恩格斯在创立和阐明自己的科学共产主义理论时，常常交替地使用这两个概念，来概括那种以生产资料公有制来代替资本主义雇佣奴隶制的未来社会，并未对这两个概念加以明确的区分。只是到 1875 年马克思为了"考察未来共产主义的未来发展问题"，才在《哥达纲领批判》中提出了区分"共产主义社会第一阶段"和"共产主义社会高级阶段"①的学说。马克思的这一学说，应用唯物辩证法分析了"共产主义在经济上成熟程度的两个阶段"②，科学地预言了共产主义经济关系从低级向高级的发展。尔后，列宁继承和发展了马克思的这一理论。列宁在用这两个概念来表征社会制度时，"社会主义"专称共产主义社会的"第一阶段"，而"共产主义"在一般的意义上所指的，则是它的高级发展阶段。但是，无论是马克思还是列宁，都没有把社会主义社会看作是独立于共产主义的社会形态，都认为它仍然属于共产主义范畴，但还不是完全的共产主义。

第二，社会主义社会不是一个独立的社会形态的现实依据，是物质的社会关系。历史唯物主义认为，社会形态"划分的客观标准"是生产关系这种物质的社会关系。列宁说："一分析物质的社会关系（即不通过人们意识而形成的社会关系：人们在交换产品时彼此发生生产关系，他们甚至没有意识到这里存在着社会生产关系），立刻就有可能看出重复性和常规性，就有可能把各国制度概括为一个基本概念，即社会形态。"用"物质的社会关系"这个"客观标准"③来衡量，社会主义社会在社会形态的划分上的归属就显而易见了。因为社会主义社会和共产主义社会，都是以生产资料的公有制为基础的。尽管社会主义社会的公有制还是低级和不完全的，它的物质生产和精神生产还不能充分满足整个社会的需要，因而在这里必须采取一系列有别于共产主义社会的经济的、政治的和思想文化的制度与政策。混淆这种区别，刮"共产风"、搞"穷过渡"，无疑会受到历

---

① 《马克思恩格斯选集》第 3 卷，人民出版社 1972 年版，第 10—12 页。
② 《列宁选集》第 3 卷，人民出版社 1972 年版，第 256 页。
③ 《列宁选集》第 1 卷，人民出版社 1972 年版，第 8 页。

史规律的惩罚。但是，社会主义公有制并不是以巩固自身为目的，它所追求的和向往的是共产主义成分和因素的生长，并且伴随这种历史过程的推移，未来的共产主义公有制，就会从社会主义公有制的内部逐渐生长和成熟起来。社会主义的和共产主义的公有制，是同一范畴和同一发展过程的前后相继的经济关系。社会经济关系的作为历史过程的这种统一，就决定了社会主义社会不是独立于共产主义之外的社会形态。诚如列宁所言："既然生产资料已成为公有财产，那末'共产主义'这个名词在这里也是可以用的，只要不忘记这还不是完全的共产主义。"①

第三，基于这种同一范畴的经济关系的历史发展，社会主义社会向共产主义社会转变的特点，也表明社会主义社会不是独立的社会形态。我们知道，由于经济发展上的阶段性，社会主义社会和共产主义社会，在社会生活和精神生活上的差别是明显的。但是，组织这种社会生活和精神生活的社会主义制度、思想原则和道德规范，在向共产主义转变时，是通过两种途径来实现的：在精神生活领域，是通过无产阶级的思想、道德和风尚的充分发展和全面普及来丧失其阶级性质的，即把"无产阶级身上的东西提升为社会的原则"②。在政治领域，包括国家、政党、军队、警察、法庭和监狱等等，其最终的前途则是"自行消亡"。列宁指出："'国家消亡'这句话说得非常恰当，它既表明了过程的渐进性，又表明了过程的自发性。"③ 其实，"过程的渐进性"和"过程的自发性"，是社会主义社会向共产主义社会转变的特点。这种特点表明，它们之间的转变，不是两个利益对立的社会形态间的更替，而是同一社会形态在不同发展阶段上的自然的推移。

既然社会主义社会不是独立于共产主义之外的社会形态，而是包括于其中并向完全的共产主义日益渐近的初级阶段，既然共产主义作为一个初生的发展中社会形态在我国已经是活生生的事实，那么从一定意义上讲，我们已经生活在共产主义之中了。至于共产主义的完全实现，尽管还

---

① 《列宁选集》第3卷，人民出版社1972年版，第255页。
② 《马克思恩格斯选集》第1卷，人民出版社1972年版，第15页。
③ 《列宁选集》第3卷，人民出版社1972年版，第247—248页。

需要经过若干代人的艰苦奋斗，但绝不是遥远无期的，而是社会主义高度发展的必然结果，是一种自然的历史过程。"渺茫论"者夸大共产主义最终实现的长期性，无视共产主义的社会形态已经初生和正在发展着的现实性，否认共产主义社会最终实现的必然性，是完全错误的。从思想方法上分析，这种错误的实质，就是孤立、静止地看待共产主义社会的生成，抹杀共产主义社会形态的发展是历史的连续性与阶段性的统一，而不是把它理解为一个有自己的产生、发展和成熟的历史过程。

三

"渺茫论"者断言共产主义未经过实践检验，在思想方法上还有一个突出的问题，这就是形而上学地理解真理和真理的检验，并且自觉不自觉地陷入了不可知论。在这些人的思想深处，总觉得真理是某种僵死的、一成不变的思想模式，而实践对真理的检验则是"一锤定音"、一次完成的。这种形而上学的真理观，表现在对共产主义学说及其实践关系的看法上，就荒谬地认为，100多年的共产主义运动对其学说的检验不算检验，非要等到共产主义完全实现以后，让理论和历史的最终结局简单地"挂钩"、机械地"对号"，再对它做出是否具有真理性的"一次"性的评判。这种观点貌似有理，其实和马克思主义关于真理和真理标准的学说毫无共同之处。

辩证唯物主义的真理观认为，"真理是过程"[①]，实践对真理的检验也是一个过程。不言而喻，科学共产主义学说和实践对它的检验，当然也具有"过程"的辩证本性。百余年来，共产主义学说在国际共产主义运动的血与火的考验中，在实质上是在为属于共产主义社会形态的社会主义社会的复杂斗争中，一次次地受到了检验，一步步地得到了发展。实践已经证明并将继续证明，科学共产主义学说是伟大的颠扑不破的客观真理。

当然，同任何真理的情形一样，科学共产主义的真理及其被检验的过程，也是具体的。我们所说的这种真理，是指它对人类社会"一连串互相

---

① 《列宁全集》第38卷，人民出版社1959年版，第215页。

衔接的阶段的那种发展过程的阐明"①。即它是关于社会发展的一般规律、关于资本主义必然被共产主义所代替以及关于共产主义这一崭新的社会形态,从低级阶段向高级阶段发展的历史趋势的科学阐明。共产主义学说的科学性和真理性就表现在:它不是如同空想社会主义那样,仅从抽象的"理性"、"平等"、"正义"和"博爱"等伦理要求出发,去构想一个未来社会的理想蓝图,而是从社会经济关系的矛盾运动的确切分析中,合乎规律地引出资本主义必然灭亡和共产主义必然胜利的科学结论。我们坚信科学共产主义学说是客观真理,就是因为,它已经受了实践的反复的和多方面的检验。

我们知道,事物发展的必然性,包括社会历史的必然性,乃是它们自身作为过程和趋势出现的内在的本质规定。现实的某一环节,或单个的历史事件本身,虽然要受到内在的必然性的支配,但往往也要受到偶然因素的影响,因而往往无法表现和证明过程的必然性。过程的必然性要取决于现实的各个环节的整体、总和,现实在展开中表现为必然性。因此,对任何必然性的证明,尤其是对社会历史过程的必然性的证明,决不能只经过单一的实践的一次检验就能完成,而必须经过实践的反复的和多方面的检验。在多次实践的成功的检验中,在由其多次实践所形成的实践结果的有机组合和系列组合中,内在的必然性才能得到证明,才能以事物发展的趋势表现出来。以过去历史的整个过程作为前提的科学共产主义,在揭示历史发展之必然性的意义上,已经经受了实践多方面和反复的检验。首先,作为它的哲学基础的辩证唯物主义和历史唯物主义,受到了迄今为止的整个人类实践之总和的检验;其次,作为它赖以立足的经济理论,特别是剩余价值理论,经受了几个世纪的整个资本主义世界的生产活动和经济活动的验证;再次,科学共产主义本身也经受了100多年的无产阶级的各种形式的实践斗争的检验,其中包括各国的工人运动、许多国家无产阶级领导的武装斗争以及该国的经济关系和上层建筑各个领域的变革,即许多国家创建、巩固和发展作为初生的共产主义社会形态的社会主义制度的总体性的实践检验。上述这些历时久远、形式多样,即几乎包括人类社会生活的

---

① 《马克思恩格斯选集》第4卷,人民出版社1972年版,第459页。

一切领域的无数单一实践的单一的检验,构成了对科学共产主义学说的相当完整的总体性的检验。在所有这些检验中,科学共产主义学说所阐明的人类社会发展的一般规律和共产主义代替资本主义的历史必然性,已经得到了充分的和确定不移的证明。而由上述实践结果之总和所造成的社会变化的事实,特别是一系列社会主义国家的建立、巩固和发展事实本身,已经无可辩驳地显示出,共产主义实现的历史必然性,已经不仅仅是马克思和恩格斯在其学说中所阐明的历史发展的逻辑的必然性,而且这种必然性已经在历史过程的本身中现实地展现了出来。

毋庸置疑,科学共产主义学说在揭示历史发展的必然性时,"这种理论和任何理论一样,至多只能指出基本的和一般的东西,只能大体上概括实际生活中的复杂情况"[1],因而它只能指出通向共产主义的"这条道路的方向","至于具体情况,实际情况,那只有千百万人的实践经验才能表明"[2]。许多国家的特别是中国近30年的社会主义的实践经验表明,科学共产主义关于在从资本主义过渡到共产主义的历史时期,必须实行无产阶级专政的学说;关于建立生产资料公有制和对社会主义经济实行计划管理的理论;关于在共产主义社会第一阶段必须坚持各尽所能、按劳分配的理论和关于逐步消灭三大差别、实现人的全面发展的学说;等等,都被实践证明是正确的、客观的真理。然而,这些普遍的真理,在付诸实践的时候,还"必须考虑生动的实际生活,必须考虑现实的确切事实"[3]。也就是说,在其实践的每一具体表现中,都必须具有生动的民族形式和特色。科学共产主义真理的力量,就在于它同具体实践相结合,并在这种结合中不断得到丰富,获得活力。与此同时,实际生活也纠正和发展了马克思、恩格斯关于未来社会的某些论断或设想。例如,他们曾从经济发达的资本主义国家的无产阶级可能首先夺取政权的前提出发,设想在共产主义社会第一阶段建立的将是单一的生产资料的全民所有制,在这种所有制下将不再存在商品生产和货币交换。然而,后来社会主义在实践中表明,社会主义

---

[1] 《列宁全集》第24卷,人民出版社1957年版,第25页。
[2] 《列宁全集》第25卷,人民出版社1958年版,第273页。
[3] 《列宁全集》第24卷,人民出版社1957年版,第25页。

开始需要采取的,是以全民所有制为基干的多种所有制并存的形式,然后才能随着生产力的发展逐步过渡到单一的全民所有制。在这种情况下,还不能立即取消而是首先要发展社会主义的商品生产和商品经济。社会主义经济发展的事实,从一个侧面深化和发展了科学共产主义理论。但是,科学共产主义在实践中不断获得活力、不断得到丰富、深化和发展的事实,并不意味着它不是真理,而是表明了它作为真理具有"过程"的辩证本性。科学共产主义并不是一个封闭的、自满自足的体系。它并没有穷尽一切真理,而"只是给一种科学奠定了基础"① 和提供了"继续发展的前提"②。科学共产主义的真理,还要在共产主义运动中继续得到丰富、深化、发展和检验。怀疑和否定以往检验的可靠性和确定性是荒谬的,否认它还有继续检验和发展的必要性,也是不对的。如果把共产主义真理,视为万古不易的教条或只需一次检验就能完成的终极体系,那就会把它变成"一种片面的、畸形的、僵死的东西,就会阉割马克思主义的活的灵魂,破坏它的根本的理论基础——辩证法"③。

必须指出,否认科学共产主义的真理和对它的检验是"过程"的观点,不仅在思想方法上抛弃了唯物辩证法,而且实际上陷入了否认任何真实地发挥作用的真理的存在和宣扬盲目实践的不可知论的境地。"渺茫论"者既然认为,在长期的历史过程中只有最终的历史结局才算是对相关理论之真理性的第一次也是最终的检验,那么这种理论受到检验之时,也正是它发挥作用的终止之日。这样,指导任何历史活动的作用,就根本不属于真理。试问,真理的这种检验和被检验的真理,还有什么必要,还有何意义呢?按照这种逻辑,世界上根本就没有任何有意义的真理存在,人们只能按照还不能判明是真理还是谬误的学说去行动,只能在黑暗的世界中去侥幸地摸索,去听凭命运的摆布、捉弄。难道这不是一种典型的不可知论吗?由是观之,否认科学共产主义的真理是过程,把对共产主义学说的最终检验唯一化、绝对化,貌似强调历史过程的最终结果的权威性,反而走

---

① 《列宁选集》第1卷,人民出版社1972年版,第203页。
② 《马克思恩格斯全集》第1卷,人民出版社1956年版,第642页。
③ 《列宁选集》第2卷,人民出版社1972年版,第398页。

向了自己的反面：否认真理，否认检验真理的必要性和意义，陷入了形而上学和不可知论。

共产党人对共产主义的正确认识和坚定信念的哲学基础，是唯物辩证法。"渺茫论"者用以观察和思考问题的方法论，违反了唯物辩证法，而陷入了片面性地、孤立静止地看问题的形而上学和不可知论。坚持唯物辩证的发展观和真理观，把共产主义如实地视为运动、学说和制度的统一，把共产主义社会形态的发展和对共产主义学说的检验看作一个历史过程，就能从世界观和方法论上洞悉"渺茫论"的底蕴，肃清"渺茫论"思想的影响，并帮助人们坚定为共产主义奋斗的信念。

（原载《学习与思考》1983年第3期）

全民所有制的经济结构分析和新型经济体制的理论基础

党的十二届三中全会通过的《关于经济体制改革的决定》（以下简称《决定》），为经济体制改革和具有中国特色的社会主义新型经济体制的建立制定了宏伟的蓝图。按照我的学习体会，《决定》对新型经济体制的总体结构的设计，就是要将中央集权型的产品生产和商品生产并存的计划经济体制，改造为国家和企业适当分权的有计划的商品经济体制，以促进社会生产力的发展。

全民所有制的结构分析

社会主义的一定的经济体制，作为一种静态关系，它是社会主义生产关系的具体形式，作为一种动态关系，它又是社会主义的生产、交换、消费和分配过程的运行机制。因此，社会主义社会的一定的经济体制的选择和变革的客观必然性，存在于社会生产力的发展要求以及它同生产关系的矛盾运动之中。历史唯物主义关于社会基本矛盾的理论，无疑能够为社会主义一定经济体制的选择和变革，提供方法论的指导和哲学上的说明。但是，社会主义一定的经济体制的理论基础，仅有哲学上的一般说明是不够的，它更直接地依赖于基于这一理论而对社会主义所有制关系所作的结构分析。

大家知道，中央集权型的产品生产和商品生产并存的计划经济体制，有其理论基础。这就是，斯大林依据马克思和列宁的若干论述，所提出的关于社会主义社会生产资料的所有制结构及其内部结构的理论。马克思曾经设想，未来社会的生产资料应是单一的全民所有制的结构。[①] 进而，列宁在《国家与革命》中，把这种单一的全民所有制的内部结构，设想为似乎只有一个经营管理层次和一个分配层次的、没有商品生产和商品交换的国家"辛迪加"。此后，斯大林把这种国家"辛迪加"的模式，与当时苏联社会业已成为现实的两种所有制（国家所有制和集体所有制）并存的经济结构加以综合，衍生出了商品生产与商品"外壳"（即与产品生产并存）的理论。

很显然，我们正在改革中探索建立的社会主义新型的经济体制，不能从斯大林的这种理论中获得充分的理论立足点，但是能够从中得到方法论上的启迪。在新的情况下，必须遵循马克思主义的基本原理，依据改革的实践经验，作出新的理论概括。如果说，当年斯大林根据两种所有制的结构分析，论证了商品生产在社会主义社会的一定范围内存在的必要性，从而发展了马克思主义的话，那么，我们由此得到一种启示：有计划商品经济体制的理论基础，还应该立足于社会主义全民所有制的内部结构关系之中。

《决定》指出，"增强企业的活力，特别是增强全民所有制的大、中型企业的活力，是以城市为重点的整个经济体制改革的中心环节"。而"围绕这个中心环节"，"确立国家和企业、企业和职工这两方面的正确关系，是以城市为重点的整个经济体制改革的本质内容和基本要求"。确立国家和企业的正确关系，就是"要使企业真正成为相对独立的经济实体，成为自主经营、自负盈亏的社会主义商品生产者和经营者，具有自我改造和自我发展的能力，成为具有一定权利和义务的法人"；确立企业和职工的正确关系，就是要从体制上"保证劳动者在企业中的主人翁地位"，"劳动者的积极性、智慧和创造力就能充分地发挥出来"。

[①] 马克思和恩格斯虽然提出过，当时"在西欧大陆各国那样农民甚至多少还占居多数的地方"，无产阶级革命"一开始就应当促进土地私有制向集体所有制过渡"；他们也"从来没有怀疑过"，"在向完全的共产主义经济过渡时，我们必须大规模地采取合作生产作为中间环节"。但据我理解，前者是指建立未来社会的经济关系的"过渡"形式；后者则仍然要求"社会（即首先是国家）保持对生产资料的所有权"。［参见《马克思恩格斯选集》第2卷，人民出版社1972年版，第634—635页；《马克思恩格斯全集》第36卷，人民出版社1975年版，第416页。］

我认为,《决定》对企业,特别是对全民所有制企业作为"相对独立的经济实体",作为"自主经营、自负盈亏的社会主义商品生产者和经营者"地位之确认,以及它对劳动者在企业中主人翁地位的阐述,是基于对社会主义所有制关系的内部结构的辩证理解,而作出的科学论断。这是群众性的改革的实践经验的理论结晶,也包含着对斯大林关于社会主义全民所有制内部结构的理论的新发展。

事实上,社会主义社会中占主导地位的经济关系,即全民所有制的经济关系本身,有着比国家"辛迪加"远为复杂的结构。马克思在《资本论》中,对资本主义私有制的发生、发展和灭亡的辩证过程,对取代它的社会主义公有制的结构特征,作过精辟的概括。马克思写道:"从资本主义生产方式产生的资本主义占有方式,从而资本主义的私有制,是对个人的、以自己劳动为基础的私有制的第一个否定。但资本主义生产由于过程的必然性,造成了对自身的否定。这是否定的否定。这种否定不是重新建立私有制,而是在资本主义时代的成就的基础上,也就是说,在协作和对土地及靠劳动本身生产的生产资料的共同占有的基础上,重新建立个人所有制。"① 关于马克思讲的"重新建立个人所有制",历来学术界都把它解释为生活消费品的个人私有。近几年来,有些同志对这种传统的解释提出了异议,并作了新的理论探讨。认为这里所谓的"个人所有制"应"是对生产资料而言的",这和"对土地及靠劳动本身生产的生产资料的共同占有"一样,说的"同是生产资料所有制。综合起来就是一种公有制基础上的个人所有制"②。我认为,这种新的解释是有理由的。

其实,在未来社会(包括社会主义社会和共产主义社会)中,由联合起来的劳动者个人占有生产资料,是马克思主义创始人的一贯思想。在《共产党宣言》中,马克思和恩格斯主张,"把资本变为属于社会全体成员的财产",把"全部生产集中在联合起来的个人的手里"③。在《法兰西内战》一书中,马克思赞赏巴黎公社"曾想把现在主要用作奴役和剥削劳

---

① 马克思:《资本论》第1卷,人民出版社1975年版,第832页。
② 参见《经济理论和经济管理》1983年第6期,第66页。
③ 《马克思恩格斯选集》第1卷,人民出版社1972年版,第266、273页。

动的工具的生产资料、土地和资本变成自由集体劳动的工具,以实现个人所有权"①。马克思这里讲的"把全部生产集中在联合起来的个人手里"和把生产资料变成"自由集体劳动的工具,以实现个人的所有权",与在《资本论》中讲的在生产资料"共同占有的基础上,重新建立个人所有制",是同一个意思。这就是说,他所认为的未来社会的公有制,是全民("自由集体")所有和个人所有的辩证联结。作为资本主义私有制的扬弃和对立物的公有制的这种结构特征,不能仅仅看作是马克思合乎逻辑的理论预言,而是有其深刻的现实根源的。

众所周知,社会主义公有制取代资本主义私有制,是社会化大生产的客观的必然要求。生产的社会化,要求剥夺资本家对生产资料的私人占有,而由全社会"共同占有",由此造成社会对生产和流通过程进行自觉的宏观调节的前提,以克服资本主义生产方式内不可调和的矛盾及其对社会生产力的破坏作用,生产的社会化还要求改变劳动者被奴役、被剥削的地位和与生产资料相分离的状况,实现劳动者和劳动条件的直接结合,使联合起来的劳动者个人成为积极的和能动的主体。质言之,资本家的对"劳动的异己的所有制,只有通过他的所有制改造为非孤立的单个人的所有制,也就是改造为联合起来的社会个人的所有制,才可能被消灭"②。马克思关于未来的公有制结构特征的科学预言,正好满足了上述要求:对于生产资料的全民所有或"共同占有",满足了第一条要求,并包含着实现第二条要求的现实前提;而在这种"共同占有的基础上"的"重新建立个人所有制"或"联合起来的社会个人的所有制",则保障了第二条要求的真正实现。

我国社会主义公有制,特别是生产资料的全民所有制的建立,是马克思上述思想的伟大实践。在这里,对生产资料的全民所有制的"共同占有"和"个人所有",是统一和完整的社会主义公有制在其属性结构上的辩证统一。"共同占有"(或全民所有)与"个人所有",似乎是互斥和矛盾的,实则它们二者是相辅相成的。我们不能把属性上的剖析,理解为对

---

① 《马克思恩格斯选集》第2卷,人民出版社1972年版,第378页。
② 《马克思恩格斯全集》第48卷,人民出版社中文第1版,第21页。

生产资料作数量上和空间上的分割。当然，社会主义全民所有制在这种所有关系上的二重性，不是一种亦此亦彼、平行折衷的关系，而是绝对和相对、基础和派生、服从和被服从的关系。在它们的关系结构中，"共同占有"或全民所有是其基础和本质，因而是绝对的，而全民所有制企业中的每个职工对于与之直接结合的生产资料的"个人所有"，则是前者派生的形式，因而是相对的。没有绝对的全民所有这个基础，就根本不存在劳动者相对的"个人所有"。然而，绝对的全民所有，并不是一种抽象的、虚幻的存在，它规定和制约着具体的和相对的"个人所有"。只有当全民的绝对所有体现为劳动者个人的相对所有，才能使劳动者与一定的生产资料实现直接的结合，从而使每个劳动者以一位主人的身份，去直接占有、支配和使用一定的生产资料。毛泽东曾经说过：我们不能把人民的权利问题了解为人民只能在某些人的管理的下面享受劳动等等的权利。劳动人民对生产资料以全民绝对所有为基础的个人的相对所有，是劳动者享有具体的劳动权利和管理权利的基本依据。不过，这种相对的所有权，要受到社会的基础性和普遍性的经济关系及生产力发展水平的双重制约。一方面，相对于全民所有或"共同占有"的普遍的经济关系，它处于依存和服从的地位；另一方面，它要以社会生产力一定发展阶段的分工规律为依据。依据社会生产过程分工的需要，这种相对的所有权是流动的、可变的。目前，由于社会分工而作为集体经济的主体的劳动者，尽管他们可能享有，但实际上并不现实地享有对于某个具体全民所有制企业的这种相对的所有权。他们的相对所有权，在他们活动于其中的集体经济中得到相应的规定。因此，劳动者个人对于一定的生产资料的相对所有权，是由一定的劳动方式，即由分工的规律划界的。一旦作为劳动方式的旧式分工消失了，相对所有权的这种界限也就随着消失了。

一定的劳动方式决定了一定的权利结构，而一定的权利结构又是一定的劳动方式的保障。全体劳动者对全民财产的绝对所有，和个人对一定的生产资料的相对所有的权利，是实现其"自主的联合劳动"的保障。自主的或自由的劳动之本质规定，是劳动者和劳动者集体对生产资料的某种所有权和使用权的统一，从而使劳动、劳动的产品为劳动者和劳动者集体，以及整个社会的目的服务。社会主义的自主劳动，是联合起来的劳动者个人对于生产资料的绝对所有权和相对所有权的转化形式。它能够充分发挥劳动者个人的积极性、创造性和主动性。只有这样"自主活动才同物质生活一致起来"①，社会化生产的必然结果，是生产力和交往方式的普遍性。社会主义社会的劳动者的自主活动，要"适应生产力和交往的普遍性"，"个人必须占有生产力的总和"。而要实现这种占有，孤立的个人活动是无法实现的，"只有通过联合才能得到实现"，即自主活动必须是通过集体的具体的联合劳动来实现。这里讲的集体，即马克思所说的那种"自由的集体"，也是有结构的。它是由若干行业、经济组织和企业组成的社会结构系统。其中，国家"辛迪加"和从事具体生产经营的企业，是两层基本的结构。社会主义企业，是自主劳动和联合劳动的枢纽和统一体。它是具有对上代表国家利益，对内代表劳动者个人的集体利益的双重身份的相对独立的经济实体。

斯大林关于社会主义全民所有制内部结构的理论，突出了全民所有的绝对性一面，而忽视了联合起来的劳动者个人相对所有的一面。把全民经济视为国家"辛迪加"，可以加强社会统一的组织管理和宏观的计划调节，这无疑是正确的和必要的。但是，如果因此忽视了劳动者个人及其企业作为自主的联合劳动的能动的主体地位的话，那么事实上也就不可能真正尊重劳动者个人及其企业在公共利益基础上的相对独立的利益。于是就容易产生一种错觉，似乎社会主义公有制不是实现联合起来的劳动者个人所有权的根本前提，而是超越每个成员之上的一种抽象，因而使一些人怀有一种变态的心理："大家都是主人，大家也都不是主人。"这种变态心理，是产生经营管理上的不负责任的官僚主义，以权谋私和生产上消极怠工、不讲效率的一种思想根源。

我认为，关于社会主义全民所有制的二重性的结构分析的观点，能够克服上述片面性。它既强调了全体社会成员对生产资料共同所有的绝对性的一面，又承认联合起来的劳动者个人对于直接所使用的生产资料有相对所有的一面。这既强调了社会主义经济所必需的集中统一，又承认劳动者个人及其企业对于所属的生产资料的相对独立的占有权、支配权和使用

---

① 《马克思恩格斯选集》第1卷，人民出版社1972年版，第75页。

权,承认企业作为国家和劳动者集体的利益的代表的二重身份,并指明后者对前者、局部对全局的服从关系。这样,既在全体上保证了整个国民经济的统一性,又在局部上保证了各个企业生产经营的多样性、灵活性和进取性,不但不会削弱而且只会巩固和完善社会主义的全民所有制。因此,关于全民所有制属性的结构分析,不仅不会给那些置国家、全局和长远利益于不顾,而一味地片面强调本地区、本部门和本单位的狭隘利益的所谓"地区所有制"、"部门所有制"和"单位所有制"的人,提供任何理论根据;恰恰相反,它能够为正确地处理国家、集体和劳动者个人三者的利益关系提供理论解释,能够对于目前经济体制的改革给予一定的进一步的理论上的说明。

内在联系的探索

全民所有制的二重性、企业的二重身份与其经营管理的两层结构,企业间的商品交换和贯彻"按劳分配"的两级体制,具有内在的联系。

1. 全民所有制的二重性和经营管理的两层结构

我国从农村开始而发展到城市企业的经济体制改革,是实践上的一项重大创造,是对所有制关系和经营管理方式的正确处理。如何说明全民所有制企业的所有权和经营管理权的辩证联结,是阐明体制改革的一个理论上的难点。《决定》在这个问题上有了理论上的突破和发展。它明确地肯定:"根据马克思主义的理论和社会主义的实践,所有权和经营权是可以适当分开的。"这是完全正确的,它是对经济体制改革的实践经验的科学的总结。可是我们有些同志在总结这方面的经验时,似乎走得远了点。例如,有的同志说:"农村改革的基本经验就在于把所有权和经营权分开,这是辩证唯物主义在经济关系上的具体运用。完全适用于城市和工商业各部门的改革。"[①] 还有同志认为,"全民所有制生产资料的所有权和支配权、使用权的分离,使企业享有相对独立的经济权力和负有一定的经济责

---

① 《人民日报》1984 年 7 月 11 日。

任"①。《决定》在这个问题上的提法，较之于有些同志的有关观点，虽然只在"分开"之前加了"适当"二字，但这决不仅是提法的分寸问题，而是关系到对所有权和经营管理权的内在联系的理解问题。因为这些同志用所有权和经营权不加限制的"分开"或"分离"，来论证企业，特别是全民所有制企业扩权的根据，容易造成理论上的混乱和实践上的偏差。

我认为，生产资料的所有权和经营管理权（包括其占有权、支配权和使用权），是财产的所有关系及其实现的法律确认。严格说来，生产资料的所有权和经营管理权的完全分离，或不加限制地分开，只适用于私有者之间（如封建社会的个体农户和马尔克之间，资本主义大土地所有者和租地农场主之间），而不适用或不完全适用于社会主义公有制的经济关系。社会主义公有制经济关系的基本特征就在于：在社会（即国家）的范围内，要逐步实现生产资料的所有权与占有权、支配权和使用权的统一或结合，以造成和完善对社会生产、分配和消费进行宏观的计划调节的直接的现实前提。有些同志把经济体制改革的基本经验，归结为所有权和经营权不加限制的"分离"，其良好的愿望是企图说明我国改革了经营方式而并没有损害公有制，但是却从理论上否认了公有制存在的必然性和合理性。因此也就否认了社会主义国家从宏观上管理经济和组织社会生产的必要性，否认了社会主义公有制的所有权和经营管理权的内在联系，即前者向后者转化的辩证法。在我国，全民所有制企业的全民的绝对所有权，是国家在宏观上实行统一的经济管控和计划调节的内在根据，而劳动者及其联合体（企业）对于自己所属的生产资料的相对所有权，则是企业扩大自主权和从事具体经营的内在根据。在这里，正确的提法只能如《决定》所言，"所有权和经营权是可以适当分开的"。因为企业相对于社会的局部的和微观的自主经营，就其财产的全民所有的性质而论，自然是一种"适当"的分离。但是这种适当的分离，基本上不是借助于私有意义上的租赁关系实现的，而是依据自身的内在联系的转化形式。由于社会生产过程和社会分工的经济必然性，社会主义全民所有制企业的生产资料之所有权的二重性，分别转化为宏观的和微观的经营管理权。微观的经营管理，即企业在

---

① 《财贸经济》1984年第1期。

服从国家计划和宏观管控的前提下，相对独立地对其经济活动的指挥、监督、运筹和决策，能够赋予企业以活力、生机、灵活性和应变能力，能够充分和有效地利用其生产资料和资金，不断提高企业的经济效益；而宏观的计划和管控，即国家对社会生产、流通、分配和消费所进行的组织、指导、控制和调节，又能把整个社会生产和其他的经济活动连成一个统一的有机的整体。国家管控和企业经营的结合，统一的管理和分散经营的结合，既能驾驭社会生产和扩大再生产运行机制，做到宏观上重大比例的协调和综合的平衡，又能实现微观上的科学的管理，做到活劳动和物化劳动的节约；既能克服资本主义经济的无政府状态，实现统一的经济目标，又能充分地发挥企业和劳动者个人的主人翁的作用，调动其积极性、主动性和创造性。因此，两层的经营管理结构，根植于全民所有制内在的关系结构，是《决定》所设计的实现"自主联合劳动"的最佳的经营管理模式。

实际情况也正是这样。过去我们所实现的主要是一个层次的经营管理，国家对企业统得过多过死，使企业成了国家行政机关的附属物。以国家为主体的一层经营，抹杀了全民所有制的二重性，不利于"自主联合劳动"的真正实现。在经济体制改革中，适应生产力发展的客观要求和根据所有制内在的关系结构，变经营管理的一层结构为两层结构，使企业和劳动者个人明确了自己的责任和权利，因而使生产已经发生了并将继续发生奇迹般的变化。农村的专业承包、联产计酬责任制，发挥了家庭分散经营的优势。但是，它并不排斥集体经济的统一经营管理，而是以集体经济为依托的。社员个人和集体签订的承包合同，不是私有制下转让占有权和使用权的租佃关系，而是公有制下联系局部和整体、生产和分配的新型关系。并且随着生产力的发展和商品经济的繁荣，家庭的分散经营，势必要逐步发展到各种不同形式的经济联合。目前大量集体的乡镇企业和农村其他经济联合体的出现与发展，就预示了这一点。同样，城市企业扩大自主权，实行政企职责分开，使企业实行相对独立的自主经营，企业因此获得了自我改造和自我发展的活力。然而，它绝对不排斥国家在宏观上的统一管控和计划调节，反而是以此为前提的。在实行利改税的第二步改革之后，国家对企业的税收关系，在本质上不同于剥削阶级国家对社会征收赋税的行政职能，而主要是国家作为全民所有制的代表，所实行的积累和分配的经济职能。这就是说,在经济体制改革中,我们既要坚决地实行政企职责分开,国家应力图少用行政干预的办法,而要多用经济杠杆来组织生产和管理经济。但是它不是要取消而是要改善国家的经济职能,即国家要集中主要精力去从事符合经济规律和全局利益的宏观的经济决策、计划调节、价值管理、效益考核和协调服务等等。总之,无论是从宏观还是从微观着眼,无论是就全民所有制企业的全民的绝对所有,还是就劳动者个人及其集体的相对所有而言,经济体制改革不是要实行所有权和经营权的不加限制的分离,而是它们的适当的分离,即全民所有制的二重所有向两层经营管理结构的转化。

2. 全民所有制的二重性和它的企业间的商品交换

全民所有制企业,作为只有相对所有权的劳动者个人联合的集体,作为经营管理的一个层次的主体,形成了它的相对独立的商品生产者和经营者的地位。而斯大林关于商品生产和商品外壳并存的理论,作为全民所有制之一重所有和一层经营的逻辑归宿,对于社会主义商品经济的态度,必然是矛盾的:既要利用又要限制商品生产,既要利用又要限制价值规律的作用,并且总要把社会主义计划经济和社会主义商品经济作对立的理解。所以,它在实践中总是无视企业作为相对独立的商品生产者和经营者的地位,总是力图使国民经济尽快地转向产品经济、而在生产力不发达的情况下实际上是要回到封闭的自然经济的轨道。这样,就势必要阻滞商品生产的发展,妨碍社会主义生产方式优越性的充分发挥和人民生活的较快改善。

《决定》在这个问题上,也突破和发展了斯大林的理论。它突破了把计划经济和商品经济对立起来的传统观念,确认"社会主义计划经济必须自觉地依据和运用价值规律,是在公有制基础上的有计划的商品经济"。按照我的理解,社会主义的商品生产,不是作为生产关系而是作为劳动方式的商品生产。这种商品生产和商品经济的充分发展,是社会的不可逾越的阶段。在这里不存在需要"限制"的问题。这种有计划的商品经济和资本主义商品经济的区别,不在于价值规律是否存在和是否发挥作用的问题,而在于所有制的不同,在于剥削阶级是否存在,在于劳动人民是否当家做主,在于为什么生产目的服务,在于能否在全社会的规模上自觉地运用价值规律，还在于商品关系范围的不同。在我国社会主义条件下，劳动力不是商品，土地、矿山、银行、铁路等等一切国有企业和资源也都不是商品。社会主义商品生产、商品交换在所有权上基本的经济依据，既取决于两种公有制（全民的和集体的所有制）的区别，而且也取决于同一种公有制内部基于生产力发展水平的关系结构。例如，在目前全民所有制企业内部，由于不同质的劳动（如简单劳动和复杂劳动）和相对所有权的存在，由于劳动仍然是谋生的手段，所以要实行等量劳动和等量劳动相交换的原则，就不能借助于产品交换来实现。因为单凭经验无法确定这两种劳动的比例关系，只能通过特殊形态的商品交换，即由企业劳动转化为社会劳动来实现。这种商品交换的特殊性，不只在于劳动力不是商品，因为在小商品生产中劳动力同样也不是商品；而尤其在于国有企业的劳动产品作为商品在它们之间交换时，不是完整意义上的权利转让。在全民的绝对所有权和宏观的计划调节和管控职权的意义上，这种交换行为不发生实质的权利转让，而在相对所有权和微观的经营管理权的意义上，企业间则让渡了相应的权利。这种权利的不完全的出让，能够保证生产资料在企业间合理的配置和必要的流动，能够有助于生产资料的充分利用和节约。它既维护了国家的即全民的利益，符合当前生产力发展的水平，又维护了劳动者个人及其劳动集体（企业）应得的利益。仅仅有经营管理权（包括占有权、支配权和使用权），而没有某种意义上的所有权的转让，谈论商品交换是不可思议的。这样只能求助于商品外壳的理论。在我看来，全民所有制企业的绝对所有权和相对所有权的划分，旧式分工即不同质的劳动的存在和等量劳动与等量劳动相交换的原则这三个因素的结合，是社会主义国有企业之间存在商品交换的内在根据。将来，我们的社会生产力极大地发展了，旧式的社会分工消失了，劳动产品实行按需分配了，才无须凭借任何意义上的所有权来支配劳动的产品，因而商品生产和商品交换也就失去了存在的经济必然性。

3. 全民所有制的二重性和贯彻"按劳分配"的两级体制

生产决定分配，生活消费品的任何一种分配，都取决于劳动条件的分配。既然我们的全民所有制企业具有二重的所有关系，需要实行两层结构的经营管理，那么它的分配体制也应该是两级的。过去，我们实施的关于生活消费品的分配体制，其弊端就是只有一个分配层次，即主要是用八级工资制这个固定模式，来硬套不同企业和不同的劳动者的千差万别的情况，搞平均主义，吃"大锅饭"，挫伤了企业和劳动者生产经营的积极性。

众所周知，社会主义的分配原则是"各尽所能，按劳分配"，即按等量劳动领取等量的生活消费品。由于作为生活消费品的分配所根据的劳动，不是一个恒量，而是一个因人因时而异的变量，所以分配的方式也应该是灵活的、可变的，而不能是僵死不变的。否则，所谓"按劳分配"就是一句空话。恩格斯曾指出过："分配方式本质上毕竟要取决于可分配的产品的数量，而这个数量当然随着生产和社会组织的进步而改变，从而分配方式也应当改变。"① 按照我们今天的理解，可用于分配的劳动产品的数量，应该是指社会产品的数量。由于生产的经营管理的两层结构，由于我们的社会主义经济仍然是一种商品经济，所以劳动者个人的劳动产品向社会产品的转化，要经过两个环节。即由个人劳动转化为企业劳动，再由企业劳动转化为社会劳动。国家所能计量和考核的，只能是企业劳动所提供的社会劳动。这是国家确定用于积累和分配的比例，实行消费品分配的宏观管理的基础。国家无法直接和具体地计量和考核劳动者个人所提供的企业劳动。因此国家无法将"按劳分配"落实到劳动者个人。故而国家所能实现的分配层次，就只能主要根据对企业的价值管理，根据综合的经济平衡，在对企业劳动已转化为社会劳动的数额做了社会扣除后，进而采用经济的或行政的手段来决定或控制调节企业的留利水平和工资奖励的总额。诚然，国家对企业的分配关系，属于更为广泛的国民收入的分配范畴。但是国家对职工的生活消费品的分配，仍然必须实行必要的宏观的管理和调节的职能。国家对于分配方面的宏观的管理调节和政策指导，是企业正确执行"按劳分配"原则的必要前提。然而，只有企业作为主体的第二个层次的分配，在正确地确定了企业的发展基金、福利基金与用于个人分配的数额比例之后，根据劳动者为企业提供的劳动数量和质量，采取灵活的形式，把"按劳分配"落实到劳动者个人。《决定》指出，企业在服从国家计划和管理的前提下，"有权自行决定用工办法和工资奖励方式"。指的就

---

① 《马克思恩格斯选集》第 4 卷，人民出版社 1972 年版，第 475 页。

是这个意思。考虑到，无论是在农业还是在工业劳动中，一切级差收益和其他非劳动收益，是由生产的客观条件，或由社会和集体的物化劳动所决定的。因此，它们不是由相应的企业及劳动者个人所独享，而应该按照"国家得大头，集体得中头，个人得小头"的原则来分配。只有这样，才能兼顾国家、企业和劳动者个人三者的利益，才能兼顾眼前和长远、局部和全局的利益。

总之，对职工分配生活消费品贯彻"按劳分配"的两级体制，是全民所有制的二重所有在物质利益上的客观要求，是社会生产的经营管理的两层结构在分配上的继续，也是通过作为劳动方式的商品生产和商品交换，来实现劳动报酬上的等量劳动和等量劳动相交换的较好的方式。有计划的商品经济体制的理论基础，理应在社会主义全民所有制的二重性之结构分析中，得到自己的理论说明。

（原载《信息社会述评及其他》，中国政法大学出版社1987年版）

"公有制为主体"不能动摇[*]

在改革开放和发展社会主义市场经济中,坚持公有制的主体地位,是邓小平同志有中国特色社会主义理论的重要内容,也是党的十四大的基本精神之一。江泽民同志在党的十四大报告中论述这个问题时指出:"经济体制改革的目标,是在坚持公有制和按劳分配为主体、其他经济成分和分配方式为补充的基础上,建立和完善社会主义市场经济体制。"他还指出,"社会主义市场经济体制是同社会主义基本制度结合在一起的。"不以公有制经济为主体,社会主义基本制度就要受到严重损害,以至蜕化变质,这是不言而喻的。

据此,在经济体制改革和发展市场经济中,坚持以公有制为主体和以非公有制为补充这一条,应该成为全国的共识和统一的行动指导。然而,有些人认为,在坚持公有制为主体与建立市场经济体制和发展生产力之间,似乎存在着不相容的对立,因而总是主张要尽量缩小和削弱公有制的经济。有一报纸刊载,前不久,一些经济学家曾集会研讨"所有制是手段还是目的"问题。会上有人提出,要纠正对"公有制为主体的片面理解","要重新认识公有制为主体",认为"公有制为主体不一定要在数量上占绝对优势,主要应体现在质量上"。会后有位经济学家还著文主张,公有制的比重"不一定要占50%以上"。否则就不利于市场经济和生产力的发展。有人甚至认为,公有制大体上只要保持20%左右的比重,能控制住关键的产业部门和极少数大企业就行了。

我们以为,在坚持以公有制为主体的前提下,各种经济成分到底各占多大比重为宜,是需要继续研究和把握的重大问题。但是,如果人为地把

---

[*] 原以笔名黎平石发表。

公有制的比重降到50%以下，那么在其他经济享受目前已有的政策优惠的情况下，公有制的主体地位必然会受到削弱，甚至是难以保住的。持有这种主张的人，连"任何质量都表现为一定的数量"这一起码的常识也忘掉了，是令人惊奇的。且不管他们的主观动机如何，其实质就是要削弱和动摇公有制的主体地位。

我们确实应该在理论和实践上来探讨在社会主义制度下，坚持公有制的主体地位的必要性。

第一，究竟是公有制还是私有制，更适合现代社会化生产力发展的客观要求？

这个问题，马克思和恩格斯早已科学地解决了，只是由于有些人往往无视这一点，所以还得费点笔墨。马克思主义告诉我们，资本主义生产方式所固有的基本矛盾运动的历史展开，必然会导致"社会化生产和资本主义占有的不相容性"。这种矛盾包含着现代资本主义社会的"一切冲突的萌芽"，并"迫使资本家阶级本身在资本关系内部一切可能的限度内，愈来愈把生产力当做社会生产力看待"[1]。要真正从根本上解决这种矛盾，"只能是在事实上承认现代生产力的社会本性，因而也就是使生产、占有和交换的方式同生产资料的社会性相适应。而要实现这一点，只有由社会公开地和直接地占有已经发展到除了社会管理不适于任何其他管理的生产力"[2]。即用社会主义取代资本主义、用社会主义公有制取代资本主义私有制。社会主义制度产生和发展的客观必然性和历史正当性，正根源于此。从实践上看，社会主义公有制较之于私有制更能适应和推动现代社会化的生产力的发展。苏联只用10余年的时间，就快速实现了国家工业化；新中国40多年，特别是近十年来现代化建设的巨大成就都证明，只有社会主义公有制的经济关系，才是适合和推动现代社会化生产力发展的有生命力的经济制度。而且，这也是一切马克思主义者应有的科学信念和实践准则。

第二，坚持公有制的主体地位必须言行一致，不能口头上抽象地承认

---

[1] 《马克思恩格斯选集》第3卷，人民出版社1972年版，第311、317页。
[2] 同上书，第318—319页。

"公有制为主体"，而在实际行动上动摇和损害它的主体地位。

我国是社会主义国家，必须实行以生产资料公有制为主体的经济制度，没有公有制，就不能保障工人阶级（通过共产党）对国家的领导，这种领导权就失去了经济基础。所以，要坚持社会主义制度，就必须巩固和发展公有制经济，而绝不能损害它。现在，某些人的思想深处，总是把公有制看作是发展市场经济和生产力的障碍，他们千方百计贬低公有制，想方设法削弱和蚕食公有制，使国有资产大量流失。有估计说，目前国有资产正以每天一亿元以上的巨大数额在流失，在被"化公为私"。一些干部和经济学家以目前一批国有企业由于不平等竞争等原因形成的经济效益不高、亏损严重为由，就认为国有企业是累赘和包袱，想尽量抛弃它们，急于降低它们的比重。所谓让公有制降至50%以下的说法，就是以此为背景的。这些同志不具体分析国有企业亏损的复杂原因，不认真研究对策，不在转换经营机制、创建现代化的公有制企业制度上下真功夫，实际上是把企业亏损简单地归结为公有制本身不好，而把希望和兴奋点集中在私有制企业身上。于是出现了这样的情况，一些经济学家和负责干部竞相主张以大量拍卖国有企业来显示自己"思想解放"和"大胆改革"。去年4月间，某大城市的市长公开宣布，"除了国家必须控制的以外，多数企业都可以卖。"而该市的体改委主任则说，在拍卖企业"这个问题上要解放思想，不仅亏损企业可以卖，效益好的企业也可以卖，不仅小企业可以卖，国营大企业也可以卖"。而且"只要有人买，不管是外商还是内资，不管是法人还是自然人，都可以干"。其拍卖国有企业的"气魄"可谓大矣！当然，对于一部分效益差、规模小和适于分散经营的国有企业，是可以通过兼并、租赁、承包和产权拍卖等方式来转换经营机制的。但是，公然说可把大多数国有企业，甚至包括"效益好"的国有大型企业都卖掉，则难以苟同。我们要问，他们到底有什么权力随意动摇和损害公有制的主体地位？

我们必须看到，如果将公有制经济的比重降至50%以下，就会使我国整个经济发生质变。不仅公有制的主体地位将难以保住，而且经济的社会主义性质也会出现变化。如果在社会总资产和社会总产值中，私有企业占据一半以上，那就是说，社会剩余劳动的大部分将被私人占有和积累。在这种情况下，我们还能说劳动人民已从雇佣劳动制度下解放出来了吗？还能说中国已经消灭了剥削制度吗？还谈得上什么消除两极分化，达到共同富裕？而且，如果私有经济、私人资本拥有全社会总资本的一半以上，将势必在价值规律的自发作用下发生分化和集中，因而势必会产生出一个具有巨大经济实力的私营企业家集团。在这种情况下，国家能有什么样的行政和法律的规范，足以制止一个剥削阶级的出现呢？人民的政权还能保持在人民的手里吗？显而易见，如果一个社会主义国家允许其私有经济超过公有制经济的实力，由此所产生的经济的、政治的和社会的后果，是不堪设想的。

因此，从数量和质量的统一上坚持公有制为主体的地位，是有中国特色的社会主义的经济根基和主要骨架。可以说，没有公有制的主体地位，就没有社会主义市场经济，也就没有中国特色社会主义。在这个问题上，不能有任何的动摇和退让。一切削弱和动摇公有制主体地位的言行，都必须坚决反对。

第三，坚持"公有制为主体"与确认和保持非公有制经济的"补充"地位，是保障我国社会经济结构之合理性的相互关联的两个方面。

近十年来，我国改革开放和经济结构的调整，使个体经济、私营经济、外资经济都有了相当的发展，并且也发挥了必要的和有益的"补充"作用。可以预见，今后一个时期这些非公有制经济还会有较大的发展。据有关部门预测，按照目前非公有制经济发展趋势，到2000年，个体工商户、私营企业将发展到2500万—3000万户，就业者将达5000万人左右，自有资金可达2000亿元；年工业产值可达3500亿元以上，占工业总产值的20%以上；年社会商品零售额可达6000亿元以上，占全社会总零售额的30%以上。由此可见，我国非公有制经济的发展势头是很迅猛的。

与此同时，我们也应该看到，非公有制经济除了具有积极的和必要的补充作用之外，还具有自发倾向的另一面。非公有制经济，特别是羽毛日益丰满的少数大型私营企业集团，要求尽量扩张自己的经济实力，不安于相对公有制经济主体的"补充"地位，而想"越位"；作为这种经济要求的理论反映，就是有些人总喜欢在报刊上用"经济结构的多元化"、"投资的多元化"和"利益主体的多元化"等说法来描绘我国现有经济生活的现状。其实，这类说法就是要求各种非公有制经济同公有制经济平起平坐。这是对公有制主体地位的隐晦的挑战。而我们的一些经济学家则把这种"挑战"内容定量化，以至于主张非公有制经济的比重应占50%以上，甚至更多。非公有制的"越位"，就意味着公有制主体的"失位"。试问：当非公有制经济的实力超过了整个经济的一半以上，你还能认为它仍然是社会主义经济的"补充"吗？当私有制经济占据整个国家生产经营的大头，公有制经济还有什么"主体"地位可言？

第四，公有制企业要在质量和功能上在整个国民经济中发挥主体和支配作用。国有大中型企业应该掌握国民经济的要害部门和高新技术产业及支柱性产业，要在技术开发和应用上发挥领先和带头作用，要有先进的企业制度和科学的管理，要具有更高的劳动生产率和良好的经济效益。国有大中型企业因其一般都具有规模宏大、实力雄厚、设备先进、人才集中等优势，理应能在国民经济中发挥骨干作用和示范效应。当然这种主导作用，只能在平等的市场竞争中来实现。目前，由于复杂的原因，主要是由于体制僵化和不平等竞争的经济环境，使得部分国有大中型企业处于经济效益下降、人才流失、销售不畅、资金短缺的困境中。所有这些问题，只能通过加快转换经营机制、创建适合市场经济要求的现代化的、公有制的企业制度和营造公平的竞争环境等措施，来逐步改变这种被动状况。即只有通过深化改革，面向市场，加强科学管理，促进科技进步，来使公有制企业焕发出应有的青春和活力。

（原载《真理的追求》1994年第4期）

市场机制的二重效应与人生价值导向

在17年改革开放的伟大的实践探索中,我国社会的基本趋势是,生产力快速发展,市场繁荣,群众的生活水平明显提高,整个国家欣欣向荣,生机盎然。但是,在改革开放和发展社会主义市场经济的条件下,也积累和诱发了一些社会矛盾,产生了比较严重的消极腐败现象。特别是,少数党员干部以权谋私、腐化变质和局部出现的比较严重的思想和道德"滑坡",损害了党的形象,败坏了社会风气,引起了党中央的高度重视和社会有识之士的忧虑。对此,除了要坚持不懈地依法惩治腐败和抓紧党风廉政建设之外,还应抓好社会主义精神文明建设,抓好世界观和人生观的教育,坚持正确的人生价值导向。

经济生活是思想道德生活的基础。由计划经济体制转向社会主义市场经济体制,作为一场深刻的经济变革,必然要引起人们思想观念和价值观念的嬗变。社会主义市场经济是社会主义基本经济制度与市场机制的结合。这种在以公有制为主体的基础上的市场经济的充分发展,是包括人们的思想观念和价值观念在内的整个社会进步的根本推动力。发展社会主义市场经济,洞开国门,对外开放,公平竞争,优胜劣汰,就会使人开阔眼界,摒弃因袭守旧,不图进取,安贫乐道,消极懈怠等积习,而大大激发人们的创新观念、务实观念、效益观念、质量观念、风险观念、竞争观念和平等观念等。所有这些为社会主义市场经济所要求的观念转变,对于长期纠缠着我们的官僚主义作风、封建等级意识和小生产者所固有的狭隘保守观念,无疑是动摇其根基的大扫荡。而且,这也是社会主义的思想观念和价值观念的体系所要求的,或者是相一致的。社会主义市场经济所带来的观念转变,正在改变着人们的精神面貌,在催生一种现代化的和健康的生活方式。

但是也应该正视，社会主义市场经济对于思想观念和价值观念的影响，具有"二重效应"。从其与公有制、宏观调控相联系和促进生产力发展的一面看，它为集体主义的思想和价值观念提供了现实的基础和前提，这种正面效应是基本的；而从其与市场自发调节相联系的另一面看，除了积极作用之外，还有负面效应。这是因为，即便是社会主义市场经济，也具有某种自发性和盲目性。由于市场信号的滞后性和市场行为中某些难以避免的投机性，可能会衍生出眼前利益与长远利益、局部利益与整体利益、个人利益与社会及他人利益之间的矛盾。市场交换中对利润最大化的追求，以及个别的商品交换中价格对价值的一定幅度的偏离，都是难免的现象。但由此不仅强化了企业和个人的利益主体地位，而且会导致片面追求个人和局部利益，"一切向钱看"，甚至会诱发一些人专靠市场投机来满足致富欲。因此市场机制和自发的利益导向是一把双刃剑。它除了有可能优化资源配置和激励开拓进取、求实创新的正面效应外，也可能衍生出导致宏观经济活动无序、可能助长过分看重和追逐金钱的负面效应。这种负面效应，在经济转型时期，由于存在体制"真空"和法制不健全，表现得更为突出。

目前在一部分人中，私欲横流，利己主义膨胀，拜金意识盛行，道德水准下降。有些人甚至利令智昏，违法乱纪，不择手段谋取私利和金钱。一些人所宣扬或奉行"一切向钱看"或曰"拜金主义"的人生价值观，就是主张金钱至上，金钱万能，唯利是图，见利忘义，把金钱作为人生价值的标准。这些人片面地看待和曲解了改革开放和社会主义市场经济的发展要求，认为"一切向钱看"是天经地义的，说"金钱是社会的奖章"。有些短期内暴富起来的"大亨"、"大款"和"大腕"，斗富比阔，一掷万金，追求所谓"潇洒人生"，用占有和挥霍金钱显示人生价值。这种把人的价值同占有金钱画等号的言行，是浅薄和错误的。

所谓以"金钱确定人的价值"，是马克思主义创始人早就揭露和批评过的价值原则。恩格斯曾指出，资产阶级用以"判断整个人生的逻辑公式"，就是"金钱确定人的价值：这个人值一万英镑，就是说，他拥有这样一笔钱。谁有钱，谁就'值得尊敬'，就属于'上等人'，就'有势力',而且在他那个圈子里在各方面都是领头的"①。马克思曾多次引用莎士比亚在名剧《雅典的泰门》中对拜金主义的辛辣讽刺,揭露拜金意识可以使黑白颠倒,美丑倒错,是非混淆,使神圣的东西失去光彩、邪恶的东西成为荣耀。这种迷信金钱的拜金主义,是资本主义私有制及其商品货币关系的观念反映。拜金主义的人生价值观,是对真正的人生价值的扭曲和亵渎。因此,我们既要大力发展社会主义市场经济,又要反对拜金主义。

应该指出,随着我国市场经济的发展,金钱即货币的重要作用不应低估。金钱是社会财富的价值形态。金钱本身并不是坏事。问题是如何对待和获得金钱。人们依靠辛勤劳动和合法经营得到的货币收入,是应予肯定的。一些对社会有重大贡献的人,也理应得到报偿,包括金钱的适当奖励。但这并不能说金钱是人生价值的标准。因为在我们社会里,还难以做到货币收入与其社会贡献的严格一致。即便有些人拥有的金钱和所做的贡献是大体相当的,但他们的人生价值也只在于所做的推动社会进步的贡献本身。奖励和收益,只是对于这种贡献的多种鼓励和报偿的形式之一。如果以此为借口,把金钱的拥有作为人生价值的标准,那就因果易位、本末倒置了。这无疑是错误的、不能成立的。

更为严重的是,如果用金钱的标准取代社会历史进步尺度,那就动摇了马克思主义关于人生价值的根本观点,冲击了爱国主义、集体主义和社会主义思想的主旋律,使为人民服务变成"为人民币服务",即"一切向钱看"。而如果"一切向钱看",唯钱是图,把金钱作为良心和理想的天秤,那么,我们的民族和人民就没有精神支柱了,也就没有灵魂了。这种拜金主义扩散蔓延开来,会腐蚀人们的思想、毒化社会风气,会诱使人们不择手段地去追逐金钱。说"君子言义不言利",是虚伪的。搞社会主义市场经济,需要有兼顾国家、集体和个人利益的功利观。但也不能见利忘义,做金钱的奴隶。在我们社会,金钱并不是一切,还有比金钱更宝贵的东西。如果让人与人之间的关系,都变成赤裸裸的金钱关系,让利己主义汇成一股逆流,汹涌地冲击社会主义精神文明建设,就必将普遍地引发各种腐败、混乱和丑恶现象,甚至会严重危害以至于葬送整个改革开放和社

---

① 《马克思恩格斯全集》第 2 卷,人民出版社 1957 年版,第 566 页。

会主义大业。这绝不是危言耸听。邓小平同志早就指出过:"经济建设这一手我们搞得相当有成绩,形势喜人,这是我们国家的成功。但风气如果坏下去,经济搞成功又有什么意义?会在另一方面变质,反过来影响整个经济变质,发展下去会形成贪污、盗窃、贿赂横行的世界。"[①] 社会主义市场经济体制的建立和完善,需要正确的人生价值观提供思想保证和精神动力。党的十四大确立我国经济体制改革的目标模式,是建立社会主义市场经济体制。而这种市场经济必须以公有制为主体的社会经济关系作为基础。其根本目的,是要满足广大人民群众日益增长的物质文化生活的需要,是为了坚持和发展社会主义事业,并为最终过渡到共产主义创造物质技术基础和经济前提。因此,社会主义信念、共产主义理想、集体主义精神,正是这种市场经济发展的思想条件。相反地,企图在拜金主义、享乐主义和极端利己主义的思想氛围中来发展经济,借口要发展商品货币关系,而否定为人民服务、提倡奉献精神的人生价值观,那同社会主义事业的目标,是南辕北辙的。

我们应该看到,商品货币关系并不是社会主义经济关系的全部。市场体制和运行机制上固有的缺陷,可以用公有制为主体的社会经济关系、适当的宏观计划调控来予以整合与弥补;而它可能滋生的思想偏误,则只能以社会主义思想的精神力量给予矫正。这是我国深层的经济关系制约日常经济活动的客观要求及其在观念上的表现。因为我国社会主义的商品货币关系和原则所立足的基础,是以公有制为主体的社会经济结构,所以我们应该用根植于公有制的社会主义集体主义,来支持和放大社会主义市场经济的积极效应,而克服和缩小它的负面效应。只要我们掌握好市场规则与党性原则,现行经济政策与思想道德规范的联系和区别,那么提倡和实践先进的思想道德,就不会妨碍而只会有助于市场机制的正常运行。在社会上,分层次地采取生动有效方法进行世界观和人生价值观的教育,充分发挥社会主义意识形态的教育功能和导向功能,就可以抵制和逐步克服拜金主义和利己主义的影响与侵蚀。对于工人阶级的人生价值观与市场经济要求相一致的地方,加以对接,提供精神动力,既使自身获得新鲜内容,又

[①] 《邓小平文选》第3卷,人民出版社1993年版,第154页。

促进社会主义市场经济的发展；对其相对立和矛盾的地方，要加以鉴别抵制，使其消极作用减少到最低程度；对于那种以发展市场经济为借口，为"一切向钱看"和极端利己主义张目的人生价值观，则应坚决地加以抵制和批评，以不断清除败坏党风和社会风气的思想根源，使正确的人生价值导向占主导地位，从而保证改革开放和社会主义现代化建设的顺利发展。

（原载《工人日报》1995年7月25日）

学习邓小平"两个飞跃"思想推进农业产业化[*]

以1978年底召开的党的十一届三中全会为转折点,此后我国农村普遍推行家庭承包和双层经营的责任制,赋予了中国农村新的活力和发展契机。这种改革使中国农村经济发展取得了巨大成就,这是有目共睹的。但是,中国农村经济的改革和发展,要走的路程还很长,还远远不能适应整个国家建立和完善社会主义市场经济体制的要求。展望即将到来的21世纪,中国农村发展所面临的主要机遇和挑战,就是如何根据整个国民经济发展要求,有步骤地、循序渐进地推进农业发展的现代化进程,推进传统小农经济向现代产业化、规模化农业的根本性转变,使农村经济与社会协调发展,真正适应社会主义市场经济的要求。而完成传统农业向现代化农业的历史性转变,就要深化农村经济改革,实现中国农业"第二个飞跃"。这也是社会全面进步的历史必然。

一 "第二个飞跃"是中国农业深化改革与持续发展的必然选择

农业问题一直是困扰我国国民经济发展和社会稳定的焦点问题,是关系到国计民生的重大问题。农业是国民经济发展的基础。没有农业现代化,就没有中国的现代化。因此,邓小平同志反复强调:"农业是根本,不要忘掉。"[①] 并就中国农业的长远发展战略提出了"两个飞跃"思想。他指出:"中国社会主义农业的改革和发展,从长远的观点看,要有两个

---

* 李崇富撰写,有一署名合作者。
① 《邓小平文选》第3卷,人民出版社1993年版,第23页。

飞跃。第一个飞跃,是废除人民公社,实行家庭联产承包为主的责任制。这是一个很大的前进,要长期坚持不变。第二个飞跃,是适应科学种田和生产社会化的需要,发展适度规模经营,发展集体经济。这是又一个很大的前进,当然这是很长的过程。"① 这里,邓小平同志以他深刻的哲学思想和战略家的高瞻远瞩,为我国农业经济长远发展和深化农业改革指明了一条光明大道。

从整体上看,"两个飞跃"有着内在的客观联系,"第一个飞跃"是"第二个飞跃"的基础和准备,"第二个飞跃"是"第一个飞跃"的纵深发展。目前,在广大农村,以家庭联产承包为主的责任制还处在继续深化和完善之中,还有现实的生命力。也就是说,在我国广大农村,当务之急还是要继续坚持和完善以家庭联产承包为主的责任制,实行双层经营,要坚持长期不变。因为它适合当前我国广大农村社会生产力的发展水平。但是,随着农业生产和农村经济的发展,首先从一些经济和社会发展较快的村镇开始,就会逐步使农业的"第二个飞跃"提上议事日程。因为"第二个飞跃"本质上是在"第一个飞跃"的基础上,进一步解放生产力和发展生产力的内在要求。它代表了中国农村的未来。因此,在当前,研究和鼓励一些先进地区试行"第二个飞跃",还是有必要的。

"第二个飞跃"的核心,是引导农业实现适度的规模经营,发展集体经济。而"农业产业一体化"是实现农业规模经济和发展集体经济的有效途径。在传统小农经济体制下,农村的各项产业被割裂,农业再生产各环节的内在联系被截断,而"农业产业化"意在把截断的农工商和产供销各环节重新联结起来,构成涵盖农业扩大再生产全过程的完整体系,也就是"农工商、产供销一体化的经营系统",由此来引导分散的农户小生产转变为社会化大生产的组织形式。

农业产业化是市场经济体制的必然产物。它本质上要求农业与市场紧密结合。农业作为一门社会效益大、经济效益低的弱质产业,为提高农业的比较效益,增强农业发展后劲,只有从扩大农业经营规模,扩大生产内涵,实现规模效益,并通过市场优化生产要素配置,提高资源投入产出率

---

① 《邓小平文选》第3卷,人民出版社1993年版,第355页。

和发挥农业产业的整体效益上找出路，舍此别无选择。农业产业化、市场化必然要求打破行业、地域和所有制的界限，使生产要素在更大范围内按市场导向进行配置，从而扩大农业经济发展的空间，使农业生产布局和农村产业结构逐步得到调整和优化。因此，农业产业化的最终目的，就是要变革传统农业经济的增长方式，并从农业生产内部建构起农业自我积累、自我发展的机制，通过农村工业化、城镇化来实现农村和农业现代化。

发达国家农业发展的历史过程充分证明，农业产业化是农业经济全面发展的必然趋势。农业作为社会有机体的基础产业，一方面要创造自己持续发展的条件，另一方面也要与工业和科学技术的进步相适应。从发达国家工业、科技与农业经济发展的联系来看，工业结构的演进和科技进步，对农业发展产生过巨大影响，都是通过对传统农业不断进行技术改造而实现的。发达国家在工业结构上经历了由劳动密集型为主，转向资本密集型为主直至技术密集型为主的三个演进阶段。在第一阶段，劳动密集型工业在城市的集中布局，引发了农业劳动力大规模地向城市非农产业转移，同时也带动了大量农村人口向市民转化。随着劳动密集型工业的扩张，对农产品的需求量也急剧扩大，为农业发展注入了强大推进力。这一时期，农业主要依靠扩大生产规模，改进生产工具以满足工业发展的需要。此时工业只是对传统农业进行了初步改造。第二阶段，资本密集型工业使农业初步实现工业化、产业化，农业经济市场化程度普遍提高。资本密集型工业具有组织规模大、集中化程度高的特点，导致农业劳动力又一次大规模向城市非农产业转移。在劳动力不足的情况下，农业只有依靠机械化和规模经营才能满足自身发展和工业发展的双重需要。农业发展开始初步走上集约化和专业化的道路。第三阶段，技术密集型工业使农业比较利益继续变小。经营农业要增加利润，必须扩大再生产，增加农业投入。尤其是在市场经济条件下，要求农业向"农工商、产供销一体化经营"方向发展，建立高效的、多元化的农业生产体系。从而促使农户和农业生产基地进行专业化、区域化、社会化大生产。可见，正是在与工业和科技发展相适应的过程中，发达国家才在资本主义生产方式下实现了农业机械化、产业化，完成了对传统农业的现代化改造。发达国家农业发展的现代化过程向我们显示，随着社会工业、科学技术和市场经济的全面发展，为适应科学种田和农业生产机械化、社会化的要求，传统农业的现代化必将经历三个层次的深刻变化：（1）结构转型——专业化；（2）体制转轨——产业化；（3）经济开放——市场化。从农业发展的技术形态和产业结构上看，农业生产技术和生产工具的进步，必然要求农业生产规模不断扩大，走上专业化、机械化、产业化、市场化和社会化的发展道路。这是世界也是中国农业发展的历史必然趋势。

中国是一个农业大国，自然资源丰富，农业经济发展潜力巨大。然而就我国农业生产条件和产业结构来说，与发达国家还存在很大差距。虽然农业改革废除了"人民公社"体制，代之以家庭联产承包责任制为主的多种农业生产责任制，革新了土地经营方式和劳动形式，重塑了农村微观经营主体，产生和在一定程度上发展了社会服务体系，改变了农业生产的激励机制，调动了农民的积极性，促进了农村生产力的发展，从而在短期内创造了世界农业发展史上农村经济增长的奇迹。但是，家庭联产承包责任制的实施，其目的是克服农村公社集体经营体制下"干好干坏一个样"、"出工不出力"以及分配上的平均主义弊端，有助于解决广大农民的温饱问题。但这并未能从根本上改造传统农业。这种体制从其诞生之日起，就存在着固有的缺陷：第一，家庭联产承包责任制难以克服它与现代社会化大生产要求的矛盾。这种体制的一个显著特点，是农业生产主体的个体性与分散化，农民还主要是自给自足的小农生产者，而非面向社会和市场的大宗商品的生产者。因此，这种体制在很大程度上是对传统农业小农生产方式的恢复，只能容纳较低的生产力，与社会化大生产和市场经济的要求难以适应。第二，家庭联产承包责任制这种分散、封闭的生产方式，其本身蕴含的发展能量是有限的。农村改革以后，由小块土地和分散小农户构成的农业生产，具有不言而喻的局限性。广大农户所从事的主要是生产初级的农产品，生产经营范围都过于狭小，是一种半自给自足的半自然经济和简单再生产，难以进入社会化大市场。在这种情况下，农业生产缺乏自我积累和扩大再生产的内在驱动机制，劳动生产率难以持续增长，农业内部的产业结构难以分化和协调发展。第三，家庭联产承包责任制吸纳先进科学技术的能力十分有限。长期以来，农民单家独户地从事生产，对区域种植、机械作业、生物工程以及水利化、电气化和化学化等现代农业科技的实施,大多无能为力,甚至有某种排斥力。这种情况,极大地阻碍了科技兴农战略的具体实施。第四,家庭联产承包责任制使农业的可持续发展,困难重重、难以为继。家庭联产承包责任制实施以后,昔日强制性的一些制约因素随之消失,于是在比较利益的驱使下,出现了抛荒土地、非法出售耕地等现象。更大量的情况是,农民劳动和对土地投入的积极性下降,维系农业生产所不可缺少的水利灌溉等基本设施,不仅没有发展,反而遭到不同程度的破坏和闲置。小农经济助长了一些农民急功近利和目光短视的狭隘性,在眼前利益驱使下,许多农民以一种近于"竭泽而渔"的掠夺性方式进行生产耕作,结果导致水土流失、土壤退化和肥力递减,使农业依赖自然资源可持续利用性难以维护和有效利用。第五,家庭联产承包责任制无力引导农民参与市场竞争,也难以承担自然灾害的损失。由于家庭生产的经济实力脆弱,一家一户的农民难以及时、全面、准确地掌握与预测市场行情,在激烈的市场竞争中处于极不利的地位。同时,面对自然灾害也无力自救。总之,家庭联产承包责任制这种分散、封闭的农业生产组织形式,虽然有与此同时存在的双层经营和社会服务体系的发展,在一定程度上克服了它的缺陷,但仍难以从根本上符合现代农业生产的社会化、市场化、专业化、机械化和产业化的要求,不利于科学种田和农业可持续发展,更不能满足社会主义市场经济和实现农民共同富裕的要求。因此,深化我国农业改革终究是势在必行。而以生产的社会化、适度的规模经营和发展集体经济为基本内涵的"第二个飞跃",本质上就是要对传统落后的小农经济进行根本变革,就是要变传统一家一户的生产,逐步发展为集体的规模化、集约化生产。它不仅符合农业经济发展的历史趋势,而且是克服家庭联产承包责任制固有弊端,改造我国传统农业,以实现农业现代化的必然选择。

实现农业"第二个飞跃",也是我国农村生产力发展的必然结果。无论是工业还是农业,生产力的发展,都必然会带来生产方式的变革,这是由生产关系一定要适应生产力发展状况的规律决定的。自70年代末开始,伴随着农村经济体制改革,农村生产力不断从旧体制束缚下解放出来,并获得了良好的发展条件,全国农业生产力平均水平明显提高。但是,随着生产力的日益发展,家庭联产承包责任制这种适应我国传统农业生产力低水平的劳动方式，会逐渐丧失以往对生产力的适应性。面对市场经济和生产社会化的现实要求，它所具有的刺激农业生产力增长的能量是有限度的，并由于自身的缺陷而将逐渐变为农业生产力进一步发展的制约因素，终将成为农业产业化和市场化的障碍。的确，面对广大农民在市场经济条件下追求自我利益的合理驱动，以及市场竞争的促进，一家一户承包的土地和单一的农业生产变得太狭小了，根本无法满足农户致富的要求。而且小农经济分散、封闭、不可持续发展的劳动方式，根本不能提供农业经济纵深发展的空间，因而终将导致农村生产力发展与传统落后的劳动方式之间的矛盾加剧。然而，生产力作为最活跃的因素，必然要冲破束缚，寻找发展的有利空间。这是客观规律。因此，在社会主义市场经济和社会化大生产的外部条件下，农业逐渐走上适度的规模经济，发展集体经济的道路，实现产业化、市场化，正是中国农业生产力发展的客观要求和条件，也是其自我发展的必然途径和结果。同时，农业产业化也为中国农业可持续发展提供了根本保证。

实现农业"第二个飞跃"，也是农村城镇化、现代化的必然要求。任何社会工业化达到一定程度，必然带来社会的城镇化。城镇化作为衡量社会现代化的标准之一，它不仅反映了现代化的一般发展趋势，而且反过来对社会工业、农业的现代化进程，具有巨大的推动作用。广大农村一旦形成城镇化的发展格局，就能以它巨大的经济功能和商业服务中心、精神文明中心的地位推动社会全面发展。因而，一个国家或地区城镇的发展水平，往往能标志出其经济、政治、文化、科技、教育等多方面所达到的进步程度。中国作为一个农业大国，农村的工业化、城镇化、现代化建设，已经成为社会主义四化建设的基本环节。而以农业产业一体化为基本依托的"第二个飞跃"，通过建立高效益的农业体系，将农业生产从种植业、养殖业延伸到农产品加工业、服务业，并把农业生产与工业、建筑业、运输业和商业贸易联系在一起，使农业生产向非农产业转化，并通过发展乡镇企业，吸收大量农村剩余劳动力，不仅可提高广大农村的工业化水平，而且能推动传统社会的绝大多数农民，演变为现代社会的市民和职工，完成一次更深刻的人的社会角色的变革，从而提高乡镇的城镇化水平。与此同时，产业化在促进农村城镇化的进程中，又为小城镇农业经济建设积累资金、技术和人才，为农业发展提供更大的拓展空间。总之，农业产业化能带动城镇工业、交通、商业、文化、服务等相关产业的全面发展，加快了乡村现代化的进程。

由此可见，农村经济的"第二个飞跃"，不仅为农业全面发展提供了机遇和条件，而且是变传统农业为现代农业，使农业发展适应社会主义市场经济和现代化建设的必由之路和根本保证。

二 "第二个飞跃"的实现应遵循历史发展的辩证法

历史发展的辩证法昭示我们，任何社会的发展变化都是一个辩证的演进过程。而这种历史性的进步，是由自己内部革命性因素的积累和发展提供根据的。我们不能离开社会生产力发展状况和客观要求，人为地、主观地强调社会发生"变革"。50年代后期的"人民公社化"运动和"十年动乱"中所搞的"穷过渡"的严重教训，我们决不能忘记。我们现在讲农业终将实现"第二个飞跃"，要坚持从实际出发，要根据客观条件，要遵循农业发展的客观规律。

邓小平关于农业"第二个飞跃"的战略思想，所规划的是中国农业经济长远发展的方向。他指明了农村经济深化改革的远景和具体道路，但"第二个飞跃"的逐步实现，不仅是中国农业经济发展的必然趋势，更是一场牵动全社会历史发展的深刻革命。社会历史发展过程是辩证的、曲折的，任何历史性的变革都必定要经历一个艰辛的过程。可以说，改造传统农业经济，促使农业经营方式转变和经济发展的过程，也将是各种矛盾和问题不断凸现的过程。因而"第二个飞跃"的实现是一项复杂、艰巨的事业，不可能一蹴而就。它必然要遵循历史发展的辩证法，呈现出复杂性和曲折性，必将经历一个漫长的过程。

首先，"第二个飞跃"的长期性和过程性，是内在地根源于农业发展复杂的矛盾运动，根源于变革旧的生产组织形式和劳动方式的艰巨过程。在我国农业发展复杂的矛盾体系中，最突出的矛盾是我国广大农村传统分散落后的劳动方式同社会化大生产要求不相适应的矛盾。虽然农村经济改革普遍实施家庭联产承包为主的责任制，导致分散经营的小生产与社会化大生产之间的矛盾日益尖锐，变革传统劳动方式终将成为紧迫的现实要求。然而，劳动方式的变革是涉及社会表层及深层各个领域的复杂社会工程。变革劳动方式不仅依赖生产力、经济、科技及其管理制度的发展，还依赖于政治上层建筑、社会意识和社会主体人的综合素质的发展。而上层建筑、社会意识的演变，以及作为更深层的人们思想观念的转变，都将经历一个漫长的演变过程，绝非一朝一夕就能实现的。以改造落后的劳动方式为目的的农业"第二个飞跃"，是社会主义市场经济体制下的新生事物。它不仅要求一系列适应农业生产力发展状况的深刻变革，诸如，它要求运用现代工业和科学技术来改造农业，要求用现代市场经济来取代自然经济和半自然经济，要求农业生产发展到专业化和产业化，要求培育农产品市场，完善农村金融市场，培育生产要素市场，发展第三产业，转变政府的管理职能，等等；更要求人们突破自然经济条件下传统观念的束缚，建立与社会主义市场经济相适应的一系列新观念，诸如市场意识、竞争意识、效率意识、科技兴农意识、扩大再生产意识，等等。因此，"第二个飞跃"所要实现的农业和农村的社会变革，是一个有长期量的积累过程的根本性质变，必将经历一个漫长过程。

其次，"第二个飞跃"的长期性和过程性，是由我国农村生产力发展水平的不平衡性决定的。虽然"第一个飞跃"使我国农村改革与发展取得了巨大成就，在一定程度上促进了各地区农业生产力的普遍增长。但是在我国农业生产中，传统生产要素和技术手段仍然没有根本改变，农民按照世代相传的经验和技能，所从事农业生产活动的现象还大量存在。特别是我国农村各地区之间，生产力发展水平存在着显著差距。东部地区改革开放加速了农村经济发展，乡镇企业星罗棋布，迅速崛起，农业机械化程度获得了提高，并开始探索农村产业一体化的发展方向。不少农民开始进入工厂和商界，越来越多地享受现代物质文明。而在中西部经济发展相对落后地区，农业生产依旧是以人力、畜力为主，扁担、镰刀和犁耙依旧是主要的劳动工具。农民大多过着"日出而作，日落而息，耕田而食，凿井而饮"的古朴生活，甚至还有几千万人的温饱问题没有解决。即使是发展态势良好的东部地区，农业生产条件与发达国家相比还存在着很大差距，诸如，我国科技进步在农业增长中的贡献份额很低，广大农民对科技的接受能力还非常有限，缺少对科技革新的内在需求，广大农民科技文化素质还没有得到实质性提高，农民就业机会十分有限，农业生产率和商品率水平不高。而就全国总体情况来说，更为严峻的情况是，中国人多地少，农民对土地依赖程度很高，土地仍是大多数农民的主要生产资料，因此使土地规模经营受到极大限制。我国不同地区农业和农村发展的这种不平衡，正是我国的基本国情之一。这就毫无疑问为农业"第二个飞跃"战略设想的具体实施，增加了艰难性和复杂性。由此可见，在我国实现对传统农业的全面改造，引导农业经济走上现代产业化道路，带领广大农户生产步入市场经济的运行轨道，实现高科技含量的适度规模经营，发展集体经济，绝非易事，不可急于求成。因此，农村经济"第二个飞跃"的实践将经历一个较长的发展过程。

再次，农业经济"第二个飞跃"的长期性和过程性，也内在地根源于其实现条件的复杂性。对传统农业的封闭性质和小农经济特征进行根本性变革，不仅是一个十分复杂的社会系统工程，而且它所涉及的关系和矛盾是多方面的、复杂的。因而，这项变革所依赖的条件也将是复杂的、多种多样的。虽然社会主义市场经济已为农业产业化拓展了外部空间，创造了有利发展的外部条件，而且我国工业化、信息化、市场化发展已具规模，这也为农业产业化和规模经营提供了必不可少的前提条件。但在现实中，我国不同地区农村经济体制的市场化改革并非一致，工业化发展程度各不相同，各地区农业生产又具有各自的特殊性，不同地区的地理环境、生产技术水平、劳动者的综合素质具有很大的差异性，很多地区传统体制仍然在一定程度上在起作用，农户缺乏扩大经营规模和生产要素积累的冲动，农户生产经营活动还经常受到来自基层政府部门的不当干预。因此，不同地区实施"第二个飞跃"的具体条件具有特殊性、复杂性。各地区应因地制宜，坚持具体问题具体分析的原则，决不能一哄而起，搞"一刀切"。总的来说，在一些先进的、有条件的地区，要根据自身的实际情况，抓住有利条件和发展机遇，有秩序地逐步完成生产工具的革新换代、产业结构的转型、农业科技的推广和应用、社会服务体系的完善等一系列农业劳动方式和经营方式的变革，促使农业和非农产业协调发展，使农民经济收入和农村整体经济实力上升到新的水平，逐步壮大集体经济力量，不断增加农业本身的积累,在条件具备时,引导农业不失时机地实现"第二个飞跃";而条件尚不具备的广大农村地区,应该继续稳定和完善家庭联产承包责任制,首先发展种植业和养殖业,同时积极挖掘自身潜力,创办和发展乡镇企业,充分利用当地的优势,发展农副产品的商品生产和产品加工,不断提高非农产业的比重,提高产品的商品率,繁荣农村经济,多渠道多方位地使本地区的农业经济摆脱落后状况,为农业产业化创造条件。

"第二个飞跃"的过程性和条件性,决定了实现对传统农业的变革要讲究方式和方法。在建立和完善社会主义市场经济体制中,解决弱小的千家万户耕种与千变万化大市场之间,家庭分散经营与社会大规模经营之间的矛盾,绝不能简单化,草率行事。农业产业化是社会生产力发展和市场经济条件下的必然产物,随着中国经济和科学技术的发展,农业经营规模势必要扩大。但是,向大规模的集体经济、集约化生产的过渡应该是逐渐的、自愿的,是通过市场力量的吸引而实现的。一个地方、一个村镇的农业,能否和何时采用适度的规模经营,是由农民根据经济因素而不是行政因素来决定的,应该让农民自己选择其经济该采取何种集体经济的组织形式和经营方式。因此实施农业产业化的策略思想,应坚持引导和鼓励的原则。政府的责任是支持、引导、统筹、协调,但切忌包办代替和过多干预。各地区应根据农业生产者的自身需要,稳妥试点,积极推广,分阶段、有秩序地完成对传统小农经济的逐步改造。总的来说,各地区要在坚持农业发展,实现共同富裕目标的前提下,根据本地的现实情况和条件,采取多种形式、手段和方法,发展适度的规模经营,促使农村劳动力和资金等大量地向非农产业转化。

当前,就农业规模经营应该采取的具体形式问题,存在着两种不同的观点。一种观点认为,农业规模经营应该采取各种专业合作社或股份制合作制的经营方式,通过发展和壮大集体经济,达到共同富裕的目的;另一种观点则认为,农业规模经营应该鼓励土地向种田大户和家庭农场集中,发展农业规模经营。如果抛开中国的具体国情来看,这两种思路也许都具有各自的合理性。但是,我国农村的实际情况,是人多地少,土地资源相对不足,非农产业很不发达,不能吸收容纳大量的农村剩余劳动力。因此,单纯和过分地提倡培育种田大户和兴办家庭农场,并不适合中国国情。因为这会导致农村大多数农民失去赖以生存的土地,导致农村贫富两极分化。虽然我们不反对而是允许少数种田能手,多承包一些土地和山林,但不宜普遍推广,因为这种做法不能代表农业改革和发展的大方向。如果从广大农民的切身利益出发,真正为广大农户着想,就应该引导和提倡逐步发展各种合作形式的集体经济,并以集体经济为依托,使农业和非农产业协调发展,从而使农村经济发展步入良性循环的轨道,逐步为农业实现"第二个飞跃"创造有利的现实条件。

总之,正如邓小平所指出的:"农村现在还是联产承包责任制。我以前提出过,在一定条件下走集体化、集约化的道路,还是必要的。但一定要适度,不要勉强,不要'一窝蜂'。如果条件成熟,农民自愿,也不要阻碍。"从长远来说,"农村经济最终还是要实现集体化、集约化。农民现在希望搞联产承包责任制,不想动,但不等于将来永远不能动。科学种田发展了,超过了村的界限,甚至超过区的界限,到那时你不搞集体化、集约化就适应不了了。如果老是仅仅靠双手劳动,仅仅是一家一户地耕作,农业现代化就不可能实现。就是一百年、二百年,还是要走集体化、集约化这条路。现在还是坚持家庭联产承包责任制,切不可以'一股风',如果农民不提集体化的事,也不要急。总之要条件成熟,农民自愿了再搞。"① 在这段话里,邓小平把"两个飞跃"的思想阐述得更加明白、具体了。我们应该深刻地理解和全面地把握。

三 21世纪中国农村经济改革与发展的瞻望

即将到来的新世纪激发了中国农民美好的希望和向往。随着国家社会主义现代化事业的逐步推进,人们相信农村经济深化改革,"第二个飞跃"战略的逐步实施,必将使21世纪成为重塑中国农村形象的世纪。在迎接21世纪到来之际,瞻望农村经济未来的发展前景,我们可以勾画出中国农村在"第二个飞跃"逐步实现的过程中,将要完成的更加辉煌的转变。

第一,广大中国农村将实现由传统小农经济向现代农业社会化大生产

---

① 转引自《农村发展和"两个飞跃"》,《农民日报》1995年11月14日。

转变。中国农村经济将在发展社会主义市场经济的推动下，突破小农户经营限制，形成与现代化大生产相适合的大农业生产。并且，伴随我国工业化和城镇化的进程，通过建立高效的农业生产体系，以使农业生产逐步实现规模化、产业化和集约化，成为我国农业生产经营的主要组织形式。农业生产专业化、布局区域化、经营一体化、服务社会化、结构产业化，将构成我国农业生产的基本特色。从而，把分散的农户的小生产，组织到产业一体化的大生产系列中来，以发挥出生产社会化的协同优势。

第二，实现由单一农业生产向农村产业多样化转变。中国未来农业的规模经营，将打破农业生产的单一性，在"农工商、产供销一体化"生产的全过程中，实施多种产业协调发展，多种经济组织立体交叉、多样化产品并存的生产格局。农业生产的多样化要求，在产业一体化经营条件下，农村经济再生产过程的每个环节，都不能再看作是孤立的存在，而应当从紧密相连的经营一体化上去理解。这里，"农"是指包括种植业、养殖业、微生物开发利用及其他特殊农产品生产在内的"大农业"；"工"是指以农产品为主要原料的加工业，对农产品做深度加工和开发，大大增加其附加值；"商"是指与农产品运销有关的国内贸易和对外贸易的发展，以市场为导向，发展各种农村产业；"产"是指扩大各种初级农产品生产和深加工产品的生产，"供"是指以市场交换为纽带，各行各业为农业和农村发展提供物质支持和智力支持，为农村和农业提供各种生产资料和各种社会服务；"销"是指农产品及其加工品作为商品，能够货畅其流，迅速运销到消费者手中，实现其价值。总之，农村经济将在农产品生产的基础上向多层次、多元化方向全面发展。从而，把农业生产与工业企业、商业贸易、科学技术和社会服务紧密联系起来，完成农村工业化、产业化和市场化的根本转变。

第三，实现由农业发展的不可持续性向农业可持续性发展转变。农村和整个农业生产部门，一旦实现了"农工商、产供销一体化"的经营体系，就可以合理和充分地开发利用各种自然资源和人力资源。未来农业将既不是"靠天吃饭"的农业，也不是以生产条件恶化和环境污染为代价的农业，而是名副其实的生态农业和可持续性农业。到那时，生态失衡、环境污染、土地沙化、水土流失、森林减少的状况将有根本性的改变。优质高效、百业兴旺、环境优美、文明富足的社会主义新农业和新农村，将展现在人们面前。

第四，实现由贫穷落后的乡村向繁荣文明的现代化城镇转变。在农业"第二个飞跃"中，实现农业产业一体化，在发展优质高效农业的同时，实现农村工业化，必然促进农村剩余劳动力向乡镇工业、服务行业大量转换。农村和农业产业结构的变革，使世世代代"面朝黄土背朝天"的中国农民，走出传统的农业部门，大量地转向工业、商业、运输业、建筑业和服务业等非农产业。传统的乡村社会形态在现代农业、乡镇企业、商业贸易等社会多元化发展的格局下，将逐步实现向城镇化生活方式的历史转变。随之而来的将是，农民传统落后的思维方式和思想观念也将发生实质性的转变。农业产品的丰富和农村工商业贸易系统的发展，不仅繁荣了市场，而且使农民的物质生活和精神生活更加丰富多彩。依靠集体经济、规模经营和科学技术富裕起来的农民，开始追求和享受现代城市物质文明和精神文明的新生活。现在，人们已经欣喜地看到，在乡镇企业和农业发展方面走在前列的一些地方，如江阴的华西村、新乡的刘庄、济南的北园镇等农村，已经出现了城乡一体化、农村城镇化的雏形。沿着这个方向发展下去，在不远的将来，我国会有几亿农民成为亦工亦农的新型市民。

毋庸置疑，中国农村下个世纪的辉煌，依赖于对家庭联产承包责任制的超越，依赖于农业集体经济逐步发展的"第二个飞跃"。相信随着农村改革的推进，乡镇工业蓬勃发展和农业集约化、规模化和产业化的全面展开，过去我们所习见的农村社会及许许多多的旧事物，将发生历史性变化，在广阔的中国大地上，将会在农村现代化的进程中，涌现更多类似于"苏南模式"、"温州模式"、"南街村模式"和"窦店模式"等一串串令人振奋的名字。实践证明，在现代工业文明和社会大变革的推动下，广大乡村必将今非昔比，旧貌换新颜，在新时代展现出一个全新的景象。

［原载《清华大学学报（社会科学版）》1997年第6期］

论邓小平理论的哲学基础

邓小平理论作为当代中国的马克思主义，即中国特色社会主义理论，"是贯通哲学、政治经济学、科学社会主义等领域，涵盖经济、政治、科技、教育、文化、民族、军事、外交、统一战线、党的建设等方面比较完备的科学体系"[①]。其核心内容和哲学基础，如同整个马克思主义一样，是辩证唯物主义、历史唯物主义的世界观和方法论。"实事求是"作为这一哲学之基本精神的高度概括，既是整个马克思主义的也是邓小平理论的精髓。故而，学习和研究邓小平理论的科学体系，首先要把握其哲学基础，特别是它的精髓，才能领会这个科学体系的精神实质，以指导我们党和人民的整个事业与各项工作。

一 "解放思想、实事求是"是邓小平理论的精髓

"解放思想、实事求是"，是在新时期恢复和重新确立的党的思想路线，并成为邓小平建设有中国特色社会主义理论体系的精髓。这就从世界观和方法论上显示，马克思列宁主义、毛泽东思想、邓小平理论是一脉相承的统一科学体系，也表明了邓小平理论体系对毛泽东思想的继承、运用、发展和创新。

（一）"实事求是"是马克思主义的根本观点和根本方法

"实事求是"是马克思主义的根本观点和根本方法。把整个马克思主

---

① 江泽民：《高举邓小平理论伟大旗帜，把建设中国特色社会主义事业全面推向二十一世纪》，人民出版社1997年版，第13页。

义的哲学要义，特别是其哲学——辩证唯物主义和历史唯物主义的基本精神和实质，简明扼要地概括为"实事求是"，是中国共产党人的理论升华和理论创新，是马克思主义中国化的典范。

"实事求是"，原本是中国的一句古语。它源于东汉史学家班固所撰《汉书·河间献王传》。书中称赞西汉河间献王刘德"修学好古，实事求是。从民得善书，必为好写与之，留其真"。唐朝学者颜师古对"实事求是"所作的注释是："务得事实，每求真是也。"其含意是，刘德治学，务求掌握真实的文献资料，期冀从中探求学问之真谛。

毛泽东在探索马克思主义中国化，并用以指导中国革命的长期奋斗中，对"实事求是"作出了马克思主义的改造和发挥。从30年代末开始，他就用"实事求是"来概括马克思主义的科学精神。在延安整风期间，他一再倡导以"实事求是"的科学态度，克服主观主义的不良学风。特别是他于1941年5月19日在延安干部会上所作的《改造我们的学习》的报告中，第一次对"实事求是"作出了马克思主义的系统论述。他说："'实事'就是客观存在着的一切事物，'是'就是客观事物的内部联系，即规律性，'求'就是我们去研究。我们要从国内外、省内外、县内外、区内外的实际情况出发，从其中引出其固有的而不是臆造的规律性，即找出周围事变的内部联系，作为我们行动的向导。而要这样做，就须不凭主观想象，不凭一时的热情，不凭死的书本，而凭客观存在的事实，详细地占有材料，在马克思列宁主义一般原理的指导下，从这些材料中引出正确的结论。"[①] 毛泽东精通中国典籍，善于"古为今用"。"实事求是"经过他的改造和阐发以后，就由一个称赞治学态度的一般成语，而变成一个具有中国风格、中国气派的体现马克思主义基本精神的科学命题。

在毛泽东几十年的倡导和推动下，实事求是，一切从实际出发，理论与实践相结合，这些以"实事求是"为核心的科学思想，逐渐成为中国共产党人思想和行动的指导原则，成为党的思想路线。中国革命和社会主义建设的每一步胜利、所取得的每一项成就，都是在这条思想路线的指导下获得成功的，而我们党的事业所曾遭受过的失误和挫折，都是由于违背了

[①] 《毛泽东选集》第3卷，人民出版社1991年版，第801页。

这条思想路线的缘故。在我们党几十年的奋斗历程中，其正反两面的经验反复地证明和昭示了这一点。对此，邓小平曾指出："马克思、恩格斯创立了辩证唯物主义和历史唯物主义的思想路线，毛泽东同志用中国语言概括为'实事求是'四个大字。""实事求是，是无产阶级世界观的基础，是马克思主义的思想基础。过去我们搞革命所取得的一切胜利，是靠实事求是；现在我们要实现四个现代化，同样要靠实事求是。"①

毛泽东当年倡导"实事求是、一切从实际出发、理论与实践相结合"的科学精神和思想路线，所坚持的正是"马克思主义的根本观点、根本方法"②，是对马克思主义思想实质的科学揭示和准确把握。

马克思、恩格斯作为现代唯物主义的创立者和奠基人，作为国际无产阶级的革命导师，历来主张"实事求是"。还在马克思主义的科学体系刚刚创立的1845年秋，马克思、恩格斯在其合著的《德意志意识形态》中就指出："共产主义对于我们来说不是应当确立的状况，不是现实应当与之相适应的理想。我们所称为共产主义的是那种消灭现存状况的现实的运动。这个运动的条件是由现有的前提产生的。"③ 1847年末至1848年初，马克思、恩格斯又在《共产党宣言》中进一步重申："共产党人的理论原理，决不是以这个或那个世界改革家所发明或发现的思想、原则为根据的。这些原理不过是现存的阶级斗争、我们眼前的历史运动的真实关系的一般表述。"④ 在此前后，马克思主义创始人反复阐述这种基本观点。1847年10月，恩格斯强调："共产主义不是学说，而是运动。它不是从原则出发，而是从事实出发。被共产主义者做为自己前提的不是某种哲学，而是过去历史的整个过程，特别是这个过程目前在文明各国的实际结果。"又说："在共产主义作为理论的时候，那么它就是无产阶级立场在这种斗争中的理论表现，是无产阶级解放的条件的理论概括。"⑤ 后来，恩格斯把科学共产主义及其实践所应遵循的这种实事求是的科学精神，上升到哲学高

---

① 《邓小平文选》第2卷，人民出版社1994年版，第278、143页。
② 同上书，第114页。
③ 《马克思恩格斯选集》第1卷，人民出版社1995年版，第87页。
④ 同上书，第285页。
⑤ 《马克思恩格斯全集》第4卷，人民出版社1958年版，第311—312页。

度加以阐发。他在《反杜林论》中把这提升为辩证唯物主义和历史唯物主义的一条著名原理："原则不是研究的出发点，而是它的最终结果；这些原则不是被应用自然界和人类历史，而是从它们中抽象出来的；不是自然界和人类去适应原则，而是原则只有在符合自然界和历史的情况下才是正确的。"据此，恩格斯把"不是从原则出发，而是从事实出发"称为"这是对事物的唯一唯物主义的观点"①。

列宁同马克思、恩格斯一样，在革命和建设中总是强调"要实事求是地看问题"②。早在1894年，他在同"民粹派"争论如何用马克思主义来指导俄国革命时，就反对把马克思主义视为"一种必须普遍遵守的历史哲学公式"，主张"根据理论符合一定的即俄国的社会经济关系的现实和历史"，作为理论的根据。"因为'马克思主义'的创始人马克思自己就十分明确地说过对理论的这种要求，并且以此作为全部学说的基础。"③他在指导革命和建设时，总是要根据客观事实，而不是主观愿望，来制定和执行党的政策和策略。他指出，"事实是我们政策的基础"④。我们共产党人"只能以经过严格证明和确凿证明的事实作为自己政策前提"⑤，即"任何郑重的政策必须以经得起严格的客观检验的事实作为根据"⑥。列宁为了使无产阶级政党更好地做到从事实出发，坚持实事求是，还特别对"事实"的内涵作了科学阐明。他指出："在社会现象领域，没有哪种方法比胡乱抽出一些个别事实和玩弄实例更普遍、更站不住脚的了。挑选任何例子是毫不费劲的，但这没有任何意义，或者有纯粹消极的意义，因为问题完全在于，每一个别情况都有其具体的历史环境。如果从事实的整体上、从它们的联系中去掌握事实，那么，事实不仅是'顽强的东西'，而且是绝对确凿的证据。如果不是从整体上、不是从联系中去掌握事实，如果事实是零碎的和随意挑出来的，那么它们就只能是一种儿戏，或者连儿戏也不

---

① 《马克思恩格斯选集》第3卷，人民出版社1995年版，第374页。
② 《列宁全集》第40卷，人民出版社1986年版，第41页。
③ 《列宁全集》第1卷，人民出版社1984年版，第162页。
④ 《列宁全集》第32卷，人民出版社1985年版，第105页。
⑤ 《列宁全集》第47卷，人民出版社1990年版，第479页。
⑥ 《列宁全集》第32卷，人民出版社1985年版，第120页。

如。"① 这表明，列宁所要求的从事实出发，不是个别事实的任意罗列，而是要全面和本质地把握事实的整体和联系。

由此可见，马克思列宁主义创始人，无论是阐述自己的学说，还是用它来指导革命实践时，都把实事求是和从实际出发，作为自己的根本观点和根本方法。正因为这样，当毛泽东用中国古语"实事求是"来概括和阐述马克思主义的精深的实质，亦即党的思想路线时，就不仅体现了他对马克思主义真谛的准确体悟，同时也赋予"实事求是"以深邃而科学的理论包容性。

第一，"实事求是"凝聚和蕴含着马克思主义哲学的思想精髓。

我们品味毛泽东从哲理上对"实事求是"的发挥，它至少鲜明而深刻地显示：其一，它体现了彻底的唯物论与自觉的辩证法的精神实质。因为它要求人们认识和改造世界，要从"实事"和"实际情况出发"，首先坚持的是从物到感觉和思想的唯物主义的认识路线，即如实地按照事物的本来面目，去认识和把握之；与此同时，它又把"实事"视为现象和本质的结合体，要求人们"详细地占有材料"，透过现象，去揭示其"内部联系，即规律性"。这所指的就是辩证思维的过程，是唯物辩证法的本质要求。其二，它体现了辩证唯物主义认识论的精神实质。因为，"实事求是"首先内在地包含着对事物发展规律的客观性和先在性的肯定，所以它要求人们的实践活动必须以其对客观规律性的认识"作为行动的向导"。这样既坚持了辩证唯物主义的可知论和反映论的前提，又充分肯定了人的认识和实践活动的主体性和自觉的能动性。因为它意味着，人们不是被动地、消极地和直观地去反映现象，而是要主动地去"求"、"去研究"，去能动地认识和把握事物发展变化的客观规律，并在实践中加以运用。这就扼要地概括了辩证唯物主义认识论的基本原理。其三，它体现了历史唯物主义的精神实质。历史唯物主义是辩证唯物主义的世界观和方法论在社会历史领域的运用与体现。它从社会实际出发，通过揭示历史过程的内部联系即社会发展的规律性，来指导工人阶级和革命人民对社会进行改造。毛泽东提倡"实事求是"，固然具有世界观的普遍意义，但其直接的着眼点，主要还是针对社会问题，是为当时的革命和战争服务的。他要求全党"从国

---

① 《列宁全集》第28卷，人民出版社1990年版，第364页。

内外、省内外、县内外、区内外的实际情况出发，从其中引出其固有的而不是臆造的规律性"，主要是指认识中国革命的"规律性"，作为全党和革命人民的"行动的向导"。因此，"实事求是"所体现的主要精神实质，就是历史唯物主义所要求的，认识中国社会和中国革命发展的本质和规律，发动和组织群众，能动地改造社会，改造中国。

第二，"实事求是"是对党的思想路线的准确和简明的科学概括。

早在1930年，毛泽东在《反对本本主义》中就提出了党的"思想路线"① 这一科学概念。在这期间及其以后，他对党的正确的思想路线的阐述，主要是强调要加强调查研究，深入了解国情，并根据自己从事调查研究和指导革命与战争的实践经验，总结出了"没有调查，没有发言权"这句脍炙人口的名言，以反对革命队伍内的教条主义。1936年，毛泽东为了清算王明的教条主义在军事路线上的表现，也为了总结革命战争经验，撰写了《中国革命战争的战略问题》，阐明了"一般的战争规律"与革命战争的、特别是与中国革命战争的"特殊规律"的辩证关系，要求重点研究这些"特殊规律"。到1937年，毛泽东又发表了《实践论》和《矛盾论》这两篇光辉的哲学著作。这既从世界观和方法论上清算了王明的教条主义，以及形形色色的主观主义错误，又充分地论证和阐述了党的思想路线的哲学根据。《实践论》突出了"实践第一"的观点，阐明了认识论关于"主观和客观、理论和实践、知和行的具体的历史的统一"② 的基本原理，指出王明的教条主义和其他机会主义"都是以主观和客观相分裂，认识和实践相脱离为特征的"③。《矛盾论》则是以认识和掌握矛盾的特殊性为重点，全面而深刻地阐明了对立统一规律，尤其是着重揭示了矛盾的普遍性与特殊性，即共性与个性、绝对与相对的辩证联结。认为这些道理"是关于事物矛盾的问题的精髓"④。这些深刻的哲理，以及作为其重要基础的中国革命的经验，都反复地证明了我们党的一条最重要的思想原则：必须把马克思列宁主义普遍真理与中国革命的具体实践相结合。教条主义者和其

---

① 《毛泽东选集》第1卷，人民出版社1991年版，第116页。
② 同上书，第296页。
③ 同上书，第295页。
④ 同上书，第320页。

他主观主义者违背了这条真理,所以他们曾经对革命事业造成了极为严重的损害。到1941年,在延安整风期间,毛泽东针对主观主义,特别是王明教条主义的错误,用"实事求是"这一通俗易懂、言简意赅和具有中国文化特色的古语,来提炼和概括他在《实践论》和《矛盾论》等著作所阐明的马克思主义的科学世界观和方法论,以及上述那条最重要的思想原则。因此,这就使我们党的思想路线,找到了一种最为简练、明晰、深刻和集中的科学表达,以便被全党全国人民理解、把握和运用。

第三,"实事求是"集中体现了马克思主义的科学精神和科学态度。

毛泽东提出"实事求是",不仅有丰富和深刻的思想内涵,而且具有鲜明的针对性。这就是反对主观主义特别是教条主义,提倡马克思列宁主义的科学态度。他指出:"马克思列宁主义是科学,科学是老老实实的学问",因而应当用科学态度对待马克思列宁主义。其基本精神和科学的态度,就是"要使马克思列宁主义的理论和中国革命的实际运动结合起来,是为着解决中国革命的理论问题和策略问题而去从它找立场,找观点,找方法的"。而"这种态度,就是实事求是的态度"。他指出,坚持"实事求是",是每一个共产党员起码应该具备的态度。这种态度"就是党性的表现,就是理论和实际统一的马克思列宁主义的作风"[①]。毛泽东一再提倡这种科学态度、科学精神和科学作风。1942年,他给中共中央党校题写了"实事求是"四个大字;1945年,他又为党的七大纪念册写了"实事求是,力戒空谈"的题词。在毛泽东的提倡、教导和力行下,按照"实事求是"的根本观点和方法办事,不仅成为全党在思想上的指导路线,而且成为中国共产党的传家宝,成为党的优良传统和科学作风。在几十年艰苦卓绝的革命创业中,这也成为中国革命和建设不断克服困难,开拓新局面,并取得伟大成就的最为可靠的思想保障。

(二) 邓小平对"实事求是"思想路线的坚持、深化和发展

历史常常走着曲折的路。在我们党内,毛泽东最先、最坚定地倡导"实事求是"的思想路线,并在这条思想路线的指引下,带领全党和全国各族人

[①] 《毛泽东选集》第3卷,人民出版社1991年版,第800—801页。

民，夺取了新民主主义革命的胜利，缔造了新中国，进而开创了社会主义事业。然而，令人惋惜的是，毛泽东在晚年却违背了他本人倡导的"实事求是"精神，使其失误给党和国家造成了严重损失，也给他本人带来了不幸。邓小平在新时期作为党中央第二代领导集体的核心，为了纠正毛泽东同志晚年的失误，消除林彪、"四人帮"的思想流毒，从指导思想上拨乱反正、正本清源，使党和人民的社会主义事业重新回到正确轨道上来，首先狠抓的关键，就是恢复和确立"实事求是"的思想路线。正是为此而进行的思想理论斗争、思想理论创新，以及在用以指导改革开放、社会主义现代化建设的实践中，他坚持、深化和发展了"实事求是"的思想路线。

第一，邓小平第一次揭示了"实事求是"在整个马克思主义理论体系中的核心地位，把它提升到科学世界观的理论高度。

粉碎"四人帮"以后，邓小平重新出来工作，提出要完整准确地理解毛泽东思想的科学体系。1978年9月16日，他针对"两个凡是"①的错误，发表了《高举毛泽东思想旗帜，坚持实事求是的原则》的重要谈话。他指出："毛泽东思想的基本点就是实事求是，就是把马列主义的普遍原理同中国革命的具体实践相结合。毛泽东同志在延安为中央党校题了'实事求是'四个大字，毛泽东思想的精髓就是这四个字。"此前，他又在另一次重要谈话中指出，"实事求是"这四个字，"这是毛泽东哲学思想的精髓"。1978年6月2日，邓小平在《全军政治工作会议上的讲话》中，进一步明确肯定，"实事求是，是毛泽东思想的出发点、根本点"，同时也是"一个马克思主义的根本观点，根本方法"②。

此后，邓小平总是从整个马克思主义体系的根本的、核心的地位上，特别是从其哲学世界观的理论高度上，来阐发、坚持和运用"实事求是"这一马克思列宁主义、毛泽东思想的根本观点和根本方法。1978年12月13日，他在《解放思想，实事求是，团结一致向前看》一文中，指出："实事求是，是无产阶级世界观的基础，是马克思主义的思想基础。"③他

---

① 所谓"两个凡是"，是指1977年2月7日《人民日报》、《红旗》杂志、《解放军报》的联合社论《学好文件抓住纲》中提出的"凡是毛主席作出的决策，我们都坚决维护，凡是毛主席的指示，我们都要始终不渝地遵循"。

② 《邓小平文选》第2卷，人民出版社1994年版，第126、67、114页。

③ 同上书，第143页。

还多次说过:"马克思主义的辩证唯物主义和历史唯物主义,用毛泽东主席的话来讲,就是实事求是。"① 1992年年初,邓小平在南方的重要谈话中,更为明确地指出:"实事求是是马克思主义的精髓。要提倡这个,不要提倡本本。我们改革开放的成功,不是靠本本,而是靠实践,靠实事求是。……我读的书并不多,就是一条,相信毛主席讲的实事求是。过去我们打仗靠这个,现在搞建设、搞改革也靠这个。"②

邓小平把"实事求是"视为整个马克思主义科学体系的"精髓",视为"无产阶级世界观的基础",用它来概括辩证唯物主义和历史唯物主义的实质。这是对"实事求是"的深刻阐发和理论升华。应该说,毛泽东当年对"实事求是"的科学规定和大量阐述,包含着这样的思想内容,实际上也是这样对待和运用的,但没有把它明确提到这样的理论高度。邓小平进一步的发挥,既符合毛泽东的原意,又抓准了马克思主义的思想精华。这使我们党对"实事求是"的理论把握和实践运用,达到了一个新的境界。这是邓小平的一大理论贡献。

我们知道,马克思主义哲学,包括列宁、毛泽东和邓小平等马克思主义者对这一哲学的发展,都是"自己时代精神的精华",是"文明的活的灵魂"③,并由此成为整个马克思主义科学体系的世界观和方法论的基础。邓小平把这一哲学之思想精华的高度概括——"实事求是",视为整个马克思列宁主义、毛泽东思想的"精髓",并看作是"毛泽东思想的根本点"。这就体现了他对马克思主义科学体系及其精神实质的精深而准确的把握。同时这也使"实事求是"成为邓小平理论的根本性的理论基础。

第二,邓小平第一次基于对"解放思想"与"实事求是"的统一理解,对"实事求是"的思想路线,明确地作出了完整系统的概括和论述。

邓小平在为恢复和确立"实事求是"的思想路线的斗争中,把全党解放思想,视为头等大事。他提出:"解放思想,开动脑筋,实事求是,团结一致向前看,首先是解放思想。""只有解放思想,坚持实事求是,一切

---

① 《邓小平文选》第3卷,人民出版社1993年版,第101页。
② 同上书,第382页。
③ 《马克思恩格斯全集》第1卷,人民出版社1956年版,第120页。

从实际出发,理论联系实际,我们的社会主义现代化建设才能顺利进行,我们党的马列主义、毛泽东思想的理论也才能顺利发展。"① 显然,邓小平是基于"解放思想"与"实事求是"的统一理解,把"解放思想"视为"实事求是"的题中应有之义。

众所周知,从马克思、恩格斯、列宁到毛泽东,都历来重视解放思想。他们对此不仅多有倡导和论述,而且总是力求付诸行动。但是,他们都未明确地把"解放思想"置于思想路线的高度。而邓小平根据我们党当时的实际情况和思想状况,认为,只有首先坚持解放思想,才能在理论和实践上坚持党的"实事求是"的思想路线。邓小平对"解放思想"与"实事求是"所作的这种统一的理解和把握,不仅是我们党进入新时期的客观要求,而且也是对党的"实事求是"的思想路线的丰富和发展。

不仅如此,邓小平在这个基础上,还对我们党历来的马克思主义的思想路线做出了更为明确、完整和系统的概括与论述。前已言及,毛泽东在党的思想理论的发展史上,最先提出"思想路线"的科学概念,而且他在倡导和推行党的马克思主义思想路线的过程中,确立了以"实事求是"为核心内容的,并从多个侧面,系统而深刻地论述了这条思想路线的实际内容,用以指导全党的思想和行动。然而,毛泽东对"实事求是"直接所作的思想定位和理论概括,仅称之为一种马克思主义的科学"态度"和"作风",未曾把"实事求是"以及它所包含的"一切从实际出发"、"理论与实际相统一"或"理论与实践相结合"等等称为"思想路线"。而第一个作出这种明确概括、并对党的思想路线的科学内涵作出了系统而完整阐述的,则是邓小平的重大贡献。

1980年2月29日,邓小平在党的十一届五中全会上,明确地指出:"马克思、恩格斯创立了辩证唯物主义和历史唯物主义的思想路线,毛泽东同志用中国语言概括为'实事求是'四个大字。实事求是,一切从实际出发,理论联系实际,坚持实践是检验真理的标准,这就是我们党的思想路线。"② 在这里,邓小平对党的思想路线,第一次作出了最为明确、完整

---

① 《邓小平文选》第2卷,人民出版社1994年版,第141、143页。
② 同上书,第278页。

和科学的概括。对此,有以下几点特别值得我们深入地加以领会和把握:其一,这种概括指明了党的思想路线的理论前提。这就是辩证唯物主义和历史唯物主义的整个思想体系,而"思想路线"只不过是这一哲学体系的集中表现,是党的行动哲学。其二,这种概括,以"实事求是"作为思想路线的核心和主体内容,赋予党的思想路线以中国特色和民族性的表述形式,有助于我们党和人民把握和运用。其三,这种概括,深刻地揭示了"实事求是"的丰富内涵,把"一切从实际出发"、"理论联系实际"和"实践是检验真理的标准"等作为思想路线的主要内容,而与"实事求是"相贯通。从而实现了"实事求是"的思想路线在唯物主义基础、认识论的基本原则和历史唯物主义的基本原理等诸方面的统一,形成了它们之间相互联系、相互依存、相互补充的一个有机整体。关于党的思想路线的这种明确、完整、系统和深刻的科学概括,是以邓小平对这条思想路线的深刻理解、准确把握和正确阐明,特别是对它的实践运用,作为基础和背景的。

第三,邓小平明确地阐述了"实事求是"的思想路线,在指导党的事业中的关键地位和重大作用。

"实事求是"在整个马克思列宁主义,特别是在毛泽东思想、邓小平理论中之所以是"精髓",不仅在于它在哲理上具有丰富而深刻的包容度,更在于它作为思想路线在党的思想指导和实践应用中,处于"关键"性地位。

一个执政的工人阶级政党,是否有一条马克思主义的思想路线,"是个关系到党和国家的前途和命运的问题"[①]。因为党的思想路线,绝不是一般性的思想理论问题,而是制定和执行正确的政治路线和政策的"基础"和"关键"。邓小平为此郑重地指出:"思想路线不是小问题,这是确定政治路线的基础。"如果"不解决思想路线问题,不解放思想,正确的政治路线就制定不出来,制定了也贯彻不下去"。"正确的政治路线能不能贯彻执行,关键是思想路线对不对头。"[②]"只有解决好思想路线问题,才能

[①] 《邓小平文选》第2卷,人民出版社1994年版,第143页。
[②] 同上书,第191页。

提出新的正确政策"①，用以调动群众的社会主义积极性。否则"不可能把人民的积极性统统调动起来，也就不可能搞好现代化建设，显示出社会主义制度的优越性"②。

因此，邓小平要求全党全国各族人民，从中央到地方、到基层，从制定政治路线和政策，到贯彻执行政治路线和政策，都要按"实事求是"的思想路线办事。"不但中央、省委、地委、县委、公社党委，就是一个工厂、一个机关、一个学校、一个商店、一个生产队，也都要实事求是，都要解放思想，开动脑筋想问题、办事情。"③

新时期，我们党在邓小平指导下所制定的党在现阶段的基本路线，以及一系列规范社会主义改革开放和现代化建设的基本政策，无一不是解放思想、实事求是的产物。正是在"实事求是"的思想路线的引导下，我们党和人民才找到了中国特色社会主义的发展道路，并由此带来社会生产力的迅速发展，经济的繁荣，综合国力的增强，人民生活水平的显著提高，社会的全面进步。中国作为一个社会主义大国迅速崛起，以及由此形成与一些原社会主义国家在"改革"的幌子下走向邪路的鲜明反差，更是显示了我们党的"实事求是"的思想路线，在决定我国社会主义事业的"前途命运"问题上所发挥的"关键"作用。

总之，邓小平在新时期对"实事求是"的思想路线的坚持、深化和发展，从理论和实践的结合上，打开了全党的思想眼界。这既把"实事求是"的思想路线提升到了新高度，又以其对这条思想路线的全面和科学的把握，引导我们党开创了社会主义改革开放和现代化建设的新局面。其中，特别是坚持"解放思想"与"实事求是"的统一，成为开创这种新局面最重要的契机。

（三）"解放思想"与"实事求是"的本质一致和辩证统一

邓小平坚持和贯彻"实事求是"思想路线的鲜明特色，便是基于"实

---

① 《邓小平文选》第3卷，人民出版社1993年版，第10页。
② 《邓小平文选》第2卷，人民出版社1994年版，第191页。
③ 同上书，第143页。

事求是"与"解放思想"的本质一致,而把这两者统一起来。据此,他以"解放思想"作为解除"思想禁锢"、粉碎"精神枷锁",推进"观念更新"的首要环节,从而为开辟社会主义改革开放和现代化建设的新局面,创造了良好的舆论氛围,提供了必要的思想条件。从理论和实践上坚持"解放思想"与"实事求是"的辩证统一,不仅完全符合马克思主义认识论,而且为我们党当时摆脱"思想僵化",克服"个人迷信",恢复社会主义制度的蓬勃生机,锻造了锐利的思想武器。

1. 坚持"解放思想"与"实事求是"的辩证统一,是一切科学发展的前提条件,也是在实践中坚持和发展马克思主义的必由之路。科学发展的本质和关键在于创新。在科学史上,任何历史性进步和重大突破,都要克服传统偏见,突破陈旧的思维定势,从新的实践提出的新问题和新材料出发,解放思想、实事求是,才能在科学发展的前沿,取得突出成就。马克思主义是不断发展的科学体系。在实践中推进马克思主义,也莫不如此。马克思主义的生机和活力,就在于依据社会实践和各门具体科学的发展,不断开拓创新,使马克思主义永远站在科学发展的前列。如果不解放思想,实事求是地研究新事物、总结新经验、得出新思想,就会思想僵化,落后于时代、实践和各门科学的发展,更无从谈起坚持、运用和发展马克思主义。马克思主义是个开放的体系、不断发展着的科学。它在本质上是批判的和革命的,它不迷信和崇拜任何东西。马克思主义的创立、运用和发展,都是同解放思想、实事求是紧密结合的。

马克思主义的创立,从一定意义上说,就是解放思想的产物。在当时德国和整个欧洲思想界,盛行的是陈腐的资产阶级意识形态和神学教条,特别是黑格尔的唯心主义和费尔巴哈的形而上学,而分别蕴含于其中的辩证法和唯物主义则被忽视和曲解,从而严重束缚了人们的思想。只有马克思、恩格斯顺应历史潮流,敢于向统治人类几千年的唯心史观挑战,冲破思想牢笼,依据科学的新成就和工人阶级的斗争经验,批判、改造和挽救了黑格尔唯心主义辩证法和费尔巴哈的旧唯物主义,并实现了哲学上的革命变革,创立了辩证唯物主义和历史唯物主义,用以思考人类的历史命运。他们以批判的眼光,去审视旧世界的一切,从批判旧世界中发现新世界。其中,特别是唯物史观和剩余价值规律这"两大发现",使社会主义从空想发展成为科学，宣告了资本主义必然灭亡、社会主义和共产主义必然实现的历史大趋势。所以，马克思主义整个学说的创立，是人类历史上空前的思想大解放，它为无产阶级和人类的解放指明了方向。

列宁是马克思主义的继承者和推进者。他藐视考茨基等理论权威，在同第二国际机会主义的斗争中，捍卫和发展了马克思主义。但他又不拘泥于马克思的一些个别结论，而是运用马克思主义立场、观点和方法，科学地分析资本主义发展到垄断阶段即帝国主义阶段的新特点，发现了帝国主义时代更为突出的资本主义发展的不平衡规律。据此，列宁没有固守马克思根据自由资本主义历史条件下，曾经做出过的关于革命需要在主要的资本主义国家里同时发生和取得胜利的预言，而是从帝国主义时代和俄国的实际出发，得出了无产阶级革命可以在资本主义统治的"薄弱环节"获得突破，社会主义能够在一国或几个国家首先取得胜利的新结论，从而把马克思主义推进到列宁主义阶段。这在马克思主义发展史上，是一次意义重大的思想解放和理论创新。俄国工人阶级和革命人民有了马列主义指导，才夺取了十月革命的胜利，第一次使社会主义由理论变成为现实，开辟了人类历史的新纪元。

在中国革命中，毛泽东从旧中国的特殊国情出发，坚持把马克思列宁主义的普遍真理与中国革命的具体实践相结合，突破了巴黎公社和俄国十月革命的道路和模式，即首先在中心城市组织工人武装起义，夺取政权，建立无产阶级专政的革命道路，成功地探索到一条以农村包围城市、最后夺取城市和全国胜利的"有中国特色"的革命道路，并在这一革命中创立了毛泽东思想。在马克思主义发展史上，这是继列宁主义之后的又一次意义深远的思想解放和理论创新。正是在马列主义、毛泽东思想指导下，我们党领导人民夺取了新民主主义革命的伟大胜利，建立了新中国，走上了社会主义道路。

在新时期，邓小平创立的建设有中国特色社会主义理论，也是克服了种种传统的观点和做法，以马克思主义基本原理为指导，从中国现阶段的实际出发，围绕"什么是社会主义、怎样建设社会主义"这个根本问题，第一次给予了初步的系统的和科学的回答，从而使马克思主义在中国发展到一个新阶段，即邓小平理论阶段。这同样是马克思主义发展史上的一次重大的思想解放和理论创新。因此,马克思主义发展史,体现了"解放思想"与"实事求是"相统一的内在要求和规律性。

2. 坚持"解放思想"与"实事求是"的辩证统一,是邓小平理论最突出的本质特征。邓小平建设有中国特色社会主义理论,之所以具有强大的生命力,就在于它从本质上反映了当代中国国情,揭示了中国社会主义现代化建设的客观规律和发展趋势。从马克思主义世界观和方法论上说,这是以"解放思想"和"实事求是"作为根本指导原则,坚持辩证唯物主义和历史唯物主义的认识路线,依据变化中的历史条件,克服认识脱离实际、理论脱离实践的唯心主义和形而上学,从中国现在处于并将长期处于社会主义初级阶段的这个最大实际出发,去指导和从事社会主义改革开放和现代化建设。所以,邓小平说:"解放思想,就是使思想和实际相符合,使主观和客观相符合,就是实事求是。"① 只有坚持"解放思想"与"实事求是"的辩证统一观,才能使我国改革开放和现代化建设事业,沿着正确的方向胜利前进。

第一,"解放思想"是"实事求是"的前提和关键。邓小平提出"解放思想",当然是针对"十年动乱"所造成的较为普遍的思想僵化状态、针对当时盛行的"个人崇拜"和"神化领袖",特别是针对林彪、"四人帮"所设置的种种思想"禁区"而言的。当时提"思想解放"的口号,具有鲜明的拨乱反正的政治意义。当然,解放思想还具有更为根本、更为长远的理论意义和现实意义。邓小平对此指出:"我们讲解放思想,是指在马克思主义指导下打破习惯势力和主观偏见的束缚,研究新情况,解决新问题。"又说:"今后,在一切工作中要真正坚持实事求是,就必须继续解放思想。认为解放思想已经到头了,甚至过头了,显然是不对的。"② 按照马克思主义办事,坚持实事求是,首先必须解放思想,而且要不断地解放思想、更新观念。只有这样,人们的思想才能跟上不断发展变化的实际,更好地指导自己的行动。可见,解放思想不只是出于一时的政治需要,而是力图使人们的主观符合客观、思想符合实际,即符合按照客观规

---

① 《邓小平文选》第2卷,人民出版社1994年版,第364页。
② 同上书,第279、364页。

律办事的要求。由于一个比较复杂的认识形成以后，总会有一定的稳定性，甚至会变成一种传统的力量，因而可能妨碍人们去及时认识和反映已经发展变化了的客观实际。从这个意义上说，解放思想是坚持实事求是的前提条件。无论何时何地，要坚持实事求是，就必须解放思想。解放思想是达到实事求是的关键。不解放思想，就不可能做到实事求是。而提倡解放思想，就要重视主体的能动性、创造性和进取性，以便造成一种积极进取的精神状态，善于接受新事物，研究新情况，解决新问题，以不断推进和发展社会主义事业。

坚持实事求是之所以必须解放思想，是为了克服因袭守旧的习惯势力和主观偏见，是为了克服思想僵化和教条主义的积习。邓小平在大力提倡解放思想的同时，深刻地分析了"思想僵化"这种消极的精神状态。所谓"思想僵化"，即是说，在变化了的情况下，人们的思想由于习惯势力或思维定势所造成的主观偏见，仍然停留在过去的书本、指示和传统观点上，而不能从实际出发，不敢也不善于提出和解决新的问题，囿于成见，不敢创新，思想落后于时代和实践，而且还自以为是。归根到底，这是一种主观主义和形而上学，从根本上违背了实事求是的原则。在邓小平看来，思想僵化是同解放思想根本对立的一种主体状态，有百害而无一利。他指出："思想一僵化，不从实际出发的本本主义也就严重起来了。书上没有的，文件上没有的，领导人没有讲过的，就不敢多说一句话，多做一件事，一切照抄照搬照转。把对上级负责和对人民负责对立起来。不打破思想僵化，不大大解放干部和群众的思想，四个现代化就没有希望。"因此他希望："各级党委和每个党支部，都来鼓励、支持党员和群众勇于思考、勇于探索、勇于创新，都来做促进群众解放思想、开动脑筋的工作。"[①]

第二，"实事求是"是"解放思想"的目的和内容。在邓小平的"解放思想"和"实事求是"的统一观中，既肯定解放思想是实事求是的前提；同时又认为，实事求是是解放思想的根本目的和实际内容，使解放思想为实事求是所规范和引导。解放思想是实事求是的必然要求。这是同一个过程的两个方面。抽象地谈论解放思想，为解放思想而解放思想，偏离

---

① 《邓小平文选》第2卷，人民出版社1994年版，第142—143、143—144页。

实事求是的所谓"解放思想",就会陷入胡思乱想,而走向自己的反面。这不是共产党人所应坚持的科学意义上的"解放思想"。只有坚持实事求是,才能真正解放思想。

解放思想必须以实事求是作为目的和方向。解放思想本身不是目的而是手段。邓小平提出解放思想,既是为了打破"两个凡是"和教条主义的思想禁锢,也是为了端正党的思想路线。他多次强调:"解放思想,就是要运用马列主义、毛泽东思想的基本原理,研究新情况,解决新问题。"①也就是要从中国的实际出发,找到一条有中国特色的社会主义发展道路。邓小平指出:他提出解放思想的目的,是要"正确地以马列主义、毛泽东思想为指导,解决过去遗留的问题,解决新出现的一系列问题,正确地改革同生产力迅速发展不相适应的生产关系和上层建筑,根据我国的实际情况,确定实现四个现代化的具体道路、方针、方法和措施"。同时,"解放思想决不能够偏离四项基本原则的轨道","解放思想,也是既要反'左',又要反右"②。这就从解放思想的目的和必须遵循的方向上阐明:解放思想的根本,就是坚持一切从实际出发,实事求是,在社会主义四化建设中,达到主观和客观、理论和实践、知和行的具体和历史的统一。

解放思想必须以实事求是作为内容和基础。解放思想就必须打破陈规陋习,要敢于探索和创新。但这必须要求,一切从实际出发,实事求是,按照客观规律办事。50年代后期在"大跃进"中,有些人曾在"解放思想"的口号下,喊出什么"人有多大胆,地有多大产"、"不怕做不到,就怕想不到"等所谓"豪言壮语"。这种脱离实际的主观唯心主义的胡思乱想,曾给当时工农业生产带来了大起大落的消极后果。千万不要忘记这个沉痛的历史教训!解放思想,首先,必须以"实事"即客观实际作为基础和根本出发点,不能脱离客观实际;其次,要在解放思想和"求是"的认识过程中,力求找出事物的客观规律性,在思想和行动上按客观规律办事;再次,解放思想、更新观念,要有客观标准,要在社会实践的反复检验中,不断修正和发展自己的认识。

---

① 《邓小平文选》第2卷,人民出版社1994年版,第179页。
② 同上书,第141、279、379页。

因此，邓小平提倡"解放思想"，绝不是一个空洞和抽象的口号。其客观基础和具体内容，就是要求我们实事求是地观察、研究和解决我国改革开放和社会主义现代化建设中所遇到的种种新情况、新问题、新矛盾；这些新问题是层出不穷的，而且是错综复杂的。故而，我们既要敢于解放思想、大胆探索，又要善于解放思想、求真务实，要看到解放思想是要受实事求是的根本原则所指导、规范和制约的。解放思想不是一蹴而就、一劳永逸的，而是表现为一个永无止境的不断深化、不断扩展的认识过程。要防止和反对把"解放思想"同"实事求是"割裂开来，或对立起来，仅仅强调其中的某个侧面，否定或贬低另一个侧面的错误观点和做法。只有坚持解放思想同实事求是的辩证统一，才是邓小平理论的本质特征。

3. 坚持"解放思想"与"实事求是"的辩证统一，是党和社会主义事业永葆生机和活力的思想源泉。事物在发展，时代在前进。整个世界永远是辩证地向前演进、万古长青的。作为我们党和社会主义事业之灵魂的马克思主义，当然也是如此。它并没有结束真理，而是在实践中不断开辟认识真理的道路。自从马克思主义产生以来的一个半世纪，特别是二战以来的几十年，世界和中国已经并正在发生巨大变化。随之，马克思主义也先在俄国发展到列宁主义阶段；而后在中国发展到毛泽东思想阶段，再发展到邓小平理论阶段。其间，国内外的整个历史进程日益证明：马克思主义是科学，有巨大的生命力。同时，它也不断地给马克思主义者提出了许多新课题，要求共产党人解放思想、实事求是，运用马克思主义的基本原理和基本方法，创造性地加以研究、回答和解决。当中国结束"十年动乱"而进入新时期以后，当邓小平成为党中央第二代领导集体的核心之时，他正是以一个马克思主义战略家的理论勇气和政治气魄，向全党重新倡导和阐明坚持解放思想、实事求是的思想路线的极端重要性，并指明了与此对立的教条主义、思想僵化、迷信盛行和资产阶级自由化的严重危害。

邓小平指出："一个党，一个国家，一个民族，如果一切从本本出发，思想僵化，迷信盛行，那它就不能前进，它的生机就停止了，就要亡党亡国。"[①] 这就告诫全党，能否恢复和实行解放思想、实事求是的思想路线，

[①] 《邓小平文选》第2卷，人民出版社1994年版，第143页。

并在理论和实践上,把解放思想同实事求是统一起来,以克服教条主义、思想僵化和个人迷信,是关系到我们党和社会主义事业的前途命运的根本问题。要使党和人民的事业重新焕发出生机,全靠我们党和全国人民的思想指导返回到解放思想、实事求是的正确轨道上来。这是因为,党的社会主义事业,本来就是创造性的、空前艰难的事业。在其每一步的前进中,既要坚持马克思主义的基本原理和基本方法,又要从本国实际出发,在实践中进行探索。如果脱离了本国的条件和特点,不倾听实践的呼声,只知固守本本上的只言片语,并视为"条条"和"框框",既会窒息马克思主义的生机,也会招致社会主义事业的挫折和失败。所以,当邓小平说这会导致"亡党亡国",绝不是危言耸听,而是向我们党敲警钟。

党的十一届三中全会,之所以是我们党和社会主义事业的历史性的转折点,最根本的,就是在党的指导思想上实现了拨乱反正,返回到了解放思想、实事求是的思想轨道。从那时以来,我们党正是本着解放思想、实事求是的科学精神,探索建设有中国特色的社会主义道路,实行改革开放,搞社会主义现代化建设。由此勾勒出了中国特色社会主义大业的基本框架,在关键时刻开创了改革开放和现代化建设的新局面。党和人民的社会主义事业由此获得了生机和活力。改革开放以来,我国社会生产力的高速发展,综合国力的日益增强,两个文明较为协调地向前推进,国际地位明显上升,人民群众的生活水平在较快提高,整个国家欣欣向荣,都是与此密切相关的。

理论是灰色的,生活是长青之树。建设有中国特色社会主义事业,如同大江东去,势不可挡。我们党作为这项历史性伟业的政治领导核心,也必然会在前进中不断增强自己的无产阶级政党的先进性和战斗力。当然,这都依赖于在实践中不断发展的邓小平理论和整个马克思主义的正确指导。解放思想、实事求是作为邓小平理论所发展了的马克思主义的"精髓",是我们党和社会主义建设事业的"灵魂","是保证我们党永葆蓬勃生机的法宝"[①]。

---

① 中共中央文献研究室编:《十一届三中全会以来党的历次全国代表大会中央全会主要文件选编》(下册),中央文献出版社1997年版,第191页。

二　邓小平对唯物辩证法的创造性运用和丰富

解放思想、实事求是，是辩证唯物主义和历史唯物主义基本精神的集中体现。这条思想路线，在邓小平理论的展开和深化中，就表现为他对唯物辩证法的创造性运用和丰富。

邓小平是伟大的无产阶级革命家、军事家、思想家和战略家，且具有高深的哲学素养。毛泽东早在50年代，就极为称赞邓小平提出的"按照辩证法办事"的主张。邓小平精通马克思主义哲学，精通唯物辩证法，尽管他没有写过大部头的哲学专著，但他的科学著作，篇篇都体现了马克思主义立场、观点和方法的灵活运用，闪烁着唯物辩证法的思想光辉。他创造性地把彻底的唯物主义观点、实践观点、全面性观点、发展观点和群众观点等唯物辩证法的基本观点，运用于建设有中国特色社会主义的伟大实践，并进一步深化和丰富了唯物辩证法的世界观和方法论。

（一）坚持彻底的唯物主义观点，把生产力视为社会发展的基础

在邓小平哲学思想及其辩证思维中，彻底的唯物主义观点是其根本立足点。因为马克思主义辩证法是唯物辩证法，在列宁阐述辩证法的十六要素中，"考察的客观性"[①]被列为首条。邓小平在理论和实践活动中，总是牢牢把握和坚定地主张运用彻底唯物主义观点，以客观性态度，来观察、处理改革和建设中出现的新情况、新问题。这主要表现在：

第一，坚持客观性观点，亦即列宁所强调的"考察的客观性"。这既是"实事求是"的思想路线的根本要求，也是邓小平在一切理论和实践活动中所坚持运用的彻底唯物主义观点。坚持客观性观点，就要反对从本本、条条、框框、文件和领导人的讲话出发；主张从实际出发，从我国国情和时代特征出发，以实事求是地确定我国的发展道路，制定党的路线方针政策、发展战略和发展规划。邓小平说，"不从实际出发"，本本主义就会严重起来。而"如果一切从本本出发"，就不仅会导致"思想僵化"，

[①]《列宁全集》第55卷，人民出版社1990年版，第190页。

还会危及党、国家和中华民族的前途命运。我们只有"坚持实事求是，一切从实际出发，理论联系实际，我们的社会主义现代化建设才能顺利进行，我们党的马列主义、毛泽东思想的理论也才能顺利发展"[①]。

邓小平不仅反复强调和阐发尊重客观事实和"一切从实际出发"这一唯物主义的重要观点，而且将这一观点创造性地应用于总结过去的历史经验，处理历史遗留问题，特别是把它应用于当前的社会实践，成功地解决了我国社会主义现代化建设和改革开放中遇到的各种问题。其最突出的表现，就是依据这一彻底的唯物主义观点，确立了社会主义初级阶段理论及其基本路线。从客观实际出发，我国最大的实际就是现实国情。邓小平不止一次地提醒全党，要牢牢记住中国人口多、底子薄，经济文化还处于不发达状态。因此，从实际出发，就是要从我国当前还处于并将长期处于社会主义初级阶段这个实际出发。只有这样，我们才能脚踏实地去干社会主义，才能逐步达到预期目的。过去，我们之所以犯急于求成、急躁冒进的错误，从认识论看，就是主观脱离客观、认识脱离实际，结果往往事与愿违、欲速则不达。正反两方面的经验，都向我们昭示了坚持客观性观点的重要性。

坚持认识上的客观性，并不排斥人的自觉的能动性和创造性。恰恰相反，只有坚持了认识上的客观性，才能使人们的认识更加符合客观实际，更具有真理性，因而也才能更充分地发挥人的主观能动性。邓小平倡导解放思想，动脑筋，想办法，就是要力求使主观符合现实，这样才能敢闯敢干，真正发挥人的主观能动性，开创建设有中国特色社会主义的新局面。

总之，尊重客观实际，坚持"一切从实际出发"，体现了邓小平在世界观、认识论和社会历史观上的彻底的唯物主义精神。它同时也是邓小平理论的最根本的哲学基础。

第二，强调社会生产力的基础地位，提出社会主义的根本任务是大力发展生产力。邓小平强调在我国发展中"物质是基础"[②]，这在社会历史观上，就是指生产力发展是社会进步的基础，从而抓住了历史唯物主义的根本。邓小平在思考和指导我国社会主义改革开放和现代化建设的伟大实

[①] 《邓小平文选》第2卷，人民出版社1994年版，第142—143页。
[②] 《邓小平文选》第3卷，人民出版社1993年版，第89页。

践中，基本的着眼点，就是坚持以经济建设为中心，大力发展生产力。这是他的彻底唯物主义观点，在社会历史领域的贯彻和运用。

邓小平根据历史唯物主义关于"直接的物质的生活资料的生产"是一切社会存在和发展的"基础"[①]的基本原理，反复强调社会主义的根本任务是大力发展社会生产力。他指出："马克思主义的基本原则就是要发展生产力。马克思主义的最高目的就是要实现共产主义，而共产主义是建立在生产力高度发展的基础上的。社会主义是共产主义的第一阶段，是一个很长的历史阶段。社会主义的首要任务是发展生产力，逐步提高人民的物质和文化生活水平。"[②]"我们相信社会主义比资本主义的制度优越。它的优越性应该表现在比资本主义有更好的条件发展社会生产力。""离开了生产力的发展、国家的富强、人民生活的改善，革命就是空的。"[③]因此邓小平总是强调，必须以经济建设为中心，集中精力，一心一意搞建设，并且把建设四个现代化，努力发展生产力，作为重中之重，即压倒一切的中心任务，作为党的政治路线的根本内容。

邓小平还根据我们时代生产力的发展趋势，强调科学技术在发展生产力中的重大作用，进一步发展了马克思主义的科技思想，作出了"科学技术是第一生产力"[④]的重要论断。认为中国实现现代化，关键是科学技术的现代化。只有用现代科学技术来武装我国工业、农业和其他生产部门，社会主义才有可靠的物质技术基础，才能最终胜过资本主义。

邓小平在生产力问题上，坚持唯物主义观点，还表现在他对"生产力标准"的肯定和发挥上，坚持用生产力是否发展来检验党的路线和政策。他指出："社会主义经济政策对不对，归根到底要看生产力是否发展，人民收入是否增加。这是压倒一切的标准。"[⑤]他在1992年南方谈话中重申和发挥了这一点，提出把"是否有利于发展社会主义社会的生产力"[⑥]作

---

① 《马克思恩格斯选集》第3卷，人民出版社1995年版，第776页。
② 《邓小平文选》第3卷，人民出版社1993年版，第116页。
③ 《邓小平文选》第2卷，人民出版社1994年版，第231页。
④ 《邓小平文选》第3卷，人民出版社1993年版，第274页。
⑤ 《邓小平文选》第2卷，人民出版社1994年版，第314页。
⑥ 《邓小平文选》第3卷，人民出版社1993年版，第372页。

为"三个有利于"标准的首条,用以作为判断改革的成败得失的根本标准。显然,"三个有利于"标准,发展和深化了"生产力标准",同时也是在社会主义制度的前提下,来强调和应用这条标准的。

由上可见,邓小平注重社会生产力对一切社会特别是社会主义社会发展之基础性的意义和决定作用的唯物主义观点,对于我国改革和建设的实践,具有极为重要的指导作用。建设有中国特色社会主义的理论和实践,由于这个重大理论观点的贯彻和支撑,就立足于历史唯物主义的基础之上了。

第三,提倡说实话,办实事,重实效。这里所说的"三实",既体现了邓小平本人和他所主张的作风,也体现了唯物主义观点在行动中的具体贯彻与应用。因为,唯物主义观点作为哲学原理,只有贯彻到人们的日常行动中,才能实际地发挥认识世界、改造世界的社会功能。邓小平继承和发扬了我们党的这种优良传统,总是要求全党保持和发扬这种务实精神。他特别赞扬当年大庆人所讲的"三老",说:"我看大庆讲'三老',做老实人,说老实话,干老实事,就是实事求是。"[1]

其实,马克思主义及其现代唯物主义哲学,本来就是"老老实实的学问"。即"马克思主义是很朴实的东西,很朴实的道理"[2]。因此,说实话,办实事,重实效,是马克思主义对共产党人的起码要求,是彻底唯物主义者所应有的科学态度和作风。

说老实话,不讲假话,始终做到表里如一,如实地反映客观情况,是唯物主义的科学态度,也是我们做好工作的起码条件。邓小平要求共产党人要"敢于面对现实讲真话"[3]。不要凭空讲大话、讲假话,要"拿事实来说话"[4]。他历来反对搞形式主义,汇报假情况,虚报成绩,他主张统计数字不要有水分。因为爱讲假话的人,一害人二害己,还会误大事。然而,要做到讲真话,不讲假话和空话,很不容易。在我们的政治生活和经济生活中,讲假话、讲空话,搞浮夸的现象,还时有发生。其认识上的原

---

[1] 《邓小平文选》第2卷,人民出版社1994年版,第45页。
[2] 《邓小平文选》第3卷,人民出版社1993年版,第382页。
[3] 《邓小平文选》第2卷,人民出版社1994年版,第278页。
[4] 《邓小平文选》第3卷,人民出版社1993年版,第155页。

因，就是不实事求是，不从实际出发。同时，还有世界观和功利观上的问题。要有效地解决这个问题，我们的领导干部，要以邓小平等老一辈无产阶级革命家为榜样，以身作则，严格要求自己，也严格要求自己的下属。否则，"上有所好，下必甚焉"。同时，还要建立和完善各种具体制度，加强教育和管理，以便形成一种好的党风和社会风气。

要使我们党和国家上上下下，严于律己，克己奉公，正气抬头，抑恶扬善，切忌正不压邪。要鼓励和提倡正确的批评和自我批评，敢于坚持真理、修正错误，发扬彻底唯物主义的大无畏精神。

要提倡鼓实劲、干实事、重实效的务实精神。邓小平总是要求全党要少说多干，实实在在地为人民谋福利。他说："我们需要的是鼓实劲，不是鼓虚劲。就是说，我们的工作要扎实，效果要实实在在。"①

邓小平主张鼓实劲、干实事、重实效，就是要求我们坚持唯物主义的科学精神，按客观规律办事。他说："所谓鼓实劲，不鼓虚劲，拿科学的语言来说，就是按客观规律办事。经济工作要按经济规律办事，不能弄虚作假，不能空喊口号，要有一套科学的办法。"② 办实事、重实效，既要把对上级负责同对人民负责、为人民谋得实实在在的利益统一起来，又要从实际出发、按客观规律和实际的可能办事。为了做到这点，邓小平除了要求党的路线、方针政策，要切合国情，要符合客观规律，要考虑群众的愿望以外，还提倡干部要实干，要大力提拔既坚持四项基本原则，又拥护改革开放，德才兼备，在工作中做出了实绩，受到群众拥戴的干部。认为只有这样，我们党的事业才有希望，才会"万古长青"。

归根结底，能做到说实话，办实事，重实效，就是行动上坚持彻底唯物主义观点，讲究科学精神，是思想与行动的统一。在这方面，我们全党要学习邓小平的榜样，学习他的彻底唯物主义的朴实作风。

（二）坚持"实践第一"观点，在实践探索中开拓创新

社会实践是人类文明产生和发展的根本基础，也是我们理解和运用唯

---

① 《邓小平文选》第 2 卷，人民出版社 1994 年版，第 196 页。
② 同上。

物辩证法的根本前提。"生活、实践的观点,应该是认识论的首要的和基本的观点"①,同时也是唯物辩证法富有生命力的现实源泉。

邓小平继承和坚持马克思主义的这一科学的实践观,注重实践探索,努力在实践探索中把马克思主义基本原理同当代中国实际和时代特征相结合,开辟了有中国特色的社会主义道路和发展模式,开创了改革开放和现代化建设新局面,同时也推进了马克思主义的继续发展。"实践第一"的观点,是邓小平理论及其哲学思想中的一个基本观点。

首先,邓小平在指导我国改革开放和现代化建设的过程中,总是把实践探索置于首位。这是因为,在中国这样的历史起点比较低、经济文化比较落后的国度里,如何建设社会主义,如何通过改革开放加快现代化的步伐,没有成功的先例可循,是一项伟大、艰难和"全新的事业"②。社会主义事业本身,就是人类历史上一场最伟大、最艰巨、最深刻的社会变革,并以最终实现共产主义作为奋斗目标。更何况,中国既是走在这种历史前列的一个大国,又是面对强大的世界资本主义体系包围的一个穷国。这就更增添了搞建设的复杂性和艰巨性。我们行进在社会主义征途上,固然已有马克思主义所阐明的基本原理作指引,但其所揭示的只是人类社会演进,特别是社会主义必将取代资本主义的一般规律,是适用于世界各国的普遍真理。在这种历史总进程中,每个国家和民族,都有自己的特殊性和特殊规律,还需要把马克思主义基本原理同自己的国情和具体实践相结合。在中国,毛泽东和他的战友们,早已开始了这种实践探索。其中,既有搞革命和搞建设的成功经验,也有不少教训。直至毛泽东晚年,中国如何实现社会主义现代化,在很大程度上还是一个"必然王国"。

新时期,处于中国政治舞台中心的邓小平,勇于在实践探索中为中国社会主义建设"找出一条比较快的发展道路"。他认为,中国搞改革开放,实现现代化,建设有中国特色的社会主义,"既不能照搬西方资本主义国家的做法,也不能照搬其他社会主义国家的做法"③。只能在马克思主义基

---

① 《列宁选集》第2卷,人民出版社1995年版,第103页。
② 《邓小平文选》第3卷,人民出版社1993年版,第254页。
③ 同上书,第255—256页。

本原理指导下，重在实践探索，"看准了的，就大胆地试，大胆地闯"①，才能闯出一条建设有中国特色的社会主义道路。他提倡："不争论，大胆地试，大胆地闯。农村改革是如此，城市改革也应如此。"②

所谓"大胆地试，大胆地闯"，就是坚持"实践第一"。一切从实践开始，让实践说话，让事实说话，在实践中取得经验，加以总结，上升为理性认识，再用以指导全局。当然，他提倡"试"和"闯"，并不是乱试乱闯，盲目行动，而是有前提有根据的。这就是要"看准"。所谓"看准"，就是既要符合马克思主义基本原理，又要符合国情和人民的根本利益。换句话说，要以"三个有利于"为标准，来指导这种实践探索。

至于所谓"不争论"，同样是坚持"实践第一"观点的重要体现。这种"不争论"是有明确的针对性和使用范围的。那就是，凡是在改革和建设中已经"看准"了、决定了的方针政策和重大举措，不要争论不休，以免贻误时机，干扰实施。但在事关国家发展方向和道路问题上，在重大原则问题上，以及在理论研究和科学探索中，邓小平历来主张，不仅要继续争论，而且要争论清楚、分清是非。所以，邓小平"不争论"的本义，是注重实践，坚持"实践第一"，让实践打开思路，以推进社会主义事业发展。

在这个问题上，邓小平同列宁等革命导师是一脉相承、完全一致的。列宁认为，在社会主义建设中，绝不能削弱马克思主义理论和原则的巨大意义，而应当把它变成"活生生的实际"，就首先要看实践。他说过："现在一切都在于实践，现在已经到了这样一个历史关头：理论在变为实践，理论由实践赋予活力，由实践来修正，由实践来检验。"③他反对仅从书本出发，去争论社会主义建设中的具体问题。他认为"根据书本争论社会主义纲领的时代也已经过去了，我深信已经一去不复返了。今天只能根据经验来谈论社会主义"④。社会主义在实践中。只有社会主义的具体实践，以及对实践的正确认识，才能够告诉我们：什么是社会主义？如何建

---

① 《邓小平文选》第3卷，人民出版社1993年版，第372页。
② 同上书，第374页。
③ 《列宁选集》第3卷，人民出版社1995年版，第381页。
④ 《列宁全集》第34卷，人民出版社1994年版，第466页。

设社会主义？在我国社会主义新时期，邓小平主张把实践探索置于首位，正是体现了社会主义现实发展的这种本质要求。

其次，邓小平善于总结实践经验，在实践中进行理论创新，以推进马克思主义继续发展。辩证唯物主义认为，实践是理论的基础、源泉、标准和发展的动力。"一切真知都是从直接经验发源的"①，是基于实践而产生的对客观世界的正确反映。马克思在考察资本主义经济关系中所阐明的科学社会主义原理，具有科学的预见性和普遍的指导意义；列宁和毛泽东在各自国度的早期社会主义实践中，所分别概括出的社会主义建设的许多正确思想和原则，仍然具有现实意义。但随着时代变化和社会主义事业发展，社会主义理论也需要继续发展。我们不能单靠本本来建设社会主义，不能以昨天的理论来剪裁今天的现实。社会主义理论的生命力，就在于它同不断发展着的社会实践的紧密联系，就在于它在指导实践中，而不断丰富和发展。新时期我国改革开放和现代化建设的伟大成就，既得益于马列主义和毛泽东思想的立场、观点和方法的指导，更直接依靠邓小平的理论创新和理论指导。

邓小平遵循马克思主义科学世界观和方法论原则，正确地总结了新中国成立以来社会主义建设正反两面的历史经验，借鉴了其他社会主义国家兴衰成败的经验教训，特别是科学地概括了新时期改革开放和现代化建设的新鲜经验，进一步中国化地发展了马克思主义。这正如他在党的"十二大"上所指出的："从十一届三中全会以来，我们党在经济、政治、文化等各方面的工作中恢复了正确的政策，并且研究新情况、新经验，制定了一系列新的正确政策。和八大的时候比较，现在我们党对我国社会主义建设规律的认识深刻得多了，经验丰富得多了，贯彻执行我们的正确方针的自觉性和坚定性大大加强了。"② 邓小平依据实践经验，对"我国社会主义建设规律的认识"的重大进展，就是他在这次大会上明确地提出了"建设有中国特色的社会主义"的科学论断，以及围绕它逐步形成的科学思想体系，即邓小平理论。

---

① 《毛泽东选集》第1卷，人民出版社1991年版，第288页。
② 《邓小平文选》第3卷，人民出版社1993年版，第2页。

邓小平建设有中国特色社会主义理论，具有鲜明的实践性和基于实践的创新性。其实践性，是指它来自实践，有丰厚的实践土壤，又在指导实践中发挥着巨大的理论威力，正在变成亿万人民认识和改造世界的思想武器。近二十多年来，中国社会已经和正在发生的深刻变革，是同邓小平理论密不可分的。而它的创新性，既继承前人又突破陈规，使科学社会主义在当代中国实践中获得了多方面创新性的发展。它不是简单地从马列主义中逻辑地推演出来的，而是依据实践，对中国社会主义建设规律的深刻揭示和创造性的运用，是新时期的新鲜经验的思想结晶。邓小平理论产生于实践，并且正在实践中继续得到不断丰富和发展。

再次，邓小平坚持以社会实践作为检验自己的理论和政策的唯一标准，通过在实践中显示理论的正确性来掌握群众。把社会实践作为检验认识的真理性的标准，是马克思主义认识论的基本原理，也是其科学实践观的重要标志。邓小平的理论创新活动，牢牢地把握这条根本原理，把它作为开创新局面，并在实践中提出新思想、新观点和新理论的最高尺度，乃至唯一准绳。邓小平理论创立的重要起点和契机，是20年前他亲自支持和领导的那场关于"实践是检验真理的唯一标准"的大讨论。这场大讨论作为一次伟大的思想解放运动，冲破了"个人迷信"的思想禁锢，清算了教条主义，打破了"思想僵化"，为我们党恢复和确立"实事求是"的思想路线，扫清了思想障碍，呼唤出了改革开放，催生了邓小平理论。

从那时以来，把社会实践作为验证一切理论、党的路线和政策的根本标准，就成为邓小平理论及其哲学思想的重要内容。在批判错误的思想和倾向时，要坚持和运用这条根本标准；在确证和实践自己的观点、理论、原则和路线方针政策时，也要运用这条标准。邓小平从来不认为自己所倡导的一切东西都是绝对正确，万无一失，无须实践检验的。他把从我国农村开始的、进而发展到以城市经济体制改革为中心的全面改革，既称为"一场革命"，又称为一种"伟大的试验"，认为"这是要冒很大风险的"，因而主张"慎重初战、务求必胜"①。进而，他才在"试验"已经大体成功的基础上，再循序渐进，逐步推广，不断深化。在试办经济特区，对外

---

① 《邓小平文选》第3卷，人民出版社1993年版，第156、130、131页。

开放沿海、沿江和沿边城市，以及发行股票、开办证券市场、开放房地产市场等重大改革举措方面，也要求这样。即坚持先在点上试验，在经过验证，取得经验，证明可行以后，再有步骤、有领导地加以推开。所以，我国体制改革比较稳妥和顺利，逐步获得进展和成功，就得益于这种哲学方法论；其中出现的一些突出问题，往往是违背了这种科学方法论的要求。

邓小平把社会实践验证自己的理论和政策的过程，与运用科学的理论和正确的政策掌握群众、发动群众和组织群众的过程，有机地统一起来。在改革开放初期，不少人的认识跟不上，不理解、有怀疑。他就"允许看"。先动员少数人、少数地区带头干起来，先干出成就和实绩来。再"拿事实来说话，让改革的实际进展去说服他们"①。实践的成功，最有说服力。因为，"人民，是看实践"。当我们在改革和建设上，干出了成就，"人民一看，还是社会主义好，还是改革开放好，我们的事业就会万古长青！"② 因此，邓小平坚持"实践第一"，坚持在实践中验证理论和发展理论的观点，既是他的哲学思想中的基本观点，也是重要的思想方法和工作方法。

（三）坚持发展和全面的观点，运用唯物辩证法来总揽和指导各项工作

邓小平哲学思想以彻底的唯物主义及其科学的实践观点为基础，就表明他所掌握和运用的是科学形态的辩证法，即马克思主义的唯物辩证法。

我们知道，由马克思和恩格斯创立的、而后又被列宁和毛泽东等马克思主义者相继加以发展的唯物辩证法，高度地综合人类认识史上的积极成果，努力概括近现代科学的成就，实现了哲学上的革命变革。唯物辩证法既是马克思主义的重要组成部分，又是整个马克思主义科学体系的世界观和方法论的基础，以至列宁认为，唯物辩证法是"马克思主义中有决定意义的东西"③。而坚持和运用唯物辩证法时，"对具体情况作具体分析"是"马克思主义的精髓，马克思主义的活的灵魂"④。

---

① 《邓小平文选》第3卷，人民出版社1993年版，第156页。
② 同上书，第381页。
③ 《列宁选集》第4卷，人民出版社1995年版，第775页。
④ 同上书，第213页。

我们党具有运用唯物辩证法的成功经验和光荣传统。邓小平历来提倡要按照辩证法办事。当以邓小平为核心的党中央第二代领导集体形成之后,唯物辩证法就成为他洞察世界风云,思考国家命运,总揽战略全局,制定路线政策,谋划发展大计,指导党和国家工作的得心应手的"伟大的认识工具"[1]。在他那里,唯物辩证法既是一种科学的世界观,也成为一种行动哲学、一种辩证思维的领导艺术。

实事求是地说,邓小平不是一位职业的哲学家,没有写出大部头的哲学著作。但在他的实践和理论活动中,在他的每一篇著作中,都蕴含着深刻的哲理,显示出高超的政治智慧,闪烁着辩证法的思想光辉。其辩证思维的特点,是以伟大战略家的眼光,从指导党和国家的工作出发,善于运用发展的观点、全面性的观点,以及辩证法的其他基本观点,去考察和阐明当今世界的历史走势与国际关系的变化;去研究和驾驭我国社会发展方向与战略全局;去思考和揭示建设有中国特色社会主义的诸方面的联系和规律,并据以制定和实行正确的路线方针政策,正确处理内政外交上的种种重大问题。在研究和处理党政军大事的过程中,他创造性地运用和发挥了唯物辩证法,其中特别是社会历史发展的辩证法。

"发展才是硬道理。"[2] 这是邓小平的至理名言。通常,人们仅从经济发展方面,去理解和阐释这句话。其实,这是一个更普遍的哲学命题,即"发展"是自然界、社会和人类思维的最本质、最根本的"道理"。唯物辩证法,就是一种科学的发展观。事物运动和发展是绝对的,静止是相对的;没有运动和发展,就没有一切,正如世界没有物质,就没有一切一样。认识和推进我们的世界发展,也就掌握了辩证法的实质。当然,运动和发展也不能脱离相对的稳定和静止,这两者是辩证统一的。在邓小平看来,当今世界发展变化很快,"世界形势日新月异,特别是现代科学技术发展很快。现在的一年抵得上过去古老社会几十年、上百年甚至更长的时间"[3]。

---

[1] 《列宁选集》第2卷,人民出版社1995年版,第311页。
[2] 《邓小平文选》第3卷,人民出版社1993年版,第377页。
[3] 同上书,第291页。

面对整个世界的迅速发展，邓小平认为，中国要"抓住机遇，发展自己，关键是发展经济"①，建设有中国特色的社会主义，实现现代化。为此，他通过实践探索，初步揭示了中国建设社会主义的基本规律，倡导改革开放，实行"三步走"的战略规划，描绘了中国实现社会主义现代化的宏伟蓝图，使中华民族达到全面振兴。

邓小平根据如实反映现实世界发展变化的认识的辩证法，指出，"世界在变，人们的思想不能不变"，不能不发展；"要发展就要变，不变就不会发展"②。作为我们党的指导思想之理论基础的马克思列宁主义，也必须随着实践和历史条件的发展而不断向前发展。他说："真正的马克思列宁主义者必须根据现在的情况，认识、继承和发展马克思列宁主义。"③ 他所创立的邓小平理论，即建设有中国特色社会主义理论，就是马克思主义在当代中国发展的新阶段，其中包括对马克思主义社会发展观的坚持、运用和发展。

邓小平社会发展观中的辩证法思想，是非常深刻和丰富的。它贯穿于邓小平的全部实践、全部著作和一系列重大决策之中，成为我们党的重要的工作指针。在这里，我们仅仅概述以下几个方面的哲理：

1. "变"与"不变"的辩证法。唯物辩证法认为，世界的变化是绝对的，而世界的万事万物的常驻性和质的稳定性则是相对的，处于永恒发展链条中的整个世界及其万事万物，是变与不变的辩证统一。邓小平运用这一基本的哲学观点，阐述了一系列重大问题上的"变"与"不变"的辩证关系。他反复地指出，整个世界和中国，从现实、实践到思想观点和理论学说，都处在变化、发展和进步之中。要用发展变化的观点来看当今的世界，来看中国的现实；同样，也要用发展的观点来看马克思主义。看不到这种变化，思想落后于时代，就会"思想僵化"，迷信盛行。只有在实践中历史地发展着的马克思主义，才能引领社会实践的发展、变化和进步。

---

① 《邓小平文选》第3卷，人民出版社1993年版，第375页。
② 同上书，第283页。
③ 同上书，第291页。

同时，邓小平还指出，事物在"变"中也有"不变"的一面。并不是一切都瞬息万变，无所适从。由于事物的深层本质所规定的长远的发展趋势，事物在一定时空限度内的质的相对稳定性，决定了许多事物及其某种本质属性，有相对不变性的一面。邓小平总是反复阐明，社会主义必然取代资本主义的历史"总趋势"，中国对社会主义道路的选择，以及我们党"必须坚持四项基本原则"，是不变的。在现阶段，我们党的"一个中心、两个基本点"的基本路线，"要管一百年，动摇不得"。还有，坚持公有制为主体、坚持共同富裕这"两条根本原则"[①]，也必须在改革中始终坚持，而不能改变；党在农村实行以家庭承包为主的责任制等基本政策，要长期坚持不变。这一切，正是为了促进生产力发展和社会全面进步。

同事物"变"与"不变"的辩证统一相关联，邓小平还阐明了我国当前必须正确处理发展、改革和稳定这三者之间的辩证关系。在这里，发展是目的，改革是动力，稳定是前提。通过体制改革，完善社会主义基本制度，以促进生产力发展和国家富强。但是，这有一个前提条件，国家建设需要维护社会主义的正常秩序，保持社会稳定。邓小平说："中国的问题，压倒一切的是需要稳定。没有稳定的环境，什么都搞不成，已经取得的成果也会失掉。"[②] 但这种稳定，是动态中的稳定，是改革开放所推动的发展中的稳定，体现了社会稳定与社会发展进步的内在统一。

2. 社会发展中内因与外因的辩证统一。唯物辩证法认为，事物在其发展中，根本的动因在于事物内部的矛盾性。内因是事物发展变化的根据，外因是事物发展变化的条件，外因通过内因而起作用。人类社会的发展变化也是如此。邓小平在指导我国社会主义现代化建设中，把这些原理化为党和国家的方针政策，要求我们把对外开放、争取外援，与自己本国人民艰苦奋斗、自力更生统一起来，以推动我国更好地利用国内外的两个市场和两种资源，加快国家的发展。

一方面，邓小平大力倡导和扩大对外开放，要求我国尽量多引进国外

---

① 《邓小平文选》第3卷，人民出版社1993年版，第370—371、142页。
② 同上书，第284页。

境外的资金、先进的技术、设备和现代化的管理方法与管理经验。他指出:"社会主义要赢得与资本主义相比较的优势,就必须大胆吸收和借鉴人类社会创造的一切文明成果,吸收和借鉴当今世界各国包括资本主义发达国家的一切反映现代社会化生产规律的先进经营方式、管理方法。"① 不对外开放,自我封闭,闭关锁国,关门搞建设,就是自甘落后。过去,我国被西方封锁和禁运,没有条件对整个世界开放。现在,国际条件对我国有利,我们国家也开始强大起来,就应该利用一切可能的外部条件,来促进和加快我国建设的步伐。

另一方面,邓小平又强调中国人民自己要艰苦创业,自力更生,主要靠本国各族人民团结奋斗,来改变国家的落后面貌,而把外援作为"补充"。他指出:"归根到底,我们的建设方针还是毛主席过去制定的自力更生为主、争取外援为辅的方针。……吸收外国资金、外国技术,甚至包括外国在中国建厂,可以作为我们发展社会主义生产力的补充。"② 因此,他主张,中国搞现代化建设,要调动全体人民的积极性和创造性,自力更生,艰苦创业,主要靠自己的力量,才能把中国建设好。中国穷,人口多、底子薄,经济、教育、科学、文化都比较落后,这就决定了我国还有一个艰苦奋斗的过程。他针对一些人对此认识不足,批评说:"艰苦奋斗还是需要的,前一个时期讲得少了,做得更少,自力更生为主也讲得少了。"他要求加以"纠正"③,主张加强这方面的宣传和努力。

由此可见,在理论和实践上,邓小平对实行和扩大对外开放,是最坚定和最坚决的。但同样坚定和明确的,是搞改革和建设,主要靠我们自己,靠全国各族人民的坚强团结和艰苦奋斗。而且要求把对外开放、争取外援,与自力更生、艰苦创业,即把我国发展的内因和外因统一起来。坚持"自力更生为主",而不闭关锁国;坚持"对外开放",而不依赖外国。对外开放不是目的,而是手段和方法。要使对外开放为我所用,为促进社会主义事业服务。

---

① 《邓小平文选》第3卷,人民出版社1993年版,第373页。
② 《邓小平文选》第2卷,人民出版社1994年版,第351页。
③ 《邓小平文选》第3卷,人民出版社1993年版,第349页。

3. 坚持"两点论"和"重点论"的辩证统一。"两点论"是毛泽东用中国的通俗语言精辟概括的作为方法论即思想方法、工作方法的矛盾法则。而"重点论"则是要求人们在许多矛盾、许多问题的复杂关系面前，要善于抓住主要矛盾、矛盾的主要方面，善于抓住和解决关键问题，反对调和折中，反对平均使用力量。

邓小平要求按照辩证法办事，最根本的就是要坚持用矛盾分析方法，也就是要用两点论来观察和处理各种复杂的关系和问题。他善于运用矛盾分析方法，从纷繁复杂的事物矛盾和关系中作出正确的分析和概括。他面对当代复杂和变幻不定的世界形势和国际关系，从中概括出"东西"和"南北"这两方面的关系和矛盾：他认为"东西"方的国家关系中，主要是"和平问题"；而"南北"方的国家关系中，主要是"发展问题"。这种关于当今世界的"东西南北"的矛盾和理论概括，既为发展国际合作，争取广大发展中国家的平等发展权，又为反对超级大国的霸权主义和强权政治，争取我国建设社会主义现代化的国际和平环境，提供了理论根据。

在对我国现阶段社会矛盾的分析上，邓小平赞同毛泽东的理论创新。认为"在社会主义社会中，基本的矛盾仍然是生产关系和生产力之间的矛盾，上层建筑和经济基础之间的矛盾"。说"这个提法比其他的一些提法妥当"。但"指出这些基本矛盾，并不就完全解决了问题，还需要就此作深入的具体的研究"[1]。正是根据这个思路，邓小平在指导我们党认识当前我国的种种社会矛盾，特别是社会主要矛盾和阶级斗争问题方面，都作出了科学的概括和解决。

关于我国社会现阶段的主要矛盾，邓小平恢复和发展了党的"八大"的正确论断。指出："我们的生产力发展水平很低，远远不能满足人民和国家的需要，这就是我们目前时期的主要矛盾，解决这个主要矛盾就是我们的中心任务。"[2] 其后，在党的十一届六中全会通过的《关于建国以来党的若干历史问题的决议》中，对此进一步作了阐明，确认："在社会主义改造基本完成以后，我国所要解决的主要矛盾，是人民日益增长的物质

---

[1] 《邓小平文选》第2卷，人民出版社1994年版，第182页。
[2] 同上书，第182页。

文化需要同落后的社会生产之间的矛盾。"①

关于新时期的阶级斗争问题，邓小平既不同意"以阶级斗争为纲"，搞阶级斗争扩大化；也不认为阶级斗争已经熄灭。他指出："社会主义社会中的阶级斗争是一个客观存在，不应该缩小，也不应该夸大。实践证明，无论缩小或者夸大，两者都要犯严重的错误。"② 后来，党的十一届六中全会《决议》根据这个实事求是的判断，作出了科学的估量和结论，指出："在剥削阶级作为阶级消灭以后，阶级斗争已经不是主要矛盾。由于国内的因素和国际的影响，阶级斗争还将在一定范围内长期存在，在某种条件下还有可能激化。既要反对把阶级斗争扩大化的观点，又要反对认为阶级斗争已经熄灭的观点。"③ 从那时以来，国际和国内的政治进程，特别是发生在1989年的那场政治风波，都证明了邓小平主持制定这个《决议》关于阶级斗争论断的正确性和真理性。

关于我国社会的主要矛盾和正确对待阶级斗争问题的正确阐明，具有全局性和长远的指导意义。与此密切相关，邓小平在指导制定和贯彻执行"一个中心、两个基本点"的基本路线的前提下，坚持"两点论"，必要时还运用阶级分析方法，分别对很多复杂的社会现象和社会问题，都作出了科学的论述和阐明。如他对社会主义民主和人权与资产阶级民主和人权的本质区别；对既要大胆引进和借鉴西方的文明成果、又要坚决抵制西方资产阶级腐朽没落思想的侵袭；对四项基本原则与资产阶级自由化的本质对立；对政治上要防止和反对"左"和右两种错误倾向；以及要严格区分两类不同性质的社会矛盾，坚持人民民主专政和发展社会主义民主问题；在人民内部正确处理自由与纪律、集中与分权、领导与群众、团结与批评的关系问题；等等，都作出了辩证和科学的分析。总之，邓小平总是坚持运用"两点论"即矛盾分析方法，来具体分析和解决各种复杂的社会矛盾，用以指导党和国家各方面的工作。

邓小平所坚持的是突出"重点论"的"两点论"，而其"重点论"又

---

① 中共中央文献研究室编：《三中全会以来》（下），人民出版社1982年版，第839页。
② 《邓小平文选》第2卷，人民出版社1994年版，第182页。
③ 中共中央文献研究室编：《三中全会以来》（下），人民出版社1982年版，第841页。

是"两点论"中的"重点论",是这两方面的辩证统一。邓小平坚持用矛盾分析的观点来观察和处理问题时,不是把矛盾的两方或许多同时存在的矛盾,平等看待、等量齐观,而是首先着力找出其中的主要矛盾和主要问题,用主要精力去解决它,以带动和促进其他矛盾和问题的解决。例如,他在分析我国现阶段的各种社会矛盾时,紧紧抓住人民日益增长的物质文化需要同落后的社会生产这一主要矛盾,把大力发展生产力作为社会主义社会的根本任务,把经济建设作为一切工作的"中心",而反复强调,坚持贯彻。又如,他在阐述必须坚持四项基本原则时,强调最重要的,是坚持社会主义道路和共产党的领导这两条;在注重多种所有制经济共同发展时,反复强调坚持公有制为主体,以共同富裕为目标;在阐述改革、发展、稳定的关系时,强调"稳定压倒一切";在提倡培养造就"四有"(有理想、有道德、有文化、有纪律)新人时,则强调"这四条里面,理想和纪律特别重要"[①];如此等等。所有这些都表明,邓小平在应用"两点论"时,总是突出"重点论",以抓住复杂矛盾链条中的关键环节,进而带动和促进其他问题的解决。可以这样说,如果忽视了邓小平理论中的"重点论",那就不能正确理解他的哲学思想。

4. 坚持全面性的观点观察和处理各种问题。在观察和处理问题时,坚持全面性的要求,是辩证思维的一条重要的方法论原则,也是重点论与两点论相统一的重要体现。邓小平善于运用这一方法论原则,来指导党和国家的各项工作,解决了一系列重大而复杂的问题。

邓小平在1977年复出工作前后,提出的重要的理论原则,就是"要准确地完整地理解毛泽东思想",要求"善于学习、掌握和运用毛泽东思想的体系来指导我们各项工作。只有这样,才不至于割裂、歪曲毛泽东思想,损害毛泽东思想"[②]。这是针对林彪、"四人帮"割裂毛泽东思想的科学体系,歪曲其精神实质,用领袖人物的只言片语作掩护推行极左路线,而提出来的一个带根本性的问题。从一定意义上说,他要求完整准确地学习和运用毛泽东思想的科学体系,就体现了唯物辩证法的全面性的要

---

① 《邓小平文选》第3卷,人民出版社1993年版,第110页。
② 《邓小平文选》第2卷,人民出版社1994年版,第43、42页。

求。这不仅为当时党在指导思想上拨乱反正提供了思想武器，而且也是创立邓小平理论的重要起点。

正是本着这种"全面的科学的观点"[①]，我们党在十一届六中全会通过的《关于建国以来党的若干历史问题的决议》中，对新中国成立以来党的历史经验，对毛泽东同志的功过和毛泽东思想的历史地位，都作出了全面、科学和经得起历史考验的总结和评价。这是我国进入新时期后，用以统一全党全国人民的认识，进而开创社会主义现代化建设新局面的一个关键性的、重大的政治举措。邓小平指导我们党用全面的科学的观点，对待自己的党和新中国的历史，对待自己的领袖及其思想遗产，从而导致国家兴旺发达，在国际共产主义运动史上提供了一个范例。这同苏联领导人全盘否定斯大林，全盘否定苏共和苏联的历史，从而导致苏联解体及其社会主义事业被毁于一旦相比较，显示出邓小平的远见卓识，更显示出坚持全面的科学的观点的极端重要性。

邓小平坚持运用"全面的科学的观点"及其方法论原则，来把握党和国家的发展全局，驾驭全局，推进我国改革开放和现代化建设事业。邓小平总是强调，我们想问题和办事情，要从全局出发，不能只顾局部，只考虑本地区、本部门和本单位的利害得失，"现在我们需要统一的是全局怎么办"[②]。也就是说，我们想问题和办事情，固然要从各地的实际情况出发，要因地制宜，考虑到各自的特殊性，但更要有全局观点，全面性要求，使个别与一般、局部与整体统一起来，以局部服从全局、以眼前服从长远，才是正确和科学的辩证思维，才能找到解决各种复杂社会问题的正确而有效的途径和办法。近二十年来，在我国改革开放和现代化建设中，正是在马列主义、毛泽东思想和邓小平理论指导下，我们党所制定的路线方针政策，特别是经济体制改革的指导方针和原则，包括农村的改革、城市的改革，以及从计划经济体制向社会主义市场经济体制的转变、经济社会发展战略等等，都是力求全面和科学地分析国内外形势，特别是从社会主义初级阶段这个基本国情出发而形成和实施的。虽说我国改革开放中也

---

① 《邓小平文选》第2卷，人民出版社1994年版，第244页。
② 同上书，第201页。

有一些不尽如人意的事情，但成就还是主要和基本的。我国改革和建设中所取得的伟大成就，都是同邓小平理论所要求的，全面和科学地把握战略全局，总揽全局，指导全局，是密切相关的。坚持"全面的科学的观点"看问题和处理问题，是邓小平辩证思维中一个重要的方法论原则。

（四）坚持群众观点和群众路线，尊重人民群众的首创精神

坚持群众观点和群众路线的工作方法，是我们党的优良传统，也是历史唯物论和历史辩证法的生动体现。毛泽东曾指出："人民，只有人民，才是创造世界历史的动力。"[①] 人民群众是社会历史的主体。为人民服务是我们党的根本宗旨。因此，"共产党人的一切言论行动，必须以合乎最广大人民群众的最大利益，为最广大人民群众所拥护为最高标准"[②]。毛泽东总是反复阐明，我们共产党领导的革命事业之所以不断取得胜利，就在于我们相信群众，依靠群众，在一切工作中代表群众的根本利益，实行"从群众中来，到群众中去"的工作路线。

在新时期，邓小平继承和发展了毛泽东思想关于群众观点和群众路线的基本原理，为改革开放和现代化建设，找到了最可靠的社会基础和力量源泉。邓小平把"群众路线"提升到"根本"性的地位，而与"实事求是"相并列，断定这是毛泽东思想中"最根本的东西"，是我们党和人民的事业取得胜利的"最可靠的保障"。1977年，他复出工作之初，就说："我认为，毛泽东同志倡导的作风，群众路线和实事求是这两条是最根本的东西。……对我们党的现状来说，我个人觉得，群众路线和实事求是特别重要。毛泽东同志是彻底的唯物主义者，他充分信任群众，历来反对不信任群众、不依靠群众。"他又说："我们有这样好的干部，这样好的党员，这样好的人民，他们觉悟程度很高，对党的事业无限信任，这是我们战胜一切困难，在各方面取得伟大胜利的最可靠的保障，是非常可贵的。"[③]

在这里，邓小平不仅把人民群众信任和拥护党，看做革命和建设取得

[①] 《毛泽东选集》第3卷，人民出版社1991年版，第1031页。
[②] 同上书，第1096页。
[③] 《邓小平文选》第2卷，人民出版社1994年版，第45、47页。

伟大胜利的"最可靠的保障",而且还把"群众路线"与"实事求是"的思想路线相联系,并视为"彻底的唯物主义者"的最突出的体现。

辩证唯物主义和历史唯物主义,作为彻底的唯物主义,最重视人民群众的社会实践对于世界的能动的改造作用。认为社会实践特别是生产劳动,是"一切历史的第一个前提"① 和永恒的必然性,是"现实历史的基础"②,因而最重视人民群众作为社会实践主体的历史地位。社会实践的主体,理应是社会历史的主体和主人。不过实践主体与社会主体,在剥削制度下是分裂的,不劳动的剥削阶级窃据了社会的主体地位,而只有在社会主义制度和共产主义制度下,才能够实现这二者的统一。作为对这种历史过程和发展规律之忠实反映的彻底的唯物主义,最重视劳动人民的创造世界历史的能动作用。而这最生动地体现了历史辩证法。据此,列宁指出:"群众生气勃勃的创造力正是新社会的基本因素。……生气勃勃的创造性的社会主义是由人民群众创立的。"③

邓小平在开创建设有中国特色社会主义的理论和实践中,一方面,最重视解放和发展生产力,把这作为"压倒一切的中心任务";另一方面,最重视人民群众的主体地位,坚持和发扬党的群众观点和群众路线,并力求使这两者实现辩证的统一。

首先,邓小平把人民群众置于社会主体的地位,尊重群众的首创精神,善于把群众的实践经验提炼和上升为理论。邓小平在1992年的南方谈话中,说:"农村搞家庭联产承包,这个发明权是农民的。农村改革中的好多东西,都是基层创造出来的,我们把它拿来加工提高作为全国的指导。"④ 显然,这种做法和总结,是对毛泽东"从群众中来,到群众中去"的群众路线的创造性运用。他把人民群众自觉地置于社会主体地位的重要表现,还在于他要求党的路线和政策的制定与实施,要代表人民群众的根本意愿。他经常讲到,要把人民群众拥护不拥护、赞成不赞成、答应不答应,作为我们党制定和坚持正确路线、方针和政策的重要依据。他说,正因为十一届三中全会以

---

① 《马克思恩格斯选集》第1卷,人民出版社1995年版,第78页。
② 同上书,第92页。
③ 《列宁全集》第33卷,人民出版社1985年版,第52—53页。
④ 《邓小平文选》第3卷,人民出版社1993年版,第382页。

来的路线、方针和政策是正确的，所以"只有坚持这条路线，人民才会相信你，拥护你。谁要改变三中全会以来的路线、方针、政策，老百姓不答应，谁就会被打倒"①。我们党的路线、方针和政策的生命力，就在于它们反映了人民群众的根本意愿，受到人民群众的信任和拥护。

邓小平尊重人民群众的社会主体地位的另一个重要表现，就是要求党和政府必须全心全意为人民服务，党员干部要做人民的"公仆"，不要把自己当做社会的"主人"。因此，在考察和提拔干部时，要发扬民主，要倾听群众的意见，逐步采取公开选拔、民主推荐干部的举措，"要取信于民，使党内信得过，人民信得过"②。邓小平尊重人民群众的社会主体地位，坚信人民才是国家和社会的主人。

其次，邓小平把调动和发挥人民群众的社会主义积极性，作为改革和建设事业的基本着眼点与依靠力量。这是他坚持群众观点和群众路线的一个重要方面。因为人民群众即工厂企业的职工、农村的农民、科研单位的科研人员等等，都是实践的主体、是改革的主力军。他们的劳动积极性、工作积极性，直接地决定了一个个单位、一个个经济"细胞"的活力和面貌。社会生产力的发展，经济的繁荣，科学技术的进步，都取决于他们的聪明才智和劳动、工作态度，即是否能够充分发挥其积极性、主动性和创造性。所以，我国改革经济体制和其他方面的体制，调整经济关系和利益结构，加强科学管理，优化资源配置等等，归根到底，都要体现在劳动者的生产和工作积极性上。邓小平说，我们搞改革的最基本的"目标"，"是调动基层和工人、农民、知识分子的积极性。这些年来搞改革的一条经验，就是首先调动农民的积极性，把生产经营的自主权力下放给农民。农村改革是权力下放，城市经济体制改革也要权力下放，下放给企业，下放给基层，同时广泛调动工人和知识分子的积极性，让他们参与管理，实现管理民主化。"他又说："现在我们把这个经验应用到各行各业，调动各方面的积极性。"③充分调动和焕发人民群众的劳动、生产、工作和改革的

---

① 《邓小平文选》第3卷，人民出版社1993年版，第371页。
② 同上书，第298页。
③ 同上书，第180、242页。

积极性、主动性和创造性,是我们社会主义事业取得成功的基本条件。

重视人的因素,把劳动者视为"首要的生产力",是历史唯物主义的一条重要原理。毛泽东思想也很重视这一点,而邓小平理论及其实践特色,是通过体制改革,进行利益结构调整,使责权利达到统一,即主要从社会主义物质利益原则上,去调动人的因素和积极性。邓小平指出:"人的因素重要,不是指普通的人,而是指认识到人民自己的利益并为之而奋斗的有坚定信念的人。"① 使人民群众认识到自己的根本利益,让他们在生产发展的基础上得到实际利益,这就从根本上有利于调动其积极性。要想主要靠思想觉悟调动积极性,对少数先进分子是可以的;但对广大人民群众,则应该在正确保障和增进其物质利益的基础上,去引导他们,提高他们。

再次,邓小平把"生产力标准"与"人民利益标准"统一起来,把人民群众生活水平的提高和逐步实现"共同富裕"作为改革和建设的根本目的。历史唯物主义把生产力的发展状况,视为社会进步的根本标准或最高标准。但是,我们不是为了发展生产力而发展生产力。因为还有一个生产力归谁所有,即如何被社会成员所分享的问题。马克思认为,仅仅发展社会生产力,"既不会使人民群众得到解放,也不会根本改善他们的社会状况,因为这两者不仅仅决定于生产力的发展,而且还决定于生产力是否归人民所有"②。因此,历史唯物主义的"生产力标准"必须同其"人民利益标准"相统一。显然,这在私有制社会的剥削制度下,是根本不可能做到的。只有在社会主义制度下,发展生产力的根本目的,是在消灭私有制、消灭剥削、消灭阶级、消除两极分化的前提下,才能够真正让人民共同劳动、共享劳动成果,不断提高人民的生活水平,逐步达到共同富裕。同时,这也是为了最终实现共产主义逐步创造物质基础。

正因为如此,邓小平总是反复强调中国特色社会主义的"两条根本原则"。他指出:"在改革中,我们始终坚持两条根本原则,一是以社会主义公有制经济为主体,一是共同富裕。有计划地利用外资,发展一部分个体

---

① 《邓小平文选》第3卷,人民出版社1993年版,第190页。
② 《马克思恩格斯选集》第1卷,人民出版社1995年版,第771页。

经济,都是服从于发展社会主义经济这个总要求的。鼓励一部分地区、一部分人先富裕起来,也正是为了带动越来越多的人富裕起来,达到共同富裕的目的。"①

为此,邓小平还把"生产力标准",进一步深化和发展为"三个有利于"标准。这就是,在当今中国,我们用以判断各方面体制改革及其政策措施之成败得失的标准:"应该主要看是否有利于发展社会主义社会的生产力,是否有利于增强社会主义国家的综合国力,是否有利于提高人民的生活水平。"② 在这里,他把生产力、综合国力和人民利益的标准紧密地结合,作出了统一的理论概括,从而使历史唯物论、人民主体论和社会主义价值论实现了内在一致和有机结合。这不仅坚持了科学的社会历史观,也把人民的利益、社会主义国家的价值目标,提升到历史观的高度。社会主义事业,是符合人类历史发展规律的深刻的社会变革,同时也是不断满足广大人民群众物质和文化需求,使他们不断获得解放的历史活动。在这里,科学的历史观同社会主义核心价值观,是相互贯通和完全统一的。邓小平的上述思想,反映了社会生活中的这一深刻哲理。

邓小平理论是极其丰富的,同样,其哲学思想也是极为深刻和朴实的,是一种与实际紧密结合的行动哲学。这种哲学同整个邓小平理论一样,是中国人民宝贵的精神财富,是指导我们建设有中国特色社会主义的强大的思想武器。

三 邓小平哲学思想的重要地位与意义

邓小平哲学思想,是对毛泽东哲学思想的继承、运用和发展,是邓小平的马克思主义立场、观点和方法的集中体现。

马克思主义是一个完整的世界观,是一个以哲学为其思想基础的科学体系。邓小平理论作为当代中国的马克思主义,在创造性地运用哲学世界观和方法论分析和解决当代中国改革开放、现代化问题的过程中,继承和

---

① 《邓小平文选》第3卷,人民出版社1993年版,第142页。
② 同上书,第372页。

发展了辩证唯物主义与历史唯物主义。马克思主义哲学思想为邓小平理论的产生提供了世界观和方法论的基础，也为建设有中国特色社会主义实践提供了最重要的认识工具和思想武器。

（一）马克思主义哲学是邓小平理论的思想基础

在整个马克思主义中，哲学居于根本性和基础性的地位。它的整个理论立足于彻底的唯物主义和自觉的辩证法的基础之上。正因为如此，作为这一哲学的基本精神和集中体现的"实事求是"，是"马克思主义的精髓"[①]。马克思主义是如此，作为其后之发展的列宁主义、毛泽东思想和邓小平理论，也是如此。它们是一脉相承的统一的科学体系，也都是以此作为"根本点"的。

马克思说："任何真正的哲学都是自己时代精神的精华"，是"文明的活的灵魂"。他又说："哲学家的成长并不像雨后的春笋，他们是自己的时代、自己的人民的产物，人民的最精致、最珍贵和看不见的精髓都汇集在哲学思想里。"[②] 马克思和恩格斯创立的现代唯物主义，列宁、毛泽东、邓小平对这一哲学的继承和发展，都是自己时代的"真正的哲学"。因为，他们领导工人阶级和革命人民在争取自己解放、变革社会，以及在建设新生活的实践中，既继承前人的优秀成果，又概括了自己时代的科学成就，总结了人民的实践经验，从中锻造出哲学的思想武器。所以，这个不断发展着的哲学体系，是"自己的时代、自己的人民的产物"和"自己时代精神的精华"，是人民的思想文化的"活的灵魂"和"精髓"。

一般说来，伟大的无产阶级理论家和战略家，同时也是哲学家。这是因为，无产阶级革命运动和社会主义事业，不是单纯靠直接利益驱动的自发的历史过程，而是基于社会经济和历史发展必然性而自觉创造历史的社会变革。因而，这就需要通晓自然界、社会和人类思维发展的一般规律的领袖人物来指导。

在当代中国，邓小平继承和发扬了毛泽东重视哲学的传统，善于运用

[①] 《邓小平文选》第3卷，人民出版社1993年版，第382页。
[②] 《马克思恩格斯全集》第1卷，人民出版社1956年版，第120—121页。

哲学来驾驭和指导全局。科学的哲学思想的创立和广泛传播，历来是社会发生变革的先导。从一定意义上说，我国进入体制改革和社会主义现代化建设的新时期，是从全党普及哲学的"学习运动"为起点的。这个"学习运动"，就是针对"两个凡是"所开展的关于"实践是检验真理的唯一标准"的大讨论。从1977年5月上旬开始的、历时一年多的这场全党性的哲学大讨论，既是一场马克思主义学习运动，也是一场意义深远的思想解放运动。它为摆脱"左"的思想禁锢，实现党在指导思想上拨乱反正、正本清源，作了哲学论证，提供了理论武器，扫清了思想障碍。因此，这不仅为党的十一届三中全会所确定的、党和国家的工作着重点转向社会主义现代化建设的战略转变，作了必要的思想和舆论准备，也为邓小平理论的创立起了奠基作用。

任何一种科学理论，不仅是客观的真理性认识，而且包含着发展的思想。否则，它就会变成僵死的东西，失去科学的意义。"两个凡是"从哲学上看，就意味着，把领袖人物的一切言论和决策，都视为不可移易的金科玉律和绝对真理。这不仅是"神化"领袖，提倡个人迷信，而且也违背了唯物辩证法及其以实践为基础的认识论的基本原理。这在理论上是错误的，在实践上是有害的。

针对这种错误而开展的关于"实践是检验真理的唯一标准"的大讨论，所要重申和恢复的，是马克思主义认识论的根本观点，即实践观点。社会实践是一切认识的基础和动力，也是检验一切认识和路线、方针、政策的是非对错的唯一标准，是检验认识的真理性的最高权威。在"十年动乱"中，由于毛泽东晚年的"左"的错误，特别是由于林彪、"四人帮"反革命集团的破坏活动，曾经造成了理论与实践、敌我关系的颠倒。这次真理标准大讨论，就是要矫正理论和实践的颠倒，分清是非界限。只有这样，才能够恢复和确立党的正确的路线与政策，我们党和国家才能回归到马克思列宁主义、毛泽东思想的正确轨道上来。

因此，邓小平支持和指导这场哲学大讨论，是扭转我国政治大局的关键性步骤和重大举措。邓小平作为马克思主义的思想家和战略家，善于运用哲学武器，来驾驭和拨正这种政治大局。他在1979年3月的一次重要报告中指出："不能设想，离开政治的大局，不研究政治的大局，不估计革命斗争的实际发展,能成为一个马克思主义的思想家、理论家。如果那样,我们在去年用大半年时间讨论实践是检验真理的标准的问题,还有什么意义呢?"①这场大讨论事关我国的"政治大局",是拨正我国政治方向的关键。从这个意义上说,这不只是哲学论争,而且"的确是个思想路线问题,是个政治问题,是个关系到党和国家的前途和命运的问题"②。

以总结这场思想解放运动的伟大成果为契机,邓小平于1978年12月13日,在中央工作会议上发表的《解放思想,开动脑筋,团结一致向前看》的重要讲话,不仅为随即召开的三中全会作了充分的思想理论准备,而且"是在'文化大革命'结束以后,中国面临向何处去的重大历史关头,冲破'两个凡是'的禁锢,开辟新时期新道路、开创建设有中国特色社会主义新理论的宣言书"③。

此后,邓小平一再高度评价这场关于真理标准问题的大讨论,以及它在解决思想路线问题上的深远意义和影响。1979年3月,他在一次讲话中,再次指出:"就全国范围来说,就大的方面来说,通过实践是检验真理的唯一标准和'两个凡是'的争论,已经比较明确地解决了我们的思想路线问题,重新恢复和发展了毛泽东同志倡导的实事求是、理论联系实际、一切从实际出发的思想路线。"他认为:"真理标准问题的讨论是基本建设,不解决思想路线问题,不解放思想,正确的政治路线就制定不出来,制定了也贯彻不下去。""所以,不要小看实践是检验真理的唯一标准的争论。这场争论的意义太大了。"④到1980年年底,他再一次肯定说:"真理标准问题的讨论,对于我们这几年来在政治、经济、组织等各方面进行一系列改革,对于我们在各条战线上取得显著成绩,起了极大的推动作用。"⑤

哲学所促成的思想解放,成为我国社会主义改革和复兴的先导。这种

---

① 《邓小平文选》第2卷,人民出版社1994年版,第179页。
② 同上书,第143页。
③ 江泽民:《高举邓小平理论伟大旗帜,把建设有中国特色社会主义事业全面推向二十一世纪》,人民出版社1997年版,第11页。
④ 《邓小平文选》第2卷,人民出版社1994年版,第190、191页。
⑤ 同上书,第364页。

"先导"作用,就如同初生婴儿的第一声啼哭,它预示着和呼唤着一场深刻的社会大变革的到来。可以这样说,邓小平领导和支持的关于真理标准问题的大讨论,无论是对开创改革开放和社会主义现代化建设的新局面,以及为制定和贯彻党的路线与政策而言,还是在这个过程中总结和开创建设有中国特色社会主义的新道路、新理论,都是极为关键的。这充分体现了科学的世界观和方法论的理论威力。

(二) 邓小平哲学思想的要义概述

伟大的实践产生伟大的理论。作为我国改革开放和建设有中国特色社会主义伟大实践之经验总结的邓小平理论,是以其哲学思想为基础的。邓小平哲学思想,通常不是通过专门的哲学问题所集中阐述的,而是通过针对我国改革和建设中的实践问题的解决,针对重大而具体的现实问题的精辟分析和准确判断,针对党和国家的重大的战略决策和全局性的思想指导等形式,而蕴含和包容于其中,从而形成和实际存在着的。邓小平哲学思想,是贯穿于他的社会实践和各篇著作之中的、最主要的马克思主义立场、观点和方法,是一种务实的行动哲学、亦即实践哲学。

总的来说,"实事求是",是邓小平直接从毛泽东哲学理论中继承和发挥了的马克思列宁主义的精髓、毛泽东思想的精髓,也就是邓小平理论的精髓,亦即邓小平哲学思想的精髓。其中,邓小平的最重要、最突出的思想发挥和理论创新,就是把"解放思想"同"实事求是"有机地结合和统一起来,即以"解放思想"作为达到"实事求是"的着眼点和基本途径,而作为新时期我们党的思想路线之更为完整、深刻和科学的理论概括,从而集中体现了唯物辩证法、唯物史观的基本精神和基本要求。同时,我们必须指出,邓小平哲学思想中的唯物主义,主要是历史唯物主义;邓小平所坚持和发挥的辩证法,主要是历史辩证法。

邓小平提出的"建设有中国特色的社会主义"这一科学的总体性的命题,就生动而准确地包含和体现了我国现阶段的基本而特殊的国情与科学社会主义的基本原理的有机统一,是对矛盾的特殊性与矛盾的普遍性的辩证关系的科学把握和运用。在有中国特色社会主义理论的科学体系中,彻底的唯物主义和自觉的辩证法相结合的思想,即以"实事求是"为核心的邓小平哲学思想，像一条红线一样，贯穿于邓小平各篇著作之中，贯穿于整个邓小平理论之中。其中，每一个重要论断，每一个重要观点，每一条原理，以及对它们的阐述和论证，都包含着哲学思考、哲学智慧、哲学思想的闪光点。哲学是其立论的基础，是其逻辑的前提，是构成体系的纽带，使其每一个构成部分都包含着哲学的意蕴。诸如社会主义初级阶段论、社会主义本质论、社会主义体制改革论、社会主义市场经济论等基本理论，以及"一个中心、两个基本点"的基本路线，还有以公有制为主体、多种所有制经济共同发展的社会经济结构的设计，与此相适应的分配制度、两个文明建设协调发展及其坚持"两手抓、两手都要硬"的方针等等，都贯穿和体现了历史唯物论和历史辩证法的高度统一。

在邓小平理论中，随着"实事求是"这个"精髓"作历史和逻辑的展开，最突出的是强调社会生产力的根本性的基础地位，以及由此决定的生产关系必须适应生产力发展状况的规律、上层建筑必须适应其经济基础的规律。邓小平反复强调，建设有中国特色的社会主义，就必须以发展生产力作为根本任务，以经济建设为中心，把解放和发展生产力作为实现社会主义本质的最重要的内容，通过体制改革来进一步解放生产力和发展生产力，并以此作为我国现阶段社会发展的主要动力等等。邓小平所坚持的，正是社会历史观上的彻底的唯物论。

与此同时，邓小平又历来强调生产关系（包括其实现形式的经济体制）对生产力、社会精神因素对物质因素的能动的巨大反作用。为此，他尤其重视社会主义体制改革，即重视生产关系的适当调整及其实现形式的根本改革。他认为："坚持改革开放是决定中国命运的一招。"[①] 同时，邓小平又强调必须坚持四项基本原则，强调社会主义民主和法制建设。他要求要全面贯彻落实党在现阶段的"一个中心、两个基本点"的基本路线，主张把"以经济建设为中心"，同"坚持改革开放、坚持四项基本原则"这"两个基本点"，作统一的理解和把握，并贯穿于社会主义现代化建设的全过程。为此，就必须坚持抓好反对资产阶级自由化的教育和斗争，坚持反对腐败，以保证改革开放和现代化建设的社会主义方向。

[①] 《邓小平文选》第3卷，人民出版社1993年版，第368页。

邓小平十分重视通过政治体制改革，来完善社会主义的基本制度，发展社会主义民主、健全社会主义法制，建设社会主义法治国家，以充分发挥社会主义政治上层建筑对社会主义经济基础的服务、引领和保证作用。邓小平主张把人民民主专政的两个方面统一起来，但重点是发展党内民主，以带动和发展人民民主，并且要求使民主制度化、法律化、规范化。为此，邓小平提出一个极为著名的论断："没有民主就没有社会主义，就没有社会主义的现代化。"① 这表明，邓小平既极为重视发展社会生产力的根本基础地位，又极为重视社会主义上层建筑对其经济基础具有巨大和能动的反作用。因为，马克思主义告诉我们，离开发展生产力来讲坚持社会主义生产关系，就容易陷入历史唯心论；而离开坚持社会主义生产关系及其上层建筑来讲发展生产力，甚至把发展生产力搞成"GDP 崇拜"，以为生产力发展了，会"一俊遮百丑"，就容易陷入"庸俗生产力论"。而邓小平要求我们对发展生产力、发展经济同发展社会主义民主政治，必须作统一的理解和正确的对待，才有利于防止和克服上述两种历史唯心论和形而上学的偏颇。

邓小平主张在建设高度的物质文明的同时，要建设高度的社会主义精神文明。他认为，只有当我们的"两个文明建设"都搞好了，"这才是有中国特色的社会主义"②。而在精神文明建设中，邓小平又特别重视共产主义和社会主义的理想信念的作用，要求对党员干部、对军队、对青少年乃至人民群众，必须抓好这种理想信念教育。他断言："没有这样的信念，就没有凝聚力。没有这样的信念，就没有一切。"③ 邓小平关于社会主义信念、共产主义理想，以及社会主义精神文明建设的重要性的观点和主张，体现了他重视政治、思想和道德建设对经济发展、物质文明建设和社会主义制度巩固的能动作用，从而努力坚持马克思主义的彻底的历史唯物论与自觉的历史辩证法的统一。

因此，邓小平理论作为马克思主义在中国发展的一个新阶段，是以其

---

① 《邓小平文选》第 2 卷，人民出版社 1994 年版，第 168 页。
② 《邓小平文选》第 3 卷，人民出版社 1993 年版，第 378 页。
③ 同上书，第 190 页。

科学的世界观和方法论为基础,以当代中国如何建设和发展社会主义为中心任务,并以共产主义长远目标同在现阶段的实践纲领相统一的科学的思想体系。

(三) 邓小平哲学思想的世界观和方法论功能

马克思在创立科学社会主义之初,就把哲学称为人类解放的"头脑"和无产阶级的"精神武器"[①]。后来,列宁又把马克思和恩格斯创立的"完备的哲学唯物主义"视作是"把伟大的认识工具给了人类,特别是给了无产阶级"。他还指出:"只有马克思的哲学唯物主义,才给无产阶级指明了如何摆脱一切被压迫阶级至今深受其害的精神奴役的出路。"[②] 马克思主义哲学在工人阶级解放运动中,必定会发挥巨大的、无可替代的世界观和方法论作用。

毛泽东哲学思想和邓小平哲学思想,都是马克思主义哲学的中国化。前者是毛泽东基于中国革命及社会主义建设事业的前期实践,对马克思列宁主义哲学的继承、运用和发展,并在中国革命和建设中发挥了和继续发挥着"伟大的认识工具"的作用;后者是邓小平在社会主义新时期的改革开放、现代化建设实践中,对毛泽东哲学思想的继承、运用和发展。没有哲学思想上的继承、运用和创新,便不会有邓小平理论的产生,以及在这一理论指导下建设有中国特色社会主义的实践。

邓小平哲学思想的世界观和方法论功能,主要体现为以下四个方面:

其一,表现在它为我们党制定和贯彻建设有中国特色社会主义理论、路线、纲领和政策,提供了哲学基础和哲学依据。科学的哲学世界观,是对整个世界、社会和人类思维发展的一般规律的正确揭示和把握。它为我们研究和阐明当代世界和中国社会发展的总趋势,提供了总体性的方向指导。邓小平对当代世界"和平与发展"的两大"主题"的揭示,对世界正朝着"多极化"发展的科学判断,对"东西南北"等种种国际性矛盾的正确分析,以及对社会主义最终必然在全世界代替资本主义这一"社会

[①] 《马克思恩格斯选集》第 1 卷,人民出版社 1995 年版,第 15—16 页。
[②] 《列宁选集》第 2 卷,人民出版社 1995 年版,第 311、314 页。

历史发展不可逆转的总趋势"①的坚定信念,都是立足于历史唯物主义所揭示的"人类社会发展规律",根据于科学的世界观和方法论。由此使我们党和国家所奉行的独立自主的和平外交政策,以及对外关系的战略和策略,既服务于为建设有中国特色的社会主义、扩大对外开放而争取长时期的国际和平环境的目的,又有利于推进世界和平与进步事业,体现了原则的坚定性与策略的灵活性的统一。

哲学的世界观和方法论功能,在对党的路线、方针和政策等等的关系上,集中体现为思想路线的指导。思想路线是化为决策和行动中的哲学思维和哲学方法论,是"行动中的哲学"。邓小平说:"思想路线不是小问题,这是确定政治路线的基础。正确的政治路线能不能贯彻执行,关键是思想路线对不对头。"②我们党的"一个中心、两个基本点"的基本路线,以及为这条基本路线服务的一系列方针政策的制定和实行,都是以实事求是、理论联系实际、一切从实际出发的思想路线,即以辩证唯物主义和历史唯物主义的科学精神为基础的,是以其坚实的哲学论据为支撑的。

这是因为,无论是路线、方针和政策的制定还是实施,都既要遵循马克思主义基本原理,立足全局和长远,高瞻远瞩,把握方向,又要从实际出发,考虑实际的条件和可能,按客观规律办事,力求实现理论与实践、主观与客观、领导与群众的具体和历史的统一。就决策而言,这是为着坚持决策的科学化和民主化;就执行而言,这是为着提高理解和执行党的路线、方针和政策的自觉性与坚定性。如果没有正确的思想路线,没有科学的世界观和方法论,即使有了正确的路线、方针和政策,也不可能得到正确的理解和贯彻,不可能变成群众自觉的实践。所以邓小平说,正确的思想路线是制定和执行正确的政治路线的"关键"。

其二,它为各门具体科学的研究和建设有中国特色社会主义事业服务,提供了科学方法论的指导。在建设有中国特色社会主义伟大事业中,各门科学,包括自然科学和社会科学的地位和作用越来越重要。社会科学的研究,需要正确的哲学世界观和方法论的指导;自然科学和技术科学的

---

① 《邓小平文选》第3卷,人民出版社1993年版,第382—383页。
② 《邓小平文选》第2卷,人民出版社1994年版,第191页。

研究与应用，同样也需要正确的世界观和方法论的指导。实践表明，现代科学技术作为"第一生产力"，其对社会发展和人们的思维方式及生活方式的影响越来越大。正因为如此，它比以往任何时候都更加需要辩证思维，需要科学的世界观和方法论。否则，不仅会影响我国科学技术的健康快速的发展，而且会影响我国整个社会主义现代化的进程。

诚然，哲学要以各门具体科学和社会实践作为知识基础和理论源泉。当代实践和各门科学发展，推动着哲学发展。离开了实践和各门具体科学的发展，辩证唯物主义和历史唯物主义就会失去科学基础和生命力。只有在这个基础上，现代唯物主义才能更加深刻地揭示整个世界和社会的深层本质和发展的普遍规律，更加科学地反映和把握复杂的社会现象。但同时，作为人类知识之最高抽象和最高智慧的现代唯物主义，又能为各门具体科学提供世界观和方法论的指导。这两者是相辅相成的。

在这里，要防止两种偏向：一种是代替论，另一种是自发论。所谓代替论，是企图将哲学凌驾于各门科学之上，来代替某门具体科学。这无疑是幼稚而可笑的。我们在努力学习马克思、恩格斯、列宁和毛泽东的哲学著作，学习邓小平哲学思想的同时，应当注意学习研究其自然科学基础。所谓自发论，是指有些自然科学家和科技工作者轻视哲学，忽视科学的世界观和方法论的指导作用，满足于自发的经验论。这种偏向也不利于科学技术发展。恩格斯早就讲过："自然科学家尽管可以采取他们所愿意采取的态度，他们还是得受哲学的支配。问题只在于：他们是愿意受某种蹩脚的时髦哲学的支配，还是愿意受某种建立在通晓思维的历史及其成就为基础的理论思维形式的支配。"[1] 在当代中国，只有接受唯物辩证法的"思维方式"的指导，特别是要努力学习毛泽东和邓小平的哲学思想，才能在科学研究和社会实践中，减少盲目性，增强自觉性。邓小平曾强调"建设宏大的又红又专的科学技术队伍"[2]，殷切地希望已经成为工人阶级一部分的广大知识分子，在世界观上"都应该学习，都应该不断改造，研究新问题，接受新事物，自觉地抵制资产阶级思想的侵袭，更好地担负起建设社

---

[1] 《马克思恩格斯选集》第4卷，人民出版社1995年版，第308页。
[2] 《邓小平文选》第2卷，人民出版社1994年版，第91页。

会主义现代化强国的光荣而又艰巨的任务"①。

其三，它作为有中国特色社会主义主流意识形态的核心，在我国整个思想文化领域中发挥着精神支柱的作用，发挥着根本性的理论导向功能。哲学较之于其他的各种社会意识形式，尽管是"更高的即更远离物质经济基础的意识形态"②，但依然是一定的经济关系和利益关系的理论表现。区别仅仅在于，它不像政治学、经济学和法学等学科那样，直接地为自己的政治和经济制度作论证、作辩护、作保障，而是通过更多环节的理论抽象，来反映本阶级的利益和主张。正因为它的抽象程度高，所反映的问题和表达的观点更基本、更有普遍性，因而才有更广泛的适用性。其他与之相关的一切理论和学说、一切观念形态的文化，都需要它提供理论支撑，提供哲学基础和哲学论据，以提供根本的理论导向和价值导向。在当代中国，能够发挥这种根本性的理论支柱作用的，能够成为社会主义精神文明之基干的，能够成为社会主义、共产主义的价值体系及其根本理论基础的，只能是包括毛泽东哲学思想和邓小平哲学思想在内的现代唯物主义。这是我国社会主义精神文明的，特别是它的思想道德建设的核心，是建设有中国特色社会主义文化的理论脊梁。没有这一根本性的理论基础，我们整个政治和思想文化的上层建筑，就无法建立、巩固和发展。马克思主义哲学及其中国化，是中国社会主义精神文明的"灵魂"和"硬核"。

邓小平在我国社会主义精神文明建设中，倡导"全国人民做到有理想、有道德、有文化、有纪律"③。他认为"有理想"最为重要，而要求人民群众要树立建设有中国特色主义的共同理想和信念；要求共产党员和一切先进分子更提高一步，树立和坚定共产主义的理想信念。他强调指出，我们党领导的中国革命之所以能够"战胜千难万险"，不断前进，"就是因为我们有理想，有马克思主义信念，有共产主义信念"④。他要求"要特别教育我们的下一代下两代，一定要树立共产主义的远大理想"⑤，

---

① 《邓小平文选》第2卷，人民出版社1994年版，第93—94页。
② 《马克思恩格斯选集》第4卷，人民出版社1995年版，第253页。
③ 《邓小平文选》第3卷，人民出版社1993年版，第110页。
④ 同上。
⑤ 同上书，第110、111页。

认为这是我国改革和现代化取得成功的必要条件。他甚至认为,"没有这样的信念,就没有一切"①。然而,人民群众的共同理想和信念,共产党人和先进分子的共产主义的理想信念的树立和坚定,除了要有参与现实斗争的实践基础以外,在思想认识上,最重要的是必须学习和掌握辩证唯物主义和历史唯物主义,懂得社会发展规律,把自己的理想信念、人生观和价值观,置于科学认识的基础之上。有了理论和认识上的自觉性,才有政治上和实践上的坚定性。马克思主义的革命和科学的哲学世界观,是共产党人最根本的精神支柱。在世界社会主义运动处于低潮,在改革开放和发展市场经济的条件下,只有对社会主义和共产主义具有自觉而坚定的理想信念的人,才能够经受住各种风浪、曲折和诱惑的考验。

马克思说过:"批判的武器当然不能代替武器的批判,物质的力量只能用物质力量来摧毁;但是理论一经掌握群众也会变成物质力量。"② 马克思主义哲学作为旧世界、旧事物的"批判的武器",当然不能代替社会生产力发展所产生的具有的基础性的根本作用。但是,它一旦掌握了亿万社会主义建设者的心灵,化为坚定的理想信念,就能变成"物质力量"。与此同时,在我们社会中,残存的和外来的剥削阶级的腐朽意识,以及它们在改革开放条件下对人们的腐蚀和浸润,也只能靠马克思主义的"批判的武器"来加以抵御和克服。

相反地,如果在意识形态领域,在人的教育和培养上,忽视马克思主义哲学的学习和对人的心灵的塑造,以为仅靠眼前利益和实惠的驱动(这无疑是基础性的),就能够造就出一代又一代的社会主义者,就能使我国社会主义事业兴旺发达,那就会陷入误区。一个轻视理论思维、急功近利和崇尚自发性的民族,是不可能跨入世界强国之林的;一种面对哲学思想混乱、嘲笑崇高、拒绝理性的心态在自然扩散,其思想走势是令人担忧的。可以这样说,不努力使马克思主义哲学掌握人心,不注重发挥其"批判的和革命的"精神,就不可能有自觉和坚定的共产主义理想信念。而"没有这样的信念,就没有一切"。我们应当永远牢记邓小平所揭示的这条

---

① 《邓小平文选》第3卷,人民出版社1993年版,第190页。
② 《马克思恩格斯选集》第1卷,人民出版社1995年版,第9页。

真理。因此应该明确，哲学上的思想理论混乱，是根本性的思想理论混乱；用马克思主义哲学作思想引导，是根本性和基础性的思想引导。

其四，它是我们继续推进建设有中国特色社会主义的实践探索的根本性的行动指南。党的十五大修订的党章明确地规定：中国共产党以马克思列宁主义、毛泽东思想、邓小平理论作为自己的行动指南。这项规定的意义，极为重大和深远。

我们知道，贯穿于马克思列宁主义、毛泽东思想、邓小平理论这个一脉相承的统一的科学体系中的基本的内容，是辩证唯物主义和历史唯物主义的世界观与方法论。我们坚持高举邓小平理论伟大旗帜，把建设有中国特色社会主义事业全面推向 21 世纪。其中首要的问题，就是要继承邓小平的遗志和思想遗产，坚持运用马克思主义立场、观点和方法，不断研究和解决改革、开放和建设中的新情况与新问题，继续探索建设有中国特色社会主义的发展规律，把党和人民的事业不断推向前进。

由于建设有中国特色社会主义，发展社会主义市场经济，实现我国现代化，是前无古人的创造性的艰巨事业，没有现成的经验和先例可循，因而探索性很强。这正如邓小平所说："我们现在所干的事业是一项新事业，马克思没有讲过，我们的前人没有做过，其他社会主义国家也没有干过，所以，没有现成的经验可学。我们只能在干中学，在实践中摸索。"[①] 我们党和人民，在进行体制改革和创新、发展市场经济、实行对外开放、坚持公有制为主体和发展多种所有制经济等实践探索中，会遇到层出不穷的新情况、新问题和新矛盾。这些问题和矛盾，我们的前人没有这样的实践经历，因而没有先例可循，只有靠发挥马克思主义的创造性，不断探索和解决。

在过去 20 多年里，邓小平指导党和人民，在这种探索中已经为我们提供了典范，已经在马克思主义基本原理与当代中国的实践和时代特征的结合中，产生了邓小平理论，并由此开创了改革开放和建设有中国特色社会主义的新道路与新局面。但是，我国改革和建设还任重道远。在前进中，我们不仅会遇到国际上的种种风浪和挑战，会有各种"左"的和右的

---

① 《邓小平文选》第 3 卷，人民出版社 1993 年版，第 258—259 页。

错误倾向的干扰,而且还可能会遇到多种意想不到的情况和困难。我们党和人民,要迎着各种风浪,克服各种艰难险阻,继续解放思想,实事求是,抓住机遇,探索前进,就要坚持党的基本理论、基本路线、基本纲领和基本方针不动摇。就要善于学习和运用马克思主义的世界观和方法论,去研究新情况、解决新问题。马克思主义哲学是我们克敌制胜、开创新局面,推动社会主义事业继续前进的根本性的行动指南。邓小平总结历史的经验教训,告诉我们最重要的原则:"搞社会主义一定要遵循马克思主义的辩证唯物主义和历史唯物主义,也就是毛泽东同志概括的实事求是,或者说一切从实际出发。"[1]

党员和干部是社会主义事业的中坚力量。在社会主义改革和建设的实践探索中,我们的党员和干部,面对变幻莫测的国际局势,面对繁重的历史任务,只有加强学习,才能承担起重大的历史使命和社会责任,熟悉和掌握马克思主义基本理论,特别是学好、用好毛泽东哲学思想和邓小平哲学思想,才能"加强我们工作中的原则性、系统性、预见性和创造性。只有这样,我们党才能坚持社会主义道路,建设和发展有中国特色的社会主义,一直达到我们的最终目的,实现共产主义"[2]。

(原载《中国特色社会主义理论体系研究》,海南出版社1998年版)

---

[1] 《邓小平文选》第3卷,人民出版社1993年版,第118页。
[2] 同上书,第147页。

在坚持中发展　在发展中坚持

江泽民同志在 2001 年 8 月 31 日与军队高级干部理论研讨班学员座谈时指出："进行理论创新，必须坚持两个基本要求，一是必须坚持马克思主义的立场、观点和方法，坚持马克思主义的基本原理。这一点，要坚定不移，不能含糊。二是一定要贯彻解放思想、实事求是的思想路线，坚持勇于追求真理和探索真理的革命精神。这一点，也要坚定不移，不能含糊。"这两个"坚定不移、不能含糊"，不仅深刻地揭示了以实践为基础的马克思主义理论与实践的辩证关系，而且也为全党坚持解放思想、实事求是的思想路线，在实践中坚持和发展马克思主义指明了正确的方向。

第一，提出两个"坚定不移、不能含糊"的根本目的，是要始终不渝地坚持马克思主义的指导地位。江泽民同志在 2001 年"七一"重要讲话中说："马克思主义是我们立党立国的根本指导思想，是全国各族人民团结奋斗的共同理论基础。马克思主义的基本原理任何时候都要坚持，否则我们的事业就会因为没有正确的理论基础和思想灵魂而迷失方向，就会归于失败，这就是我们为什么必须始终坚持马克思主义基本原理的道理所在。"这个"道理"是颠扑不破的真理。

坚持马克思主义在我党我国的指导地位，绝不是中国共产党人的主观偏好和偶然选择，首先因为它是科学。马克思主义是资本主义社会矛盾运动的必然产物。马克思、恩格斯在总结无产阶级反对资产阶级的斗争经验的同时，批判性地汲取前人的思想成果，综合了时代的科学成就，创立了马克思主义的科学体系。其核心内容，是以马克思主义的两大发现——创立唯物史观和剩余价值学说——为前提，使社会主义由空想发展为科学。马克思主义创始人由此揭示了人类社会发展的客观规律，科学地阐明了社会主义制度取代资本主义制度的历史必然性，从而为无产阶级和革命人民提供了认识世界、改造世界和建设新社会的强大思想武器。科学没有国界。马克思主义的科学原理及其世界观和方法论，即它的立场、观点和方法，具有普遍的指导意义。

坚持马克思主义在我党我国的指导地位，更为深刻的根据是中国近代以来的革命、建设和改革的社会要求和客观需要。没有马克思列宁主义传入中国，并与中国国情相结合而发挥指导作用，就没有中国共产党、中国革命的胜利和社会主义建设及改革事业的成功。正如毛泽东同志所指出的那样："马克思列宁主义来到中国之所以发生这样大的作用，是因为中国的社会条件有了这种需要，是因为同中国人民革命的实践发生了联系，是因为被中国人民所掌握了。"[①] 一句话，中华民族的伟大复兴需要马克思主义。

坚持马克思主义在我党我国的指导地位，最为关键的工作，是坚持用马克思主义科学理论教育和武装全党，以指导全党的思想和行动。江泽民同志说得好：重视理论建设和理论指导，是我们党的一个根本特点。重视在思想上建党，是我们党的一条重要的政治经验。以毛泽东、邓小平、江泽民同志为核心的党中央三代领导集体，历来重视用马克思主义的科学理论教育和武装全体党员和干部，以不断提高全党的思想政治素质。中国共产党正是依靠马克思主义的理论武装，才始终保持了工人阶级先锋队的先进性和战斗力，才能够带领广大人民群众团结奋斗，一步步取得中国革命的胜利，进而赢得改革开放和现代化建设的伟大成就。我们党80多年的奋斗历程反复证明，坚持马克思主义在我党我国的指导地位，如同整个"四项基本原则"一样，是我们立党立国之本。现在江泽民同志提出两个"坚定不移、不能含糊"，正是为了维护和巩固这个立党立国之本。

第二，提出两个"坚定不移、不能含糊"，旨在坚持解放思想、实事求是的思想路线，力求促进马克思主义基本原理与当代中国具体实际的紧密结合，推进我国改革开放和现代化建设事业。解放思想、实事求是是整个马克思主义科学理论的精髓，也是辩证唯物主义和历史唯物主义的根本要求。江泽民同志在论述两个"坚定不移、不能含糊"时，其首要的着眼点，就是强调坚持党的解放思想、实事求是的思想路线。他强调指出：

[①] 《毛泽东选集》第4卷，人民出版社1991年版，第1515页。

"我国改革开放的历史进程,就是一个不断解放思想、实事求是的过程。要说改革开放 20 多年的成功经验,这是很基本的一条。在新世纪里,我们要继续前进,不断有新的作为,仍然要坚持这一条。"这些简练质朴的话语,包含着丰富而深刻的意蕴。

改革开放 20 多年来的实践证明,我国的社会主义现代化建设只有坚持解放思想、实事求是的思想路线,不断破除僵化思维、习惯势力和主观偏见的束缚,才能科学把握我国社会变革和现代化建设的规律,充分反映人民群众的意愿和根本利益,制定正确的路线、纲领和方针、政策,在实践中创新和发展马克思主义。可以说,我国改革开放的进程就是在当代中国的马克思主义——邓小平理论指导下,不断解放思想,研究新情况,分析新矛盾,解决新问题的过程,就是马克思主义基本原理与当代中国实际相结合的过程。

坚持解放思想、实事求是的思想路线,坚持马克思主义基本原理与中国具体实际的紧密结合,是我们党一贯坚持的思想原则和优良传统。正是依靠这种思想政治优势,我们党才能够团结和带领中国人民,经过 80 多年的奋斗历程,赢得中国革命、建设和改革的胜利。对此,江泽民同志在"七一"重要讲话中作了科学总结。他指出:"八十年的实践启示我们,必须始终坚持马克思主义基本原理同中国具体实际相结合,坚持科学理论的指导,坚定不移地走自己的路。"他强调"这是总结我们党的历史得出的最基本的经验",因而具有长远的普遍的指导意义。

进入 21 世纪,世界和中国都正在发生着巨大而深刻的变化。面对难得的发展机遇和种种严峻的挑战,我们必须冷静观察,正确应对。形势的变化和实践的发展,要求我们的思想认识随之不断变化和进步。我们应当像江泽民同志要求的那样,"在党的基本理论指导下,一切从实际出发,自觉地把思想认识从那些不合时宜的观念、做法和体制中解放出来,从对马克思主义的错误的和教条式的理解中解放出来,从主观主义和形而上学的桎梏中解放出来。"只有这样,我们党才能不断深化对于共产党执政规律、社会主义建设规律、人类社会发展规律的认识,才能更好地实现马克思主义基本原理与当代中国实际的紧密结合,并不断有新的作为,不断推进党的事业。

第三，提出两个"坚定不移、不能含糊"，表现了一种正确对待马克思主义，弘扬与时俱进、勇于追求真理的创新精神。江泽民同志强调，我们对马克思主义的基本原理，任何时候都要坚持。我们提出新的观点、新的思想时，都要用马克思主义基本理论来衡量一下，并通过实践加以检验，看它们是否正确，是否站得住。一切否定和放弃马克思主义的言行都是错误的，都必须坚决反对。同时，江泽民同志又强调在坚持马克思主义时，绝不能照搬照抄，用本本去框实践，而只能用实践去发展本本。他提出，全党同志要以马克思、恩格斯、列宁和毛泽东、邓小平同志为光辉榜样，学习他们从不教条，从不僵化，总是与时俱进，总是根据历史条件的变化不断发展和完善理论的宝贵品格。只有采取这种实事求是、与时俱进的科学态度，才能使马克思主义不断随着时代、实践和各门科学的发展而发展。

贯彻两个"坚定不移、不能含糊"的基本要求，推进马克思主义理论创新，必须处理好以下几种关系：

其一，坚持与发展的关系。马克思主义具有与时俱进的品质。150多年来，世界的政治、经济、文化和科学发生了重大变化。新中国成立50多年来，特别是改革开放20多年来，我国社会主义建设和社会生活的各个方面，都发生了重大变化。要充分估计这些变化的影响，并如实地反映这些变化的本质与发展趋势。江泽民同志强调，我们要突破前人，后人也必然要突破我们。这是社会前进的基本规律。当然，这也是马克思主义发展的规律。但是，这种发展必须以"坚持"为前提。只有坚持马克思主义的基本原理，坚持马克思主义的立场、观点和方法，我们追求真理和探索真理才有正确的方向、科学的方法。当然，必须在发展中坚持，不发展就不能真正坚持。在日新月异的当今世界，"不以新的思想、观点去继承、发展马克思主义，不是真正的马克思主义者。"[①] 只有做到两个"坚定不移、不能含糊"，才是真正的马克思主义者。因此，我们必须用发展的观点对待马克思主义。只有在坚持中发展，在发展中坚持，才能正确认识和处理坚持与发展的辩证关系。这是我们对待马克思主义的唯一正确的态度。

[①] 《邓小平文选》第3卷，人民出版社1993年版，第292页。

其二，继承与创新的关系。江泽民同志极为重视创新，认为创新是一个民族的灵魂，是社会发展的不竭动力。他在"七一"重要讲话中，向全党郑重地提出了通过不断推进理论创新、制度创新和科技创新，来不断夺取建设有中国特色社会主义事业新胜利的任务。当然，这种创新的起点和基础，是继承前人。只有继往才能开来。马克思主义的问世，既是革命性的理论创新的典范，也是继承前人的思想精华的楷模。同样，在马克思主义一脉相承发展的统一的科学体系内部，也需要不断进行理论创新。毛泽东同志曾指出过，"我们已经进入社会主义时代，出现了一系列的新问题"。因此在遵守马克思老祖宗的基本原理的同时，我们必须"创造新的理论，写出新的著作，产生自己的理论家"，来为当前的实践服务，"单靠老祖宗是不行的"[①]。江泽民讲的两个"坚定不移、不能含糊"，同毛泽东讲的遵守老祖宗的"基本原理"与"创造新理论"的统一，其精神实质是一致的。实践证明，在党的80年奋斗历程中所产生的毛泽东思想、邓小平理论和"三个代表"重要思想，都是继承和创新之辩证统一的典范。

其三，理论与实践的关系。按照两个"坚定不移、不能含糊"的基本要求，坚持马克思主义的指导地位，并处理好坚持与发展、继承与创新的关系，归根到底，是要正确处理理论与实践的关系。我们重视和珍视马克思主义，就是因为它是科学真理，能够指导我们认识世界、改造世界，推进社会主义事业。马克思主义理论的坚持与发展、继承与创新，都要以实践为基础，为实践服务，以实践作为根本的出发点、动力、归宿和检验的唯一标准。这种"实践第一"的观点，既是马克思主义认识论的基本原理，也是马克思主义产生、存在和发展本身同样必须遵循的基本原则。因此，江泽民同志在党的十五大报告中强调，学习和研究马克思主义，"一定要以我国改革开放和现代化建设的实际问题、以我们现在正在做的事情为中心，着眼于马克思主义理论的运用，着眼于对实际问题的理论思考，着眼于新的实践和新的发展"。

（原载《求是》2002年第2期）

[①]《毛泽东文集》第8卷，人民出版社1999年版，第109页。

论邓小平理论的历史地位[*]

前年党的十六大和今年全国人大十届二次会议,先后在党章和宪法中把"三个代表"重要思想,同马克思列宁主义、毛泽东思想、邓小平理论一道,相继确定为党和国家必须长期坚持的指导思想,实现了指导思想的与时俱进。现在,我们全党和全国人民在同邓小平同志永别七年后,迎来了他的百年诞辰纪念。这时,我们重温邓小平理论,进一步深化对邓小平理论的历史地位的认识,这对于我们更好地学习、掌握、运用和发展马克思主义中国化的这三大理论成果,坚持用发展着的马克思主义指导新的实践,继续推进中国特色社会主义事业,还是颇有意义的。

一 邓小平理论在马克思主义中国化中的历史地位

中国近百年国运发生由衰转盛的历史性转折的关键因素,是与这期间世界和中国的历史条件发生变化密切相关的,其中最重要的是马克思列宁主义在中国的传播和中国共产党的成立。中国共产党作为中国工人阶级的先锋队,是马克思主义与中国工人运动相结合的产物,是团结领导全国人民夺取新民主主义革命和社会主义革命胜利、进行社会主义建设和改革的核心力量。这期间,中国之所以能够由一个积贫积弱的半殖民地半封建的旧中国,经过共产党领导的社会革命和社会变革,艰难而逐步地转变为生气勃勃的、走在世界历史前列的社会主义新中国,这当然是国内外多种社会条件和社会因素综合地发挥作用的结果。然而,其中一个最为关键的因素和条件,就是中国共产党从总结自己成功的经验和失败的教训中,找到

---

[*] 李崇富执笔,与赵智奎合作。

并坚持实践一条伟大的真理,即努力使马克思主义基本原理同中国的具体实际相结合,不断推进马克思主义中国化。

伟大的实践,呼唤和产生伟大的理论。80多年来,以毛泽东、邓小平、江泽民同志为主要代表的三代中国共产党人,在带领人民进行长期的实践奋斗中,坚持把马克思主义基本原理同中国具体实际相结合,先后产生了毛泽东思想、邓小平理论和"三个代表"重要思想这三大理论成果。在三大理论成果中,邓小平理论居于承上启下、继往开来的特殊历史地位。

毛泽东作为党的第一代中央领导集体的核心,是"马克思主义中国化"①的倡导者。他身体力行,亲自指导和带领全党在革命和建设的长期实践中,推进马克思列宁主义与中国具体实际相结合,创立了具有鲜明的中国特点的科学指导思想,即毛泽东思想。毛泽东思想既是中国革命经验的科学总结,又是指导中国革命的行动指南,并且在新民主主义革命、社会主义革命和建设,在军队建设、军事战略和国防建设,政策和策略,思想政治工作和文化工作,外交工作和党的建设等方面,以独创性的理论丰富和发展了马克思列宁主义。正因为有了毛泽东思想的正确指导,中国共产党人才找到了有中国特色的无产阶级革命道路、社会主义改造道路,从而领导中国人民夺取了政权,缔造了新中国,建立了社会主义制度,展开了大规模的社会主义建设。没有共产党,就没有新中国;没有毛泽东思想,就没有新中国的社会主义事业。

在新中国刚刚走上社会主义道路的1956年,毛泽东把中国"取得革命的胜利",归结为把马克思列宁主义基本原理同我国革命的具体实际成功地实现了结合,并进而提出了要进行"第二次结合"的历史性任务。他指出:"现在是社会主义革命和建设时期,我们要进行第二次结合,找出在中国进行社会主义革命和建设的正确道路。"② 中国革命取得胜利,当然伟大而不易,但要进而把她建设成为一个富强、民主、文明的社会主义现代化国家,则更艰难、更伟大。毛泽东是探索中国社会主义建设道路的先

---

① 《毛泽东文集》第2卷,人民出版社1993年版,第374页。
② 转引自吴冷西《十年论战》(上),中央文献出版社1999年版,第23—24页

驱。实事求是地说，毛泽东在这种艰辛的探索中，虽取得了初步的和可观的成就，提出了许多闪光的思想，但从"第二次结合"的实质性要求的总体上看，并没有取得成功。指导和带领全党实现这种"第二次结合"的重任，就历史地落在了邓小平的双肩之上。

邓小平同志既是党的第一代中央领导集体的重要成员，又是党的第二代中央领导集体的核心。他的传奇的革命经历、丰富的实践经验、卓越的领导才能和崇高的政治声望，使他当之无愧地成为毛泽东思想和功业的继承人与发扬光大者。在新时期，以邓小平为主要代表的中国共产党人，努力实现马克思主义基本原理同当代中国实际的"第二次结合"，产生了"第二次飞跃"，创立了邓小平理论，开辟了中国特色社会主义道路。邓小平理论抓住"什么是社会主义、怎样建设社会主义"这个根本问题，深刻揭示了社会主义的本质，系统地回答了中国社会主义建设的一系列基本问题，继承和发展了马克思列宁主义、毛泽东思想，把科学社会主义及其实践推进到一个新境界和新高度，是引领中国特色社会主义事业不断前进的思想旗帜。

继邓小平之后，以江泽民同志为主要代表的中国共产党人，面对20世纪90年代和世纪之交的国际国内政治风云的变幻与演进，高举邓小平理论伟大旗帜，总结概括新的实践经验，探索解决中国特色社会主义事业发展中遇到的新情况和新问题，以马克思主义的巨大政治勇气和理论勇气，继续推进理论创新，用一系列紧密联系、相互贯通的新思想、新观点、新论断，进一步回答了"什么是社会主义、怎样建设社会主义"的问题，创造性地回答了在新的历史条件下"建设什么样的党、怎样建设党"的问题，创立了"三个代表"重要思想。"三个代表"重要思想，是在新的实践基础上对马列主义、毛泽东思想、邓小平理论的继承、发展和创新，反映了当代世界和中国的发展变化对党和国家工作的新要求，是面向21世纪的中国化的马克思主义，是新世纪新阶段全党和全国人民团结奋斗、全面建设小康社会、继续推进中国特色社会主义事业的根本指针。

马克思主义中国化和理论创新的三大理论成果——毛泽东思想、邓小平理论、"三个代表"重要思想，虽然形成于我国革命、建设和改革的不同历史时期，面对不同的历史条件和社会任务，但都贯穿了辩证唯物主义、历史唯物主义的科学世界观和方法论，都代表着中国社会发展的方向和最广大人民的根本利益，是依据我们党和人民的长期实践，而形成的一脉相承又与时俱进的中国工人阶级的科学思想体系，是全党集体智慧的结晶。在这三大理论成果中，既包含着实践上的历史联系，又包含着思想脉络上的内在逻辑联系，是体现近现代中国社会发展规律和历史前进趋势的统一的科学理论。

从马克思主义中国化的发展过程看，其三大理论成果之间的历史联系和逻辑关系是：它们都是以中国工人阶级立场作为根本出发点，以马克思主义基本原理作为理论前提，以中国革命、建设和改革的实践作为现实根据，并且是以前者的思想范式和原理原则，来指导和规范后者的探索、产生与形成；而后者则只能以前者为起点、以实践为基础，而实现对前者的继承、深化、发展和超越。因此，马克思主义中国化或中国化的马克思主义，就像"由一整块钢铸成的马克思主义哲学"一样，"决不可去掉任何一个基本前提、任何一个重要部分，不然就会离开客观真理"[1]，就会变形走样。其中特别是邓小平理论，它在马克思主义中国化的三大理论成果之中，具有承前启后、继往开来，并处于居间的枢纽地位。也就是说，毛泽东思想、邓小平理论和"三个代表"重要思想之间的历史联系和逻辑关系，需要通过邓小平理论来贯通、解读和整合。尊重和珍视邓小平理论在马克思主义中国化过程中的这种独特的历史地位，才能把中国化的马克思主义，作为一个统一的科学体系，来完整准确地领会其精神实质，掌握其思想精髓，从而才能比较自觉地运用其立场、观点和方法，研究新情况，形成新认识，解决新问题，夺取新胜利。

二 邓小平理论在建设中国特色社会主义中的历史地位

马克思主义中国化及其三大理论成果——毛泽东思想、邓小平理论、"三个代表"重要思想，都是适应中国革命、建设和改革在不同历史时期的实践需要，应运而生的科学理论。

---

[1]《列宁选集》第2卷，人民出版社1995年版，第221页。

马克思主义在其发展的各个阶段上的主题，是自己时代的产物，是时代精神的重要体现。毛泽东思想的主题，是结合中国国情和革命的具体实践，创造性地运用马克思列宁主义关于无产阶级革命理论，探索和解决了有中国特色的革命道路和社会主义改造道路，实现了用革命手段改造旧中国，用共产党领导的人民政权取代反动政权、用社会主义制度取代剥削制度。正是在毛泽东思想指导下，中国在20世纪40—50年代发生了翻天覆地的社会变革，使中国由半殖民地半封建社会，转变到社会主义社会，从而为中国实现社会主义现代化、为中华民族的和平崛起和伟大复兴，奠定了社会制度上的根本前提，创造了必要的社会条件。新中国在毛泽东时代，既取得了许多振奋人心的伟大成就，也经历过像"大跃进"和"十年动乱"那样的严重曲折。这中间既包含历史性的社会进步，也包含历史性的局限。

继毛泽东思想之后，在新时期改革开放和现代化建设的实践探索中，产生了邓小平理论。其主题是结合中国国情和具体实践，创造性地运用科学社会主义基本原理，探索和开创了中国特色社会主义道路。在这里，邓小平理论所要解决的历史性课题，是在毛泽东思想已经成功地解决了的历史性课题的基础上的进步、深化和拓展。因为，毛泽东思想指导中国人民先行解决了的革命任务，是运用革命手段推翻旧制度，建立社会主义新制度。这为中国社会生产力的解放和发展、为新中国社会的深刻变革和全面进步，消除了政治和经济上的制度障碍，于是才有中国人民的翻身解放、当家做主和新中国欣欣向荣的新景象。但是，后来中外社会主义各国的实践证明：社会主义国家只有在解决了社会主义的基本制度问题之后，进一步通过改革以解决其体制问题，才能充分发挥社会主义制度的优越性，进一步解放和发展生产力，争得社会的较快发展和全面进步；才能在同资本主义制度的竞争和较量中，焕发出生机活力，永远立于不败之地。邓小平理论抓住和推进社会主义改革开放、体制上的改革和创新，来促进社会主义制度的自我完善和发展，这就抓住了问题的最为关键的环节。所以他说："坚持改革开放是决定中国命运的一招。"[①]

[①] 《邓小平文选》第3卷，人民出版社1993年版，第368页。

邓小平理论在科学社会主义发展史上的杰出贡献，是围绕"什么是社会主义、怎样建设社会主义"这个根本问题，把发展生产力作为社会主义的根本任务，并以体制改革作为社会发展的强大动力，来进一步解放生产力和加快发展生产力，以促进社会主义事业的全面发展。邓小平认为，"革命是解放生产力，改革也是解放生产力"，并指出，"社会主义基本制度确立以后，还要从根本上改变束缚生产力发展的经济体制，建立起充满生机和活力的社会主义经济体制，促进生产力的发展"① 和社会全面进步。就当代中国而言，这种"充满生机和活力"的经济体制，就是社会主义基本制度与市场经济相结合，就是社会主义市场经济体制。

通过体制改革，使中国由计划经济体制转向社会主义市场经济体制，是科学社会主义发展史上的伟大创举，是建设中国特色社会主义所获得的具有标志性的创新和突破。所谓"中国特色社会主义"，即"切合中国实际的有中国特色的社会主义"②，就是把科学社会主义的基本原理与中国的具体实际结合起来，这就表明中国社会主义是其普遍性与特殊性的内在统一。邓小平理论根据中国实际所开创的中国特色社会主义，是科学社会主义的一种新形态。它包含一系列重要的、具有内在联系的新观点、新思想和新论断，如社会主义本质论、社会主义初级阶段论、社会主义根本任务论、社会主义改革开放论、社会主义市场经济论、社会主义民主和法制论、社会主义两个文明建设协调发展论和努力运用"一国两制"和平统一祖国的伟大构想等等，构成了一个博大精深的理论体系。

邓小平理论认为，中国正处在并将长期处在社会主义初级阶段。这意味着我国现实的社会主义，是由中国原有的经济文化比较落后的国情决定的、在发展水平上不发达和不成熟的，甚至可谓是"事实上不够格"③ 的社会主义。所以建设中国特色社会主义，只能从建设"初级阶段的社会主义"起步。根据中国现阶段社会生产力的总体不发达的状况，并根据历史唯物主义关于生产关系必须适应生产力发展状况的规律，邓小平理论确定

---

① 《邓小平文选》第3卷，人民出版社1993年版，第370页。
② 同上书，第63页。
③ 同上书，第225页。

了我国社会主义初级阶段的社会经济结构,即必须始终坚持公有制为主体、多种所有制经济共同发展的基本经济制度,坚持以按劳分配为主体、并与按生产要素分配相结合的多种分配方式并存的分配制度。在经济改革中,邓小平理论既主张放开搞活,多发展一点个体户、私有企业等非公有制经济,"鼓励一部分地区、一部分人先富裕起来";同时反复强调"在改革中,我们始终坚持两条根本原则,一是以社会主义公有制经济为主体,一是共同富裕"、"不搞两极分化"①。这样,既鲜明地体现了邓小平理论坚持社会主义方向的原则性和坚定性;又体现了对非社会主义因素的包容性和整合性。

按照邓小平理论的战略思路,我国在社会主义初级阶段,在坚持公有制为主体、多种所有制经济共同发展的基本经济制度的前提下,既要对内充分利用证券、股市、期货和公平的市场竞争等经济手段,来搞活和发展社会主义经济;对外还要尽可能地多引进一点国外的资金、资源、人才和先进的技术、设备和管理经验,以加快我国社会主义现代化建设的进程。"总之,社会主义要赢得与资本主义相比较的优势,就必须大胆吸收和借鉴人类社会创造的一切文明成果,吸收和借鉴当今世界各国包括资本主义发达国家的一切反映现代社会化生产规律的先进经营方式、管理方法。"②

在我国改革和现代化建设中,必须立足于社会主义的基本经济制度和占主体地位的公有制经济的不断巩固与发展,并运用社会主义上层建筑的主导作用,以坚持国家的社会主义发展方向,维护社会主义社会的质的规定性;与此同时,又要善于调动一切积极因素,包括努力把一切可能的中性的、非社会主义的经济因素整合进社会主义的制度和体制的框架之中为我所用,也可以利用一些资本主义的经济因素,来为社会主义事业服务。这样,在我国现阶段,社会经济结构中占主体地位的公有制的经济关系,由此就发挥着支配作用。这恰如马克思所说:"这是一种普照的光,它掩

---

① 《邓小平文选》第3卷,人民出版社1993年版,第142、138页。
② 同上书,第373页。

盖了一切其他色彩，改变着它们的特点。"① 这种情形，既是我国现阶段的一种社会现实图景，也是我们建设中国特色社会主义，尤其是建设初级阶段的社会主义的一种特点、特征和特色。中国特色社会主义在其发展的初级阶段上的这种包容性和整合性，体现了邓小平理论的大智大勇，因而也生动地体现了历史唯物论与历史辩证法的高度统一。

由邓小平理论所开创的中国特色社会主义的发展道路，是中国人民和中华民族的千秋伟业。需要一代代的共产党人，矢志不移，团结和带领全国各族人民长期共同奋斗。邓小平说过："我们搞社会主义才几十年，还处在初级阶段。巩固和发展社会主义制度，还需要一个很长的历史阶段，需要我们几代人、十几代人，甚至几十代人坚持不懈地努力奋斗，决不能掉以轻心。"② 这就是说，建设中国特色社会主义将是中国历史发展中的一项长久性的主题。对它的探索，始于毛泽东思想，成于邓小平理论，发展于"三个代表"重要思想，而且还要一代代延续和发展下去。这中间，邓小平理论当之无愧地赢得了开创这条切合中国实际的有中国特色的社会主义发展道路的历史光荣。邓小平集中全党全国人民的智慧，所创立的中国特色社会主义理论，包括其社会主义初级阶段论和社会主义市场经济论等独创性的理论篇章，不仅永载科学社会主义史册，而且由其构想设计的建设中国特色社会主义的宏伟蓝图，已经开始并将长久而现实地描绘在中国960多万平方公里的大地上。这才是永远不朽的历史丰碑。

三　邓小平理论在世界社会主义运动中的历史地位

自从1943年"共产国际"在完成了历史使命而自行解散以来，国际共产主义运动亦即世界社会主义运动，就改变了自己活动的组织方式和斗争方式。自此，各国社会主义事业也就完全由本国工人阶级及其政党，独立自主地坚持和运用马克思主义、列宁主义及其科学社会主义，结合本国

---

① 《马克思恩格斯选集》第2卷，人民出版社1995年版，第24页。
② 《邓小平文选》第3卷，人民出版社1993年版，第379—380页。

实际和时代特征，团结和领导本国人民去不断进行探索和奋斗，以争取本国革命的进展和胜利。在新的历史时期，我们党也据此制定了同各国兄弟政党，即其共产党和工人党发展关系所必须遵循的四条原则，即独立自主、完全平等、互相尊重、互不干涉内部事务。国际工人阶级团结奋斗方式的这种改变，是马克思主义得到了广泛而深入的传播，各国无产阶级政党在政治上趋于成熟的表现和必然要求。

面对国内外形势的深刻变动，我们全党和全国各族人民根据邓小平提出的"韬光养晦"和"有所作为"的方针，在国际事务中，始终坚持奉行独立自主的和平外交政策，决不当头，不引火烧身。在团结世界人民反对霸权主义、强权政治，维护世界和平，谋求共同发展的同时，既不允许别人干涉中国的内政，我们中国也决不干预别国内政。邓小平说过，"别人的事情我们管不了"，我们要"埋头实干，做好一件事，我们自己的事"①，也就是要集中精力实行改革开放，搞好现代化建设，不断推进中国特色社会主义事业。但是，这决不意味着，邓小平理论及其开创的中国特色社会主义事业没有国际意义。恰恰相反，随着中国特色社会主义事业不断走向成功，随着中国在这条发展道路上实现和平崛起，随着中华民族由此实现伟大复兴，邓小平理论在世界社会主义运动中的地位和影响，也就与日俱增，意义更加深远。

第一，当今中国在建设中国特色社会主义道路上，正在较快地实现国家现代化与和平崛起，并开始真正富强起来，这使中国正在产生示范效应，从而使邓小平理论对广大发展中国家，具有不可遏止的吸引力。

众所周知，世界资本主义如果从14—15世纪西欧文艺复兴运动和16世纪尼德兰资产阶级革命算起，已有五六百年的历史。即使从英国资产阶级革命和工业革命算起，也有三四百年的历史。当然，它在给世界各国劳动人民，特别是给被压迫民族和被压迫人民带来了种种苦难和浩劫的同时，也开创了近现代资本主义文明，促进了人类社会历史性的进步。但是，在其数百年间的世界历史发展中，只是造就了为数不多的极少数富裕和强盛的国家。在当今世界的190多个国家中，现代化发展得比较充分、

---

① 《邓小平文选》第3卷，人民出版社1993年版，第321页。

物质生活比较富裕的只有22个国家,①而且其核心部分仅是西方"七国集团"。而其余的绝大多数国家,至今仍然位居发展中国家之列。资本主义带给这个世界的,并不是遍地鲜花,而是日趋严重的两极分化、南北差距不断拉大、世界战乱频仍。广大发展中国家在世界资本主义统治体系内,看不到发展和富强的真正希望。

在这种情况下,当中国这个原是半殖民地半封建社会,现在又有近13亿人口的经济文化比较落后的大国,能够按照邓小平理论所确定的发展道路和战略步骤,通过全中国人民百年团结奋斗,在建设中国特色社会主义发展道路上,比较快地和平崛起和富强起来。这对广大发展中国家的示范作用、对全世界劳动人民的鼓舞作用、对全世界人类进步的促进作用,是不言自明、难以估量的。邓小平理论由此享有的世界历史地位,也是不言而喻的。

第二,中国人民在建设中国特色社会主义道路上不断前进和成功,是世界社会主义运动处于低潮期间发生的奇迹,是邓小平理论对世界社会主义运动所作出的历史性贡献。

人类社会在20世纪最重大的历史事件,是苏联在20—30年代的兴起和在80年代末90年代初的衰亡。当年,俄国十月革命的胜利和苏联社会主义制度的建立,已为人类发展开辟了世界历史的新纪元。而在74年后,苏联解体、东欧剧变和苏共败亡给世界社会主义运动政治上的冲击,也是极其严重的。然而,就在世界社会主义运动由此步入低潮的时候,却在社会主义中国大地上出现了奇迹。在由邓小平理论指导的中国改革开放和现代化建设中,中国社会主义制度神奇地焕发出了生机和活力。中国经济由此连续获得了20多年的持续、高速和健康的发展。现在连西方的主流媒体、西方资产阶级战略家,也开始谈论中国是"世界工厂",是世界经济的"发动机"。社会主义中国欣欣向荣、兴旺发达,使世界社会主义运动复兴看到了曙光、看到了希望!

---

① 据世界银行《世界发展指标》提供的数据:2000年人均国民生产总值(GNP)达到10000美元的有26国,除依赖石油出口的国家和实际处于发展中国家地位的4个国家外,只有22个国家。(参见《中国现代报告2003》,北京大学出版社2003年版,第141—142页。)

在苏联解体的前两年，即1989年，邓小平就预见到苏联要出问题，并从世界社会主义运动的全局，来看待中国社会主义改革和建设成功的国际意义。他说："现在的问题不是苏联的旗帜倒不倒，苏联肯定要乱，而是中国的旗帜倒不倒。"他强调，"只要中国不垮"、"旗帜不倒"，"世界上就有五分之一的人口在坚持社会主义"[①]，"只要中国社会主义不倒，社会主义在世界将始终站得住"[②]。我们应当站在这种政治高度，来看待邓小平理论和他开创的中国特色社会主义事业，在世界社会主义运动中的历史地位。

第三，邓小平理论客观而清醒地认识和对待当今社会主义与资本主义两种制度（"一球两制"）之间的关系，既看到它们之间存在本质对立和较量的一面，又看到它们可能长期共存和合作的另一面，这种实事求是、高瞻远瞩的战略估计，必将对世界社会主义运动的持久而成功的发展，产生巨大而深远的影响。

在苏联解体、东欧剧变发生前后，邓小平冷静观察"一球两制"的战略态势。一方面，他坚信"马克思主义是科学"，"世界上赞成马克思主义的人会多起来的"，认为社会主义代替资本主义这个社会历史发展的"总趋势"，是"不可逆转的"，坚信社会主义在苏东"一些国家出现严重曲折"之后，能使坏事变好事，"将促使社会主义向着更加健康的方向发展"。他针对西方一些反共政客们当时得意忘形地对马克思主义、社会主义的诋毁和攻击，而教导我们说："不要惊惶失措，不要认为马克思主义就消失了，没用了，失败了。哪有这回事！"[③] 另一方面，邓小平认为，社会主义必然会完全代替资本主义，但要"经历一个长过程发展"，而且"道路是曲折的"[④]，不会一帆风顺。因此，他指出："现在世界上真正大的问题，带全球性的战略问题，一个是和平问题，一个是经济问题或者说发展问题。"[⑤] 他认为，"应当把发展问题提到全人类的高度来认识，要从

---

① 《邓小平文选》第3卷，人民出版社1993年版，第320—321页。
② 同上书，第346页。
③ 同上书，第382—383页。
④ 同上。
⑤ 同上书，第105页。

这个高度去观察问题和解决问题。"① 这表明，对于当代世界各国人民来说，当务之急，不是急于准备和致力于世界资本主义各国革命，而是团结起来，求和平、谋发展、促进步。故而，他强调要从调整和改变当今不合理的国际经济政治秩序着手。他指出："世界上现在有两件事情要同时做，一个是建立国际政治新秩序，一个是建立国际经济新秩序。"② 显然，这指的是"一球两制"和平共处、南北国家共谋发展的国际新秩序。应该说，这是在世界社会主义运动处于低潮时期，最有利于维护、巩固和发展已有的社会主义阵地和成果的政治谋略，也是最有利于各国工人阶级及其政党总结经验，积蓄力量，团结人民，以切实有效的具体努力，去实际地推动世界社会主义运动长远发展的政治谋略。邓小平理论的这些深谋远虑，是当代无产阶级革命战略家贡献给世界社会主义运动的最宝贵的政治智慧，并将在它发挥作用的范围内，影响社会历史发展的进程。

总之，邓小平理论作为马克思主义在中国运用和发展的、即作为我们党在指导思想上与时俱进、发展创新的一个新阶段和重要的组成部分，它前同马克思主义、列宁主义、毛泽东思想相传承、相接续，后同"三个代表"重要思想相递进、相贯通，而成为一脉相承的统一的科学体系，并发挥着长远的指导作用。同时，它作为一个相对独立的思想体系，从而在马克思主义中国化的历史进程中，在中国特色社会主义事业发展的进程中，并在世界社会主义运动的曲折前进中所占有的地位、所发挥的作用和影响，同样是客观存在和意义深远的。随着中国特色社会主义从理论和实践上，不断地给中华大地铸造出与日俱增的成功与辉煌，也就使得邓小平理论所应当享有的历史地位，日益凸现出它的质朴、崇高与伟大。

（原载《光明日报》2004年8月10日，并被多家报刊转载，后全文收入《中国社会科学院·马克思主义研究论丛》，社会科学文献出版社2007年版）

---

① 《邓小平文选》第3卷，人民出版社1993年版，第282页。
② 同上。

当代社会主义必须回答的理论课题

科学社会主义事业发展以及贯彻其始终的理论和实践探索,是一项史无前例的异常艰难和具有创造性的历史勋业。

经历东欧剧变、苏联解体的严重曲折的巨大冲击之后,世界社会主义运动在新世纪、新的历史条件下坚持、发展和复兴,迫切需要各国马克思主义者站在世界历史的高度,对之作出科学总结和理论创新。即是说,只有善于运用马克思主义立场、观点和方法,立足当代,在正确总结社会主义运动百年经验教训的基础上,对当代世界社会主义面临的时代性、世纪性课题作出科学分析和理论回答,才能更好地坚持和继续发展科学社会主义,才能引导世界社会主义运动尽快走出低潮,获得发展和实现复兴。

一 世纪性课题

马克思说过,每个时代总有属于自己的问题,准确地把握并解决这些问题,就会把理论、思想,把人类社会大大地向前推进一步。而一切时代性、世纪性的问题,通常是时代潮流、历史规律与人们变革社会的实践"交汇点",并且往往是这期间多种社会现象交互作用,从而发生社会历史变迁的关键环节。人们把握了这些问题,就是把握住了"时代脉搏"。

苏东剧变及其所造成的历史性曲折,对现实社会主义国家的发展前景、对世界社会主义运动的历史命运已经发生且必将继续发生重大影响。对于这些重大问题,我们能否有一个清醒的判断,从而坚定社会主义、共产主义理想信念,在很大程度上,取决于我们能否依据当代的历史条件和时代发展,去继续探索、回答和解决好以下三个时代性、世纪性的课题。

1. 关于落后国家能否建成社会主义的问题

这个曾一度被认为早已为列宁主义及其实践所解决了的问题，现在又成了马克思主义研究者和共产党人必须继续回答的最为重大的问题。

这是因为，东欧剧变、苏联解体引发了人们的重新思考。有一种颇为流行的观点认为：十月革命前的俄国，不是发达的资本主义国家，没有条件搞社会主义革命和建设，十月革命是"历史误会"；其后，斯大林领导苏联建设社会主义，是"超阶段"的"早产儿"，注定要"夭折"，故而苏联失败、解体和回归资本主义，是"必然"结局，是一种解脱、解放和社会进步。有人甚至认为，马克思和恩格斯所主张的社会主义，是"资本主义以后的社会主义"，而苏联和中国搞的社会主义都是"资本主义之前的社会主义"，是不顾"实际条件"和"历史条件"搞社会主义，既违背了马克思主义，也违背了"客观规律"。

回答上述这种似是而非的问题，需要从两方面作出分析：第一，苏联和中国等一批经济文化比较落后的国家率先起来革命，并走上社会主义道路，是否具有历史的必然性和历史的正当性？或者说，列宁关于"社会主义可能首先在少数甚至单独一个资本主义国家内获得胜利"的理论，是对马克思主义的发展，还是违背马克思主义的"悖论"？第二，我们肯定落后国家能够建设社会主义，有什么根据？

首先从第一个方面进行考察。

（1）应当实事求是、全面准确地弄清楚马克思和恩格斯关于社会主义革命发生的科学预言

首先必须指出，马克思和恩格斯的社会主义革命论包括革命为什么发生和怎样发生，也就是说，为什么要革命和怎样进行革命是既有联系又有区别的两个不同层次的问题。前者是指马克思和恩格斯科学揭示的资本主义生产方式所固有的矛盾运动，即主要是依据资本主义生产关系与现代社会化生产力之间对抗性的矛盾运动，并指明了资本主义必将被社会主义代替的历史总趋势。这里所阐明的，是无产阶级革命爆发的原因、历史的必然性和历史的正当性，因而是普遍适用、长远起作用的基本原理。而后者则是指马克思和恩格斯对社会主义革命将在何时、何地和如何发生的具体判断和预言。这种革命预言，既要考虑历史必然性的规定与制约，又要立

足于现实情况的发展变化，要考虑历史进程中种种偶然因素的影响，因而是世易时移、与时俱进和灵活多变的。如果不注意从方法论上把握马克思、恩格斯关于社会主义革命的基本原理与具体革命预言的联系和区别，就不能正确理解他们有关论述的原意。

一个时期以来，理论界有一个几乎众口一词的说法，即马克思和恩格斯在自由资本主义条件下，主张所有的、至少是大多数发达资本主义国家的无产阶级同时发动革命和同时胜利，才有可能走上社会主义道路。其实，这种说法是不准确、不全面和不符合实际的。

诚然，在马克思主义初创之时，马克思和恩格斯的确有过这样的主张。例如，他们在1846年合著的《德意志意识形态》中，就写道："共产主义只有作为占统治地位的各民族'一下子'同时发生的行动，在经验上才是可能的。"[1] 次年10月底至11月，恩格斯在《共产主义原理》一文中，又重申了同样的主张，认为"共产主义革命将不是仅仅一个国家的革命，而是将在一切文明国家里，至少在英国、美国、法国、德国同时发生的革命"[2]。

大概正是担心有人可能把上述看法误认为是马克思和恩格斯的"一贯思想"，所以《马克思恩格斯选集》第1卷中文第二版中，特地在上面援引两段话之后，都附有译者所加的如下一条注释："关于无产阶级革命只有在一切先进的资本主义国家同时发生才可能胜利，因而不可能在一个国家内获得胜利的结论，恩格斯最早是在《共产主义原理》（1847年）中作了明确表述（见本卷第241页）。1850年，马克思和恩格斯已经预见到美国将发展成资本主义世界最大的经济强国，并认为欧洲要不陷入对美国的依附地位，唯一的条件就是进行社会革命。在这以后，他们再也没有重提无产阶级革命同时发生的设想。"[3]

马克思和恩格斯于1850年1月底至2月初，合写了《国际述评（一）》一文。他们在该文中谈到，美国的经济和工商业的发展将会超过

---

[1] 《马克思恩格斯选集》第1卷，人民出版社1995年版，第86页。
[2] 同上书，第241页。
[3] 同上书，第792页注释62。

英国等欧洲国家，并指出："欧洲的文明国家要不陷入像意大利、西班牙和葡萄牙目前那样在工商业上和政治上的依附地位，唯一的条件就是进行社会革命；这个革命现在还不算迟，还能够根据现代生产力所促成的生产本身的需要来改变生产和交换的方式。这样，就可能创造出新的生产力，保证欧洲工业的优势，从而使地理上的不利条件得以弥补。"① 这时，他们只讲欧洲各国都需要革命，而没有像恩格斯在《共产主义原理》中那样，主张欧洲各文明国家的无产阶级"同时发生革命"。

必须指出，恩格斯的《共产主义原理》一文，是他受托为共产主义者同盟起草理论纲领的初稿，后被马克思与他合作撰写的《共产党宣言》所取代。《共产主义原理》和《德意志意识形态》一样，在其作者生前和逝世后很长一段时间并未发表（前者发表于1914年，后者发表于1924年）和发生影响。而取代《共产主义原理》的《共产党宣言》，在坚持和系统发挥了《共产主义原理》阐述的基本原理的同时，关于无产阶级革命的提法就有改变。在《共产党宣言》这篇纲领性的文献中，马克思和恩格斯仅从战略原则的高度上，号召"全世界无产者，联合起来"，仅认为"联合的行动，至少是各文明国家的联合的行动，是无产阶级获得解放的首要条件之一"②，而没有要求各国无产阶级革命"同时发动"和"同时胜利"。

至19世纪中叶，英国早已成为"世界工厂"和资本主义体系的"心脏"，而包括法国和德国在内的西欧大陆，尽管其工场手工业有了较快发展，但都未实现工业化。马克思在《1848年到1850年的法兰西阶级斗争》一文中，曾指出："如果危机首先在大陆上造成革命，那么革命的原因仍然始终出在英国。在资产阶级机体中，四肢自然要比心脏更早地发生震荡，因为心脏得到补救的可能性要大些。"③ 其后，革命中心果然又从英国转移到经济文化比较落后的法国，并于1871年爆发了巴黎公社起义。虽然这次无产阶级革命的伟大尝试失败了，但在当时革命者中通常的说法是，革命从"法国人开始，德国人继续，英国人完成"。可见，马克思这

---

① 《马克思恩格斯全集》第7卷，人民出版社1959年版，第264页。
② 《马克思恩格斯选集》第1卷，人民出版社1995年版，第307、291页。
③ 同上书，第470页。

时已经认识到,革命有可能在经济和工业比较落后的法国和德国首先发生。

当历史行进到19世纪80年代,马克思和恩格斯开始意识到革命"中心"可能已开始转移到经济文化更为落后的俄国。他们在《〈共产党宣言〉1882年俄文版序言》中,指出"俄国已是欧洲革命的先进部队了"。到了三年之后的1885年,恩格斯以惊人的准确性预见到俄国"正在接近它的1789年。革命一定会在某一时刻爆发;它每天都可能爆发。在这种情况下,这个国家就像一颗装上炸药的地雷,所差的就是点导火线了"[①]。果然,恩格斯逝世仅十年,俄国就爆发了1905年革命;接着在12年后的1917年,就爆发了震惊整个旧世界的十月社会主义革命。

显而易见,马克思和恩格斯在阐发和论证科学社会主义原理,特别是揭示无产阶级革命的经济根源时,所依据的主要是对资本主义社会经济过程的解剖。因此,他们往往强调,资本主义大工业生产力和商品经济的充分发展,是社会主义的物质前提,并把作为大工业之产物的无产阶级的发展壮大及其觉悟,视为社会主义革命的主体力量。据此,他们把社会主义的前途和命运,首先和主要地寄希望于资本主义先进国家——首先是英国和美国,而后还有法国和德国工人阶级的联合斗争。应该说,这是符合逻辑的。由此,他们把科学社会主义的理想信念及其历史的正当性,根植于社会经济的必然性之中,是完全正确和科学的。

但是,当马克思和恩格斯在这个基础上,进而去思考和估计社会主义革命如何组织和发动,即首先在哪里获得突破和如何夺取胜利等具体问题时,则需要综合地考察、分析世界各国的经济、政治和思想文化条件,特别是无产阶级与资产阶级矛盾斗争的状况和力量对比的变化。因此,他们既有过无产阶级革命将在一切文明国家里,至少在英国、美国、法国和德国等国度"同时发生"和"同时胜利"的主张,也有过革命将首先分别在法国、德国,甚至在比较落后的俄国首先爆发,其他国随后跟进的想法。所有这些,都是马克思和恩格斯在一定历史条件下,对于社会主义革命所作出的多种预言。因此,断言马克思和恩格斯的社会主义革命发生论

[①]《马克思恩格斯选集》第4卷,人民出版社1995年版,第670页。

只有一种主张，即一切资本主义先进（文明）国家的无产阶级革命必须"同时发动"和"同时胜利"，是一种简单化、以偏概全的片面之说。

马克思主义创始人鉴于资本联系和统治的国际性，认为"无产阶级的解放只能是国际的事业"①。因此，他们历来主张无产阶级国际主义，主张全世界无产阶级联合团结，相互支持，共同奋斗。如果没有其他国家工人阶级和广大人民的支持和声援，任何国家的工人阶级，"无论是法国人、德国人或英国人，都不能单独赢得消灭资本主义的光荣"②。不过，这同主张各国工人阶级革命必须"同时发动"和"同时胜利"，根本不是一回事。

（2）列宁的"一国胜利论"不是悖论，而是对马克思主义的坚持、发展和理论创新

众所周知，列宁在资本主义发展到垄断资本主义即帝国主义阶段，在发现和阐明资本主义发展不平衡规律的基础上，提出了社会主义的"一国胜利论"。他于1895年在《论欧洲联邦口号》一文中，提出："经济和政治发展的不平衡是资本主义的绝对规律。由此就应该得出结论：社会主义可能首先在少数国家甚至在单独一个国家内获得胜利。"③次年，他在《无产阶级革命的军事纲领》中，再次重申："资本主义的发展在各个国家是极不平衡的。而且在商品生产下也只能是这样。由此得出一个必然的结论：社会主义不能在所有国家内同时获得胜利。它将首先在一个和或者几个国家内获得胜利，而其余的国家在一段时间内将仍然是资产阶级的或资产阶级以前的国家。"④

必须强调指出，列宁提出这种"一国胜利论"，绝不是针对马克思和恩格斯的"同时胜利论"说的，即不是对马克思主义的"突破"和否定，不是违背马克思主义的"悖论"，而是对马克思主义的坚持、发展和创新。

在马克思主义创立以后，其创始人已经不再谈论欧美资本主义先进国家无产阶级革命必须"同时发动"和"同时胜利"的主张。含有"同时

---

① 《马克思恩格斯全集》第39卷，人民出版社1974年版，第87页。
② 同上。
③ 《列宁选集》第2卷，人民出版社1995年版，第554页。
④ 同上书，第722页。

发动"、"同时胜利"主张的第一部著作《德意志意识形态》在列宁生前并未出版发行；另一篇著作《共产主义原理》于1914年以单行本的形式首次发表，但是它早已被纲领性的正式文本《共产党宣言》所取代。列宁写于1914年7月、发表于1915年的《卡尔·马克思》一文，在系统阐述和介绍马克思主义革命学说时，只引用了《共产党宣言》中讲到的"各文明国家的工人'联合行动'是无产阶级获得解放的首要条件之一"的观点，并说这是"不容置疑的真理"，而没有谈及此前马克思和恩格斯曾经持有过的各文明国家的无产阶级革命"同时发动"和"同时胜利"的主张，是理所当然的。所以，斯大林在阐发列宁的"一国胜利论"时，明确地指出："这是用来反对社会民主党人的理论的，因为社会民主党人认为：没有在其他各国内同时胜利的革命，无产阶级要在一个国内夺得政权，那就是空想。"①

这就是说，列宁的"一国胜利论"同马克思和恩格斯的革命主张之间，不存在什么原则性的差别和对立，而是在新的历史条件下，成功地论证、发展和验证了马克思和恩格斯关于社会主义革命多种预言中的一种预言的现实可能性，从而坚持和发展了无产阶级革命的科学理论，增强了其现实指导作用。

第一，列宁发现和阐明了资本主义特别是帝国主义的经济和政治发展的不平衡规律，从而科学地揭示了"一国胜利论"的客观必然性。

应当看到，马克思和恩格斯早在19世纪中叶，就已经观察到和论述过资本主义商品经济由于价值规律、商业竞争和科技应用而引起的发展不平衡现象。他们曾经准确地预见到，新崛起的美国将超过西欧，"世界贸易中心"将从伦敦和利物浦转移到纽约和旧金山，"世界交通枢纽"将从英国转移到北美半岛的南半部，据此，他们预言："大西洋的作用将会降低"，而"太平洋就会像大西洋在现代"②。但是，由于受自由资本主义发展程度的局限，马克思和恩格斯并没有把对这种不平衡现象的认识上升到普遍性的、影响世界历史进程的高度。到19世纪末和20世纪初，当资本

---

① 《斯大林选集》上卷，人民出版社1979年版，第434页。
② 《马克思恩格斯全集》第7卷，人民出版社1959年版，第263—264页。

主义发展到帝国主义阶段时，资本和工商业的集中、垄断和科学技术在生产中的广泛应用进一步加快，商业竞争、资源掠夺和殖民扩张所引起的利益对立和矛盾，更趋尖锐和激烈。这就使得一些后起的资本主义大国在迅速获得跳跃式发展之后，进一步加剧了同老的、大的殖民地宗主国之间利益争夺。这样，资本主义世界的经济和政治发展的不平衡性展现得更为明显和充分，对社会历史进程的影响也就更为巨大和突出。列宁敏锐地抓住了这种历史条件的变化，作出了"经济和政治发展的不平衡是资本主义的绝对规律"的科学论断，从而为提出和论证社会主义"一国胜利论"找到了最根本的现实根据。

第二，列宁进而把资本主义世界作为一个有其内在结构的垄断资本主义的统治体系来考察，并且运用其"不平衡规律"来剖析这个统治体系的矛盾，从而为社会主义革命突破其"薄弱环节"指明了现实的可能性。

列宁从理论和现实的结合上，令人信服地证明：正是由于这种不平衡规律的作用，加剧了各帝国主义国家之间，亦即各个垄断资本集团和垄断集团联盟之间的矛盾、对抗、冲突和为重新瓜分世界而争斗；同时也加剧了工人阶级与资本家阶级、殖民地人民与帝国主义殖民统治之间的矛盾和斗争。这些矛盾的集中爆发，就酿成了"帝国主义战争"。而帝国主义国家之间的矛盾和战争，就势必造成革命形势和一些"薄弱环节"，并可能在世界的某些局部形成有利于工人阶级和革命的力量对比，从而促使革命从这里首先获得突破。正是在这种革命理论指导下，列宁和布尔什维克党领导俄国人民，利用第一次世界大战所造成的革命形势，于1917年夺取了十月革命的胜利，率先使科学社会主义在俄国由理论变为实践，从理想变为社会现实。其后，又有中国、越南和古巴等一批经济文化更为落后的国家相继获得革命胜利，走上社会主义道路，从而反复验证了列宁"一国胜利论"的正确性和真理性。

第三，列宁的"一国胜利论"以历史唯物论和历史辩证法相统一的方法论，顺应和运用历史规律，发展了科学社会主义事业，能动地促进了社会历史进程。

在十月革命前后，第二国际的右派首领人物如伯恩施坦和考茨基，还有俄国的普列汉诺夫和苏汉诺夫等人，死抱着机械唯物论和"庸俗生产力论"不放，主张消极地等待资本主义生产力高度发展了，"和平长入社会主义"。他们借口革命前的俄国，还不是发达的资本主义社会，说"俄国生产力还没有发展到可以实行社会主义的高度"，"还没有实行社会主义的客观经济前提"，以诋毁十月革命，阻挠俄国走社会主义道路。这种貌似坚持唯物史观的看法，实则因其以机械唯物论来解释历史，而抛弃了历史辩证法，这就糟蹋、歪曲和背叛了马克思主义。马克思和恩格斯在初创唯物史观时，就揭示它的辩证本性。他们认为，"按照我们的观点，一切历史冲突都源于生产力和交往形式之间的矛盾，此外，不一定非要等到这种矛盾在某一国家发展到极端尖锐的地步，才导致这个国家内发生冲突。由于广泛的国际交往所引起的同工业比较发达的国家的竞争，就足以使工业比较不发达的国家内产生类似的矛盾"[1]，并发生革命变革。

列宁同马克思和恩格斯是心心相印的。列宁批评"自称马克思主义者"的苏汉诺夫们"对马克思主义的理解却迂腐到无以复加的程度"，因其对"马克思主义中有决定意义的东西，即马克思主义的革命辩证法，他们一点也不理解"[2]。这种抛弃了历史辩证法的机械唯物论即"庸俗生产力论"，既歪曲和背叛了马克思主义，也会贻误无产阶级革命事业。

与之相反，列宁的社会主义"一国胜利论"，是在坚持历史唯物论和历史辩证法有机统一的基础上，正确理解、把握和运用世界历史的发展规律的。他指出："世界历史发展的一般规律，不仅丝毫不排斥个别发展阶段在发展的形式和顺序上表现出的特殊性，反而是以此为前提的。"[3] 列宁指出的这种现象，在世界历史上是屡见不鲜的。例如，古代中国从其不甚发达和典型的奴隶制社会中，率先生长出了无与伦比的封建主义文明；而在其后熟透了的封建文明的衰落中，却未在近代产生出发达的资本主义。再如，在西方，古希腊和古罗马发达的奴隶制衰落后，不仅没有自发地产生出封建社会，反而却被经济文化上整整落后一个历史时代的日耳曼人打败和征服以后，代之以野蛮和黑暗的中世纪的封建农奴制。不过，此后却

---

[1] 《马克思恩格斯选集》第1卷，人民出版社1995年版，第115—116页。
[2] 《列宁选集》第4卷，人民出版社1995年版，第775页。
[3] 同上书，第776页。

又峰回路转,到了近代,反倒从这种落后的封建农奴制的地基上,开始产生出延续至今的资本主义文明。世界历史发展的规律性和普遍性,内在地包含着其实现形式的特殊性和曲折性。列宁站在世界历史的高度,深刻地阐明了帝国主义时代无产阶级革命的突破口和实现形式的选择。他指出:世界资本主义体系的崩溃,不是从资本主义发展程度"最高的"地方开始,也不是从其"最薄弱的"地方开始,而是从该统治体系的"比较薄弱"的地方开始,即从"有一定程度的资本主义"①的地方开始。实践证明,只有这样,才能正确理解和运用马克思主义革命理论,同当时、当地的各国具体革命实践相结合,不失时机地推进世界社会主义事业。

应该说,列宁的社会主义"一国胜利论"内在地包含着革命和建设两个方面。当俄国十月革命、中国和其他一批国家的革命先后胜利之后,列宁的"一国胜利论"就历史地、逻辑地延伸和展现为:经济落后国家能否建成社会主义?自苏联斯大林时代至今,这个问题一直存在争论;而先后走上并坚持社会主义道路的一批国家,以其理论和实践上的艰辛探索和曲折发展,力图作出正确回答。下面我们仅从三个方面谈谈对这个问题的认识:

第一,怎样看待斯大林时代的争论和"斯大林模式"的成败?众所周知,列宁逝世以后,斯大林在苏联主政初期与托洛茨基反对派之间主要争论之一,就是经济文化比较落后的苏联"一国能否建成社会主义"问题。托洛茨基在1922年再版的《一九一七年》和1929年写成的《不断革命》两本著作中,认为苏联一国不可能建设和建成社会主义,而应当按照他的"不断革命"的理论,去不断推进世界革命。在他看来,实行社会主义就会激化无产阶级同资产阶级、农民阶级的矛盾,因此"苏联在孤立的无产阶级专政之下,各种国内外的矛盾必然随着建设成就的增加而增加。如果无产阶级继续处于孤立状态,那么,无产阶级国家必然成为这些矛盾的牺牲品。摆脱这种状态的唯一出路,就是几个先进国家的无产阶级取得胜利"。否则,"就休想革命的俄国在保守的欧洲面前站得住脚"。故而,托洛茨基否认社会主义在苏联一国首先胜利的可能性,也否认农民的革命

---

① 《列宁全集》第60卷,人民出版社1990年版,第317页。

性，否认在无产阶级专政条件下工农联盟的可能性，并且断言一国建成社会主义理论是"民族的狭隘性"，苏联独立自主地搞工业化建设是"社会主义的门罗主义"。按照这种观点，苏联一国根本不可能也不应该搞社会主义建设，而只能坐等"世界革命"的到来，或者在革命条件不具备时，莽撞地去进行"世界革命"的冒险。

斯大林依据列宁的思想，批驳和清算了托洛茨基的上述主张，进一步阐发了资本主义各国经济和政治发展的不平衡的状态和矛盾，阐明了一国建设社会主义的外部条件，以及苏联优先发展重工业的必要性和紧迫性，特别是阐明了在无产阶级专政条件下坚持工农联盟的必要性和可能性。斯大林驳斥了托洛茨基关于"工业对农业专政"的错误主张，强调"建立社会主义的经济基础，就是把农业和社会主义工业结合一个整体经济，使农业服从社会主义工业的领导，在农产品和工业品交换的基础上调整城乡关系，堵死和消灭阶级，首先是资本借以产生的一切通道，最后造成直接消灭阶级的生产条件和分配条件"[①]。斯大林还深刻地分析和肯定了农民特别是贫农和中农的革命性，阐述了工人阶级同农民阶级在根本利益上的一致性，指出工人阶级及其领导的国家与广大农民之间并不存在托派所说的"利益对立"和"敌对冲突"，认为广大农民能够在工人阶级领导下，发展工农联盟，坚持走社会主义道路。即使工农、城乡之间存在某些矛盾，也是在根本利益一致前提下的矛盾，可以在坚持工农联盟的范围内予以解决。因此斯大林认为，苏联建设和建成社会主义经济，不仅是必要的、也是可能的。

斯大林同时指出，一国建成社会主义与社会主义最终胜利是两个不同的问题。他认为苏联即使处在资本主义包围的条件下，依靠苏维埃制度和工农联盟，也能够解决工农、城乡之间的发展差距和矛盾，"建成完全的社会主义社会"；但是，却不能单靠苏联一国的建设和发展，来解决它同其他"一切资本主义国家之间的矛盾"，"也不能完全保障自己免受武装干涉"和"免除复辟行动"的危险。因此，苏联一国不能单独获得"社

[①] 《斯大林全集》第9卷，人民出版社1954年版，第21—22页。

会主义的最终胜利"①。

　　当时,斯大林依靠自己的权威、谋略和理论力量,战胜了托洛茨基等反对派,使自己的社会主义"一国胜利论"、农业集体化和优先发展重工业等理论和主张,成为主导整个布尔什维克党和苏联的指导思想和行动纲领。尽管在世界社会主义运动史上,人们对斯大林的哲学理论观点和政治主张见仁见智,褒贬不一,但实事求是地说,如果按照托洛茨基"不断革命"的主张,在十月革命胜利后的苏联,不致力于社会主义建设,而去对内"革农民的命",对外搞"世界革命"的冒险,其后果是不堪设想的。相比之下,毕竟斯大林坚持社会主义"一国胜利论",主张大力抓经济、搞建设和优先发展重工业的路线和政纲,对苏联进行大规模的社会主义建设发挥了巨大的动员、鼓舞和指导作用。苏联在斯大林和布尔什维克党领导下,创造了工业化的奇迹。从1925年俄共(布)十四大决定把实现国家工业化作为党和国家的中心任务开始,到1937年第二个五年计划完成为止,仅仅用12年时间,就实现了国家工业化,走完了西方国家曾用几十年甚至上百年才走过的社会进程。

　　由于头两个五年计划的提前完成,苏联工农业基本完成了技术改造,大规模地更新和添置了生产设备,形成了独立自主、比较齐全的工业体系和国民经济体系。这样,苏联人民依靠社会主义制度所创造的"工业化奇迹",从根本上改变了国家的落后面貌,大大缩小了同西方发达资本主义国家在经济发展水平上的差距,使自己在资本主义世界包围和封锁中,站稳了脚跟,并为其后胜利进行反击法西斯侵略、夺取卫国战争胜利奠定了雄厚的物质和技术基础。

　　苏联崛起和二战前后一段时间综合国力的迅速增强,是在社会主义制度下,通过所谓"斯大林模式"实现的。"斯大林模式"亦即"苏联模式",是国际共运史上第一个社会主义体制模式,是一种初创性的体制。它的产生有其必然性,也发挥过积极作用。苏联在短期内由经济文化比较落后的国家,迅速跃升为社会主义工业化强国,后来甚至发展成为仅次于美国的另一个"超级大国"。事实表明,在一定内外条件下,经济文化比

---

① 《斯大林选集》上卷,人民出版社1979年版,第341—342页。

较落后的国家能够建设和建成社会主义，而"斯大林模式"也能在一定时期促成这种建设事业的兴旺发达和快速发展。

但是，"斯大林模式"由盛转衰的历史轨迹，也表明它存在不足、缺陷和弊病。苏联工业生产从1928年到1960年（除去卫国战争5年）有28年，年均增长率都在两位数（19.7%—13.1%）。这体现了"斯大林模式"的辉煌和成功。但此后25年（1961—1985），其年均增长率却下降到8.6%—3.7%。[1] 尽管苏联后来发展的基数大了、潜力小了，因而增长率有所下降是正常的，然而这种急剧下降，也意味着运行了近60年的"斯大林模式"，逐渐丧失了发展的后劲和活力。苏联的国运正是从此渐次衰落式微，直至后来解体。其中的原因当然很复杂，不能简单地归罪于原有体制；但与生产力发展逐渐不相适应的体制，无疑也是一个基础性的原因。

可以说，"斯大林模式"的衰落，在很大程度上根源于其本身的机制和特点，以及问题的长期积累。这主要是：它在社会经济结构上实行清一色的公有制（全民所有制和集体所有制）；在生产资源的计划配置上过于集中统一，排斥了价值规律和市场调节的作用；在分配制度上平均主义严重；其经济体制逐渐僵化，企业缺乏活力，劳动群众的生产积极性不能持久；如此等等。因此，"斯大林模式"的衰落给人们的最大启示是：苏联社会主义的基本制度是好的，应该坚持；但是这种制度的体制模式，不应该一成不变而凝固僵化，而应该与时俱进，不断改革。只要这两者达到了与生产力发展状况相适应的具体和历史的统一，苏联是能够避免解体败亡，而进一步走向兴旺发达的。

第二，中国社会主义建设经验可否证明一国可以建成社会主义？新中国在新民主主义革命胜利后成立，随即走上社会主义道路，并于20世纪50年代中期确立了社会主义基本经济制度，在很大程度上是借鉴和移植了"斯大林模式"。因此，改革前的中国社会主义建设，也是呈现出与苏联大体类似的发展轨迹。新中国成立之初，经济恢复极为顺利，仅用了三年时

---

[1] 苏联中央统计局编：《苏联国民经济发展七十年》，生活·读书·新知三联书店1988年版，第126页。

间，主要经济指标就恢复到甚至超过抗战前（1936）的最高水平。随即于1953年开始的"一五"发展计划，在边搞社会主义改造，边搞社会主义建设之中提前一年超额完成。从1953年到1956年，全国工业总产值年均递增19.6%，农业总产值年均递增4.8%。到1957年，全国工业和农业总产值比1952年分别增长128.6%和25%。钢产量达到535万吨，比1952年增长296%，是1949年的33.9倍；原煤产量比1950年增长96%，是1949年的4倍；发电量比1952年增长166%，是1949年的4.5倍；粮食和棉花产量比1952年也分别增长19%和26%。[①] 这期间，国民经济其他部门和教科文卫事业也得到了迅速发展，人民生活得到明显改善。

中国社会主义改造顺利成功，"一五"计划提前和超额完成的良好开局，极大地鼓舞了全国各族人民的社会主义建设积极性，并初步证明了在经济文化落后的新中国，也能建设社会主义。

但是，正因为这种顺利的开局，使我们一些同志产生了骄傲和急躁情绪，并轻率地发动了"大跃进"和"人民公社化"运动，还曾一度刮起"共产风"，影响了经济社会发展。从此，我国社会主义建设开始进入更为复杂和曲折的探索与发展的历程。从1957年"反右"斗争扩大化开始，由于党和毛泽东同志过于严重地估计国内外阶级斗争形势，并由此错误地否定了党的八大提出的政治路线，从而使"左"的思想逐渐抬头，直至发生"文化大革命"的十年动乱。这种错误的主要表现，是没有摆正经济与政治的关系，用"以阶级斗争为纲"取代了以经济建设为中心的路线和政策，使得"政治运动"和"过火"的阶级斗争绵延不断，产生了多方面的消极影响。社会主义政治本来是根据和服务于其经济建设的，但这些偏离社会主义经济发展要求的政治失误，却使我国经济建设历经坎坷和曲折。即使这样，从1957年到1978年的22年间，从整体看，我国社会主义建设取得的进展，还是相当明显和可观的。我国工农业总产值1952年为810亿元，1957年为1241亿元，1978年为5634亿元，从1952年到1978年，年均增长8.2%。其中，工业总产值年均增长11.4%，农业总产值年

[①] 据国家统计局编《奋进的四十年（1949—1989）》，中国统计出版社1989年版，有关统计数字及其计算。

均增长 2.7%。① 这表明，社会主义基本制度是有顽强生命力的，在一定程度上，抵消和缩小了政治动荡对经济社会发展的冲击。

不过，当时中国经济发展中仍存在着比较严重的问题。单就经济而言，主要体现在：其一，"十年动乱"对经济发展造成了严重的冲击和干扰，十年中有三年负增长，两年停滞不前，其他年份是下降后的恢复性增长。② 其二，新中国同资本主义发达国家，特别是同日本等邻国曾经开始缩小的经济差距，在"十年动乱"中，又有所拉大。③ 70 年代，是日本和东亚"四小龙"经济腾飞之时，而中国大陆却丧失发展良机。其三，中国经济从 20 世纪 50 年代到 70 年代末的曲折发展轨迹显示，其中存在的问题和弊端，不是局部和枝节性的。例如，中国农业合作化 20 多年后，仍然有大量的、成亿的农民未能完全解决温饱问题。再如，从表面看，中国工业发展速度并不慢，但经济增长的效益和质量并不高，人民群众生活水平提高得并不快。所有这些都表明，中国经济发展中的这些问题，同"斯大林模式"存在的问题相类似，大多都是体制性的问题。

正如邓小平同志所总结的，"社会主义基本制度确立以后，还要从根本上改变束缚生产力发展的经济体制，建立起充满生机和活力的社会主义经济体制，促进生产力的发展"④。这就是说，中国这样经济文化比较落后的国家，要建设和建成社会主义，实现现代化和追赶资本主义发达国家，就必须在确立社会主义基本制度之后，通过体制改革，探索和建立起充满生机和活力的社会主义经济体制和其他相关的配套体制。

改革开放 20 多年来，我国社会主义现代化建设取得了举世公认的伟

---

① 据国家统计局编《奋进的四十年（1949—1989）》，中国统计出版社 1989 年版，有关统计数字及其计算。

② 中国国内生产总值（GDP）1967 年较上年下降 5.7%，1968 年又下降 4.1%，1976 年下降 1.6%；1972 年和 1974 年，仅比上年分别增长 3.8% 和 2.3%。（见国家统计局编《新中国 50 年经济建设成就统计摘编之一》，《求是》1999 年第 16 期。）

③ 中国 1960 年人均 GDP 为 89 美元；同年，日本为 467 美元，新加坡为 438 美元，韩国为 154 美元，分别是中国的 5.2 倍、4.9 倍和 1.7 倍。到 1980 年，中国人均 GDP 为 290 美元；同年，日本为 9890 美元，新加坡为 4430 美元，韩国为 1520 美元，分别增长为（未考虑汇率变化因素）中国的 34 倍、15.27 倍和 5.2 倍（见中国科学院中国现代化研究中心编《中国现代化报告 2003》，北京大学出版社 2003 年版）。

④ 《邓小平文选》第 3 卷，人民出版社 1993 年版，第 370 页。

大成就。据国家统计局统计，我国国内生产总值（GDP），至2002年上升到102398亿元，按可比价格计算，是1976年（3624亿元）的7.5倍多，1978—2002年年均递增9.4%；2002年固定资产投资43202亿元，是1978年的63.6倍，年均递增20%；目前，我国外汇储备达4000亿美元，居世界第二位。2002年，我国吸收外资的能力，在连续几年居世界第二位之后，跃居世界第一位，达到527亿美元。许多主要工农业产品，如钢铁、原煤、水泥、电视机和粮食、肉类、水产品等产量，都跃居世界第一位；还有一大批工农业产品的产量都位居世界前列。改革开放以前，我国没有一寸高速公路，而到2002年，已建成2.52万公里的高速公路，居世界第二位；近几年，电信业迅速发展，目前已有固定和移动电话4.21亿户，居世界第一位。随着生产快速发展，我国综合国力显著提高，教科文卫事业都有了较快发展，城乡居民收入也在不断提高。2002年，我国城镇居民人均可支配收入7703元，农村居民人均纯收入2476元，最近5年分别年均增长8.6%和3.8%。城乡居民存款额目前已达8.7万亿元。现在，我国作为一个有12亿人口的大国，人民生活在总体上已达到小康水平，并正在稳步向全面建设小康社会，实现工业化、信息化和社会主义现代化迈进。

应当指出，我国20多年在改革开放和现代化建设中的伟大成就，是在苏东剧变、世界社会主义运动步入低潮，以及亚洲金融危机的剧烈冲击下取得的。继当年苏联成功建设社会主义工业化之后，新中国50多年的社会主义建设实践和20多年的改革成果都再次证明：像中国这样经济文化比较落后的国家，在工人阶级掌握国家政权以后要建设和坚持社会主义，就必须始终不渝地把科学社会主义原理同我国实际相结合。在坚持和完善社会主义基本制度的同时，还必须创造性地探索切合本国实际、切合现阶段生产力发展水平的建设道路和体制模式。一旦社会主义基本制度与作为其具体实现形式的这种社会主义体制达到了有机结合，就有可能使历史起点低的社会主义国家，通过采取有原则的和现实的政策，去弥补自己在文明发展水平上的原有不足，以便逐步创造出高于资本主义的劳动生产率和社会文明。

但是，中国等一些国家能够在一定条件下取得超越资本主义充分发展,率先建设和建成社会主义,并不等于可以逾越社会经济发展的必经阶段。例如,要创造社会化的现代生产力,要经历发达的商品—市场经济,社会技术形态必须由农业社会向工业化、信息化的现代社会转型等等。而这些,只能在社会主义制度下采取必要的、可能的和变通的发展战略、策略和途径,有步骤地通过艰苦创业,而予以逐步实现。否则,面对发达资本主义国家的对峙、高压和包围,经济文化比较落后的国家(即使像苏联这样的大国)就难以建设和坚持社会主义。

第三,我们是在何种意义上肯定"经济落后国家能够建成社会主义"的?当我们说"经济落后国家能够建成社会主义",是有其确定含义和相关条件的。

首先,"建成社会主义",并不等于"社会主义最终胜利",这是两个内涵不同的命题。斯大林曾把列宁的社会主义"一国胜利论",从论证苏俄无产阶级夺取政权和巩固政权,延伸到论证苏联社会主义建设,并进而区分为"建成社会主义"和"社会主义最终胜利"这两个问题。他认为,"建成社会主义"要解决的是"第一种矛盾,即关于内部的矛盾,也就是关于在资本主义包围条件下建成社会主义的可能性问题"[1];而"社会主义最终胜利"要解决的是"第二种矛盾即外部的矛盾,也就是我们这个社会主义国家和其他一切资本主义国家之间的矛盾","就是有免除武装干涉行动,因而就是有免除复辟行动的完全保障,因为稍微严重的复辟行动,只有在外来的重大援助下,只有在国际资本的援助下,才有可能发生"[2]。所以,单独一个国家,特别是经济落后的社会主义国家,不能取得"社会主义最终胜利",因为这需要各国工人阶级在斗争中更为直接的相互支援和支持,需要社会主义国家经过长期奋斗,创造出使资本主义既不能存在也不能再产生的条件,才算是"社会主义最终胜利"。具体一点讲,就是当一个或一批社会主义国家在科技、经济、政治和文化等方面,都创造出高于资本主义的社会文明,创造出高于资本主义的劳动生产率,才能够使社会主义获得"最终胜利",因为"劳动生产率,归根到底是使新社会制

---

[1] 《斯大林选集》上卷,人民出版社1979年版,第341—342页。
[2] 同上书,第342页。

度取得胜利的最重要最主要的东西"①。

其次，所谓"建成社会主义"，应当是指一个或一批国家走上社会主义道路，并确立起社会主义制度以后，通过较长一段时间的团结奋斗、艰苦创业，把自己建设成为能够充分体现社会主义本质规定性的社会形态。斯大林当年在阐明这个问题时，具有明显的局限性。起初，他把苏联"能不能用自身的力量建成社会主义"，仅仅理解为苏联"无产阶级和农民之间矛盾是可以克服还是不能克服"的问题，斯大林说："是的，我们能够建成社会主义，而且我们将在工人阶级领导下和农民一起去建设。"② 显然，他只讲了"建成"的可能性问题，而未讲"建成"的标准或含义问题。

到1933年1月，斯大林在《第一个五年计划的总结》中宣布说，社会主义"社会的经济基础在苏联已经建成了"③。次年一月，他在联共（布）十七大报告中，再次重申："我们在苏联已经建成了社会主义社会的基础，剩下的只是建成它的上层建筑，这件事无疑要比建成社会主义社会的基础容易得多。"④ 两年后，即1936年11月，斯大林在宪法报告中又宣布："我们苏联社会已经做到在基本上实现了社会主义，建立了社会主义制度……这就是说，我们已经基本上实现了共产主义第一阶段，即社会主义。"⑤ 显然，他在这里把"建成社会主义"，主要是视为确立起社会主义"制度"问题，而忽视了社会主义制度（特别是其公有制经济制度）应当立足于现代化大生产的物质技术基础之上的问题。

按照邓小平关于"社会主义本质"的论断，"制度"问题，即关于"消灭剥削"、"消除两极分化"和"最终实现共同富裕"的制度性保障问题，当然是很重要的关键问题。但是，更为根本的是"解放生产力"和"发展生产力"的问题。社会主义作为高于资本主义的社会经济形态，只能屹立于社会化的和先进的社会生产力的基础之上。缺乏以现代化大生产

---

① 《列宁选集》第4卷，人民出版社1995年版，第16页。
② 《斯大林选集》上卷，人民出版社1979年版，第336页。
③ 《斯大林全集》第13卷，人民出版社1956年版，第192页。
④ 同上书，第288—289页。
⑤ 《斯大林选集》下卷，人民出版社1979年版，第399页。

作为根本基础，就没有真正和完全的社会主义，因为"生产力状况"是"整个社会发展的主要标准"①。正因为这样，社会主义建设必须努力借鉴和吸收一切人类文明成果，包括人类在资本主义制度下创造的文明成果。列宁有一个公式："苏维埃政权＋普鲁士的铁路秩序＋美国的技术和托拉斯组织＋美国的国民教育＋……＋＝总和＝社会主义。"② 这个公式从同发达资本主义文明的对比中，鲜明而深刻地揭示了"建成社会主义"的内涵和标准问题。

最后，经济落后国家"建成社会主义"，是一个艰难、复杂和长期的奋斗过程。如果按照马克思和恩格斯早期设想的那样，社会主义革命是在一切发达的资本主义国家，至少是在英国、美国、法国、德国等文明国家同时发生和同时胜利的话，那么，建设和建成社会主义当然要容易得多、顺利得多，时间上也会短得多。但历史所走的是曲折的路。因为事实上，是由苏联、中国这些经济比较落后的、甚至是很落后的国家，率先相继走上社会主义道路的。而这些国家搞社会主义建设，所面临的是严酷而艰难的国际、国内形势，以及种种不利条件，需要进行长期的艰苦奋斗、艰难创业。

在国际上，这样的一个或一批社会主义国家，将长期处于资本主义世界的对峙、包围、高压和排斥之下，难以得到长期和平的国际环境和平等的发展机会，以致力于国内建设。在无产阶级国家初创时，由于立足未稳，往往会遭到国外反共、反社会主义势力的封锁、围堵，甚至军事干涉和入侵。当它们站稳了脚跟，并在国家建设和内政外交取得了不容抹杀的进展和成就之后，就会迫使西方资本主义世界不得不承认它们的存在。由于资本主义发达国家在科技、经济和军事等方面长期占据优势地位，新生的相对弱小的社会主义国家将在国际竞争中处于不利地位。在这种情况下，社会主义国家经过不同寻常的努力，也有可能争得与其他国家并存、共处和一定程度交流与合作的机会。社会主义国家应当充分利用这种机遇，扩大对外交流与合作，更好地发展自己，促进世界和平，发展人类进

---

① 《列宁全集》第41卷，人民出版社1986年版，第72页。
② 《列宁全集》第34卷，人民出版社1985年版，第520页。

步事业。

但是，国际垄断资本势力及其政治代表始终不会放弃扼杀和颠覆社会主义国家的战略图谋。当其军事进攻的一手不灵之后，他们会以军事作为后盾，改而在国际交往中利用政治、外交、经济和文化等手段，进行思想和政治渗透，实施"和平演变"战略，对社会主义国家搞"分化"和"西化"。这种"没有硝烟的战争"更危险。苏联、东欧等一批社会主义国家的败亡，就充分证明了这一点。所以，社会主义国家既要大力参与国际交往和合作，又要抵御国际反共、反社会主义势力的种种算计，在奉行独立自主的和平外交政策时，要有清醒的政治头脑、高超的政治智慧、坚定的战略和灵活的策略。只有这样，才能不断发展同世界各国人民的友好合作关系，并在同西方那些老谋深算的战略家和政客的周旋中，立于不败之地，从而为本国建设和建成社会主义，而赢得世界各国人民和朋友的支持，赢得长期和平的国际环境。

在国内，落后国家建设和建成社会主义的最大困难与挑战，是历史起点低，缺乏社会化大生产和发达的商品经济作为新制度的物质技术基础。在其近现代工业薄弱、农业人口众多、以小生产和自然经济为主的物质技术基础之上，采用单一（国有和集体）公有制和计划经济，实施赶超战略，来建设和建成社会主义，尽管有可能取得短期的进展，但很难取得最后的成功。苏联兴亡史、中国等社会主义国家改革前后的事实，都反复证明：只有通过改革，实行切合本国实际的社会主义体制和政策，才能取得成功。这种改革和政策调整，由于切合现阶段生产力的发展水平，有利于满足市场主体对自己现实利益的追求，因而能够明显增强经济发展的动因和效益，能够促进生产力较快发展，是一种现实的和正确的体制选择。从长远看，这有利于为"建成社会主义"奠定物质技术基础。

但毋庸讳言，这也增加了建设和建成社会主义的复杂性和艰巨性。因为，它要求在社会主义制度下，大量发展私营经济和外资经济，保护市场竞争和利益分化，维护一定程度的剥削的合法性，而且还必须让国内市场对外开放，在许多经贸政策上采用国际惯例，同资本主义各国的不少做法接轨，如此等等。所有这些，都不可避免地会造成一定程度的贫富分化甚至是两极分化，会造成拜金主义、享乐主义和极端利己主义的滋长蔓延。

这就可能对科学社会主义的思想体系、对社会主义国家的政治和思想上层建筑、对党员和干部队伍的思想政治素质，造成一定的冲击、浸润和腐蚀。在这种情况下，如果我们在理论和实践上是清醒的和坚定的，就能够把种种消极因素抑制到最低限度，使之不至于影响到社会主义事业的全局。而如果我们在利用非公有制经济和外资经济方面，并在介入经济全球化的过程中发生某种严重失算和失控，那就会危及公有制的主体地位，影响社会主义的前途和命运。

因此，经济落后的国家要建设和建成社会主义，势必要经历一个艰难、复杂和长期的奋斗过程。其中包含着许多两难选择，包含着贯穿始终的理论和实践上的探索，包含着许多必须认真对待的考验和风险。所以，这就需要共产党的坚定正确的政治指导，需要工人阶级和全体人民长期艰苦奋斗，艰难创业。

2. 关于通过议会道路和平过渡到社会主义的可能性问题

自从马克思和恩格斯在《共产党宣言》中系统而科学地阐明了社会主义取代资本主义的历史必然性以来，关于这种取代是通过无产阶级的武装斗争，即走暴力革命道路，或是通过和平方式即议会道路来实现，历来存在争论。当人类历史发展到20世纪末期，发生了苏联解体、东欧剧变，世界社会主义运动步入低潮之后，这种争论就急剧地向非暴力主张的一边倾斜。也就是说，当今世界各国未执政的共产党和工人党中的绝大多数党，都主张放弃暴力革命，走议会道路，努力争取和平过渡到社会主义。应该说，各国人民及其无产阶级政党选择什么样的社会主义革命道路，这是他们的权利。但是，这种和平过渡的可能性和前景如何，尤其是当这种主张是以马克思主义的名义提出来的时候，也就理所当然地成为一切马克思主义研究者和共产党人应当关注、思考和解决的一个重大问题。

（1）马克思主义关于革命的和平发展和非和平发展的基本战略估量

1956年2月，赫鲁晓夫在苏共二十大的总结报告中，为了论证用"和平过渡"取代无产阶级暴力革命的主张，引用了列宁的如下论断："一切民族都将走向社会主义，这是不可避免的，但是一切民族的走法却不会完全一样，在民主的这种或那种形式上，在无产阶级专政的这种或那种形态上，在社会生活各方面社会主义改造的速度上，每个民族都会有自己的特点。再没有比'为了历史唯物主义'而一律用浅灰色给自己描绘这方面的未来,在理论上更贫乏,在实践上更可笑了;这不过是苏兹达利城的拙劣绘画而已。"① 列宁的这些论断无疑都是正确的,各个民族走向社会主义,肯定会有自己的民族特点和特色。但是,必须指出,这并不是列宁对社会主义革命道路的全部估量。在这段引文的前几行,列宁还讲到:"为了推翻资产阶级并且击退它的反革命的尝试,必须建立无产阶级这个唯一彻底革命的阶级的专政。无产阶级专政问题具有如此重要的意义,以至凡是否认或仅仅在口头上承认无产阶级专政的人都不能当社会民主党的党员。然而不能否认,在某些情况下,作为例外,例如,在某一个小国家里,在它的大邻国已经完成社会革命之后,资产阶级和平让出政权是可能的。如果它深信反抗已经毫无希望,不如保住自己的脑袋。当然,更大的可能是,即使在各小国家里,不进行国内战争,社会主义也不会实现,因此,承认这种战争应当是国际社会民主党的唯一纲领,虽然对人使用暴力并不是我们的理想。"②

显而易见,赫鲁晓夫在报告中的引文,是断章取义的。他只强调各个民族走向社会主义的民族特点和列宁讲的"例外",而不讲暴力革命的"更大可能",不讲列宁所主张的党的"唯一纲领",是不符合列宁的原意的。虽然列宁没有完全否定和平过渡,但只是把这种可能看做是"例外",他更看重"暴力革命",这体现了马克思主义的一贯思想,一种基本的战略性的估量。

社会主义取代资本主义是新旧社会形态的更替,是一场空前深刻的社会变革。这种变革的实质,是要推翻资产阶级的统治,由资产阶级专政转变为无产阶级专政,消灭资本主义剥削制度,代之以社会主义公有制和按劳分配的经济制度,通过发展生产力和社会全面进步,消灭阶级,为了最终过渡到共产主义社会创造条件。因此,这是新旧社会的代谢,是社会形态的根本质变。

革命,是历史前进的火车头。

---

① 《列宁全集》第28卷,人民出版社1990年版,第163页。
② 同上书,第162—163页。

以新的社会形态取代旧的社会形态，是适应生产力的发展要求、符合社会发展规律、促成社会进步的革命。因为它必然触动旧社会统治阶级的根本利益，甚至要促成其灭亡，所以势必要遭到它的拼死抵抗和镇压。在这种情况下，暴力的较量往往是不可避免的。故而马克思有句名言："暴力是每一个孕育着新社会的旧社会的助产婆。"① 更何况，社会主义取代资本主义的革命，不是像旧的社会革命那样，以一种新的剥削制度去代替旧的剥削制度，而是要从根本上消灭一切剥削、消灭一切阶级，其深刻性、彻底性和艰难性前所未有，因而，无疑要遭到资产阶级和一切反动势力更为猛烈的反抗和挣扎。

　　据此，马克思主义的基本战略估量，正如《共产党宣言》中所公开宣布的，无产阶级革命的"目的只有用暴力推翻全部现存的社会制度才能达到"②。1871年，巴黎公社起义及其失败的教训，验证了这个论断。马克思在总结巴黎公社的经验后，指出："工人阶级不能简单地掌握现成的国家机器，并运用它来达到自己的目的。""工人阶级必须在战场上赢得自身解放的权利。"③

　　马克思主义创始人的这种基本战略估量，被以后的马克思主义者继承和发展。列宁在《国家与革命》一书中指出："马克思和恩格斯关于暴力革命不可避免的学说是针对资产阶级国家说的。资产阶级国家由无产阶级国家（无产阶级专政）代替，不能通过'自行消亡'，根据一般规律，只能通过暴力革命。"而且，"非通过暴力革命不可"。列宁强调说："这就是马克思和恩格斯全部学说的基础。"④ 其后，毛泽东的观点是大家所熟知的。他用最朴素的语言，阐述了暴力革命不可避免这个真理：枪杆子里面出政权。他还说过："革命的中心任务和最高形式是武装夺取政权，是战争解决问题。这个马克思列宁主义的革命原则是普遍地对的，不论在中国在外国，一概都是对的。"⑤

---

① 马克思：《资本论》第1卷，人民出版社1975年版，第819页。
② 《马克思恩格斯选集》第1卷，人民出版社1995年版，第307页。
③ 《马克思恩格斯选集》第3卷，人民出版社1995年版，第52、126页。
④ 《列宁选集》第3卷，人民出版社1995年版，第127—128页。
⑤ 《毛泽东选集》第2卷，人民出版社1991年版，第541页。

正是根据这种革命普遍原则和战略估量，并结合本国实际，列宁和毛泽东分别指导本国工人阶级和革命人民，先后夺取了俄国十月革命和中国革命的胜利，使社会主义制度在本国由理想变成为现实，大大推进了世界社会主义事业。

但是，这决不意味着马克思、恩格斯及其事业的继承者热衷于暴力，相反地，他们都不否认暴力有破坏作用，他们最不希望使用暴力，而是希望运用和平的手段达到改造旧社会的目的。无产阶级使用暴力，是被迫的、是由资产阶级首先使用反革命暴力所引起的。恩格斯在参与初创马克思主义之时，就指出："革命不是随心所欲地制造的，革命在任何地方和任何时候都是完全不以单个的政党和整个阶级的意志和领导为转移的各种情况的必然结果。但我们也看到，世界上几乎所有国家的无产阶级的发展都受到有产阶级的暴力压制，因而是共产主义者的敌人用暴力引起革命。"①

尽管如此，马克思主义者从来没有放弃"和平实现共产主义"的努力。恩格斯说："如果社会革命和共产主义的实现是我们现存关系的结果，那末我们首先就得采取措施，使我们能够在实现社会关系的变革的时候避免使用暴力和流血。要达到这个目的只有一种办法，就是和平实现共产主义，或者至少是和平准备共产主义。"② 其后，他在回答"能不能用和平的办法废除私有制"时说："但愿如此，共产主义者当然是最不反对这种办法的人。"③

马克思和恩格斯在阐述无产阶级革命中的"暴力革命"的普遍原则的同时，之所以并不放弃"和平"的和"不流血"的斗争方式，我们认为，大体上出于以下三个方面的原因和考虑：

其一，暴力革命、国内战争和流血的革命，并不是无产阶级的本身的愿望，也不是最佳的选择。因为，这会造成人员的大量伤亡，还会对社会造成一定的破坏。暴力革命是不得已的选择，是统治阶级的反动暴力镇压

---

① 《马克思恩格斯全集》第42卷，人民出版社1979年版，第378页。
② 《马克思恩格斯全集》第2卷，人民出版社1957年版，第625页。
③ 《马克思恩格斯选集》第1卷，人民出版社1995年版，第239页。

和屠杀"逼"出来的。马克思主义者和共产党人公开申明自己愿意通过"和平"斗争手段,包括通过普选权的斗争方式等等,来达到无产阶级革命目标的真诚愿望。

其二,革命的"和平"手段和合法斗争,通常也是无产阶级革命中应该掌握和利用的一种必要的斗争形式。特别是在一些具有资产阶级民主传统的国家,工人运动往往是从合法的、和平的斗争方式开始的。这是积蓄力量和发动群众的重要斗争方式。至于这种斗争居于什么地位,能够发挥何种作用,则应作具体分析。1871年7月3日,巴黎公社失败后,马克思在同《世界报》记者的一次谈话中说:"在英国,工人阶级面前就敞开着表现自己政治力量的道路。凡是利用和平宣传能更快更可靠地达到这一目的的地方,举行起义就是不明智的。在法国,层出不穷的迫害法令以及阶级之间你死我活的对抗,看来将使社会战争这种暴力结局不可避免。"① 由此可见,马克思主张根据不同的国情,来选择最恰当的革命道路和斗争形式。而且,工人阶级及其政党还应该使合法的与不合法的、和平的与暴力的、武装的与非武装的斗争形式,很好地配合进行,才是一种成熟和有效的斗争艺术。

其三,在革命低潮时期,没有革命形势,在积蓄力量、收缩阵地、保存和巩固已有革命成果的时候,就更应该利用一切可能的条件,开展合法的和平方式的斗争,并与地下秘密的斗争相结合。

总之,暴力革命与和平方式的斗争,都是工人阶级及其政党取得社会主义革命成功的不同的斗争形式。至于哪一种斗争形式成为主要的,这取决于当时的革命形势和阶级力量的对比。将两者绝对对立起来,用一种反对另一种,显然是不对的,在实践上是有害的。

(2)马克思和恩格斯与机会主义者在"和平过渡"问题上的原则区别

巴黎公社失败后,各国资产阶级疯狂地进行反攻倒算。1872年海牙会议以后,第一国际实际上已经停止活动,世界社会主义运动处于低潮。在这种情况下,各国工人阶级政党的首要任务,是稳住阵脚,保持力量,尽

---

① 《马克思恩格斯全集》第17卷,人民出版社1963年版,第683页。

量利用合法斗争的形式，渡过难关，谋求发展。因此，马克思和恩格斯对于工人阶级的合法斗争给予更多的关注，并视之为与暴力革命并存的一种斗争方式。当时，马克思在谈到工人阶级应当推翻维护旧制度的旧政治时说："我们从来没有断言，为了达到这一目的，到处都应该采取同样的手段。""我们知道，必须考虑各国的制度、风俗和传统；我们也不否认，有些国家，像美国、英国……，也许还可以加上荷兰，——工人可能用和平手段达到自己的目的。但是，即使如此，我们也必须承认，在大陆上的大多数国家中，暴力应当是我们的杠杆；为了最终地建立劳动者的统治，总有一天正是必须采取暴力。"① 其后，恩格斯又指出：对于无产阶级革命者来说，"一切可以达到目的手段都是有用的，不论是最强制的，或者是看起来最温和的"②。革命手段应当从属于革命目的。

这就是说，马克思和恩格斯在革命低潮时期已经把和平手段与暴力革命相并列。作为一种重要的斗争手段，在具有某些特定条件的国家里，他们还认为可能运用和平手段达到革命目的。当然，他们仍然认为，对于欧洲大多数国家而言，暴力革命还是必不可少的"杠杆"。

1883年马克思逝世后，恩格斯单独承担起指导国际共运的重任。在这前后，以普鲁士"铁血"宰相俾斯麦等人为代表的欧洲资产阶级反动势力，进一步加强了对工人运动的镇压。在德国实行《反社会党人法》（1878—1890）的十多年间，先由马克思和恩格斯指导、后期主要在恩格斯指导下，德国工人阶级及其政党利用地下斗争，也利用合法斗争，不仅渡过了难关，而且壮大了革命力量。至80年代末和90年代初，德国工人运动非常活跃，同时各主要资产阶级国家的工人运动也都有了恢复和发展，并于1889年成立了第二国际；德国党在议会选举中获得20%的选票。恩格斯特别珍视这来之不易的新局面和新胜利，主张不要轻易地搞暴力革命，以免给敌人提供口实，借机进行镇压，所以逐步把加强合法斗争与和平夺取政权作为口号提了出来。

1899年9月，恩格斯在一篇文章中指出：《反社会党人法》已经破

---

① 《马克思恩格斯全集》第18卷，人民出版社1964年版，第179页。
② 《马克思恩格斯全集》第37卷，人民出版社1971年版，第322页。

产，俾斯麦已经下台，"党正进入另一种斗争环境，因而它需要另一种武器，另一种战略和策略"。"我们也试图利用我们通过坚决运用不合法手段而重新争得的合法手段。"我们党"除非它失掉理智，否则不会在今天百分之二十对百分之八十，而且面对军队的情况下进行暴动。因为暴动的结果毫无疑问会失掉二十五年来占领的一切重要阵地"①。

即使这样，恩格斯还是批评德国党内有些人主张的"和平长入社会主义"观点，仍然坚持他和马克思在19世纪70年代的观点。他说："可以设想，在人民代议机关把一切权力集中在自己手里、只要取得大多数人民的支持就能够按照宪法随意办事的国家里，旧社会可能和平地长入新社会，比如在法国和美国那样的民主共和国，在英国那样的君主国，……这个王朝在人民的意志面前是软弱无力的。"但是，恩格斯认为，这在当时德国还不行。因为"在德国，政府几乎有无上的权力"，而国会"毫无实权"。在这种情况下讲"和平长入社会主义"，则"只能把党引入迷途"，"使党突然在决定性的时刻束手无策"②。这就是说，恩格斯当时认为，只有在民主力量强大的资产阶级国家，才有可能"和平地长入新社会"（这种"新社会"并不一定就是社会主义性质的）；在资产阶级国家权力得到强化的国家，则绝不可能有这种"和平过渡"。

当革命形势发展到19世纪90年代中期，德国工人运动通过公开的合法斗争，已经取得了明显和令人鼓舞的进展。这时，德国社会民主党在帝国议会选举中已获得200多万张选票，占25%以上。工人阶级在国会有50名议员。对此，反动势力虽然仇视并百般诋毁，但也无可奈何。在这种形势下，恩格斯于1895年3月6日，即他逝世前5个月，写了一篇题为《卡尔·马克思〈1848年到1850年的法兰西阶级斗争〉一书导言》的著名论文，阐明了他对当时整个欧洲革命的基本看法。他在回顾和反思欧洲自1848年革命失败以来的历史进程后，指出："历史表明，我们以及所有和我们有同样想法的人，都是不对的。历史清楚地表明，当时欧洲大陆经济发展的状况还远没有成熟到可以铲除资本主义生产方式的程度；历史用

---

① 《马克思恩格斯全集》第22卷，人民出版社1965年版，第88—92页。
② 同上书，第273页。

经济革命证明了这一点,这个经济革命自 1848 年起席卷了整个欧洲大陆在法国、奥地利、匈牙利、波兰以及最近在俄国初次真正确立了大工业,并且把德国变成了一个真正第一流的工业国。"①

恩格斯认为,伴随这种"工业化"的进程,在欧洲,在德国,已经形成了一支工人阶级人数众多的"统一的国际社会主义者大军"。即使这样,它也不可能"以一次决定性的打击取得胜利",故而"不得不慢慢地向前推进,在严酷顽强的斗争中夺取一个一个的阵地"② 此前几年,恩格斯还认为德国有别于英国、美国和法国,没有"和平过渡"的可能。而此时,恩格斯的思想有了发展,认为德国工人阶级"斗争的条件已经发生了本质上的变化","普选权"已经成为他们"最锐利的武器中的一件武器",因此"采用合法手段却比采用不合法手段或采用变革办法要获得多得多的成就"③。恩格斯认为合法的议会斗争,是当时革命斗争的主要形式,并且对此寄予了很大的希望。至于德国能否实现"和平过渡",他既没有肯定,也没有否定,但暗示要争取这种可能性。

恩格斯毕竟是恩格斯。他没有陶醉和迷恋议会斗争,而是始终保持着清醒头脑,对形势的可能逆转有充分的思想理论准备。他在同一篇文章中说:"不言而喻,我们的外国同志们是决不会因此而放弃自己的革命权的。须知革命权是唯一的真正'历史权利',——是所有现代国家无一例外都以它为基础建立起来的唯一权利。"即使对当时的德国,他认为,也存在"破坏宪法,实行独裁,恢复专制"的势力。他警告反动势力说,德国和一切现代国家一样"乃是契约的产物","如果有一方破坏契约,契约就要全部作废,另一方也不再受契约义务的约束"。到那时,"社会民主党也就会不再受自己承担的义务的约束,而能随便对付你们了"④。

其实,恩格斯把当时德国党所进行的议会合法斗争,只是视为与反动势力"决战"前的一种准备阶段,即积蓄和壮大革命力量的阶段。他说,这时"我们的主要任务就是毫不停手地促使这种力量增长到超出政府统治

---

① 《马克思恩格斯全集》第 22 卷,人民出版社 1965 年版,第 597—598 页。
② 同上书,第 598 页。
③ 同上书,第 603、601、610 页。
④ 同上书,第 608、611 页。

制度所能支配的范围,不是要把这个日益增强的突击队在前哨战中消灭掉,而是要把它好好保存到决战的那一天"①。所以,这同恩格斯在19世纪90年代初的观点——"在当前,我们应当尽可能以和平的和合法的方式进行活动",将来如有变故,"到那时就开火!"② 在本质上是完全一致的。这体现了恩格斯对革命目标的坚定性和策略的灵活性的统一把握。

以伯恩施坦为代表的第二国际机会主义者在恩格斯逝世后,完全背离了马克思主义的无产阶级革命理论。伯恩施坦们在俾斯麦挥舞《反社会党人法》的大棒、实施反动镇压的政治高压下,吓破了胆,害怕革命;而在《反社会党人法》废除后,政治形势缓和、议会斗争比较顺利之时,又被资产阶级反动势力所收买,从而大肆宣扬和推销机会主义。伯氏反对无产阶级革命,把"和平过渡"的斗争手段歪曲为改良主义。其主要观点是:

——他于1898年在《崩溃论和殖民政策》一文中提出的"运动就是一切,目的微不足道"③的公式,从根本上抛弃了社会主义信念和共产主义理想。可以说,这是他的改良主义的总纲。

——他主张的社会是资产阶级改良的".市民社会"。他认为,"社会民主党不想解散这一社会",即"不想用一个无产阶级社会来代替市民社会"。他需要的只是"使市民地位或市民生活的普遍化"。他攻击"无产阶级专政""是政治上的返祖现象"④。

——他把无产阶级革命说成是一种"政治灾变",诋毁马克思主义主张的暴力革命是"布朗基主义"。他说,"在过高估计革命暴力对于现代社会的社会主义改造的创造力这一点上,马克思主义从来没有完全摆脱布朗基主义的见解",断言"《共产党宣言》的革命行动纲领是彻头彻尾布朗基主义的"⑤。

——他主张"社会民主党在理论上毫无保留地站在普选权和民主的立

---

① 《马克思恩格斯全集》第22卷,人民出版社1965年版,第609页。
② 《马克思恩格斯全集》第37卷,人民出版社1971年版,第362、365页。
③ [德]爱德华·伯恩施坦:《社会主义的前提和社会民主党的任务》,生活·读书·新知三联书店1973年版,第245页。
④ 同上书,第196、195页。
⑤ 同上书,第78页。

场上来",对于"现代社会各种自由制度","用不着炸毁它们,只需要继续发展它们",只让"人们研究日常问题的细节,去寻求在日常问题的基础上推动社会沿社会主义方向朝前发展的杠杆和出发点"。

通过以上四点,就可以清楚地看出:尽管恩格斯曾预测过某些西方发达国家在特定条件下存在"旧社会可以和平长入新社会"的可能性,但这同伯恩施坦的机会主义的立场和观点具有原则性的差别。伯恩施坦说他的有些观点与恩格斯"殊途同归"[①]云云,完全是给自己脸上贴金。

(3) 当代资本主义能否"和平长入社会主义新社会"

应当承认,恩格斯同马克思一样,认定"暴力革命"作为一种普遍性的革命手段,是无产阶级"夺取自己的政治统治,即通往新社会的唯一大门"[②]。但他也的确对某些发达资本主义国家在特定条件下能否"和平长入新社会"的问题,作过肯定的预测。

恩格斯当年在革命低潮时期说过的话,在时下世界社会主义运动的低潮中,已成为资本主义各国大多数马克思主义政党的普遍主张。这种现象的由来,还得从20世纪50—60年代的情况说起。

如前所述,早在1956年,赫鲁晓夫在苏共二十大的总结报告中,鼓吹"和平过渡",认为无产阶级政党通过合法斗争,"取得议会中的稳定多数",就可以为资本主义"和平过渡"到社会主义"创造实现根本社会改造的条件"。当时,意共领导人陶里亚蒂、法共领导人多列士、美共领导人霍尔、英共领导人高兰等多数共产党和工人党的领导人都支持并附和赫鲁晓夫的观点。他们认为,通过"议会道路"过渡到社会主义,既是"目前形势下工人运动和共产主义运动的世界战略原则",也"更加符合工人阶级整个世界观"[③]。除了"议会道路","在资本主义国家里,今天我们还看不到走向社会主义的另外方式"[④]。

---

① [德]爱德华·伯恩施坦:《社会主义的前提和社会民主党的任务》,生活·读书·新知三联书店1973年版,第78页。
② 《马克思恩格斯全集》第37卷,人民出版社1971年版,第321页。
③ [意]陶里亚蒂:《让我们使讨论回到它的真实限度》等文章,《人民日报》1962年2月24日。
④ 参见[苏]库西宁主编《马克思列宁主义原理》,生活·读书·新知三联书店1973年版,第601页。

在20世纪60年代后期至70年代初期,针对"和平过渡"问题,中苏两党曾经展开了长达十年的论战。可以说,中国共产党人已将"议会道路"和"和平过渡"批驳得"体无完肤"。但实际上并没有解决问题。由于种种复杂的原因,世界上大多数共产党和工人党的领导人,还是主张"和平过渡",而不赞成"暴力革命"是普遍规律的观点。

到20世纪70年代初期,在以意大利共产党、法国共产党和西班牙共产党为代表的西欧各国共产党中,形成了名为"欧洲共产主义"的理论纲领。"欧洲共产主义"与苏联老子党拉开了一定的距离,主张实现社会主义有不同模式,探索不同于俄国十月革命道路的"独特的民主道路"。他们声称,这是介于东方"暴力革命"道路和西欧社会民主党之间的"第三条道路"。西共领导人卡里略、法共领导人马歇和意共领导人贝林格,是"欧洲共产主义"的主要思想家和理论家。他们基本的政治主张是:通过议会内外斗争的配合争取和平取得国家政权,而不是武装夺取政权;利用民主手段彻底改造国家机器,而不是打碎资本主义国家机器;实行多党竞选制,而不是共产党一党执政的无产阶级专政。

"欧洲共产主义"兴盛一时,曾有过较大影响。但与其说是一场改造社会的政治运动,不如说它主要是一场思想宣传运动。当时西欧共产党人的这种思考和探索并没有获得实质性的进展和社会成果。

当历史行进至20世纪80年代末和90年代初,发生了东欧剧变、苏联解体,由此产生了对世界社会主义运动的前所未有的政治冲击。在这股逆流的冲击下,世界各国共产党和工人党有些散伙了,有些改名易帜为社会民主党,但大多数共产党和工人党顶住了逆流,稳住了阵脚。虽然这些党的党员有所减少,但队伍更为精干和坚定了。到90年代中期,世界各国共产党和工人党从原先180个左右,减少到约130个,党员数量也大幅减少。近些年来,各国共产党和工人党经过对其指导思想、纲领和政策的必要调整,绝大多数党已渡过难关,并开始走向恢复和发展。在各国党的理论、纲领和政策的调整中,一个重大问题是革命道路的选择问题。

现在,资本主义各国中比较大的、比较有影响的共产党和工人党,特别是以法共为代表的欧洲共产党,都在自己的理论和纲领中,放弃暴力革命和建立无产阶级专政的主张，选择通过议会民主和其他合法斗争手段，争取执政地位或对社会进行和平改造，以求实现社会主义（共产主义）对资本主义的替代。

以法共为例，他们在苏东剧变后，顶住了冲击和压力，坚持不改变共产党的名称，坚持共产主义的奋斗目标。1994年，在法共二十八大上，罗贝尔·于取代马歇，出任法共总书记。次年11月，罗贝尔·于出版了《共产主义变革》一书，放弃了马歇所提出的"法国色彩的社会主义"，改而提出"新共产主义"的奋斗目标和"超越资本主义"的政治战略。所谓"超越资本主义"，就是放弃以革命手段"打破"资本主义制度的道路，不是"通过颁布法令'消灭'资本主义"，而是要联合一切不满意资本主义金钱逻辑的人们，去推动社会"超越资本主义"。"超越"就是反对资本主义金钱的逻辑，运用民主和合法的手段，在斗争中"依靠发展现有社会的成果、需求和潜力，来否定乃至消灭剥削、异化和资本主义统治"。法共认为，这种"超越"就是发动群众广泛参与，对资本主义进行经济、政治和文化等领域的改革。"超越"资本主义，就是要超越资本主义的一切，尤其要超越资本主义对人和社会的一切统治形式，为建立一个人人平等自由、团结互助、尊重个人能力和个人全面发展的新社会而奋斗。这种社会，就是"新共产主义"。

很显然，法共主张运用合法的民主手段改造社会，或者说，在资本主义制度框架范围内对社会进行社会主义改造，通过"超越资本主义"来实现"新共产主义"，实质上，还是想让旧社会"和平长入社会主义"。其他的共产党，如俄共、日共和印共（马）等，在表述党纲和党的斗争策略上，都具有本党本国的特点，但所选择的革命的和平发展道路，大多是类似或相一致的。

那么，当代资本主义能否这样"和平长入社会主义"呢？对此，我们不想贸然作出肯定或否定的回答。我们只能根据已有的情况作些简要分析。

第一，在进入21世纪前后，大多数资本主义国家的共产党和工人党所公开宣称的对革命的和平发展道路的选择，首先是处于革命低潮时期的革命战略与策略的调整。在革命处于低潮时期、没有革命形势的条件下，共产党人的首要任务是要争取人心，稳住阵脚，保存力量，巩固阵地，以图将来的发展和振兴。这时资本主义国家的共产党和工人党，不唱政治高调，不提脱离实际、脱离群众的口号，暂时不讲暴力革命和推翻资本主义现有制度，而是提出与群众眼前利益密切相关的奋斗口号，应当说是必要的、明智的和有效的。这同赫鲁晓夫当年在革命上升时期以主动退让为特点的"和平过渡"是有原则区别的。

第二，在当今资本主义各国特别是其发达国家，科技和生产力正在向前发展，社会文明已达到较高水准，在资产阶级的民主共和制更加成熟、完备和精巧的情况下，各国工人阶级及其政党理应充分利用议会民主，动员、发动和组织人民群众，以争取自己的经济和政治权益，反对资本主义的剥削和种种弊端，促进社会进步。加之，在西方发达国家中实行了几十年的福利政策，阶级矛盾既依然存在、又有所缓和的历史条件下，是否有可能在资本主义旧社会制度下促进某些社会主义因素的增长呢？例如，有些西方发达国家让工人代表参与董事会和企业管理，工农差别、城乡差别和体脑劳动差别正在逐步消失，实行个人收入的累进所得税制，开征遗产税和赠与税，实行失业和医疗保险，发放社会救济和食品券，收容无家可归者等等，都多少带有一些社会主义的价值因素。但是，根据这些有限范围和一定程度的社会主义的价值因素的出现，就断言资本主义能够"和平长入社会主义"新社会，显然言之过早。虽然，这些国家的工人阶级政党想以此团结和带领人民，去促进社会的和平改造，以图实现社会主义目标，也不失为一种尝试和探索。至少，共产党人自己不应关上资本主义走向和平发展和社会变革的大门。

第三，在当代，一个资本主义国家的共产党或工人党能否以合法的和平斗争方式夺取政权，并团结和带领人民走上社会主义道路，主要不是一个理论问题，而是一个实践问题，即最终需要从实践上作出回答。因此，各国共产党人和广大人民有权利根据马克思主义基本原理，结合本国国情，独立地进行探索，寻找符合自己国情和民族形式的社会主义道路和发展模式。应该说，把这种处于理论构想阶段的"和平长入社会主义"的政治设计，作为一种研究对象，还是必要和有益的。但是，从实践验证的角度看，至今还没有任何一个国家真正实现"和平过渡"到社会主义的先

例。分析这方面已有的相近事实,大致有以下几种情况:

其一,"和平过渡"的努力遭到反共势力的血腥镇压和屠杀。这方面,最突出的例子是印尼共产党和智利共产党。在20世纪60年代前期,艾地领导的印尼共产党与苏加诺总统当局,以"纳沙贡"的形式搞统一战线,希望印尼"和平过渡"到社会主义。1965年,印尼以苏哈托将军为代表的反共势力,在"9·30"事件中实行疯狂镇压,杀害了上百万共产党员和革命群众,"和平过渡"的努力化为泡影。1970年,智利共产党和智利社会党等左翼势力结成六党联盟,在大选中获胜,也希望"和平过渡"到社会主义。但到1973年9月,皮诺切特将军发动军事政变,杀害了民选总统阿连德等进步人士,在智利实行军事专制,"和平过渡"之路完全被堵死。由此可见,工人阶级的和平斗争方式,一旦触及资产阶级的根本利益,就有可能被反动暴力所扼杀。

其二,在当今全球战略格局中,若干资本主义小国的共产党和工人党,在特定的历史条件下,也有可能以合法的和平方式,即通过选举,而一时争得国家行政首长或国家元首的职位。例如,尼泊尔共产党(联合马列)领导人近些年曾经几度担任王国首相,但每次执政的交椅尚未坐热,就被政敌取而代之。再如,摩尔多瓦共产党的领袖沃罗宁,于2000年4月通过大选担任了摩尔多瓦总统,任期4年。但通过合法选举,而担任该国最高行政职务的共产党人,就必须公开承诺自己忠于并以其职权维护现行宪法和法定的现行经济政治制度。也就是说,在一般情况下,他们很难实行全面的社会主义政策,更遑论使该国走上社会主义道路。否则,就只能按照资产阶级的民主程序"合法"地下台。这种情况,可称之为政治合法性"悖论"。

其三,在当代某些资产阶级民主共和国中,共产党或工人党通过与左翼结成统一战线,并通过选举,也有可能成为一个参政党,或在本国的局部区域内参政或执政。例如,目前南非共产党与"非国大"合作,在南非参政;法国原海外殖民地留尼汪(省)共产党、塞浦路斯共产党人等都与本国或本地的左翼政治力量合作,而成为参政党。此外,印共(马)在印度西孟加拉邦通过选举执政,从1977至今已有26年;印共(马)还在印度喀拉拉邦和普里特拉邦,通过选举而间接执政。

所有这些情况都表明，一些国家的共产党和工人党，以合法的和平斗争手段，在特定的情况下及在有限的时间内，能够成为国家的执政党或参政党，或成为某些局部地域的执政党。并且，这些共产党人还能在资本主义制度下，实行某些多少有利于劳工及其社会阶层的政策，能够为社会进步作出一定的贡献。但是，这些共产党人既然是在资本主义的法律和制度所规范的政治轨道上获得、执掌和实施一些有限的政治权力，那么，通常也只能在既定的政治轨道上运行下去。如果想由此改变国体和政体，以逐步实现对资本主义旧社会的根本改造，使之"和平长入社会主义"，那就如同古人行进在"蜀道"上，——"蜀道难，难于上青天！"

因此，在当代，对于许多资本主义国家的共产党人，正在尝试"和平长入社会主义"的努力，我们尊重他们的选择和探索，也希望能有进展和成功。但是，共产党人在这种探索中，应当保持清醒的头脑，防止资产阶级当权者（特别是国家暴力机器的直接掌握者）用非和平的手段对付工人阶级，用镇压措施阻碍社会主义运动的前进步伐。

3. 关于社会主义国家如何防止政权得而复失的问题

20 世纪的种种政治事变都表明，资本主义国家难以"和平演变"为社会主义国家，但社会主义国家却能比较容易地"和平演变"为资本主义国家。换句话说，在当代社会主义国家如何防止政权得而复失，东方社会主义各国如何防止"西化"和"分化"的问题，是一个紧迫和严峻的问题。

之所以如此，不外乎是这两种社会制度在以下两个方面的较量所致：一方面，历史地比较，资本主义比社会主义源远流长，强大而顽固。虽然社会主义终究要取代资本主义，这是世界历史发展的总趋势，但由于资本主义所承袭的、具有几千年统治世界的历史渊源的私有制和私有观念，已经成为一种自发性的习惯力量，因而，它同只有七八十年历史的社会主义公有制和相应的公有观念相比，具有广泛得多、深刻得多和顽强得多的力量与影响。特别是私有观念，源远流长，无孔不入，一切剥削阶级的各种思想意识形式和精神文化的社会基因，至今还广泛地支配着人们的头脑。当社会主义革命基于现代化生产力的发展要求，而必须实行社会主义公有制取代资本主义私有制、以社会主义集体主义取代资产阶级利己主义的深刻变革，也就成为一桩空前艰难、复杂曲折和需要长期为之奋斗的历史伟业。另一方面，现实地比较，资本主义统治体系比新生和稚嫩的社会主义制度的幼芽，具有明显的和在短期内还难以根本改变的力量优势。按照科学社会主义原理，资本主义发达国家理应率先走向社会主义。但是历史总是走着曲折的路。它让俄国、中国和越南等一批经济文化比较落后，甚至是很落后的国家率先走上社会主义道路。俄国十月革命胜利后，就在开始出现的"一球两制"的战略态势中，资本主义世界的统治体系，无论在经济、科技、军事和综合国力上都占有明显优势。在苏联解体、东欧剧变之后，其优势更加明显地向资本主义倾斜，力量对比更是悬殊。仅就中美两国经济相比较：按现行汇率计算，到 2000 年，中国国内生产总值仅有美国的 1/9 左右。按人均计，中国为 840 美元，美国为 34100 美元，中国还不到美国的 1/40。2002 年，美国军费开支多达 4000 亿美元以上，比排在它后面的包括中国在内的 15 个国家的国防开支的总和还多得多。尽管 20 多年来，中国经济高速发展，显示了社会主义的优越性，但是，中国社会主义的制度优势要转化为实力优势，即在社会生产力、社会文明、群众生活的发展水平上，在综合国力上逐步赶超资本主义发达国家，至少需要上百年的艰苦奋斗。在两种社会制度的长期较量中，社会主义国家被"西化"和"分化"、被"和平演变"，社会主义政权得而复失的情况，是随时可能发生的。

　　在世界史上，政权的更迭和得失，大体上有两种情况：一种是同一种社会形态下的改朝换代，另一种是新旧社会形态的更替和演进。由于后一种情况是伴随有新旧生产方式和新旧统治阶级的新陈代谢，因而新社会制度的建立、巩固和发展，只能是新旧两种社会力量激烈较量、斗争的结果。远的姑且不讲，仅就近代资本主义取代封建主义而言，如按照恩格斯的说法，以意大利诗人但丁（Dante Alighhieri, 1825—1323）作为"资本主义纪元的开端"①（1300）的话，那么，到 1640 年英国资产阶级革命和 1789 年法国资产阶级大革命，则资产阶级在历史上已经分别苦苦奋斗了 340 年和 489 年。通过这两次革命，虽然资产阶级夺得了国家政权，但其

---

① 《马克思恩格斯选集》第 1 卷，人民出版社 1995 年版，第 269 页。

后又同封建势力进行过长期的"复辟"与反复辟的复杂而激烈的较量。在英国，新旧势力的争斗历经49年后，才达成妥协，于1689年从荷兰迎回了公主玛丽二世，实行君主立宪，才算稳定了资产阶级政权。而在法国，这种复辟与反复辟、帝制与共和制的斗争，更为激烈和曲折，长达86年之久，直到1875年其第三共和国真正建立之时，法国资产阶级才算最终巩固了自己的政权和统治。

资产阶级国家政权确立的过程和实质，虽然只是以一种新的剥削制度，去取代另一种陈旧、过时的剥削制度，尚且需要如此激烈、如此反复的争夺。更何况社会主义国家政权的历史使命，是要实现消灭一切阶级、消灭一切剥削的空前艰难而深刻的社会变革，因而势必要遭到资产阶级和一切旧势力更为猛烈的抵制、挣扎和反抗，社会主义政治经济制度及其体制的创立、巩固和完善，更具有探索性、艰巨性、长期性和曲折性。在这种情况下，新旧政治势力之间的复辟与反复辟的较量，社会主义政权的建立、巩固和发展，毫无疑问，会比历史上任何一次社会形态的更替和演进的斗争，更为激烈、复杂、长期和曲折。从这个意义上说，在社会主义国家政权问世70余年后，发生苏联解体、东欧剧变，一些社会主义国家政权完全、公开地蜕变为资产阶级国家政权，社会逆转为资本主义，是毫不奇怪的，是社会形态更替和演进过程的复杂性、曲折性的典型现象。但是，共产党人应该从理论和实践的结合上，正确地总结经验教训，以期提高捍卫、巩固和发展社会主义制度的坚定性和自觉性。

（1）列宁关于警惕旧制度"复辟"的科学预见

列宁作为世界上第一个社会主义国家苏联的主要缔造者，首先阐述过苏维埃政权有得而复失的危险性，提出了警惕旧制度复辟的科学预见。他认为：

——"从资本主义过渡到共产主义是一整个历史时代。只要这个时代没有结束，剥削者就必然存在着复辟希望，并把这种希望变为复辟尝试。"[①] 这是因为，在工人阶级夺取国家政权以后，剥削者必然在许多方

---

① 《列宁选集》第3卷，人民出版社1995年版，第612页。

面，包括资产阶级对经济、政治、文化的广泛而深刻的影响，以及它的"各种国际联系的牢固有力"①，将长期"在许多方面保持巨大的事实上的优势"②。这将增加工人阶级巩固自己政权的艰巨性和紧迫性。

——社会主义就是要消灭阶级。只有长期坚持无产阶级专政，从经济、政治等方面消灭了阶级，才能杜绝资本主义复辟的一切可能。为此，不仅要消灭一切剥削阶级及其私有制，而且要消灭任何生产资料的私有制，以"造成使资产阶级既不能存在也不能再产生的条件"③。因此，不仅要推翻和改造剥削阶级，而且更为困难的，是要发展合作制，用以改造小生产和小生产者，巩固工农联盟，引导小生产者坚持走社会主义道路。

——"劳动生产率，归根到底是新社会制度取得胜利的最重要最主要的东西。"④ 这就要求社会主义国家必须大力发展大工业，为共产主义新制度奠定雄厚的物质技术基础。特别是要依靠电气化使苏俄过渡到社会主义，并使之不断巩固。为了更快地战胜旧制度，列宁倡导由推行"战时共产主义"，改而实行"新经济政策"，以"粮食税"取代"余粮收集制"，倡导"租让制"，发展商品生产和商品交换，学习资本主义国家的先进技术和管理经验，建立苏联的现代化大工业。"没有大工业是不能坚持社会主义的"⑤，也难以避免旧制度复辟。

——必须加强苏维埃国家政权建设，实行社会主义民主制度，发动群众监督，克服官僚主义。官僚主义祸害已"在苏维埃制度内部部分地复活起来"⑥。因为，当时的苏维埃机关"实质上是从沙皇和资产阶级那里拿过来的旧机关"，因而"全部工作都应集中到改善机关上"。列宁在逝世前夕，反复强调在机关建设上，要加强工农对党政机关的监督和检查，密切工农之间的血肉联系。只有这些工作真正搞好了，"我们避免那种会使苏维埃共和国覆灭的分裂的可能就愈大"，社会主义制度才能够克服复辟的

---

① 《列宁选集》第4卷，人民出版社1995年版，第135页。
② 《列宁选集》第3卷，人民出版社1995年版，第611页。
③ 同上书，第479页。
④ 《列宁选集》第4卷，人民出版社1995年版，第16页。
⑤ 同上书，第689页。
⑥ 《列宁全集》第36卷，人民出版社1985年版，第408页。

危险,"我们才能够有十分把握地坚持下去"①,并继续前进。

斯大林作为列宁事业的继承者,在其执政期间虽然有过一些失误,有的还是严重错误,但大体上还是遵循了列宁主义的学说和遗教来治理党和国家,所以,苏联社会主义事业兴旺了几十年。其后,苏联党和国家的当权者背叛了马克思列宁主义,致使国运逐渐衰败,直至建国70余年后,国毁党亡,资本主义的政权和制度在原苏联和东欧地区全面"复辟"。这是一个极为严重的挫折和沉痛的教训。

(2)关于毛泽东反对和平演变尝试的反思

毛泽东同志是中国社会主义事业的主要缔造者。以马克思列宁主义普遍真理与中国革命的具体实际相结合的毛泽东思想,是中国革命和社会主义建设的科学指南。毛泽东作为我们党和全国各族人民的伟大领袖,深知革命成功不易,所以在新中国成立前夕党的七届二中全会上,就告诫全党:要警惕不拿枪的敌人的"糖弹的攻击"。他在率领党中央机关从西柏坡出发前往北平的路上,表达了中国共产党人"决不当李自成"、"不要退回来"的宏愿。这表明,他在进城前就具有对全国革命政权得而复失的高度警觉。

在这里,我们不打算全面回顾毛泽东在新中国成立后,从各方面捍卫、巩固和完善社会主义政权的理论与实践,我们仅就毛泽东反对"和平演变"的尝试,作点扼要的反思。

从思想渊源上说,毛泽东反对和平演变的思想观点,是对列宁主义关于警惕旧制度"复辟"之科学预见的继承和发挥。就其直接的针对性而言,则是对帝国主义企图颠覆社会主义国家策略转变的战略应对。毛泽东是各国共产党领袖中第一个明确提出反对和平演变、捍卫社会主义国家政权,并谋求作出战略应对的无产阶级思想家和战略家。

20世纪50年代中后期,当杜勒斯提出对社会主义国家实施和平演变时,毛泽东就觉察到,西方颠覆社会主义国家,将主要是从"武"的手段到"文"的手段之策略转变。他敏锐地抓住这个问题,首先是告诫党的高级干部,稍后又告诫全党全国人民,以期引起全党和全国人民的警觉,不

---

① 《列宁选集》第4卷,人民出版社1995年版,第747、783、797页。

要让其得逞。

1958年11月，针对美国国务卿杜勒斯提出要对社会主义国家推行"和平演变"政策，毛泽东说：杜勒斯比较有章程，是美国掌舵的，杜勒斯的讲话要一个字一个字看。他还对身边的工作人员说过：这表明美帝国主义企图用腐蚀苏联的办法，阴谋使资本主义在苏联复辟，而达到美帝国主义用战争方法所达不到的侵略目的。他指示有关部门，要注意这种动向，认真加以研究。次年11月，在杭州召开的一个小范围的会议上，毛泽东建议印发杜勒斯关于和平演变的三篇演说，并分析说，这三个材料是关于杜勒斯讲对社会主义国家和平演变问题的，比如杜勒斯今年（1959年）1月28日在众议院外交委员会作证时说，基本上我们希望鼓励苏联世界的内部起变化。这个所谓苏联世界，并不是讲苏联一个国家，是社会主义阵营，是我们内部起变化。当他谈及杜勒斯的"和平转变"思想时说，杜勒斯讲他们要以什么"法律正义"来代替武力，又说"在这方面极为重要的是要认识到，在这种情况下，放弃使用武力并不意味着维持现状，而是意味着和平转变"。和平转变谁呢？就是要转变我们这些国家，搞颠覆活动，内容转变到合乎他的那个思想。美国它那个秩序要维持，不要动，要动我们，用和平转变，腐蚀我们。毛泽东还特别指出，杜勒斯搞和平演变，在社会主义国家内部是有一定的社会基础的。[①] 毛泽东的这些论断，给我们敲响了警钟，对于我们坚持和巩固社会主义制度有重大意义。

基于上述认识，也鉴于苏共党内发生的变化，导致持续了10年的中苏论战。这场论战，是对方发动在先，中方应战在后。1956年，苏共二十大后，我们《人民日报》先后以"编辑部"的名义，发表两篇正面总结"无产阶级专政历史经验"的文章，表达了中国共产党的观点。应该说，这是正常的。但是，对方却借机施压，直至闹到两党分裂和公开论战。这期间，中方回应式地发表了关于"国际共产主义运动总路线"的25条"建议"，并且连续发表了"九评"，批评赫鲁晓夫对马克思列宁主义的背叛，指出其迫于西方压力，正在推行修正主义，认为苏联在开始向资本主

---

① 逄先知等：《和平演变与反和平演变》，中国社会科学出版社1991年版，第17—18页。

义"和平演变"。

应该说，双方在论战中，都讲过许多大话和空话，中方的观点也不一定都对。这场论战导致了社会主义阵营的公开分裂，当然是令人痛心的。但在毛泽东看来，这场论战是在国际共运中维护马克思列宁主义，是从整个社会主义阵营的兴衰成败，来思考和平演变与反和平演变的重大举措。1964年1月12日，毛泽东指出：美帝国主义的侵略政策和战争政策，严重威胁着苏联、中国和其他社会主义国家，还力图对社会主义国家推行"和平演变"政策，瓦解社会主义阵营。毛泽东认为，当时苏联之所以内部正在发生演变，关键是斯大林之后的苏共领导人出了问题。因此，他特别关注"接班人"问题。

1964年6月16日，毛泽东正式提出了培养和造就无产阶级革命事业接班人问题。他说：帝国主义说，对我们第一代、第二代没有希望，第三代、第四代怎么样？有希望。帝国主义的话讲得灵不灵？我们不希望它灵，但也可能灵。其后，"九评"中发表了毛泽东关于"接班人"的一段论述，其中有培养和造就"接班人"的五项条件。1965年8月，毛泽东在一次谈话中指出，领导人、领导集团很重要，许多事情都是这样，领导人变了，整个国家就会改变颜色。他最担忧的，一是中央出修正主义，二是各级领导干部脱离群众，出现腐败现象。毛泽东这种忧患意识和他关于"接班人"的五项条件，当然有其现实的和具体的针对性，因而反映了时代的认识局限性，在表述中也存在"左"的痕迹，但作为世界社会主义运动的一种经验总结，仍然是有意义的，是值得我们深思的。

遗憾的是，毛泽东恰恰是在对当时国内外阶级斗争状况的估量上，出现了严重偏误。从20世纪50年代后期开始，由于对和平演变的过分担心，毛泽东开始改变自己关于我国社会主义改造基本完成后阶级状况的估量。大家都知道，1956年9月召开的中国共产党第八次全国代表大会，正确地分析了国内形势和国内主要矛盾的变化，作出了"无产阶级与资产阶级之间的矛盾已经基本上解决"，"国内的主要矛盾，已经是人民对于建设先进的工业国要求同落后的农业国的现实之间的矛盾"的正确估量。次年2月，毛泽东发表《关于正确处理人民内部矛盾的问题》，更加明确地指出："现在的情况是：革命时期的大规模的急风暴雨式的群众阶级斗争基本结束，但是阶级斗争还没有完全结束。"① 然而，到同年下半年就开始出现反右斗争扩大化；至 1962 年 8 月，毛泽东推翻了原先的正确论断，在党的八届十中全会上提出，在整个社会主义历史阶段始终存在着阶级和阶级斗争，存在着资本主义复辟的危险性，强调阶级斗争要"年年讲，月月讲，天天讲"，要"以阶级斗争为纲"，从而偏离了八大的正确路线。这就导致党在国际上"反修"日益激烈，在国内"政治运动"不断。由于这种"左"的错误继续发展，特别是由于毛泽东同志对我们党的干部队伍状况所作的脱离实际的"左"的错误估计，促使他错误地发动了"文化大革命"。"文化大革命"是中国在探求社会主义道路的过程中出现的失误，是在错误的理论指导下的错误实践。

自那时以来的历史进程证明，毛泽东当年提出中国也要防止和平演变，巩固无产阶级专政，其动机和初衷不能说不好。但他由于脱离实际，错误地判断国内政治形势，把可能视为现实，把局部性的问题当作全局性的问题来对待，因而混淆了敌我，伤害了一大批好同志和好人，做了"亲者痛，仇者快"的错事。特别是林彪、江青反革命集团，利用这种错误搞破坏，使党和人民蒙受了灾难。然而，毛泽东对苏联、东欧诸国演变走势的论断和预言，有先见之明和惊人的准确性。当"风起于青萍之末"时，他就预料到一场政治风暴的来临。这显示出他作为无产阶级思想家和战略家的敏锐而非凡的洞察力。在毛泽东离开人世的十多年后，苏东政局的剧变，不幸应验了他当年的预言。

（3）邓小平理论和"三个代表"重要思想关于维护、巩固和发展社会主义的大思路

在新时期，以邓小平、江泽民为核心的党中央第二代、第三代领导集体关于巩固、维护国家社会主义政权，以免得而复失的战略思路，不是把重点放在从政治上反和平演变上，而是把重点放在社会主义改革开放和现代化建设上。虽然他们也讲反对"和平演变"、反对"西化"和"分化"，但他们主要强调发展国民经济，增强社会主义的综合国力，认为抓经济社会发展是执政兴国的"第一要务"，以改革开放促全面发展，即通过建设

---

① 《毛泽东文集》第 7 卷，人民出版社 1999 年版，第 216 页。

"有中国特色的社会主义",来焕发社会主义的生机和活力,以积极地防止社会主义国家政权的得而复失。概略地说,就是要长期坚持党在社会主义初级阶段的基本路线。最重要的,是以经济建设为中心,坚持四项基本原则,坚持改革开放,建设富强民主文明的社会主义现代化国家。

第一,以经济建设为中心,把发展生产力作为"社会主义阶段的最根本任务"[1]。这就抓住了防止社会主义政权得而复失的根本环节。在历史唯物主义看来,社会主义作为高于资本主义的社会形态,要能站得住、立得稳,而不发生逆转,归根结底,是要逐步创造出高于资本主义的劳动生产率,体现新制度的优越性。所以邓小平说:"社会主义优越性最终要体现在生产力能够更好地发展上。"[2] 只有生产力发展了,人民生活水平逐步提高了,社会全面进步了,社会主义国家政权才能长治久安。只能用改革和发展的办法,解决社会主义前进中遇到的各种问题。"最终说服不相信社会主义的人要靠我们的发展。"[3] 我国社会主义事业要永远立于不败之地,更要建立在生产力较快发展的基础上,促进社会主义物质文明、政治文明和精神文明的协调发展。

第二,坚持改革开放,是社会主义中国的强国之路,是"决定中国命运的一招"[4]。如果说,我们党领导中国革命的主要任务是通过夺取国家政权,并利用无产阶级的政治统治,而进行制度创新,以建立起社会主义的基本制度的话,那么,新时期的体制改革作为"中国的第二次革命"[5],则是"革"旧体制的命,进行体制创新。故而,邓小平认为,"革命是解放生产力","改革也是解放生产力"。"在社会主义基本制度确立以后,还要从根本上改变束缚生产力发展的经济体制,建立起充满生机和活力的社会主义经济体制,促进生产力的发展。"[6] 中国经济体制改革的目标模式是:从计划经济体制转向社会主义市场经济体制,这包括要坚持和完善以

---

[1] 《邓小平文选》第3卷,人民出版社1993年版,第63页。
[2] 同上书,第149页。
[3] 同上书,第204页。
[4] 同上书,第368页。
[5] 同上书,第113页。
[6] 同上书,第370页。

公有制为主体、多种所有制经济共同发展的社会经济结构；坚持以按劳分配为主体与按生产要素分配相结合的分配制度。相应地还要进行政治体制改革，在坚持共产党领导和社会主义方向的前提下，健全社会主义民主和法制，建设社会主义法治国家。还有其他方面配套的体制改革。对外开放，也是一种改革。其目的，是要通过扩大对外交往和互利合作，以加快我国发展。"社会主义要赢得与资本主义相比较的优势，就必须大胆吸收和借鉴人类社会创造的一切文明成果，吸收和借鉴当今世界各国包括资本主义发达国家的一切反映现代社会化生产规律的先进经营方式、管理方法。"[1] 改革是社会主义制度的自我完善和发展。"在改革中，我们始终坚持两条根本原则，一是以社会主义公有制经济为主体，一是共同富裕。"[2] 如果我们国家在改革和发展经济中始终坚持这"两条根本原则"，就能使社会主义市场经济走向繁荣兴旺，社会主义政权就有可靠的经济基础。

第三，坚持四项基本原则，作为社会主义中国的立国之本，既是改革开放和现代化建设的政治保证，又是反对国内外敌对势力"西化"和"分化"中国的法宝。坚持四项基本原则，作为党在现阶段的基本路线中与"坚持改革开放"相并列的"两个基本点"之一，"是四个现代化根本前提"[3]。坚持四项基本原则，最重要的是坚持社会主义道路和坚持共产党领导这两条。

历史和现实都证明，只有社会主义才能救中国，只有中国特色社会主义才能发展中国。因此，在改革和发展中"坚持社会主义方向，这是一个很重要的问题"。我国所要实现的"四个现代化前面有'社会主义'四个字，叫'社会主义四个现代化'。我们现在讲的对内搞活经济、对外开放是在坚持社会主义原则下开展的"。"一旦发现偏离社会主义方向的情况，国家机器就会出面干预，把它纠正过来。"[4]

坚持共产党的领导地位，是我国坚持社会主义方向、坚持人民民主专政国体的根本政治保证。没有共产党，就没有新中国；没有共产党的领

---

[1] 《邓小平文选》第3卷，人民出版社1993年版，第373页。
[2] 同上书，第142页。
[3] 《邓小平文选》第2卷，人民出版社1994年版，第164页。
[4] 《邓小平文选》第3卷，人民出版社1993年版，第138—139页。

导,就没有中国的社会主义,也没有中华民族的伟大复兴。而坚持和加强共产党的领导,就是要根据新的形势和要求,以改革的精神全面加强和改进党的建设,全面推进党的建设新的伟大工程,不断提高党的领导水平和执政水平,增强拒腐防变和抵御风险的能力,永葆党的先进性和战斗力。在新世纪新阶段,要按照"三个代表"的根本要求,加强和改进党的建设,进一步增强党的阶级基础和扩大党的群众基础,永葆党的工人阶级先锋队的政治本色,这样就能使党的领导更加坚强有力。

在坚持四项基本原则的过程中,还必须坚持反对资产阶级自由化,维护和巩固马克思主义在意识形态领域的指导地位。邓小平指出:"所谓资产阶级自由化,就是要中国全盘西化,走资本主义道路。"就是反对共产党的领导和社会主义道路,妄图在中国"建立一个完全西方附庸化的资产阶级共和国"[①]。所以,在我国改革开放和现代化建设中,既要坚持四项基本原则,也要坚持反对资产阶级自由化的教育和斗争,坚持我国改革和建设的社会主义方向。

总的来说,坚持党在现阶段的路线、方针和政策,"关键是坚持'一个中心、两个基本点'",坚持和发展中国特色社会主义。在邓小平看来,"不坚持社会主义,不改革开放,不发展经济,不改善人民生活,只能是死路一条。"当然,也就无法有效地防止我国社会主义政权得而复失。因此,邓小平要求:"基本路线要管一百年,动摇不得。"[②] 他还从反对"帝国主义搞和平演变"的角度来分析和判断:"中国要出问题,还是出在共产党内部。"他告诫全党:"对这个问题要清醒,要注意培养人,要按照'革命化、年轻化、知识化、专业化'的标准,选拔德才兼备的人进班子。"他语重心长地说:"我们说党的基本路线要管一百年,要长治久安,就要靠这一条。真正关系到大局的是这个事。"[③]

(4)要靠成熟和完备的社会主义法制来维护、巩固和发展社会主义,以有效地防范社会主义国家政权得而复失

[①] 《邓小平文选》第3卷,人民出版社1993年版,第207、303页。
[②] 同上书,第370、370—371页。
[③] 同上书,第380页。

在世界上，社会主义政权和制度建立至今，只有80多年的历史，在中国还只有50多年的历史，因而它还远未成熟和完善。工人阶级作为社会主义国家的领导阶级，也需要有一个积累政治经验的学习和实践过程。所以，这个阶级及其思想家、政治家和国务活动家，当然也就难免有失误。要使社会主义国家政权及其制度较快地成熟和完备起来，关键就在善于总结经验，善于从实践中特别是从失误和挫折中学习。

邓小平在指导我国政治体制改革中，曾经对毛泽东这样的伟大人物为何会在晚年犯错误的教训，作过科学总结。他认为，问题固然与某些领导人的思想、作风有关，但党和国家的"领导制度、组织制度问题更带有根本性、全局性、稳定性和长期性。这种制度问题，关系到党和国家是否变颜色，必须引起全党的高度重视。"[①] 诚哉斯言！如果苏联党和国家的制度大体上是完备和管用的，何至于少数几个人就可以置全民公决的结果于不顾，搞了一个什么"协定"，就可以宣布一个泱泱大国终止存在；何至于一个苏共总书记不经过任何组织程序，就可以宣布一个有93年历史、有近2000万党员的党（中央）"解散"！

鉴于中国"十年动乱"和苏东剧变的教训，我们党注重社会主义民主和法制建设。党的十五大确定了"依法治国，建设社会主义法治国家"的任务。党的十六大"把坚持党的领导、人民当家作主和依法治国有机统一起来"，作为发展社会主义民主政治的核心内容。在我国，共产党领导人民制定宪法和法律，党也在宪法和法律的范围内活动。人民也同时依法行使自己当家作主的民主权利。所以，从一定意义上说，健全、优化和落实社会主义法制带有根本性和全局性。

首先，以宪法为核心的社会主义法律和法制体系，是以法定形式，反映、维护和保障国家和人民的现实利益和长远利益的统一，以规范全党、国家政权和全体公民各方面的实践活动，确保国家发展的社会主义的社会性质、前进方向和立国原则的稳定性和不变性。特别是社会主义国家宪法，应该是最为庄重、神圣和稳定的法典。要坚持人民利益至上、共产党的领导至上、宪法至上的法制原则和最高权威。对宪法的尊重，就是对工

[①] 《邓小平文选》第2卷，人民出版社1994年版，第333页。

人阶级的根本利益、人民的根本利益和社会主义事业的根本利益的尊重。因为宪法作为根本大法,它对社会主义国家的性质和立国原则的规定、对国家基本的经济制度和政治制度等制度的规定,尤其是对其国体和政体的规定等等,是工人阶级的根本利益,因而也是全国人民的根本利益和集体意志的最高立法表现,当然也是社会主义事业的根本利益的最高的立法表现。由于工人阶级的根本利益同时也是社会进步的长远利益,所以由宪法作出最高法律保障的社会主义国家的性质和立国原则、国家的基本经济制度和政治制度,亦即构成国体和政体的本质性、支柱性的内容,应该是稳定的、长期不变的。不能把宪法混同于某届政府的施政纲领。宪法的制定和贯彻必须是庄重、科学和民主的;宪法的修改同样必须是庄重、科学和民主的。宪法的根本内容通常是不容许修改的。如果确因社会发展进步,而使宪法中的某些内容确有修改和完善的客观必要性,则应当按规定履行极为严格的立法程序,并且只能作为宪法的修正案。宪法是母法,国家其他的法律、法规和政令,都必须以宪法为据、为本、为宗,而不得相抵触。宪法成熟是社会主义制度成熟的反映,宪法稳定是社会主义制度稳定的法制保障。

其次,发展社会主义民主政治,形成成熟而完备的国家制度及其权力运作体制的可靠性保障,是使之法律化、规范化和程序化。依法治国,建设社会主义法治国家,涉及国家社会生活的方方面面。总结世界社会主义运动的经验,从国家长治久安的角度看,需要进一步完善和解决的突出问题,不仅有国家各级政权机关的权力依法运作和实施问题,还有这种权力的依法更替和授予问题。主要领袖人物的代际密切合作的连续性和依法更替的前进性,显得更为重要。要真正解决这个问题,主要是要依靠法定的"制度"。选"人"和选"班子",由谁来选?是以人选人,还是以制度选人?选人选得不准,或者虽然当初选准了,但被选人上台掌权以后逐步变质了,又该怎么办?以制度选人,其实是让人民群众民主地选"人"。人民群众依法"选人",总比少数前任选后任,能够更全面、准确和公道一些。按制度"选人",即使出现不适当,或者在当初选得适当,但后来有人变为不适当的情况下,也能按制度规范及时而依法地换上"适当的人"。社会主义国家能否从法定的制度上妥善解决政治权力的有序更替,即续接的一般都是杰出的可靠人选,以使党的无产阶级先锋队性质、国家的社会主义性质由此得到长期维护、发展和可持续的问题,是能否有效防范工人阶级国家政权得而复失的一个极其关键的问题。

再次,社会主义国家制度应该形成和具有自卫机制,以有效地防范工人阶级国家政权的得而复失。所谓"自卫机制",不是指通常意义上运用国家机器特别是军队来防卫国家,避免被侵略和颠覆,而主要是指针对内部一旦出现"和平演变"的苗头和倾向,而能有效地维护国家政权的社会主义性质和发展方向不出大问题,也就是"一旦发现偏离社会主义方向的情况",能够及时而有效地予以纠正。其中最为关键的,是这种问题由谁来"发现",由谁来"纠正",以及如何"纠正"?苏联剧变的教训正在于,该国"体制"内缺乏发现和纠正的机制,问题日积月累,积重难返,终于导致苏联解体、苏共败亡。历史的经验教训告诉我们,防范国家政权"和平演变"、即"西化"和"分化",只有通过健全社会主义民主和法制,来构建社会主义制度内部的"自卫机制"。这是社会主义国家都面临着的一个新的、迫切的、难度很大的课题,需要结合20世纪世界社会主义运动的历史经验和本国实践经验,认真地加以总结和探索。这是关系到社会主义社会生死存亡的重大问题。

二 当代社会主义面临的几个重大理论问题

如果说,我们已经讨论过的"关于经济文化落后国家能否建成社会主义"问题、"关于通过议会道路过渡到社会主义的可能性问题"和"关于社会主义国家如何防止政权得而复失问题"等世纪性、时代性课题,是探讨如何走上社会主义道路问题的话,那么,我们还要进而探讨社会主义制度下如何建设这个社会、如何巩固和发展这个社会,即探讨如何巩固和发展社会主义事业所面临的重大理论问题。能否从理论和实践的结合上正确地解决这些问题,事关社会主义事业的兴衰成败,事关中华民族的前途和命运,切不可等闲视之。

1. 关于科学社会主义一般原理与各国具体实际相结合的问题

这是贯穿在整个社会主义社会形态中的,当然也是社会主义各国所面临着的一个全局性、总体性和战略性的理论和实践问题。它既关乎社会主义道路和方向的坚持，又关乎社会主义发展模式的选择。也就是说，科学社会主义的共同规律或一般原理，只有通过各国人民的具体实践，通过切合各国实际的具体的民族形式，才能得到贯彻和实现。因此，科学社会主义一般原理同各国实践达到具体和历史的统一和结合，是一个普遍性的方法论原则，也是一个重大的政治原则。当这两者从理论和实践的结合上自觉一些、好一些，社会主义事业就兴旺发达。否则，就可能发生这样或那样的失误和挫折。

第一，从世界观和方法论上看，坚持科学社会主义一般原理与各国具体实际相结合，是唯物辩证法的原则要求，符合事物发展的辩证本性。

唯物辩证法认为，世间任何事物基于自身矛盾运动和辩证发展的本性，都是本质（规律）与现象、共性与个性、一般与个别的统一。正如列宁所说："对立面（个别跟一般相对立）是同一的：个别一定与一般相联系而存在。一般只能在个别中存在，只能通过个别而存在。任何个别（不论怎样）都是一般。任何一般都是个别的（一部分，或一方面，或本质）。任何一般只是大致地包括一切个别事物。任何个别都不能完全地包括在一般之中，如此等等。"[①] 毛泽东在《矛盾论》中，也精辟地阐明过矛盾的共性与个性、绝对与相对互相关联、辩证统一的原理，认为这是"关于事物矛盾问题的精髓"[②]。从共性与个性、一般与个别的辩证关联的哲理看，各国社会主义的基本制度、社会的共性和发展规律，亦即科学社会主义的共同规律或一般原理，只能在社会主义的个别中存在，并通过这类个别而存在。离开其具体的实践和社会现实，就失去了存在的事实依托和客观基础，也就成为无源之水、无本之木。而存在和根植于这种具体的客观现实和社会实践的社会主义的共性、共同本质和一般原理，又比其现象形态更为深刻和根本，具有贯彻始终的稳定性，从而作为共同规律支配、规定着社会主义的性质和发展方向。所以，就哲理和思想路线而言，坚持科学社会主义一般原理与各国具体实际相结合，就是一切从实际出

---

① 《列宁选集》第2卷，人民出版社1995年版，第558页。
② 《毛泽东选集》第1卷，人民出版社1991年版，第320页。

发、一切从实践出发,使我们的主观认识符合客观实际,实事求是,与时俱进,按照社会主义本身所固有的发展规律,来促进和推动社会主义事业的发展。

第二,从世界社会主义运动的政治路线看,坚持科学社会主义一般原理同各国具体实际相结合,就是坚持正确的路线和政策,以避免教条主义和机会主义。

历史和现实都表明,各国工人阶级政党制定、坚持和实行正确的政治路线的实质,就是坚持科学社会主义一般原理与各国具体实际相结合。这是因为,根据人类社会发展的普遍规律,"一切民族都将走向社会主义,这是不可避免的,但是一切民族的走法却不会完全一样,在民主的这种或那种形式上,在无产阶级专政的这种或那种形态上,在社会生活各方面的社会主义改造的速度上,每个民族都会有自己的特点。"[①] 相应地,每个国家都会有自己的特点。这就要求,各国共产党人必须坚持运用马克思主义立场、观点和方法,分析自己的国情、民族文化传统和其他社会条件,来确定党在本国革命、建设和改革发展的一定阶段上的目标和任务,以及实际为之奋斗的战略、策略与政策。在这里,要努力逐步达到理论与实践、主观与客观的具体和历史的统一。否则,就会犯错误,受惩罚,遭挫折。

一般说来,在这个问题上的最严重的偏向,有两种相通的极端:一种是"左"倾教条主义,另一种是右倾机会主义。

脱离实际,脱离具体实践,脱离当代的历史条件,夸大矛盾的普遍性,把马克思主义原理绝对化、凝固化,视之为千古不易的教条和灵丹妙药,以为照搬本本,就能找到解决革命和建设问题的现成答案,这是"左"倾教条主义。而抛弃马克思主义立场、观点和方法,借口当代历史条件的变化和形势的发展,夸大矛盾的特殊性,否认和背离马克思主义的一般原理、原则的指导作用,抛弃和背离科学社会主义,美化和维护资本主义旧制度,则是右倾机会主义,也称为修正主义。尽管教条主义者常常以尊重和维护马克思主义为幌子,其实是在糟蹋马克思主义。尽管许多机会主义者也声称自己要"发展"马克思主义,而实际上,却是在诋毁和攻

[①] 《列宁全集》第28卷,人民出版社1990年版,第163页。

击马克思主义最基本的东西。"左"倾教条主义和右倾机会主义都是以理论和实践相脱离、主观和客观相分裂作为基本特征的。只是表现形式不同,实质上都是违背马克思主义、违背客观实际的。所以,它们对无产阶级革命、对共产主义事业的危害,都不可低估。右倾机会主义可能葬送社会主义,"左"倾教条主义也可能断送社会主义。

比如,以伯恩施坦、考茨基为代表的第二国际右倾机会主义首领,在恩格斯逝世后,借口资本主义社会发生了"变化",先后公开背叛和"修正"马克思主义,抛弃共产主义的理想信念,反对无产阶级革命,主张走改良资本主义的"议会道路",支持帝国主义战争。这就导致第二国际破产,断送了德国等西欧工人运动刚刚开始走向兴盛的好形势。再如,苏联在苏共二十大以前的体制和政策,是较多地照搬马克思、恩格斯和列宁关于未来社会即社会主义社会的一般预言,因而带有某些"左"倾教条主义色彩,但大体上还是在坚持社会主义的发展道路和政策。而赫鲁晓夫执政后,则是完全错误地走向另一个极端,借口历史条件的"变化",抛弃马克思列宁主义的基本原理,提出和实行"全民国家"和"全民党"的路线。过了30年,戈尔巴乔夫上台执政,终于演变为公开和全面地抛弃马克思列宁主义、科学社会主义的"新思维",或曰"人道的民主的社会主义",终于酿成苏联解体、东欧剧变的历史性悲剧。可见,"左"倾教条主义和右倾机会主义,是形异而实同的,都是通过割裂科学社会主义的一般原理同各国的具体国情、具体实践的内在联系,而背离马克思主义走邪路的。

第三,从其客观基础和现实依据看,坚持科学社会主义一般原理与各国的具体实际相结合,是世界社会主义运动特别是中国社会主义实践的科学总结,是引导社会主义事业走向兴旺发达的指导原则。

大家知道,党和毛泽东领导中国革命获得胜利的最基本的一条经验,就是坚持马克思列宁主义普遍真理同中国革命的具体实践相结合。在由此形成的毛泽东思想指引下,我们党和革命人民开辟了以农村包围城市、最后夺取城市和全国政权的有中国特色的革命道路,并用以克服了党内种种违背理论与实践相统一的非马克思主义的错误思想(特别是王明的先是"左"倾教条主义,后是右倾投降主义的错误),才把中国革命引上了胜利道路。

应该说，中国革命及革命胜利后的社会主义改造和建设，在坚持理论与实践相统一的问题上，都经历了曲折的探索过程，才迈上了正确道路。在改革开放以前，我国社会主义改造和建设都曾取得过伟大的胜利和成就，为后来改革开放和现代化建设奠定了制度基础、工业基础、宝贵经验和理论准备。但是，失误、挫折和体制性的弊端，也是严重的、非改不可的。且不说像"十年动乱"那样的政治错误，即使愈来愈严重的体制问题，也可能窒息社会主义的生机和活力。所以，邓小平在正确总结了社会主义历史经验和教训后，指出："把马克思主义的普遍真理同我国的具体实际结合起来，走自己的道路，建设有中国特色的社会主义，这是我们总结长期历史经验得出的基本结论。"①

"有中国特色的社会主义"，是邓小平理论的核心概念，是统领中国特色社会主义理论体系的最高概括。这个概念作为理论范式的思想实质，就是力求把科学社会主义一般原理与当代中国的具体实际、把社会主义社会发展的共同本质和普遍规律与中国的特色和特点结合起来，逐步达到具体和历史的统一。因此，邓小平理论开创的中国特色社会主义道路，既是切合中国实际的社会主义，也是符合科学社会主义在中国现阶段的发展要求和前进方向的社会主义。故而邓小平理论中的基本概念、原理和命题，如社会主义初级阶段论、社会主义体制改革论、社会主义市场经济论，以及中国现阶段的基本经济制度、分配制度和必须始终坚持的"一个公有制占主体，一个共同富裕"这两条"社会主义的根本原则"② 等，都是辩证地体现了科学社会主义的本质要求与当前我国社会的阶段性的特征相结合、相统一的原则。

例如，就经济制度而言，其成熟和完全的社会主义制度形态，是必须在发达的社会生产力的基础上，由全体社会成员共同而平等拥有生产资料、共同劳动，实行按劳分配的经济制度。但是，中国现阶段的生产力发展水平不够高，还没有条件实行单一的生产资料公有制，否则就超越了发

---

① 《邓小平文选》第3卷，人民出版社1993年版，第3页。
② 同上书，第111页。

展阶段。因此只宜实行社会主义初级阶段的基本经济制度，这就是坚持公有制为主体、多种所有制经济共同发展的基本经济制度。在这里，坚持"公有制为主体"是关键。一方面，它大体适应我国现阶段生产力的发展水平、又能促进生产力较快发展，并且还能通过鼓励、支持和引导非公有制经济发展，为社会主义服务；另一方面，这种公有制的主体地位，也能够大体上使我国现阶段的经济制度仍然保持社会主义性质和发展方向。假若我国不坚持公有制的主体地位，那么在基本经济制度上就会丧失社会主义性质。

正如邓小平所说，我国所进行的这种体制改革"搞的是天翻地覆的事业，是伟大的实验，是一场革命"[①]。其伟大、其创新性就在于，它既要坚持中国特色社会主义道路，又要探索利用非社会主义因素，使之与社会主义并存和为社会主义服务。这就意味着：我国在改革中既要让非社会主义因素有一个较大的发展，即在现阶段大力发展非公有制经济和外资经济，又要纳入和服务于社会主义制度和体制体系；既要让我国社会主义经济积极参与"经济全球化"，并与资本主义占支配地位的国际资本主义经济合作和竞争，又要维护我国社会主义经济获得独立自主的发展；既要不断扩大同资本主义世界的交往，大力借鉴和吸收人类在资本主义制度下创造的文明成果，又要抵制资本主义腐朽思想对我国社会主义意识形态的渗透和冲击；如此等等。由于我国在现阶段面临着这些"两难选择"，所以这场"伟大实验"既是高难度的，也是有一定风险的。这种困难和风险集中到一点，就是我们应当从理论和实践的结合上，更加积极、慎重地解决好坚持科学社会主义一般原理与中国具体实际相结合的问题。其他社会主义国家也在进行这方面的探索。中国特色社会主义兴衰成败，在很大程度上取决于这方面的探索和"实验"。

2. 关于市场经济与社会主义制度相结合的问题

在科学社会主义发展史上，"社会主义市场经济"是个全新的概念。明确而自觉地提出这个概念，并努力实现市场经济与社会主义基本制度相结合，是中国共产党人的伟大创举。

---

① 《邓小平文选》第3卷，人民出版社1993年版，第156页。

大家知道，马克思主义创始人一直主张，在取代资本主义的未来社会即社会主义社会中，生产资料归全体劳动者共同占有、共同使用，生活资料实行按劳分配。商品生产和商品货币关系也就随之消灭。马克思指出："在一个集体的、以生产资料公有制为基础的社会中，生产者不交换自己的产品；用在产品上的劳动，在这里也不表现为这些产品的价值，不表现为这些产品所具有的某种物的属性，因为这时，同资本主义社会相反，个人劳动不再经过迂回曲折的道路，而是直接作为总劳动的组成部分存在着。"后来，恩格斯同样指出："一旦社会占有了生产资料，商品生产就将被消除，而产品对劳动者的统治也将随之消除。社会生产内部的无政府状态将为有计划的自觉组织所代替。"① 市场经济是一种发达的商品经济。马克思和恩格斯认为，在生产资料由劳动者共同占有的社会主义社会中，既然要"消除"商品生产和商品交换，当然也就无所谓"市场经济"。在俄国十月革命前，列宁也持有同样的观点。1906年，列宁在批驳"小市民社会主义"时，就讲过："只要还存在着市场经济，只要还保持着货币和资本力量，世界上任何法律都无法消灭不平等和剥削。只有建立起大规模的社会化的计划经济，一切土地、工厂、工具都转归工人阶级所有，才可能消灭一切剥削。"② 列宁当时认为，以消灭阶级和消灭剥削为己任的社会主义社会，毫无疑问，既不应该存在商品生产和商品交换，也不应该存在市场经济。

应该说，马克思主义经典作家的上述预见，还是符合逻辑的。如果社会主义是在资本主义商品经济充分发展的基础上建立起来的话，那么，也许确有必要和条件去"消除"商品货币关系。但是，后来的实践逻辑逐渐突破了这种理论逻辑。

这种实践探索始于列宁。俄国十月革命胜利后的三年内战中，布尔什维克党和列宁不得不实行"战时共产主义"，以使苏维埃政权站稳脚跟。但是列宁很快发现，这种以"余粮收集制"来限制和排斥商品货币关系的做法，只是"一种临时的办法"，"它不是而且也不能是一项适应无产阶

---

① 《马克思恩格斯选集》第3卷，人民出版社1995年版，第303、633页。
② 《列宁全集》第13卷，人民出版社1987年版，第124页。

级经济任务的政策"①。因此,列宁于 1921 年开始倡导和实行"新经济政策",用粮食税取代"余粮收集制",重视和利用商品、货币和市场的作用,来恢复和发展经济,并为在苏联建设社会主义经济制度,开展大规模社会主义工业化建设,指明了方向。

其后,斯大林在继续这种探索中,既取得了巨大的进展,也具有明显的局限性。他在指导苏联党和人民创建社会主义制度的过程中,第一个把商品货币关系引进计划体制之中。在《苏联社会主义经济问题》等著作中,他第一个从生产资料的两种所有制(全民所有制和集体所有制)之间必须进行商品交换的角度,阐明了在社会主义社会中存在商品货币关系的经济必然性,作出了"价值规律在流通领域依然发挥调节作用"的论断,提出了"特殊商品生产"的概念。而斯大林在商品货币关系认识上的局限性,就在于他囿于计划经济的视野之内,限制商品和市场发挥作用的范围,否认生产资料具有商品属性,排斥价值规律在生产领域发挥调节作用,等等。

总之,在对社会主义经济的认识中,过于强调计划调节和市场调节的对立,用计划经济排斥市场经济,是斯大林和"斯大林经济模式"最为突出的局限性。包括我国改革前的情况在内,所有社会主义国家在经济理论和经济体制中,都毫无例外地存在过这个问题。可以说,这是一个历史性、时代性的局限性。

就连一些西方经济学家及其经济理论,也未能突破这种局限性。在西方资产阶级经济学家中,把市场经济等同于资本主义,把计划经济等同于社会主义,从而把两者视为截然对立的看法,都是很常见的。例如,英国经济学家戴维·皮尔斯(Divid W. Pearce)主编的《经济学辞典》,就把"市场经济"定义为"通常还是包括生产资料私人所有权的一种制度",亦即资本主义制度。《简明大不列颠百科全书》也将"市场经济"界定为:"资本主义亦称自由市场经济,这种经济是在资本主义制度下,生产资料大多为私人所有,主要通过生产的作用来指导生产和分配收入的。"正如诺丁汉大学经济学家克·皮尔逊(Christopher Pierson)所说:"无论

---

① 《列宁选集》第 4 卷,人民出版社 1995 年版,第 502 页。

政治上左派还是右派，在传统上都有一个常识，即认为社会主义和市场是截然对立的原则。市场通常等同于资本主义、私有财产和个人的经济霸权，而社会主义则被认为是以财产社会所有制和经济资源的有计划的共同使用为前提的。对于一些传统而言，市场开始之处，便是社会主义终止之地。而这点无疑地是对社会主义和市场之间关系的占支配地位的解释。"①

从根本上说，能够突破这种传统偏见的力量，还是社会现实生活本身。二战以后，特别是20世纪50年代中期以后，"一球两制"的战略态势之力量消长表明：一方面，资本主义市场经济发达国家通过在一定程度上引进计划机制，强化对经济的"国家干预"，收到了某些实效；另一方面，社会主义各国实行指令性计划经济所积累的问题，比取得的成就日益突出，而且看来仅在计划体制之内作局部性的调整，恐怕难以恢复经济活力。在这种情况下，思考和探索社会主义与市场机制相结合，也就势所难免了。在这个问题上，东欧和西方有一些经济学家，例如波兰经济学家奥·兰格和弗·布鲁斯、捷克洛伐克的奥·希克、匈牙利的亚·科尔内，以及美国的罗默和英国的米利班德等学者，都比较早地思考和提出了把社会主义同市场、市场机制与计划机制结合起来的理论主张。但是，由于理论框架和实践条件的局限，他们大多朝着坐而论道的"市场社会主义"方向演变，难有多大作为。

当代世界社会主义运动中，只有指导中国社会主义体制改革的中国共产党和邓小平，在总结改革开放的实践探索的基础上，提出了建立"社会主义市场经济体制"的战略构想，逐步形成了社会主义市场经济理论。1979年11月26日，邓小平在会见美国朋友吉布尼、加拿大学者林光达时，就提出了"社会主义也可以搞市场经济"的主张。邓小平指出："说市场经济只存在于资本主义社会，只有资本主义市场经济，这肯定是不正确的。社会主义为什么不可以搞市场经济，这个不能说是搞资本主义。我们是计划经济为主，也结合市场经济，但这是社会主义的市场经济。"② 此

---

① ［英］克里斯托弗·皮尔逊：《市场社会主义的新模式》，《马克思主义与现实》2001年第3期。

② 《邓小平文选》第2卷，人民出版社1994年版，第236页。

后,邓小平多次论述过这个问题。例如,1985年10月23日,邓小平在会见美国时代总公司总编辑隆瓦尔德时,再次强调:"社会主义同市场经济之间不存在根本矛盾。问题是用什么方法才能更有力地发展社会生产力。……把计划经济和市场经济结合起来,就更能解放生产力,加速经济发展。"再如1992年初邓小平在南方视察时,更加明确地指出:"计划多一点还是市场多一点,不是社会主义与资本主义的本质区别。计划经济不等于社会主义,资本主义也有计划;市场经济不等于资本主义,社会主义也有市场。计划和市场都是经济手段。"①

在这里,邓小平言简意赅,石破天惊,突破了把市场经济等同于资本主义的偏见,仅仅把它视为发展生产力的一种经济"手段"和"方法","也可以为社会主义服务"②。这就使中国共产党人解放了思想。据此,中共十四大指出,我国经济体制改革的目标模式"是建立社会主义市场经济体制"。从此,我国就开始实行以市场为取向的经济体制改革,由计划经济体制转向社会主义市场经济体制。这种与社会主义基本制度相结合的市场经济体制,既要使市场在资源配置中发挥基础性作用,又要加强和改善国家对经济的宏观调控职能,以实现市场调节和计划调节的有机结合。十余年来的实践证明,在体制改革中建立和完善社会主义市场经济体制,使我国经济焕发出了生机和活力,促进了生产力的解放和发展。2002年,我国国内生产总值达到102398亿元,是1989年的两倍多,年均增长9%以上。全国人民的生活,在整体上达到小康水平。像我国经济这样持续、高速和健康发展,在当代世界是罕见的。这一切充分证明,我国经济体制改革坚持以市场为取向的战略选择是正确的。从理论和实践上进行探索,并实现市场经济与社会主义基本制度相结合,既是世界社会主义运动史上的伟大创举,也是社会经济史上的伟大创举。

迄今为止,我们认定建立和发展社会主义市场经济的大方向是正确的,并且也获得了初步的成功和令人鼓舞的经济业绩。但是,究竟如何具体地实现市场经济与社会主义基本制度的有机结合,还有许多问题没有真

---

① 《邓小平文选》第3卷,人民出版社1993年版,第148—149、373页。
② 同上书,第148、367页。

正解决，还需要继续进行探索。

（1）要继续探索社会主义公有制与市场经济具体结合的形式

建立和完善社会主义市场经济体制的核心问题，也是难度最大的问题，就是如何实现公有制，特别是国有经济与市场经济相结合的问题。它关系到我国经济改革的成败和方向。

自党的十四大以来，我国在实行以市场为取向的经济体制改革的具体操作中，正获得一步步的进展，也遇到了越来越大的困难。从经济理论和改革实践看，难就难在要寻找到公有制与市场经济的结合点，寻找到在现阶段基本经济制度（公有制为主体、多种所有制经济共同发展）规范下的市场经济体制。这是党中央已经确定的我国经济改革的战略思想。但现在，在某些经济学家中流行一种与此相反的观点，认为"公有制与市场经济不能兼容"[1]，尤其是国有企业与市场经济不能兼容，说什么"要搞市场经济，就需要形成非国有制企业在数量上占主体地位的基础格局"。有些人进而议论说，人的本性是自私的，公有制违背人的本性，缺乏经济动力，搞不成市场经济。故而他们主张，经济体制改革的核心问题，是产权改革，是对国企进行改革"攻坚"。这种主张的实质，就是要搞"私有化"。

显而易见，这种主张是根本违背邓小平理论和"三个代表"重要思想的，也是根本违背党的十三大、十四大、十五大和十六大精神的。如果把中国经济改革误导至"私有化"，那就是走邪路，就没有真正的"社会主义市场经济"，当然也就没有"中国特色社会主义"。因此，必须坚决反对私有化。但更为重要的，是要在实践中进一步探索公有制在社会主义市场经济中实现的具体形式。

（2）要在坚持现阶段的分配制度的同时，继续探索缩小贫富差距、防止两极分化的有效办法

邓小平在指导中国改革中有"两条根本原则"："一条是公有制经济始终占主体地位，一条是发展经济要走共同富裕的道路，始终避免两极分

---

[1] 《重新认识社会主义经济》，《经济日报》1998年1月20日。

化。"① 由于我国现阶段实行的是坚持公有制为主体、多种所有制经济共同发展的基本经济制度，相应地，必须实行按劳分配为主体、并与按生产要素分配相结合的分配制度。只有这样，才能克服分配上的平均主义倾向，能让一部分地区、一部分人通过辛勤劳动、合法经营先富起来。如果能以先富带后富，就能逐步实现共同富裕。但是，由于市场经济具有自发性的利益分化倾向，因而容易导致富者愈富、贫者愈贫的现象发生。我国采用市场取向的经济改革仅有十余年，就迅速出现了贫富分化，产生了一个人数可观的私营企业主阶层。到2000年底，我国民间私人资本已有相当的积累。据统计，全国登记私营企业176.2万户，投资者395.35万人，注册资本为13307.69亿元，户均75.5万元，实有150万元。每个投资者人均资本68.18万元。其中，100万—500万元的有20.17万户，1000万元以上的有1.35万户，亿元以上的有219户。② 目前在我国，一方面，是很快就产生了一批私人拥有资产千万元、亿元和十亿元以上的富翁；另一方面，是有数以千万计的人口未能解决或未能完全解决温饱问题。这是最明显的贫富分化。另外，城乡居民存款的分布也极为不均。到20世纪末，5.3万亿元城乡居民存款中，占储户20%的富裕者的存款占存款总额的48%，而占储户20%存款少的居民的存款仅占存款总额的4%。富裕阶层存款是贫困阶层的53.9倍左右。③ 目前，我国居民收入的基尼系数已达到0.45左右。④ 尽管用基尼系数来反映贫富差距有其局限性，但仅从这个指标看，我国目前比一些西方资本主义发达国家的还要大。

虽然，我国在转向社会主义市场经济体制的过程中，产生了一定程度的贫富分化是不可避免的。但我们要防止其失控，要控制好这种分化不至于成为社会"两极分化"。在改革中，防止两极分化，即防止因公有制主体地位的丧失而产生一个新的资产阶级，是邓小平生前多次强调的一个重大问题："如果我们的政策导致两极分化，我们就失败了；如果产生了什

---

① 《邓小平文选》第3卷，人民出版社1993年版，第142、149页。
② 陆学艺主编：《当代中国社会阶层研究报告》，社会科学文献出版社2002年版，第214—217页。
③ 闫志民主编：《中国现阶段阶级阶层研究》，中共中央党校出版社2002年版，第333—334页。
④ 参见《北京日报》2003年5月26日。

么新的资产阶级,那我们就真是走了邪路了。""我们的改革,坚持公有制为主体,又注意不导致两极分化,……我们就是按照这个方向走的,这就是坚持社会主义。"①

因此,我们必须在改革中坚持和完善社会主义初级阶段的基本经济制度,探索防止市场机制可能引起社会两极分化的自发趋势,逐步缩小贫富差距的具体和有效的政策与方法。

(3) 要继续坚持和不断完善爱国主义、集体主义、社会主义的价值体系,使之为发展社会主义市场经济提供精神动力和精神支柱,又要有效地防止市场机制的自发的利益导向对科学社会主义思想体系的冲击

应该说,社会主义市场经济体制中必须包括社会主义的制度规范与市场机制之利益导向的有机结合。一方面,只要我国在社会主义初级阶段始终坚持公有制和按劳分配为主体,并妥善发挥这"二重主体"对私有经济及其按资分配的制约作用,当代中国就具有爱国主义、集体主义和社会主义的主流意识形态的经济土壤和现实基础。正因为这样,我国发展社会主义市场经济,也就有了正确的精神动力,就有了坚定地走中国特色社会主义道路的精神支柱。另一方面,同社会主义基本制度相结合的市场机制及其利益导向具有二重性。基于市场机制对经济利益即对利润最大化的追求,既可能从中产生积极的利益激励和进取意识,从而发挥体制性的动因作用,也可能产生偏离社会主义基本制度规范,而自发地趋向唯利是图、见利忘义的拜金主义。这是因为,市场机制和商品货币关系,历来是一把双刃剑,既可能在一定条件下为社会主义服务,也可能失去一定条件的制约而显现出盲目性和自发性。

在马克思主义看来,由于货币即金钱是"商品世界的统治者和上帝",所以当它与私有制相结合时,就"赋予个人对社会、对整个享乐和劳动等等世界的普遍支配权",因此它"不仅是致富欲望的对象,同时也是致富欲望的源泉"②。这样就极易产生"一切向钱看"的拜金主义和利己主义。再加上商品货币关系自发趋势的"最先的和最重要的结果就是商品形式的

---

① 《邓小平文选》第3卷,人民出版社1993年版,第111、139页。
② 《马克思恩格斯全集》第46卷(上),人民出版社1979年版,第171—172页。

普遍化"①，所以，拜金主义意识和钱权交易的腐蚀作用，很容易侵入我国社会政治生活领域和精神道德生活领域。改革开放以来，党政机关内的消极腐败现象，之所以屡禁不止、滋生蔓延，同市场机制的负面效应有一定的内在联系。

因此，我国在发展社会主义市场经济的过程中，既要充分发挥它对精神文化生活上的积极的支撑作用和正面效应，又要继续探索如何发挥社会主义基本制度和主流意识形态的制约作用，以便克服市场机制之负面效应所自发趋向的拜金主义和利己主义意识。

在实现社会主义基本制度与市场经济有机结合的伟大实践中，需要进一步加以探索和解决的问题，决不仅仅限于以上三个方面，还包含更深层次、更广范围的诸多问题。但是，对于社会主义市场经济能否真正形成和顺利发展来说，上述三个方面都是基本的、无法回避的问题。从我国实践经验来看，只有进一步探索并真正解决了市场经济与公有制基础、防止两极分化和与社会主义主流意识形态相契合等基本问题的情况下，社会主义市场经济体制才能沿着正确的方向建构和发展。否则，就可能出现相应的曲折、迷误和失败。

3. 关于正确处理政治与经济的关系问题

在任何文明社会中，经济和政治都是社会有机体的基本层面和基本的关系。一种社会形态及其国家性质，主要取决于经济和政治的规定性。其中，经济作为一定社会的物质生产状况，以及与之相适应的社会经济关系和物质生活水平，是决定社会性质、社会发展动力和社会文明程度的基本因素。而政治，即作为维护和规范社会秩序的国体的阶级属性、政体的权力结构和施政方略的实质，则是社会和国家经济状况及其利益格局的集中体现。因此，一个特定的社会形态或一定性质的国家，就是一定经济基础与其上层建筑的统一。社会主义社会及其国家，当然也是这样。

社会主义国家中的经济和政治的关系，历来是一种根本性的、全局性的和实质性的关系。能否正确地认识和处理社会主义制度下的经济与政治

---

① 《马克思恩格斯选集》第3卷，人民出版社1995年版，第662页。

的辩证关系，是事关战略全局、事关社会主义事业兴衰成败的重大而根本的问题。

第一，从总体和全过程的视角看，社会主义国家的经济和政治的关系，既具有与其他文明社会类似的共性、相通的本质联系，又具有自己的个性、特有的本质联系。完整而准确地从理论和实践的结合上，不断加深这种理解，有利于我们自觉地认识和处理好社会主义国家的经济和政治的关系。

从其共性看，如同一切文明社会国家一样，社会主义国家的经济因素具有基础性和决定性的作用，而其政治因素则具有全局性和能动性的反作用；且主要由于这两者动态和有机的结合，即它们具体和历史的统一，决定着社会状况、国家性质和发展方向。

从其个性看，社会主义国家的经济和政治的本质特征，就是它们的过渡性即由其生产力发展状况决定的社会经济关系和政治本质，经过若干的阶段性发展，逐渐趋向非阶级的经济和政治。正是由于这种过渡性和前进性，使社会主义经济和政治具有特殊的历史的本质联系。

先就其经济而言，由于社会主义是高于资本主义的社会形态，需要发展出高于资本主义的劳动生产率和物质文明，而现实社会主义却是从中国这样经济、文化很落后的国家率先起步的。所以大力发展生产力，较快地繁荣经济，是社会主义最为紧迫的根本任务。

再就其政治而言，它承担着两项特殊的历史使命：其一，社会主义生产方式，不能像封建的、资本主义的生产方式那样，在旧社会和旧制度的母腹中自发地产生，而只能在无产阶级革命夺取国家政权以后，由无产阶级"利用自己的政治统治，一步一步地夺取资产阶级的全部资本"[1]，才能开始形成。这就是说，社会主义是先有政治革命的基本胜利，才有胜利的经济革命。其二，无产阶级的社会主义政治，要及时地由主要是阶级斗争的政治，转向主要是"经济方面的政治"[2]。这种政治"转向"，既表明工人阶级掌握国家政权和建立社会主义制度之后"尽可

---

[1]《马克思恩格斯选集》第1卷，人民出版社1995年版，第293页。
[2]《列宁选集》第4卷，人民出版社1995年版，第308页。

能快地增加生产力的总量"①的重要性和紧迫性,也表明劳动人民的经济利益特别需要政治上的保障和捍卫。劳动人民的长远的和根本的利益,就是最现实的政治。因为社会主义经济利益的实现和满足,至今还没有,至少是难以形成经济本身的自发和习惯性的自卫机制。这就是社会主义公有制经济的形成、巩固和发展通常比较困难,而它们垮掉,即被化公为私、被私有化却比较容易的主要原因。所以,社会主义政治必须发挥更为关键、更为突出和更为巨大的自觉能动性,是社会主义经济存在和发展的客观要求。

第二,要充分认识经济发展对社会主义事业的根本性和紧迫性。在社会主义经济制度基本建立以后,必须及时转向和长期坚持以经济建设为中心。这既是巩固和发展社会主义事业的根本基础,也是正确处理好经济与政治关系的重要前提。

任何国家,经济状况都是社会发展的基础。"物质生活的生产方式制约着整个社会生活、政治生活和精神生活的过程。"②当年苏联和当今中国、越南等社会主义国家,由于历史起点低,经济文化相对落后,因而面临西方发达资本主义国家在科技、经济和军事等方面占据明显优势的压力。再加上社会主义本身所承担的消灭私有制、消灭阶级、消灭剥削和为最终实现共产主义而创造物质和精神条件的历史使命,所以"社会主义阶段的最根本任务就是发展生产力,社会主义的优越性归根到底要体现在它的生产力比资本主义发展得更快一些、更高一些,并且在发展生产力的基础上不断改善人民的物质文化生活。"③

对共产党人来说,站在历史唯物主义高度,理解社会主义国家发展生产力、繁荣经济的紧迫性和重要性,并不太难。难的是,工人阶级掌握国家政权,特别是在基本确立社会主义经济制度之后,审时度势,正确认识社会的主要矛盾,及时把党和国家的工作重点转向经济建设。列宁在1920年11月,即苏俄刚刚夺取三年内战的胜利之时,就提出"我们走向战胜

---

① 《马克思恩格斯选集》第1卷,人民出版社1995年版,第293页。
② 《马克思恩格斯选集》第2卷,人民出版社1995年版,第32页。
③ 《邓小平文选》第3卷,人民出版社1993年版,第63页。

白卫分子的每一步都会使斗争的重心逐渐转向经济方面的政治",即转向"从事国家的经济建设"。一个月之后,他又提出"共产主义就是苏维埃政权加上全国电气化"的口号,制定并开始实施以"国家电气化"等技术为支撑的"把小农经济基础变为大工业经济基础"① 的计划。列宁逝世后,苏联能够迅速实现社会主义工业化,是与列宁确定和斯大林努力贯彻这个决策分不开的。

在新中国,我们党于 1956 年在党的八大上正确分析国内形势,认为在社会主义改造取得基本胜利以后,我国社会的主要矛盾是人民对于经济文化迅速发展的需要同当前经济文化不能满足人民需要的状况之间的矛盾。因此,全国人民的主要任务是集中力量发展生产力,实现国家工业化,满足人民的经济文化需要。我国人民在毛泽东时代的社会主义革命和建设中,曾经取得了伟大的胜利和巨大成就。但由于当时国内外形势的急剧变化,以及党和毛泽东同志过分严重地估计了阶级斗争形势,因此从 20 世纪 50 年代后期开始,党内"左"的倾向开始出现和逐步抬头,这就逐渐离开了八大的正确路线,从而酿成阶级斗争扩大化,直至"十年动乱"这样长期性的、全局性的"左"的错误。

直到党的十一届三中全会,实现了党在指导思想上的拨乱反正,重新恢复和发展了八大的正确路线,我国进入了改革开放的新时期。正是由于党中央和邓小平指导全党全国各族人民从认识与实践的结合上,摆正了经济与政治的关系,形成了党在现阶段的"一个中心、两个基本点"的基本路线,才开创了中国特色社会主义道路。20 多年来,我国不仅避免了苏东剧变那样的历史性曲折,而且在改革开放和现代化建设中,取得了举世瞩目的伟大成就。这就再次证明摆正社会主义经济和政治关系的极端重要性。

第三,要充分认识社会主义政治的主导作用,通过坚持共产党的正确领导和坚持无产阶级专政,来保障经济社会发展的社会主义性质和正确的方向。社会主义经济一旦失去社会主义政治的主导和保障,就势必走向邪路和变质。

---

① 《列宁选集》第 4 卷,人民出版社 1995 年版,第 308、364 页。

政治是经济的集中表现。历史唯物主义在肯定社会经济因素的根本性和基础性作用的前提下，以此来看待社会政治因素的能动的反作用，来看待经济与政治的辩证关系。在这里，政治作为经济的"集中表现"，往往是以聚焦的形式，代表和反映经济的全局和长远的利益。列宁正是在这个意义上，指出："政治同经济相比不能不占首位。不肯定这一点，就是忘记了马克思主义的最起码的常识。"因为"一个阶级如果不从政治上正确地看问题，就不能维持它的统治，因而也就不能完成它的生产任务"①。所以，经济在社会生活中占有基础性的"中心"地位，与政治"占首位"，是既唯物又辩证地体现了它们两者之间的内在联系。这种历史的辩证法，在社会主义制度下表现得更加鲜明和突出。

我们知道，社会主义政治的构成因素，主要是工人阶级政党的组织领导、无产阶级专政（我国的实现形式是人民民主专政）的国家政权和以马克思主义为指导的社会主义意识形态。应该说，凡是反映经济发展要求的政治，其作用是无可估量的。例如，在中国，没有共产党就没有新中国；没有新中国的人民政权，就没有社会主义经济。中国这样的社会主义国家，经济能否高速、持续和健康发展，在很大程度上，取决于党的路线、方针和政策是否正确。我国在新时期的经济改革和发展成就，就是从调整党的指导思想、政治路线和方针政策开始，并且是一步步向前推进的。

早在20世纪50年代，毛泽东就指出："政治工作是一切经济工作的生命线。"②又说："思想工作和政治工作，是完成经济工作和技术工作的保证，它们是为经济工作服务的。思想和政治又是统帅、是灵魂。只要我们的思想工作和政治工作稍为一放松，经济工作和技术工作就一定会走到邪路上去。"③尽管当时在贯彻这些论断和思想的具体工作中，可能存在这样或那样的偏差，但其中所包含着的关于经济和政治的相互关系的原理，还是正确的，具有长远的指导意义。

在新时期，党和邓小平同志在领导全党全国各族人民坚持以经济建设

---

① 《列宁选集》第4卷，人民出版社1995年版，第407—408页。
② 《毛泽东文集》第6卷，人民出版社1999年版，第449页。
③ 《毛泽东文集》第7卷，人民出版社1999年版，第351页。

为中心不动摇的同时,坚持、运用和发展了毛泽东思想中关于经济与政治的辩证统一观。他说过:"改革,现代化科学技术,加上我们讲政治,威力就大多了。到什么时候都得讲政治"①。邓小平是坚持"讲政治"的典范。改革开放之初,有些人从纠正"十年动乱"的极左思潮滑到极右,宣扬资产阶级自由化。邓小平就及时提出"四项基本原则",坚持反对资产阶级自由化。他指出:"所谓资产阶级自由化,就是要中国全盘西化,走资本主义道路。""资产阶级自由化泛滥,后果极其严重。"社会主义"垮起来容易,建设就很难","垮起来可是一夜之间啊!"因此,他要求我国"在整个改革开放的过程中,必须始终注意坚持四项基本原则"②。他强调说:"如果不坚持这四项基本原则,纠正极左就会变成'纠正'马列主义,'纠正'社会主义。"③ 邓小平在指导我国改革开放、大力发展生产力、狠抓物质文明建设的同时,倡导社会主义精神文明建设,提出培育"四有"新人。而在"四有"(有理想、有道德、有文化、有纪律)中,他特别强调的是"有理想",即树立社会主义、共产主义的理想信念。认为:"没有这样的信念,就没有一切。"④

正因为邓小平具有这样坚定而清醒的"讲政治"的意识,所以才能坚持以四项基本原则作为立国之本,牢牢掌握改革开放和现代化建设的社会主义方向,包括在必要时采取果断措施,平息政治动乱,从而使党和人民的事业转危为安,继续发展。

第四,要处理好社会主义经济和政治的辩证关系的关键问题,是正确地认识和对待社会主义社会的阶级和阶级斗争问题。在这个问题上,如果发生"左"的或右的偏差,都会影响到社会主义事业的全局。

社会主义社会是否存在阶级斗争,以及阶级斗争应居何种地位,是每个刚开始执政的工人阶级及其政党所面临的一个新问题。列宁生前对苏维埃时代的阶级和阶级斗争的长期性和复杂性问题,有过精辟论述。但他毕竟是在苏联正在确立社会主义经济制度时去世的,尚未有过在社会主义经

---

① 《邓小平文选》第3卷,人民出版社1993年版,第166页。
② 同上书,第207、379页。
③ 同上书,第137页。
④ 同上书,第190页。

济制度下生活和实践的经历。因此，依据社会主义实践来重新认识社会主义社会的阶级斗争问题，是后来马克思主义者的使命。

斯大林作为列宁事业的继承者，为其后苏联社会主义几十年的发展和兴盛，作出过杰出的贡献。但在这期间。他也有不少错误。其中，就包括他把苏联社会复杂的阶级斗争看得过于简单了，从而在阶级斗争问题上，存在过"左"和右的某些摇摆。从列宁1924年逝世到30年代中期的10年，苏联在工业化和农业集体化方面取得了重大进展。同西方这期间发生严重经济危机，而导致经济倒退和萧条形成鲜明对比的是，苏联经济社会发展，生气勃勃，欣欣向荣。在这种大好形势面前，斯大林过于乐观地估计了苏联的政治形势。1936年11月，他在农业实现集体农庄化大约两年后，就在宪法报告中宣布，苏联"所有的剥削阶级都消灭了"，正在"建设无阶级的社会主义新社会"①。然而，这种对阶级斗争偏右的估计言犹在耳，他就在1937—1939年发动了大规模的肃反运动，犯了肃反扩大化的错误。正是在肃反中，即斯大林在作宪法报告3个多月后的1937年3月，他却对苏联阶级斗争作出了过分的估计，从偏右跳到偏"左"。他说："我们党进展愈大，胜利愈多，被击溃了的剥削阶级残余也愈加凶恶，他们愈要采取更加尖锐的斗争形式，他们愈要危害苏维埃国家，他们愈要抓紧最绝望的手段来作最后的挣扎。"②很显然，这种"胜利愈多，斗争愈尖锐"的"左"的观点，是导致苏联肃反扩大化的一个重要的思想理论根源。

可是，刚刚过了两年，到1939年3月，斯大林在联共（布）十八大上作总结报告时，他又从偏"左"跳到偏右，认为苏联没有阶级斗争了。说苏联社会中"剥削阶级已经消灭，剥削者已不存在了，再没有什么人需要镇压了"，因而苏联无产阶级专政的矛头，仅"针对国外去对付外部的敌人了"③。这样斯大林就由阶级斗争"尖锐"论，摆向阶级斗争"熄灭"论。其后，赫鲁晓夫、勃列日涅夫和戈尔巴乔夫先后在苏联主政，他们在

---

① 《斯大林选集》下卷，人民出版社1979年版，第394、396页。
② 《斯大林文选》上卷，人民出版社1977年版，第128—129页。
③ 《斯大林选集》下卷，人民出版社1979年版，第470—471页。

丢掉了列宁、斯大林的许多正确的、科学的东西的同时，却把斯大林在阶级斗争问题上右的观点，加以放大和推向极端，提出了"全民国家"、"全民党"的机会主义主张，直至演变为"人道的民主的社会主义"路线，从而完全背叛了马克思列宁主义，葬送了苏共、苏联及其社会主义事业。

在中国共产党内，对社会主义社会的阶级斗争的认识，也经历了一个曲折的过程，并且至今还处在继续认识的过程之中。前已论及，在1956年召开的党的八大上，对当时我国社会的主要矛盾和阶级斗争曾有过正确估量，并且作出全国把集中力量发展社会生产作为主要任务的正确决策。次年2月，毛泽东在《关于正确处理人民内部矛盾的问题》这部名著中，依据他创立的两类社会矛盾学说及对现实情况的分析，而对我国的阶级斗争和国家的根本任务等重大问题，作出了进一步论述。他指出："革命时期的大规模的急风暴雨式群众阶级斗争基本结束，但阶级斗争还没有完全结束。""我们的根本任务已经由解放生产力变为在新的生产关系下面保护和发展生产力。"① 这些论断都是完全正确的。

但是，由于随后国内外发生的一系列急剧变化，引起了毛泽东对社会主义国家和平演变的过分担忧，并导致他对阶级斗争形势过于严重的估量，从而改变了自己和八大的正确观点，提出了"以阶级斗争为纲"的错误主张。

中国共产党通过对国际共产主义运动正反两方面历史经验的反思和总结，逐步获得了关于阶级斗争问题的正确认识。党的十一届三中全会把颠倒的经济和政治的关系再理顺过来，由"以阶级斗争为纲"转向"以经济建设为中心"。中国共产党实现这一伟大的战略转变的一个重要的理论依据，就是对当时我国的阶级斗争的正确判断和科学认识。

党的十一届六中全会根据邓小平关于"社会主义社会中的阶级斗争是一个客观存在，不应该缩小，也不应该夸大"② 的正确主张，在"决议"中对我国现阶段的阶级斗争问题作出了科学论断。"决议"指出："在剥

---

① 《毛泽东文集》第7卷，人民出版社1999年版，第216、218页。
② 《邓小平文选》第2卷，人民出版社1994年版，第182页。

削阶级作为阶级消灭以后，阶级斗争已经不是主要矛盾。由于国内的因素和国际的影响，阶级斗争还将在一定范围内长期存在，在某种条件下还有可能激化。"[1] 从那时以来的20多年的经验和事实，一再证明了这个论断的正确性。在坚持以经济建设为中心，坚持改革开放的同时，把在一定范围内长期存在的阶级斗争摆在一定的和应有的地位上来加以认识和对待，既不"缩小"它，也不"夸大"它，是我们党正确处理经济和政治关系的一个重大而关键的问题。

阶级观点和阶级分析，是马克思主义认识阶级社会和与阶级问题有关事物的基本观点和基本方法。苏共和苏联之所以垮台，在很大程度上，就是因为抛弃了马克思主义阶级观点而出问题的。对此，西方资产阶级战略家比我们敏感得多。当年美国驻苏大使马特洛克在《苏联解体亲历记》中谈到，他长驻莫斯科所"孜孜以求"的，是急切而欢欣鼓舞地观察到苏共领导人"修正"、"削弱"、"放弃"和"废除""马克思主义的阶级斗争学说"。他说："我一直孜孜以求的东西终于呈现在我面前。阶级斗争这个决定对外政策实质的理论被官方人士宣布放弃。"又说："如果苏联领导人真的愿意抛弃这个概念，那么他们是否继续称他们的指导思想是'马克思主义'也就无关紧要了。这已是一个在别样的社会里实行的别样的'马克思主义'。这个别样的社会则是我们大家可以认可的社会。"[2] 这从反面告诉我们，马克思主义的阶级观点和阶级分析方法决不能丢，它对于我们正确认识当今世界和中国的许多与之有关的社会现象，对于巩固和发展社会主义事业仍然具有重大意义。

只有正确认识和运用马克思主义阶级观点和阶级分析方法，我们才能面对国内外复杂的、变幻不定的形势，认识其有关现象的实质，自觉而正确地摆正经济和政治的辩证关系，把社会主义事业不断推向前进。

4. 关于民主与社会主义的关系问题

在许多对社会主义国家及其执政党进行口诛笔伐的著作中，他们通常

---

[1] 中央文献研究室编：《十一届三中全会以来党的历次全国代表大会中央全会重要文件选编》（上），中央文献出版社1997年版，第211页。

[2] [美]小杰克·F.马特洛克：《苏联解体亲历记》（上），世界知识出版社1996年版，第162、165、169页。

被扣上的一顶最具煽动性的政治帽子,就是"极权主义"。这在西方政要如杜勒斯、尼克松等人口中,在学者哈耶克、亨廷顿等人笔下,特别是在戈尔巴乔夫、雅科夫列夫这类共产党叛逆者的言词中,都是屡见不鲜的。所谓"极权"者,就是污蔑社会主义国家毫无民主可言。这种攻击,看似击中了社会主义制度的"软肋",其实这是对社会主义的偏见、污蔑、诋毁和诅咒。

恰恰相反,社会主义与民主具有不可分割的、内在的本质联系。邓小平指出:"没有民主就没有社会主义,就没有社会主义的现代化。"① 民主是社会主义的本质特征,社会主义因发扬民主而兴旺,社会主义如缺少民主则衰败。所以,社会主义民主建设,是事关社会主义事业兴衰成败的一个重大问题。但是,社会主义民主政治要建设好、发扬好也不容易,甚至可以说,难度很大,任重道远。因此,既要从实质上肯定社会主义民主高于、优于资本主义民主,又要充分重视社会主义民主与其民主体制具体结合的探索性、复杂性和渐进性。

首先,从实质上看,民主是一种国家形式、国家形态,是与其国家的统治职能、专政职能相辅相成的另一种职能。

"民主"(democracy)源于希腊语,原意是"人民"(demos)+"权力"(kratos),即"人民的权力",意指人民(公民)有权参与管理国家和自由地发表意见。民主作为一种国家政治制度,最早产生于古希腊雅典城邦国家。在这个城邦国家40万左右的人口中,除去约35万奴隶和外邦人,在1.68万公民(奴隶主)及其家属中,能够参与城邦国民大会和决策的,只有约6000人。也就是由这批人和从中选出的执政者,来民主地行使国家的统治职能。从中演进和发展出的民主,是政治民主,是治理国家的政治形式。更准确地说,民主是统治阶级及其统治集团分享政治权力、行使政治权力、实现政治统治的一种形式。所以,列宁说:"民主是国家形式、是国家形态的一种。"② 所谓"一种形式",那就是说,国家政治统治还有与此对应的别的形式,包括"专制"的形式。例如,奴隶主贵

---

① 《邓小平文选》第2卷,人民出版社1994年版,第168页。
② 《列宁选集》第3卷,人民出版社1995年版,第201页。

族专制、封建主专制、资产阶级专制，等等。一般地说，同某个剥削阶级及其代表人物的专制统治相比，相应的民主政治的统治形式，是历史进步的方向。

民主既然是国家的一种形式或形态，那么，民主就必然与相应的国家统治职能、专政职能相联系。一切非专制国家的政治统治，都是其民主与专政的统一。民主是统治阶级内部分享和行使权力的机制，专政则是国家推行统治阶级的利益和意志，并使被统治阶级和各社会阶层认可、服从和遵循这种统治秩序。假若其中某个人或团体企图危害、反抗和改变这种统治秩序，国家就会作为有组织的暴力，来实施某种强制或镇压。在一个存在不同的阶级、阶层的利益差别和利益对立的国家，不可能只有民主而没有专政。否则，这个国家就根本不可能维持和存在。包括资产阶级共和制国家在内的一切剥削阶级国家，都声称代表全社会或全民利益，炫耀自己如何神圣、正义和民主，从来不承认自己在行使专政职能。其实，这是因其阶级基础和阶级利益过于狭窄，而隐瞒事实真相的欺人之谈。

其次，民主作为一种国家形式或形态，从来就不是抽象和超阶级的，而是历史发展和有阶级性的。

在人类阶级社会发展史上，除了某些奴隶制国家产生过、并在一定程度和范围内实行过民主政治的国家形式之外，迄今为止，最完备和最精致的政治民主，就是资产阶级民主或资本主义民主。产生于近代西方的资本主义民主，是对欧洲中世纪千年封建专制统治的否定，是适应资本主义生产方式需要的政治革命的成果，因而是人类社会的一次政治解放和巨大的社会进步。一方面，从其实质看，资本主义民主是维护资产阶级经济利益及其统治秩序的民主。在该社会，有多少金钱和资本，就享有多少民主；所有被雇佣的工人，相对于拥有和掌握亿万资本的富豪，所实际享有的民主权利根本无法相比。因此，真正享有充分的民主权利，而能够实际掌握国家政治权力的是资产阶级，特别是少数垄断资本集团及其代理人。资本主义民主的另一面，就是资产阶级专政，是少数人（大资本家）对大多数人（工人等劳动人民）的统治和专政。另一方面，从其发展过程看，资本主义民主在形式上逐步完备和精致，在内容上有所扩展。仅从形式上看，资本主义发达国家除了一些必须集中的政治权力以外，资产阶级对社会、经济和文化生活的大量管理和控制，大多采取民间、中介和分散的形式。简言之，他们较多地是以资本和法制相结合的形式，以金钱或曰经济力量，去控制和管理社会生活。从内容上看，资产阶级民主在不触动统治阶级根本利益的前提下，能够逐步有所拓展。例如，在实行普选制、舆论监督和法制透明度，以及公民的政治参与和知情权等方面，都逐渐有所进步，但这类国家的主导性和实质性的统治权力，始终而牢固地被资产阶级所掌握。

在当代，同资产阶级的资本主义民主相并存的，还有无产阶级的社会主义民主。这是伴随着一些国家无产阶级革命的胜利、社会主义国家的建立而出现的一种崭新的民主类型。社会主义民主高于、优于资本主义民主。因为社会主义国家在社会性质上，作为共产主义社会第一阶段的开始，属于取代资本主义、高于资本主义和代表人类未来的社会形态。在这里，是工人阶级领导的、广大人民当家做主的国家；是由绝大多数人结成工农联盟，而对极少数的社会主义反对者和破坏者实行无产阶级专政的国家；是消灭了剥削制度，全体人民共同拥有生产资料，共同劳动，共享劳动成果，共创美好未来，并努力创造条件（包括在发展现代生产力的基础上完全消灭私有制、消灭阶级）最终将过渡到共产主义社会的国家，从而使国家的政治职能和专政职能逐步走向自行消亡的国家。这已经不是原来意义上的国家，而是以为人民服务为主要职能的国家，列宁称之为"半国家"①。

显然，作为这种国家形式、国家形态的社会主义民主，在实质上，是一种比资产阶级民主更高级、更广泛和更真实的民主。社会主义民主与资产阶级民主是具有阶级差别、本质差别和时代差别的两种不同类型的民主。所以，资产阶级多党制、议会制和三权分立的西方民主模式，根本不适用于社会主义，也根本不能照搬到中国。

再次，社会主义民主政治发展需要有一个不断创新的渐进过程，需要伴随着社会主义经济文化发展而不断发展完善，需要有制度化、法律化和规范化的保障。

---

① 《列宁选集》第 3 卷，人民出版社 1995 年版，第 124 页。

社会主义民主制还很年轻。如果从1566年尼德兰资产阶级革命、1640年英国资产阶级革命、1789年法国资产阶级大革命算起，资本主义民主制至今分别已经有438年、364年和215年的历史。而社会主义民主从俄国十月社会主义革命算起，也仅有87年的历史。而且，社会主义民主是高于资产阶级民主的新型的民主制，它需要全体公民具有更高的政治和文化素养，来行使这种民主权利。然而在当今世界，走在历史前列，带头实行社会主义制度的，却是中国等几个经济文化原本很落后的国家。因此，这就更需要学习、探索和积累社会主义民主法制建设的经验。社会主义民主政治的建立和完善，更需要有一个伴随着社会经济文化发展进步，而循序渐进发展的历史过程。

其一，坚持、加强和完善工人阶级政党对社会主义民主政治建设的领导，是发展社会主义政治文明的根本保证。

社会主义民主的主体，是工人阶级及其所领导的各个劳动阶级、阶层和全体劳动人民。这种民主制在对社会主义事业的极少数敌对者和破坏者实行专政和改造的同时，努力让广大人民群众享受到充分而真实的民主权利。这种政治民主的实质，是由人民当家做主，要符合人民的长远和根本利益，即团结和带领人民辛勤劳动，艰苦创业，逐步走向共同富裕，使人民群众不受压迫和剥削，并逐渐实现人的全面而自由发展的平等权利。而这种根本利益实现的社会历史条件和发展的正确方向，只有在社会主义制度下，由工人阶级及其政党发挥领导作用，才能得到坚持和实现。当然，工人阶级及其政党要提高领导水平和执政能力，建立一套健全的民主管理体制，也需要有一个学习、训练和积累政治经验的过程。工人阶级及其政党，既应继承和借鉴资产阶级民主的一切积极成果，更应总结自身执政的历史经验，认识并掌握自身执政的规律，加强政治文明建设，努力使社会主义民主尽快趋于成熟和完善，努力把"社会已经提升为无产阶级的原则的东西"，进而"提升为社会的原则"①。

其二，要逐步扩大和提升人民群众的政治参与，进一步落实人民群众当家做主的民主权利，实现共产党的领导、人民当家做主和依法治国的有

---

① 《马克思恩格斯选集》第1卷，人民出版社1995年版，第15页。

机统一。

　　社会主义是人民群众的事业。它由此开辟了人类自觉地自己创造自己历史的新时代。列宁在论及社会主义民主制作为代替资产阶级民主制的"新的民主制"时，指出："对我们来说，重要的就是普遍吸收所有劳动者来管理国家。这是一项艰巨的任务。"因为"社会主义不是少数人，不是一个党所能实施的。只有千百万人学会亲自做这件事的时候，他们才能实施社会主义"[①]。毛泽东也历来重视人民群众的政治参与。例如，早就为大家所熟知的毛泽东与黄炎培在延安"窑洞对"中，毛泽东说：中国共产党人找到了跳出历史兴亡"周期率"的新路，"这条新路，就是民主。只有让人民来监督政府，政府才不能松懈。只有人人起来负责，才不会人亡政息"[②]。显而易见，这种人民民主、社会主义民主的落脚点，被归结为人民群众的广泛的政治参与及其对政府的有效监督。对此，我们党的几代领导人都做过或正在做毕生的努力，并且不断有所进展。总结这方面的实践经验，应当处理好两方面的关系：一是党政关系，既要坚持和改进共产党对国家政权的政治领导，又不能以党代政，而要充分发挥立法、行政和司法系统的作用；二是党群、政群关系，既要坚持共产党始终发挥"三个代表"的作用，充分发挥人民代表大会、人民政府作为代议制立法机构和行政机构的作用，更要不断扩大、提升人民群众的政治参与。要逐步创造条件，让人民群众越来越广泛、深入地直接参与国家的政治生活，参与国家政治、经济、文化和社会事务的民主管理。应当有领导、分步骤地推进政治体制改革，发展和健全中国特色社会主义民主与法制，使人民当家做主的民主权利，不断地予以落实和实现。

　　其三，社会主义民主政治建设，也就是社会主义政治文明的发展，要进一步制度化、法制化和规范化。

　　社会主义事业的巩固和发展，当然要依赖工人阶级和共产党人以及全体人民素质的不断提高和完善。并且，还应该在这个基础上，形成和选拔

---

① 《列宁全集》第34卷，人民出版社1985年版，第47、49页。
② 黄炎培：《延安归来》，转引自薄一波《若干重大决策与实践的回顾》（上卷），中共中央党校出版社1991年版，第156—157页。

出自己的一代代的优秀、杰出的领袖人物，来引领社会主义事业及其民主政治建设不断沿着正确的方向前进。

在这个过程中，应尽量扬弃人治，发展法治。也就是，要尽量把社会主义事业的成果、民主政治建设即政治文明的成果，形成比较稳定的制度和体制，并用法律的形式，将其中成熟和稳定的东西肯定和固定下来，作为工人阶级和广大人民的根本利益、集体意志的体现，予以维护、保障和实现。任何领导干部，即使是优秀和杰出的人物，都难免有其局限性。所以邓小平在指导我国政治体制改革，指导党和国家领导制度、组织制度改革时，特别强调制度建设和法制建设。他认为，与领导人的思想作风相比，党和国家的"领导制度、组织制度问题更带有根本性、全局性、稳定性和长期性"[①]。只有依靠完善的制度和法制，才能有效地防止"人治"的个人专断，才能推进社会主义民主政治即政治文明的建设，而使社会和国家长治久安，并沿着正确的方向走向繁荣和兴旺。

相反地，如果我们把社会主义事业、把社会主义法制和社会主义民主政治发展的希望，仅仅寄托在少数人身上，依赖人治来实现，那是很不牢靠的，有时甚至是很危险的。因为人是受其思想支配的，而思想是可变的。在当今错综复杂的国际国内形势下，特别是社会主义各国处于国际资本主义世界的围堵、渗透和诱压的情况下，个人的思想变化更具有不确定性。如果主要靠被选拔的接班人的个人品质，并通过少数人的权力集中，来作为社会主义事业的保障，那是很危险的。当年，戈尔巴乔夫不是曾被看作"政治明星"式的"优秀领导人"吗？然而，正是这个戈尔巴乔夫，把苏联这个泱泱大国和苏共这个大党引向了败亡之路。这是何等深刻而惨痛的教训啊！在这里，如果苏联共产党有起码的民主精神和法律制度的自我保护功能，而不是由领导人个人说了算，又何至于走向败亡。所以，工人阶级政党和社会主义国家的领导制度、组织制度的建设和完善，社会主义民主法制的建设和完善，既是当前我国政治体制改革中应当刻不容缓地探索和解决的重大任务，也是需要付出长期的和持久不懈的努力，才能臻于实现的历史性课题。

[①] 《邓小平文选》第2卷，人民出版社1994年版，第333页。

正因为社会主义是人民群众的事业，所以才需要广大人民群众的民主参与，才能开创、巩固、维护和发展社会主义事业。全世界人民觉醒之日，就是世界社会主义胜利之时。

世界社会主义运动和事业，是人类历史上空前伟大、艰难和深刻的社会变革。所以，它必然要经历一个长期、曲折和波浪式前进的历史过程。1871年巴黎公社失败后，至1905年俄国革命高潮来临，历经34年的革命低潮。世界社会主义运动走出这次低潮的客观条件，是资本主义生产方式所固有的矛盾激化和由此引起的社会动荡，而其主体条件则是各国工人阶级的觉醒，以及马克思、恩格斯和其后继者列宁对于革命低潮时期社会主义运动经验的科学总结，包括对这期间流行的错误思潮的批评和纠正，从而成为对工人阶级觉醒的理性呼唤。从那时以来近百年的历史演进，似乎呈现一个"圆圈"——世界社会主义运动在经历俄国十月革命胜利、中国等一批国家的革命胜利、苏联及其"社会主义大家庭"的一阵兴旺之后，又步入了低潮。但这次新的低潮不同于前次低潮的一大特点，是中国、越南等一小批社会主义国家保存下来了，而且在改革（革新）和建设中正发展着社会主义的已有成果，正在探索建设有本国特色和特点的社会主义。世界各国有一批共产党经过对其实践、失误和教训的反思，不仅坚持下来了，而且还开始得到发展。因此，我们今日更有条件以列宁等人为榜样，即把世界社会主义运动的低潮，变为总结近百年来世界社会主义运动之正反两方面的历史经验、回答当今的历史性课题、进行马克思主义理论创新的高潮。理论上的探索与创新，必将迎来世界社会主义运动的复兴。

（原载《当代资本主义与世界社会主义》下卷《世界社会主义的历史命运及发展前景》，海南出版社2004年版）

论科学发展观的哲学基础

坚持以人为本，树立全面、协调、可持续的发展观，是以胡锦涛同志为总书记的新一届党中央以邓小平理论和"三个代表"重要思想为指导，从新世纪新阶段党和国家事业发展全局出发，在十六届三中全会上提出的重大战略思想，对我国全面建设小康社会、加快推进社会主义现代化，具有极为重要的指导意义。这一科学的发展观作为马克思主义中国化的最新理论成果，既具有丰厚的实践基础和现实根据，是党中央对多年实践经验的科学总结和概括，又具有坚实的哲学基础和理论前提，是对马克思主义世界观和方法论的创造性运用和发展，是指导我国发展的科学世界观和方法论的集中体现。为了有助于自觉地理解、树立和落实科学发展观，本文试图对它所立足和蕴含的哲学基础，作出初步的揭示和阐明。

一 唯物史观是"科学发展观"最切近的哲学基础

坚持以人为本，树立全面、协调、可持续的发展观，之所以称为"科学发展观"，就在于它必须坚持一切从实际出发，力求尊重、认识和运用客观规律，来谋求我国经济社会快速、健康和持续的发展，以造福全体人民。如果撇开实证科学和工艺技术层面的客观规律不谈，那么，用以指导我国改革、建设和发展的客观规律体系，就至少包括关于世界发展的普遍规律、关于人类社会发展的一般规律和关于我国社会主义事业发展的特殊规律，并且被包含在马克思主义的三个层次的发展观之中。

（一）马克思主义世界观是关于整个世界的既唯物、又辩证的科学发展观

这正如列宁所说，在各种世界观中，"有两种基本的（或两种可能的？

或两种在历史上常见的?）发展（进化）观点：认为发展是减少和增加，是重复；以及认为发展是对立面的统一（统一物之分为两个互相排斥的对立面以及它们之间的相互关系）。"第一种观点，把事物"自己运动、它的动力、它的泉源、它的动因被忽视了（或者这个泉源被移到外部——移到上帝、主体等等那里去了）"，是一种"僵死的、平庸的、枯燥的"唯心论和形而上学的发展观。第二种观点把"主要的注意力正是放在认识'自己'运动的泉源上"，认为发展既是"对立面的斗争"、又是"对立面的统一"，是唯物辩证法的发展观。很显然，只有唯物辩证法的发展观，"才提供理解一切现存事物'自己运动'的钥匙，才提供理解'飞跃'、'渐进过程的中断'、'向对立面转化'、旧东西的消灭和新东西的产生的钥匙"①。因为，唯物辩证法所揭示的，是"关于自然、人类社会和思维的运动和发展的普遍规律的科学"②。

（二）马克思主义唯物史观是关于整个人类社会的科学发展观

人类社会"历史的发展像自然的发展一样，有它自己的内在规律"③。"正像达尔文发现有机界的发展规律一样，马克思发现了人类历史的发展规律"④，形成了以社会生产力的发展作为根本基础、以社会基本矛盾运动作为根本动力、以社会形态的发展和更替作为历史演进过程的社会发展观。马克思由于把现代唯物主义贯彻到底，即把它对自然界的认识，推广到对人类社会的认识而创立的历史唯物主义，是"科学思想中的最大成果"⑤，是揭示人类社会发展的一般规律和历史总趋势的科学发展观。这种科学发展观中所内蕴和要求的历史唯物论与历史辩证法的统一、历史决定论与历史选择论的统一、社会认识论与社会价值论的统一，对于我们观察、认识、解释和解决各种社会问题，具有广泛的哲学方法论的功能和指导意义。

---

① 《列宁选集》第 2 卷，人民出版社 1995 年版，第 557 页。
② 《马克思恩格斯全集》第 20 卷，人民出版社 1971 年版，第 154 页。
③ 《马克思恩格斯全集》第 21 卷，人民出版社 1965 年版，第 389 页。
④ 《马克思恩格斯选集》第 3 卷，人民出版社 1995 年版，第 776 页。
⑤ 《列宁选集》第 2 卷，人民出版社 1995 年版，第 311 页。

（三）马克思主义及其科学社会主义的中国化，即中国特色社会主义，是关于中国社会主义（作为一个特殊的社会形态）的科学发展观

在马克思主义经典理论体系中，以其辩证唯物主义、历史唯物主义作为哲学基础而创立的政治经济学，所揭示的是"现代资本主义生产方式和它所产生的资产阶级社会的特殊的运动规律"，即主要是对资本运动规律的阐明和"剩余价值的发现"[①]，从而指明了资本主义社会必然灭亡、社会主义社会必然胜利的历史命运。而其科学社会主义关于代替资本主义社会的未来新社会的科学预见，由于当时还没有这种实践，因而只是一些原则性和方向性的论断（如运用革命手段夺取政权、实行生产资料公有制、按劳分配和消灭阶级等）。这样，就为其后社会主义实践者、建设者留下了实践探索和理论创新的广阔空间。中国共产党人和中国人民在这种探索、创新中所形成的中国特色社会主义理论，就是力求认识和运用中国社会主义建设的特殊规律的科学发展观。而党的十六届三中全会提出的坚持以人为本，树立全面、协调、可持续的发展观，也就是中国特色社会主义的科学发展观，在新世纪新阶段全面建设小康社会中的展开、丰富和具体化，是对我国多年实践经验和社会发展要求的一种新的概括和总结。

由此看来，马克思主义世界观、历史观和社会形态（这里指的是中国社会主义）观所揭示的，分别是世界发展的普遍规律、人类社会发展的一般规律和特定社会发展的特殊规律，因而由此构成了三个层次的发展观。在这里，从普遍规律、一般规律和特殊规律存在关系看：是普遍必须依存和寓于一般，一般必须依存和寓于特殊；而从其发挥作用的关系看，则是普遍可能支配和指导一般，普遍和一般能够支配并指导特殊。其中，唯物史观所揭示人类社会发展的一般规律，是中介环节，是特定社会的、包括中国特色社会主义发展观的最切近的哲学基础。在当年，马克思正是因为有了唯物史观和剩余价值规律这"两大发现"的结合，才使社会主义由空想发展到科学。在当代中国，我们党也只有坚持运用唯物史观，来指导科学社会主义在中国转化为国家建设和社会发展的实践，才能真正树立和落

[①] 《马克思恩格斯选集》第3卷，人民出版社1995年版，第776页。

实中国特色社会主义的科学发展观。因此,唯物史观依然是我们党提出并实践"科学发展观"的最切近的哲学基础。在这里,科学发展观所直接依据的哲理和规律,同整个中国特色社会主义理论是一样的,都是要尊重和遵循共产党执政规律、社会主义建设规律和人类社会发展规律。故而,以胡锦涛同志为总书记的新一届党中央提出要树立和落实的科学发展观,是对马克思列宁主义、毛泽东思想、邓小平理论、"三个代表"重要思想一脉相承的发展和创新。

二 站在历史唯物主义的哲学高度理解和坚持"以人为本"

坚持以人为本,是科学发展观的本质和核心。"以人为本"在科学发展观中的这种重要地位,就客观地要求我们,必须科学、准确地理解"以人为本"。但是,"以人为本"在中外思想史上的多义性和不确定性,为我们正确地理解它增添了理论困难,也留下了学术探索和争鸣的思维空间。

我国古代,就有学者提出了"以人为本"的命题。《管子·霸言》中有言:"夫霸王之所始也,以人为本。本理则国固,本乱则国危。"显然,这同《书经·五子之歌》上讲的"民为邦本,本固邦宁",在意义上是相近的。因为,这里讲的"以人为本",不是关于人的一种目的性、价值性的命题,而是一种工具性、手段性的命题,是为君王谋求"霸"业服务的,具有"民本"("人本")其表,"君本"其里的含义。正因为这样,在我国思想史上时断时续出现的"人为本"、"人为贵"(《孝经·圣治》)和人为域中"四大"(道大、天大、地大、人亦大)之一(《老子·二十五章》)等人的价值论的思想闪光,影响并不大,未能形成人本主义的系统思想;而影响比较大的,则是儒家人文伦理学说中的等级制思想。当然,也有以"民为邦本"和"民贵君轻"为代表的民本思想或民本主义。不过,它依然摆脱不了"民本"其表、"君本"其里的窠臼。当然,在当时君主专制时代,能够公开提出和主张"人本"或"民本"的思想观点,就很了不起,有历史进步性,是值得珍视和借鉴吸收的思想遗产。

在西方思想史上,以古希腊普罗塔戈拉的"人是万物的尺度"命题为代表的人本主义、人道主义传统，在近代西欧文艺复兴运动中，得到了发扬光大，发挥过反对封建和思想解放的历史作用，并成为西方资本主义社会中几百年来一直存在并发展着的一种主流意识形态。但其中良莠并存，需要具体分析。例如，费尔巴哈的"人本主义"哲学，作为德国古典哲学的一座思想高峰，批判了神学唯心主义，复兴了唯物主义，但有其直观性和不彻底性。他的"人本主义原则……只是关于唯物主义的不确切的、肤浅的表述"[1]。其后，德国哲学家谢勒和克拉格斯所讲、所发挥的"哲学人本主义"，则完全抛弃了唯物主义，转而宣传非理性的唯心主义哲学。尽管如此，马克思主义在其创立和其后150多年的实践和发展中，已经并将继续从资产阶级人道主义和人本主义学说中，有分析地借鉴和吸收其中的合理因素，来充实和发展自己。这是毫无疑义的。

改革开放之初，我国理论界就已经开始从理论和实践的结合上，从对西方人道主义和人权思想的积极因素的借鉴、吸收中，坚持和发展着自己的社会主义人道主义和人权理论。现在，当我们在深入研究和阐发"以人为本"的观点和原则时，有不少学者从与"神本"、"物本"和"官本"相对立的意义上，多方对之作出种种阐释和发挥，有些人直至把马克思主义归结为一种"科学的人本主义"和"科学的唯人主义"，把中国特色社会主义归结为"以人为本的社会主义"。我认为，对此需要作深入的研究、辨析和正确的回答。

我以为，应当站在思想继承和理论创新相结合的原则高度，从"以人为本"的多义性、不确定性中，找到一义的、确定的和正确的理解与把握。从字面上看，"以人为本"并没有时空和历史条件上的限定，只是对全人类和每个个体作出了最高、无差别的地位和价值肯定。因此，它的确定性的含义，只能根据它所在的理论逻辑和概念体系的哲学基础来给出规定，并获得相应的内涵。如果把它纳入马克思主义的话语体系，就必须把它置于历史唯物主义的基础上，并使之获得应有的科学内涵。相反地，如果把"以人为本"视为比历史唯物主义还要根本的东西，说它是"历史唯物主义的本质"，那就会使历史唯物主义变为一种不确定的"主义"

---

[1] 《列宁全集》第55卷，人民出版社1990年版，第58页。

了。所以，只能从历史唯物主义的哲学高度，来理解和坚持"以人为本"，而不能本末倒置。

在历史唯物主义看来，"以人为本"中的"人"，应是具体的人、历史的人和社会的人。所谓"具体的人"，其义有三：一是"有生命的个人"、"这些个人的肉体组织"对"其他自然的关系"，并"生产着自己的物质生活本身"的人，这是"全部人类历史的第一个前提"[①]。二是作为"社会存在的人"，是处在一定的社会关系，特别是一定的经济关系中的人，"人的本质是人的真正的社会联系"、"社会本质"[②]。三是在阶级社会中，人是作为一定阶级和阶层的成员而存在、而活动的。我认为，作为科学发展观之本质和核心的"以人为本"中的"人"，完全符合历史唯物主义对人的这种规定和理解。

因为，"坚持以人为本，树立全面、协调、可持续的发展观"，是一个有机的整体，不能把"以人为本"从中割裂、抽取出来，加以任意的发挥和泛化。否则，就离开了"科学发展观"的原意。既然这个"科学发展观"不是世界观和历史观意义上的发展观，而是中国特色社会主义的发展观，那么这里"以人为本"中的"人"，只能是当今社会主义制度下的中国人，而不是指一般的人，不是指其他时代、其他国家、其他社会制度下的人。因此，坚持以人为本的含义，与江泽民同志在"三个代表"中所讲的党要始终"代表中国最广大人民的根本利益"中的"人民"，以及与"立党为公、执政为民"中的"民"，并没有本质上的不同。因此，"以人为本"实质上就是以人民为本。

对此，胡锦涛同志明确指出："坚持以人为本，就是要以实现人的全面发展为目标，从人民的根本利益出发谋发展、促发展，不断满足人民群众日益增长的物质文化需要，切实保障人民群众的经济、政治、文化权益，让发展的成果惠及全体人民。"[③] 显而易见，这段重要论述可以简要地归结为，坚持"以人为本"在实质上就是"以人民为本"，或者说，就是

[①]《马克思恩格斯选集》第1卷，人民出版社1995年版，第67页。
[②]《马克思恩格斯全集》第42卷，人民出版社1979年版，第24页。
[③] 胡锦涛同志在中央人口资源环境工作座谈会上的讲话（2004年3月10日），《人民日报》2004年3月11日。

以广大人民的根本利益作为根本的出发点、落脚点。

当然，说它"实质上"如此，并不意味着"人"等同于"人民"、"以人为本"等同于"以人民为本"。"以人为本"在某种特定的意义上，可以指"一切人"。例如，当我们讲"以人为本，安全第一"和"以人为本，救死扶伤"之类情况时，可以指"一切人"。而且从长远看，随着我国社会主义和共产主义事业的不断发展前进，在社会成员中至今尚存的阶级阶层和经济社会地位上的差别，将逐渐趋于消失和一致。这样，"人民"最终将会包括和涵盖一切社会成员。不过，在当前和今后一段时期，我们坚持以人为本，在实质上，只能坚持以人民为本。这是历史唯物主义的人本观。

三 关于"以人为本"科学内涵的历史唯物主义解读

既然我们坚持以人为本，在实质上，就是坚持以人民为本，那么，它的科学内涵究竟是什么呢？

我以为，按照历史唯物主义的应有之义，我们在树立和落实科学发展观时所坚持的以人为"本"，在实质上，即以人民为"本"，就是在我国经济社会发展中，必须坚持以人民为主体、以人民为动力和以人民为目的。

1. 坚持以人为本，最根本的是要坚持人民群众在社会主义事业中的主体地位

社会主义本来就是人民群众的事业。人民群众是社会的主体，是新中国的主人。历史唯物主义认为，社会发展的历史首先是社会生产发展的历史，是作为社会生产的主体力量即广大劳动人民的历史。在过去剥削制度下，劳动人民被迫地为他人劳动，处于受剥削受奴役的地位，不能掌握自己的命运，不能支配自己的劳动成果，不能获得做人的权利和尊严，是被迫地、被动地参与历史活动。在新中国社会主义制度下，劳动人民得到翻身解放，由旧制度的奴隶，变为新社会的主人。在共产党领导下，中国人民当家做主，用自己的辛勤劳动和聪明才智，创造自己的幸福生活。坚持和保障人民群众的这种主体地位，是历史唯物主义的根本要求，是社会主

义制度的本质体现。

　　社会主义制度和共产党的领导，是坚持人民群众主体地位的根本保证。新时期，党主动发起和领导的、作为我国社会主义制度自我完善和发展的体制改革，使社会的利益结构及其阶级阶层关系，已经并将继续作出适应现阶段生产力发展要求的一些必要的调整和变化。在社会主义初级阶段，在坚持公有制为主体、多种所有制经济共同发展的基本经济制度中，仍然有大量劳动者在私有制企业中就业，尚不能成为自己所在企业的主人。毫无疑问，我国现阶段发展非公经济，是为了将来完全消灭私有制和阶级差别，而创造条件。这有利于社会主义事业的长远发展，从根本上看，也有利于人民群众主体地位的坚持和发展。随着我国改革开放和社会主义现代化的不断向前推进，会逐步强化和发展人民群众的主体地位。正因为如此，我们党在进入新世纪前后，相继地把"人的全面发展"和"构建社会主义和谐社会"作为全面建设小康社会的重要任务和条件，这是从主体人自身和人际关系两方面，进一步充实和优化主体素质的重大决策和举措，也是长期坚持、继续巩固和逐步发展人民群众主体地位的必要前提。只有这样，党团结和带领下的广大人民群众，才能更好地承担起中国特色社会主义事业主体的历史使命和责任。

　　2. 坚持以人为本，最关键的是要重视人民群众的伟大力量，坚持以人民群众作为推进中国特色社会主义事业发展的根本动力

　　在历史唯物主义看来："人民，只有人民，才是创造世界历史的动力。"[①] 在革命战争年代，兵民是胜利之本。在和平建设和改革开放时期，人民群众是改革和建设事业之本、社会进步的动力之源。人民群众，既是物质生产的主体，也是精神生产的主体，还是推进社会主义改革开放的主体。在人民群众中，蕴藏着极大的社会主义积极性、无穷无尽的创造力。无论是物质生产中的技术创新，精神生产中的理论创新，还是社会变革中的制度创新和体制创新，其原动力都是来自人民群众及其实践活动。新时期，我国社会主义改革开放和现代化建设事业所取得的巨大成就，都是由于党的正确路线和方针政策，受到了广大人民群众的拥护，调动了广大人

---

① 《毛泽东选集》第 3 卷，人民出版社 1991 年版，第 1031 页。

民群众的积极性、主动性和创造性的结果。我国的物质生产、精神生产和体制改革中的许多发明、发现和创新,都是全党和全国人民的实践经验和聪明才智的结晶。人民群众的首创精神和伟大实践,是推进社会主义事业前进的生动体现。我们说,改革开放是中国特色社会主义发展的强大动力,正是因为我们党指导改革开放的理论、路线和方针政策,既代表了中国社会生产力的发展要求,又代表了人民群众的根本利益和根本要求,因而转化为广大人民群众坚持中国特色社会主义的自觉实践。一切依靠人民群众,一切为了人民群众,是党领导中国革命、建设和改革不断取得新胜利的力量源泉。只要我们党一如既往,始终坚持一个根本宗旨(全心全意为人民服务)、两个"务必"和"三个代表",中国特色社会主义事业就具有永不枯竭的动力,任何敌对势力都无法改变和阻挡它向前发展的历史进程。

3. 坚持以人为本,最要紧的,就是要把人民群众的根本利益作为中国特色社会主义发展的根本出发点,做到以实现人民群众的根本利益作为经济社会发展的目的

我们党把发展视为"硬道理"、作为执政兴国的第一要务,目的在于"立党为公、执政为民"。根据这样的原则高度提出的、把坚持以人为本作为科学发展观的本质和核心,就是要在解决好因何发展、靠谁发展、如何发展的问题之同时,解决好为谁发展的问题,使发展的成果惠及全体人民。从社会主义的本质和"三个代表"的根本要求看,我国坚持以经济建设为中心,搞社会主义现代化建设的目的,是清楚和明确的。就是以实现人的全面发展为目标,从人民群众的根本利益出发谋发展、促发展,不断满足人民群众日益增长的物质和文化需要,让人民群众分享发展成果和提高生活水平。应该说,我们党和政府在这方面做得比较好,是很有成效的。但是,在少数单位和少数干部那里,也存在种种需要提高的认识和需要改进的做法。例如,有少数干部脱离实际,热衷于搞"形象工程"和"政绩工程";仅仅注重经济增长指标,忽视社会发展指标,甚至有的还存在某种程度的"GDP崇拜";还有,一些单位和企业为了"赚大钱"、牟"暴利",热衷于对极少数人讲"豪华"排场、"超级"享受和"天价"消费的行为,大力炒作,推波助澜;而对广大人民群众日常的、平凡的和基

本的生活需求的满足，则缺乏热情，关注不够，行动不力。所以，科学发展观中提出"坚持以人为本"，就是要进一步明确和突出发展的目的意识和正确的价值取向。我们不是为发展而发展，为生产而生产，为现代化而现代化，而是为了国家富强和人民幸福，为了人民群众生活水平不断提高，为了最终实现全体社会成员的共同富裕和全面发展。

四 坚持运用唯物辩证的科学方法论领会和树立科学发展观

坚持以人为本，树立全面、协调、可持续的发展观，是关于"科学发展观"的完整表述。其中，"坚持以人为本"，在实质上讲，就是"坚持以人民为本"，其主要含义是表明因何发展、靠谁发展和为谁发展的问题。而讲"全面、协调、可持续的发展"的主要含义，则是指应当"如何发展"，即是发展自身的本质特点和指导发展的方法论要求问题。因此，我认为，只有坚持运用马克思主义哲学的既唯物、又辩证的科学方法论的原则，才能有助于我们正确领会和自觉树立科学发展观，并更好地用以指导我国经济社会发展和全面进步，推进中国特色社会主义事业。

（1）全面发展的哲学思考。提"全面发展"是针对、防止和克服"片面发展"而言的。所谓"全面发展，就是要以经济建设为中心，全面推进经济、政治、文化建设，实现经济发展和社会全面进步。"[①] 实现这种发展要求，需要多方面的综合条件。但仅就其方法论而言，我认为最为关键的，是要在指导建设中坚持历史唯物论和历史辩证法的统一。在社会主义社会，也同其他任何社会一样，社会生产力的发展、社会经济的发展，是整个社会发展进步的根本条件和根本动力，是"整个社会生活以及整个现实历史的基础"[②]。而社会的政治、思想、文化和道德，只能在这个基础上发展和繁荣起来。这是历史唯物主义的基本原理，是马克思主义的基本

---

① 胡锦涛同志在中央人口资源环境工作座谈会上的讲话（2004年3月10日），《人民日报》2004年3月11日。

② 马克思：《资本论》第1卷，人民出版社1975年版，第204页。

观点。然而，我国在改革开放之前有段时间，曾试图用"以阶级斗争为纲"、"突出政治"、大搞"政治运动"、施放"精神原子弹"之类的做法，来"促生产、促工作"，来捍卫和发展社会主义"红色江山"。从哲学方法论看，很显然，这是过分地看重和突出了上层建筑、特别是其中政治因素和精神因素的"反作用"，偏重和扭曲了历史辩证法，轻视和违背了历史唯物论。因而，这势必会影响社会主义事业发展。党的十一届三中全会在党的指导路线上实行拨乱反正，首先就是在哲学方法论上回归辩证唯物主义和历史唯物主义，回归"实事求是"的思想路线。

在现阶段，党的"一个中心、两个基本点"的基本路线，是完全正确的。坚持以经济建设为中心，依然是科学发展观的必然要求，是社会全面发展的客观基础和经济前提。对此，决不能动摇。但是，我们决不能走向另一个极端，即在注重经济发展、重视历史唯物论时，忘记了历史辩证法，轻视社会政治、思想、文化和道德因素的能动作用。这方面的苗头和偏差还是大量存在的。在一些地方和单位，有些干部对抓生产、抓经济工作比较认真尽力，这是必要和正确的；但对抓思想政治工作、抓社会发展却不得力、不到位。这不利于社会全面发展和进步。就经济抓经济，单打一地抓经济，是方法论上的简单化和片面性。社会经济发展，需要很多社会条件相配合，以过于单一和过于机械的思路抓经济，是抓不好的，即使一时抓上去了，终究还得掉下来。要提高这方面的认识，坚持经济社会全面发展的要求，就需要有哲学头脑和哲学智慧，就必须在工作中体现历史唯物论与历史辩证法的统一。

（2）协调发展的方法论要求。提"协调发展"，是针对、防止和克服地区和行业间的单边独进、反差较大的"畸形发展"而言的。所谓"协调发展，就是要统筹城乡发展、统筹区域发展、统筹经济社会发展、统筹人与自然和谐发展、统筹国内发展和对外开放，推进生产力和生产关系、经济基础和上层建筑相协调，推进经济、政治、文化建设的各个环节、各个方面相协调"①。由此看来，"协调发展"是指在坚持"五个统筹"的基

---

① 胡锦涛同志在中央人口资源环境工作座谈会上的讲话（2004年3月10日），《人民日报》2004年3月11日。

础上，协调好整个社会主义现代化建设全局中各个方面和层次的关系。我认为，要统筹好我国发展的战略全局，要把握住社会中复杂多变的关系结构，就客观地需要借助唯物辩证法这门"普遍联系的科学"，需要哲学思维，需要坚持发展的重点论与发展的均衡论的统一。从哲理和我国现实的结合上看，我们应争取做到：

第一，要把握好并不断推进我国经济社会发展的战略全局，首先必须抓重点，抓主要矛盾、抓关键环节。在当前和今后一个长时期，我国必须重点抓经济、抓工业化和信息化、抓东部和沿海地区的发展，以带动社会其他方面、其他行业和其他地区的发展。企求全国各地、各方面、各行业同步发展、齐步发展是不可能的。因此，发展应坚持重点论，以重点带动非重点，以促进全局。

第二，现在党中央提出要坚持"协调发展"和"五个统筹"，就是既要坚持发展的重点论，又要坚持发展的均衡论。因为，抓重点还必须兼顾非重点，带动非重点。发展要考虑到方方面面，要考虑到我国发展的战略全局是一个多因素、多变量的大系统。这就要求辩证思维、系统思维。用毛泽东的生动语言来讲，就是要"学会'弹钢琴'"，"弹钢琴要十个指头都动作"，"十个指头的动作要有节奏，要互相配合"①。把握和指导我国经济社会协调发展，也就是一种"弹钢琴"的协调艺术。

第三，我国经济社会发展是一个过程，因而它的协调发展，发展的重点论与均衡论的统一，也是一个动态的、具体的、历史的过程。这是因为，在社会大系统中，一切基本的构成要素及其关系结构，都处在发展和变动之中，因而经济社会发展中的"重点"或"关键"的环节，也是动态的、可变的和可转化的。例如，改革开放20多年来，我国东部和沿海地区，以及人口和工商业比较集中的大城市，大都有了较快的发展。这就使得中西部地区的发展和"三农"问题变得突出起来。正因为如此，党中央适时地提出"西部大开发战略"和重点解决"三农"问题等一系列政策。这就反映了"五个统筹"的客观要求，是促进全国经济社会协调发展的重大决策。

---

① 《毛泽东选集》第4卷，人民出版社1991年版，第1442页。

（3）可持续发展的哲学意蕴。提出"可持续发展"，是针对、防止和克服无视自然条件和生态环境的制约，搞只顾眼前的竭泽而渔、激化人与自然关系的那种难以为继的"跨越式发展"。所谓"可持续发展，就是要促进人与自然的和谐，实现经济发展和人口、资源、环境相协调，坚持走生产发展、生活富裕、生态良好的文明发展道路，保证一代接一代地永续发展"[①]。可见，可持续发展需要调节的，是一种人与自然、现实与未来的协调发展。它要求我们坚持遵循社会发展规律与自然发展规律、社会辩证法与自然辩证法的统一。

人与自然的关系，是人类社会的一种永恒的哲学课题。在中国传统哲学中，这叫"天人关系"，有的主张"天人合一"。在马克思主义哲学中，这叫坚持唯物辩证的自然观。它认为，人来自于自然，又依存和反作用于自然。人可以改造和利用自然，以便为人类造福。但有一个哲学前提，就是人们必须遵循和利用自然规律。如果违背自然规律，为所欲为，那会使自然界"对我们进行报复"[②]和惩罚。自工业革命以来，人类在"征服"自然方面，已经取得了重大进展，也激化了人与自然的矛盾，并形成一种错觉，似乎自然资源是无限的，人征服自然的能力也是无限的，以为人是宇宙的"中心"和"上帝"。但生态失衡、环境污染、多种自然资源趋于枯竭等事实表明，人类在自然界面前，并不能为所欲为，更不能搞生态透支，吃子孙饭，自毁地球家园。人类必须不断地认识、遵循和利用自然规律，既让自然界为经济社会发展服务，又同自然界和谐相处，为子孙后代着想，走可持续发展、一代又一代人永续发展的道路。可持续发展的哲学意蕴，就是人在自然界面前，是社会存在与自然存在的统一、能动性与受动性的统一，应当理性地做到知己知彼，有自知之明。

（原载《马克思主义研究》2006年第1期等报刊，后全文收入《中国社会科学院·马克思主义研究论丛》，社会科学文献出版社2007年版）

---

① 胡锦涛同志在中央人口资源环境工作座谈会上的讲话（2004年3月10日），《人民日报》2004年3月11日。

② 《马克思恩格斯选集》第4卷，人民出版社1995年版，第383页。

建设社会主义核心价值体系的哲学思考

党的十六届六中全会通过的《中共中央关于构建社会主义和谐社会若干重大问题的决定》（以下简称《决定》），在论述"建设和谐文化，巩固社会和谐的思想道德基础"的时候，在科学社会主义发展史上第一次提出了"社会主义核心价值体系"的科学概念，并且指明了这个核心价值体系的基本内容和建设方向。这同我们党提出的构建社会主义和谐社会的理论和任务一样，都是对科学社会主义的继承、运用、发展和创新，也是对中国特色社会主义理论和实践的丰富发展。

对社会主义核心价值体系的界定

十六届六中全会《决定》中提出的"社会主义核心价值体系"，是指主体观念的层面，即社会主义的核心价值观（体系）。其一，《决定》中论述这个问题的小题目是"建设社会主义核心价值体系，形成全民族奋发向上的精神力量和团结和睦的精神纽带"。很显然，能够焕发出这种"精神力量"和发挥这种"精神纽带"作用的，只能是社会主义的核心价值观念。其二，《决定》中指出的"社会主义核心价值体系"的"基本内容"是由"马克思主义指导思想、中国特色社会主义共同理想、以爱国主义为核心的民族精神和以改革创新为核心的时代精神以及社会主义荣辱观"构成的。显然，所有这些"基本内容"都是精神形态和观念形态的东西。其三，《决定》中论述到"社会主义核心价值体系"的贯彻问题时，提出要使之"融入到国民教育和精神文明建设的全过程、贯穿到现代化建设各方面"。显然，"建设社会主义核心价值体系"与"建设社会主义精神文明"是有包容关系的，即前者包容在后者之内。换言之，这种核心价值体系作为社会主义的核心价值观，应当是社会主义精神文明建设的核心内容。所以，《决定》提出"建设社会主义核心价值体系"的任务，也就是要在全社会普遍地建构、培育具有中国特色的社会主义核心价值观（体系）。

既然我们所要建设的"社会主义核心价值体系"是一种社会主义的观念体系，那么这种价值观念的体系就只能是客观的价值关系或价值事实在人们主体观念中的反映。因此，我们进行这种价值观念建构和培育的基础，就不在其观念本身，而在于客观的价值关系或价值事实。因为客观事实是第一性的，观念形态的东西是第二性的，一切价值观念都是对其客观的价值关系或价值事实的能动反映。从根本上说，社会主义核心价值体系是根源于和服务于社会主义建设实践的。当然，社会主义价值观念的产生也有其特殊性。众所周知，马克思、恩格斯创立的科学社会主义理论，是作为资本主义的对立物而出现的，因而在当时并没有直接和同质的现实基础。马克思和恩格斯只是"在批判旧世界中发现新世界"[1]。这种社会主义新世界、新社会，还只是一种科学预见，而不是现实。也就是说，当时工人阶级拥护社会主义、共产主义是由于迫切地希望摆脱资本主义剥削和压迫，而不是由于直接生活在并受惠于社会主义社会。在革命战争年代，这种尚处于萌生中的社会主义价值观念，连同整个科学社会主义理论一起，曾经发生过巨大的动员和激励作用。但是，在社会主义制度下建构和培育社会主义核心价值观体系，不能仅仅依靠对未来社会的预见、希望和理想的支撑，更主要的是要依靠社会主义的直接实践和社会现实。人民群众只有直接和真正地从社会主义制度中获得了实实在在的实惠、利益和幸福，才有助于他们真实地拥护社会主义制度，认同社会主义核心价值观念。列宁在十月革命胜利后说过："对俄国来说，根据书本争论社会主义纲领的时代已经过去了，我深信已经一去不复返了。今天只能根据经验来谈论社会主义。"[2] 这里所说的"根据经验来谈论社会主义"，当然也包括"根据经验来确信社会主义"。所以，我们在构建社会主义和谐社会中加强

---

[1] 《马克思恩格斯全集》第1卷，人民出版社1956年版，第416页。
[2] 《列宁全集》第34卷，人民出版社1985年版，第466页。

"社会主义核心价值体系"建设,固然迫切需要进一步加强社会主义核心价值观念的学习、研究、宣传和教育。但更为根本、更为基础的前提,则是要在大力发展社会生产力、坚持社会主义基本经济制度的基础上,不断推进经济建设、政治建设、文化建设和社会建设的协调发展和全面进步,更加注重社会公正和社会公平,让广大人民群众平等地分享社会主义改革和建设的成果。只有当社会主义的价值关系进一步理顺了、社会主义的价值事实进一步丰厚了,社会主义核心价值体系才能真正得到普遍确立、巩固和提升。

社会主义核心价值体系的逻辑基础

马克思主义价值哲学告诉我们,人们作为认识主体从周围相关事物所获得的价值意识,是他们改造和利用这些事物的直接动机和精神动因,因此,要以关于该事物的本质即发展规律的认识作为基础。我们在一切主体和客体的关系中,只有知己知彼,才能形成比较客观和比较正确的功利性、评价性的认识。价值意识,包含在"实践观念"之中,是相关理论与其实践的中介环节。所以,一般说来,主体人的任何价值意识或价值观念,都要以其真理性认识作为它的认识论基础,而任何真理性认识也只有在转化为主体人的价值意识或价值观念之后,才能成为实践的直接动机,并用以掌控实践的精神力量。当然,社会主义核心价值观体系也是这样。我们要进一步理清社会主义核心价值体系与科学社会主义理论体系的关系。

应该说,社会主义核心价值体系是直接产生于、并从属于科学社会主义理论体系的一种观念形态。只有当马克思和恩格斯使社会主义由空想发展为科学,也就是说,当他们科学地揭示了资本主义必然灭亡、社会主义必然胜利的客观规律,并以科学预见的形式,大体上勾勒出社会主义社会的发展远景之时,社会主义核心价值体系才开始产生。在苏联、中国等社会主义国家相继建立之后,社会主义核心价值体系的存在和发展,就开始有了直接的现实基础,有了直接的现实根据和土壤。但这并不意味着,在这个现实土壤上能够自发地产生社会主义核心价值体系。这种价值的观念体系和整个科学社会主义理论体系一样，都不可能从工人运动中、不可能从人民群众生活的直接现实中自发地产生出来，而只能产生于工人阶级思想家、理论家对其进行的科学思维，并自觉地"从外面灌输进去"，因为自发的工人运动"只能形成工联主义意识"[①]。这种价值的观念体系的存在和发展还需要科学社会主义实践和理论的坚持、发展和创新。

所以，社会主义核心价值体系的建设必须抓好两个方面的工作。一是要坚持改革开放、发展社会主义的经济、政治和文化，不断提高人民生活水平，不断发展巩固它的现实基础；二是要注重根据实践发展而进行的理论思维、理论创新和理论武装。从它与建设和谐文化的关系看，后者具有更为直接和关键性的意义。我们只有加强马克思主义的学习和武装，包括学好和领会好当代中国的马克思主义——毛泽东思想、邓小平理论和"三个代表"重要思想以及科学发展观，才能着手抓好社会主义核心价值体系的建设。其所以如此，是因为只有当人们真正认识到了历史的发展规律，才能有走历史必由之路的自觉。作为生活在社会主义制度下的共产党人，只有当我们不断地深化对人类社会发展规律、社会主义建设规律和共产党执政规律这三大规律体系的认识，才能真正确立和发展社会主义核心价值体系。

社会主义核心价值体系的结构及其关键

从事关中国特色社会主义事业前途命运的高度来看，社会主义核心价值体系的基本内容，是一个有机的整体。其中，马克思主义指导思想是导向性因素，中国特色社会主义共同理想是目标性因素，民族精神和时代精神是思想的支撑性和背景性的因素，以"八荣八耻"为主要内容的社会主义荣辱观，则是伦理道德上的基础性因素。

建设社会主义核心价值体系，涉及多方面、多层次的内容。事有千万件，总得抓关键。应该说，建设社会主义核心价值体系的"核心"和关

---

① 《列宁选集》第1卷，人民出版社1995年版，第317页。

键，是其中的理想信念问题。这是因为，直接决定社会主义核心价值体系性质的，是它的根本性和关键性的成分和内容，马克思主义指导思想和中国特色社会主义共同理想，决定了它是社会主义性质的而不是其他性质的核心价值体系。从社会性价值意义的角度看，马克思主义作为指导思想是要指导工人阶级和广大劳动人民谋求劳动阶级的解放和追求美好的社会。因此，马克思主义在这里集中地表现为一种科学性、政治性、社会性的理想信念。我们所要树立的中国特色社会主义的共同理想和信念，就是马克思主义理想信念与中国国情的具体结合，是以建设中国特色社会主义、实现中国社会主义现代化作为奋斗目标的。这是在我国人民中确立理想信念的基本的和普遍的层次，也是"建设社会主义核心价值体系"中的一项基本内容和明确要求。同时，马克思主义作为这个核心价值体系的导向性的基本要素，还蕴含着一个更高的要求，即对工人阶级先进分子、对共产党人，应当要求他们具有共产主义的理想信念。由于社会主义是共产主义的初级阶段，而我国又将长期处于社会主义初级阶段，所以中国特色社会主义的共同理想信念，也是共产主义的理想信念在中国现阶段的初步要求，是广大人民的最直接、最普遍、最现实的实践形式。因此，中国特色社会主义的共同理想信念，与共产主义的理想信念具有本质上的同一性，也需要接受共产主义理想信念的指导。

　　社会主义和共产主义的理想信念，在共产党人的价值体系中居于根本性的核心地位，是他们的主要精神支柱和精神动力，具有巨大的整合功能和激励功能。例如，我们的民族精神和时代精神——前者在我国存在有几千年、后者则适用于全世界——只有被社会主义、共产主义的理想信念所吸纳和整合，才能成为我们社会主义核心价值体系的组成部分。无论是在过去的革命战争年代，还是在和平建设时期，社会主义、共产主义理想信念对于共产党人和广大人民的激励作用都是巨大的，这种精神力量可以转化为巨大的物质力量。有了这种力量，不仅可以帮助我们去克服种种困难，而且对于革命的胜利和建设事业的顺利发展都具有极端重要性。对此，邓小平说过："光靠物质条件，我们的革命和建设都不可能胜利。过去我们党无论怎样弱小，无论遇到什么困难，一直有强大的战斗力，因为我们有马克思主义和共产主义的信念。有了共同的理想，也就有了铁的纪律。无论过去、现在和将来，这都是我们的真正优势。"① 他在倡导和推进社会主义精神文明建设过程中，总是一再强调要用马克思主义、社会主义思想教育党员、人民和青年，要使他们有"共同的理想和坚定的信念"，他甚至说："没有这样的信念，就没有一切。"② 所以，在广大人民群众特别是在党员干部中，切实抓好理想信念的教育，也就是抓住了"建设社会主义核心价值体系"的关键。只有围绕这个根本开展工作，才能更有效地引导人们确立和培育自己的社会主义核心价值观。

(原载《光明日报》2007 年 1 月 23 日)

---

① 《邓小平文选》第 3 卷，人民出版社 1993 年版，第 144 页。
② 同上书，第 190 页。

论科学地理解科学社会主义

各国无产阶级及其政党在为科学社会主义事业奋斗，并能逐步取得胜利的一个重要的理论前提，是必须科学地理解和掌握科学社会主义。这既是推进科学社会主义的理论研究和理论创新的内在要求，更是科学社会主义的实践探索和实践创新的本质要求。多年来，特别是苏联、东欧剧变以来，国内外有些人把马克思主义、共产主义的理论和主张，污蔑为"乌托邦"，或者把马克思的社会主义歪曲为"民主社会主义"，甚至给伯恩施坦主义的继承者——社会党国际所主张的"民主社会主义"，戴上"马克思主义的正统"的桂冠。其实，这种人根本不懂和不信科学社会主义；而我们要真懂和真信科学社会主义，并自觉地为科学社会主义事业奋斗，就必须正本清源，从科学地理解、科学地看待科学社会主义开始。

一 必须科学地理解"科学社会主义"的概念

在马克思主义理论语言和概念体系中，"科学社会主义"与"科学共产主义"是同义和通用的，并且有广义和狭义之分。广义的"科学社会主义学说，也就是马克思主义"[1]。而狭义的即严格意义上的科学社会主义，是列宁根据马克思主义体系的内在结构，特别是以恩格斯的《反杜林论》中的三分法为依据，从而在他写的《马克思主义的三个来源和三个组成部分》等著作中，明确地使之与马克思主义哲学、政治经济学相并列，而成为马克思主义的三个基本的组成部分之一。

我认为，要科学地理解"科学社会主义"这个概念，就应当真正弄懂

---

[1] 《列宁全集》第6卷，人民出版社1986年版，第251页。

弄清什么是科学社会主义、它何以成为科学社会主义、社会主义的科学性和革命性能否统一这三个相关问题。

第一，马克思本人从其社会主义与空想社会主义存在本质对立的意义上，高瞻远瞩地提出了"科学社会主义"概念并阐明其内涵。早在马克思主义创立之初，马克思就在1847年上半年写成的批判蒲鲁东的《贫困的哲学》的著作——《哲学的贫困》中，论述了社会主义从空想变为科学的历史条件和思想内涵。马克思在肯定当时的"社会主义者和共产主义者是无产者阶级的理论家"的前提下，指出："在无产阶级尚未发展到足以确立为一个阶级，因而无产阶级同资产阶级的斗争尚未带政治性以前，在生产力在资产阶级本身的怀抱里尚未发展到足以使人看到解放无产阶级和建立新社会必备的物质条件以前，这些理论家不过是一些空想主义者，他们为了满足被压迫阶级的需要，想出各种各样的体系并且力求探寻一种革新的科学。但是随着历史的演进以及无产阶级斗争的日益明显，他们就不再需要在自己的头脑里找寻科学了；他们只要注意眼前发生的事情，并且把这些事情表达出来就行了。当他们还在探寻科学和只是创立体系的时候，当他们的斗争才开始的时候，他们认为贫困不过是贫困，他们看不出它能够推翻旧社会的革命的破坏的一面。但是一旦看到这一面，这个由历史运动产生并且充分自觉地参与历史运动的科学就不再是空论，而是革命的科学了。"[①] 在这里，马克思既讲到了社会主义由空想转变为科学的阶级基础和物质条件，又讲到了实现这种转变的实践根据和理论要求。因此，他也就比较完整地为科学社会主义规定了基本的理论内涵，并且使科学社会主义这个概念呼之欲出。

我们知道，空想社会主义从1516年托马斯·莫尔写出《乌托邦》，再从1602年托·康帕内拉写出《太阳城》，直到18世纪末和19世纪前期圣西门、傅立叶和欧文的空想社会主义及其示范活动的失败，其间有300年和200多年。在他们的空想社会主义的著作中，既有对资本主义剥削制度及其弊病的深刻揭露、辛辣讽刺和精彩批判，也有他们主张用以代替资本主义剥削社会的未来新社会的许多天才而具体的描绘、设想和憧憬。他们

[①] 《马克思恩格斯选集》第1卷，人民出版社1995年版，第155页。

幻想依靠像自己这类天才人物的头脑，设计出尽善尽美的社会方案，通过劝说富人发善心和交出财产，并通过示范群众，以建立人人劳动、财产公有、没有家庭、没有阶级、没有剥削、没有压迫、人人平等、团结互助、和谐友爱的社会。尽管这些主张都具有幼稚和空想的性质，然而，它们也提供了启发工人觉悟的极为宝贵的思想材料，从而成为马克思和恩格斯创立社会主义科学学说的理论来源。

但是，"批判的空想的社会主义和共产主义的意义，是同历史的发展成反比的。"[①] 当马克思主义在19世纪40年代中期创立之后，特别是它在此后20多年间在各国工人运动中逐步得到广泛传播，并在70年代初期开始成为国际共产主义运动的指导思想的情况下，空想社会主义就开始走向反面。马克思和恩格斯认为，这时"阶级斗争越发展和越具有确定的形式，这种超乎阶级斗争的幻想，这种反对阶级斗争的幻想，就越失去任何实践意义和任何理论根据。所以，虽然这些体系的创始人在许多方面是革命的，但是他们的信徒总是组成一些反动的宗派"[②]。因此，马克思和恩格斯从19世纪70年代开始，就正式把自己创立的社会主义理论称为"科学社会主义"，以显示出自己与空想社会主义的原则对立和本质区别。恩格斯在1872年5月至次年1月写成的《再论蒲鲁东和住宅问题》一文中，提出了"德国科学社会主义"和"德国科学社会主义精神"的用语，显然这同从中抽象出科学社会主义概念，只有一步之遥。马克思在大约过了一年左右，即在1874—1875年初写成的《巴枯宁〈国家制度和无政府状态〉一书摘要》中，正式提出和制定了"科学社会主义"概念。他写道："'科学社会主义'，也只是为了与空想社会主义相对应时，才使用的，因为空想社会主义力图用新的幻想欺蒙人民，而不是仅仅运用自己的科学认识去探讨人民自己进行的社会运动。"[③] 这里讲得很清楚，其一，"科学社会主义"这个概念，"只是为了与空想社会主义相对应时"才使用的，用以表示它们之间的区别和对立。其二，它们之间存在的对立，是一种本质

[①] 《马克思恩格斯选集》第1卷，人民出版社1995年版，第304页。
[②] 同上书，第304—305页。
[③] 《马克思恩格斯选集》第3卷，人民出版社1995年版，第199—200、290页。

对立。因为一方面，空想社会主义在马克思主义产生以后并没有停止活动，而且仍然在"用新的幻想欺蒙人民"；另一方面，科学社会主义则是"仅仅运用自己的科学认识去探讨人民自己进行的社会运动"。所以，这是关于社会的"科学认识"与历史唯心论的"社会幻想"之间的本质对立。

第二，恩格斯精辟和准确地阐明了社会主义是如何由空想发展为科学的。恩格斯先后在《反杜林论》、《社会主义从空想到科学的发展》和《在马克思墓前的讲话》等著作中，一再强调马克思的"两大发现"与科学社会主义形成的关系。他指出，是由于马克思的"这两个伟大的发现——唯物主义历史观和通过剩余价值揭开资本主义生产的秘密"，从而使"社会主义变成了科学"[1]。那么，我们如何理解恩格斯的这个重大论断呢？

我认为，这是仅就马克思主义创立和发展的内在逻辑而言的。因为，社会主义从空想发展为科学——从根本上说——是客观的社会历史条件之成熟所使然。只有在这个前提下，才可能有社会主义理论朝着科学发展和成熟。从理论发展的逻辑看，马克思的"两大发现"的意义极为重大：其一，马克思是由于唯物史观的发现，才揭示出社会基本矛盾运动（特别是生产力与生产关系的矛盾运动），以及由此引起的历史上阶级斗争对于社会发展和社会形态更替的决定作用，从而发现了社会发展的一般规律，阐明了社会从低级形态向高级形态更替演进的客观必然性。因此，马克思发现了唯物史观，也就是发现了社会主义必然代替资本主义的客观规律。其二，马克思是由于在唯物史观导引下创立了剩余价值学说，才揭开了资本家剥削工人的秘密，从而揭示出了无产阶级与资产阶级的阶级矛盾和阶级斗争的经济根源，阐明了这种阶级斗争必然导致无产阶级革命和无产阶级专政，进而在生产力高度发展的基础上逐步消灭阶级和进入无阶级社会的历史大趋势。因此，马克思发现了剩余价值规律，也就是发现了肩负着历史使命的无产阶级，找到了资产阶级的"掘墓人"。由于无产阶级是现代大工业的产物，是最伟大、最先进和最革命的阶级，因此，由这个阶级作为社会主义事业的主体力量和领导力量，社会主义和共产主义事业就有了

---

[1] 《马克思恩格斯选集》第3卷，人民出版社1995年版，第366页。

胜利的保障。这就是说，马克思和恩格斯"为了使社会主义变为科学，就必须首先把它置于现实的基础之上"①。而马克思的"两大发现"，正是基于对人类社会特别是对近现代资本主义社会的经济分析，发现了社会主义必将取代资本主义的客观规律，发现了为其彻底实现而进行斗争的社会力量。所以，社会主义才由原来那种改良主义的空想，变成指引无产阶级谋求本阶级和人类解放的科学社会主义理论。

第三，马克思和恩格斯创立的科学社会主义，既是科学的理论，也是革命的理论，是科学性和革命性的内在的和高度的统一。从其科学性上看，马克思的科学社会主义作为"革命无产阶级的思想体系赢得了世界历史性的意义，是因为它并没有抛弃资产阶级时代最宝贵的成就，相反却吸收和改造了两千多年来人类思想和文化发展中一切有价值的东西"②；而且，它在被创立之后，还要继续从世界各国的实践、科学和文化的发展中不断吸取营养。科学社会主义永远是人类思想精华的结晶。从其革命性上看，马克思的科学社会主义不仅在理论上是对空想社会主义的革命性的改造和质的飞跃，即使社会改良的理论质变为社会革命的理论；而且，它还主张在实践上对资本主义社会进行彻底的革命和改造，即用无产阶级的、无剥削的社会主义社会和共产主义社会取而代之。科学社会主义是最彻底的社会革命理论。对此，列宁说："这一理论对世界各国社会主义者所具有的不可遏止的吸引力，就在于它把严格的和高度的科学性（它是社会科学的最新成就）同革命性结合起来，并且不仅仅是因为学说的创始人兼有学者和革命家的品质而偶然地结合起来，而是把二者内在地和不可分割地结合在这个理论本身中。"③

二　科学社会主义的科学基础在于实践

科学社会主义之所以是科学，就在于它是对近现代资本主义社会发展

---

① 《马克思恩格斯选集》第3卷，人民出版社1995年版，第358页。
② 《列宁选集》第4卷，人民出版社1995年版，第299页。
③ 《列宁选集》第1卷，人民出版社1995年版，第83页。

规律和发展趋势的正确反映，是对无产阶级和资产阶级的阶级斗争实质和发展前景的正确反映，是对无产阶级革命规律和社会主义建设规律的正确反映。总之，它就是对社会现实的正确反映和对其发展前景的科学预见。然而，社会现实只有通过社会实践才能转化为人们的认识、才能验证这种认识的真理性。所以，我们要科学地理解科学社会主义，就要科学地看待其据以产生的社会实践。

第一，科学社会主义赖以立足的社会实践，首先和大量的是整个人类已有的全部实践，即大量的是间接的实践。它们表现为人类的文明成果、表现为人类文化的积累、表现为人类的特别是它的进步思想家和理论家的理论思维能力与政治洞察能力。马克思主义及其社会主义学说的酝酿时期也是这样。用马克思的话来说，在当时，"我们是从世界本身的原理中为世界阐发新原理"。即"只是希望在批判旧世界中发现新世界"。"我指的就是要对现存的一切进行无情的批判，所谓无情，意义有二，即这种批判不怕自己所作的结论，临到触犯当权者时也不退缩。""所以，什么也阻碍不了我们把我们的批判和政治的批判结合起来，和这些人的明确的政治立场结合起来，因而也就是把我们的批判和实际斗争结合起来，并把批判和实际斗争当做同一件事情。"[①] 这表明，科学社会主义在其产生的早期，只能在批判性分析资本主义社会所遇到矛盾和问题之中，来构思社会主义的思想、观点和原理。它在这时的科学性主要表现为革命的批判性。

第二，科学社会主义赖以立足的革命实践，是由它所指导的各国无产阶级的社会主义运动。这种革命实践以夺取国家政权、建立无产阶级的政治统治为其直接目的。但是，无产阶级领导社会主义运动有一个重要的前提，就是工人们开始觉醒、并逐步形成一定形式的组织和联合（如组织工会和政党等），即开始从政治上组成一个阶级，以便捍卫和逐步实现本阶级的利益。因此，无产阶级需要自己的思想家、理论家和领袖。马克思和恩格斯在创立科学社会主义的时候，经常深入工人群众，关心体察工人群众的生活，积极参加和指导国际工人运动，是世界无产阶级的革命导师。在他们二人指导下，国际共产主义运动在19世纪40年代中后期蓬勃兴

---

① 《马克思恩格斯全集》第1卷，人民出版社1956年出版，第418、416页。

起,迅速发展。他们把原来只是由德国一些政治流亡者组成的帮会性组织——"正义者同盟",改造成为第一个国际无产阶级政党组织即"共产主义者同盟"。他们受这个同盟的重托所撰写、并于1848年初发表的《共产党宣言》,也就成了马克思主义及其科学社会主义诞生的主要标志。科学社会主义理论与工人运动相结合的最重要的成果,是马克思和恩格斯在1864年创立了第一国际;随后在第一国际帮助下,西欧一些国家纷纷建立了无产阶级政党,并形成了国际共产主义运动的第一个高潮。尽管,马克思事先并不赞成巴黎工人搞武装起义,但是当巴黎公社革命爆发后,他和第一国际还是积极支持和指导公社战士的革命斗争。马克思和恩格斯对巴黎公社革命及其经验所做的科学总结,丰富和充实了他们创立的科学社会主义。恩格斯在马克思逝世之后,独自承担起理论创新和指导国际工人运动的历史重任。在恩格斯指导下,国际共产主义运动又有所复兴。因此恩格斯说:"社会主义现在已经不再被看作某个天才头脑的偶然发现,而被看作两个历史地产生的阶级即无产阶级和资产阶级之间斗争的必然产物"①,是对工人阶级社会主义运动的斗争经验的科学总结。

第三,科学社会主义赖以立足的直接的社会实践,是社会主义建设的实践。科学社会主义的历史性任务是改造旧社会、建设新社会。如果说,社会主义革命的第一个任务,是要破坏一个资本主义旧世界的话,那么其后更重要、更艰巨和更伟大的任务,就是要建设一个社会主义新世界。就资产阶级革命和其他剥削阶级革命而言,当它们夺取了政权、确立了本阶级的统治和剥削制度之时,就是它们革命到底之日。因为它们的历史任务,无非是用一种新的剥削制度去代替一种旧的剥削制度而已。而无产阶级社会主义革命,则与此根本不同。当无产阶级夺取了政权、并确立了自己的政治统治之时,那仅仅是无产阶级革命的开始,更困难、更复杂和更繁重的任务还在后头。对于像中国这样原来经济文化落后的国家来说,就更是如此。我们知道,社会主义事业是前无古人的创造性的宏图伟业,其探索性和艰巨性无与伦比。因为,社会主义不仅要推翻和消灭资产阶级,而且要消灭一切阶级;不仅要消灭资本主义剥削,而且要消灭一切剥削;

---

① 《马克思恩格斯选集》第3卷,人民出版社1995年版,第739页。

不仅要消灭资本主义生产方式,而且要创造出高于资本主义的劳动生产率;不仅要消灭社会两极分化,而且要消灭"三大差别"和实现人的自由而全面发展。所以,科学社会主义的理论,既是彻底的革命理论,又是崭新的建设理论。而这种新社会建设,没有成功的先例可以遵循,没有成功的经验可资借鉴,没有固定的模式可以照搬,只能靠我们自己在实践中,一步一步地进行试验和探索。科学社会主义的生命力和理论源泉,只能来源于人民群众的社会主义实践。这种实践探索是从列宁开始的。他的体会很真切。他说过:"对俄国来说,根据书本争论社会主义纲领的时代也已经过去了,我深信已经一去不复返了。今天只能根据经验来谈论社会主义。"① 一切社会主义建设者的经验,当然只能来自于他们投身的社会主义实践。所以,列宁又说:"他们应当懂得,现在一切都在于实践,现在已经到了这样一个历史关头:理论在变为实践,理论由实践赋予活力,由实践来修正,由实践来检验。"② 因此应当说,科学社会主义的真理性和科学性的真正基础,是直接建设社会主义的实践。从最直接的意义上说,科学社会主义是社会主义现实的观念形态。

当然,这绝不意味着:科学社会主义可以从工人运动中自发产生;也不是说,凡是以社会主义为名的实践,都能自发地体现社会的进步要求和工人阶级的根本利益。马克思主义者坚持历史唯物论,同时也反对机械论和自发论。列宁指出,认为"纯粹工人运动本身就能够创造出而且一定会创造出一种独立的思想体系。但这是极大的错误"。他赞同考茨基早年的有关论断,认同其"社会主义意识是一种从外面灌输到无产阶级的阶级斗争中去的东西,而不是一种从这个斗争中自发地产生出来的东西"的观点。他认为,"自发的工人运动就是工联主义的","只能形成工联主义的意识"。"而社会主义学说是从……有教养的人即知识分子创造的哲学理论、历史理论和经济理论中发展起来的","是革命的社会主义知识分子的思想发展的自然和必然的结果。"③ 我认为,在社会主义制度下也是这样。

---

① 《列宁全集》第34卷,人民出版社1985年版,第466页。
② 《列宁选集》第3卷,人民出版社1995年版,第381页。
③ 《列宁选集》第1卷,人民社1995年版,第325—327、317—318页。

因此，即使我国广大群众的收入高了、生活富裕了，还必须进行必要的思想教育，才有助于他们真正相信社会主义。这就是说，工人运动和社会主义实践活动，只能为社会主义理论提供现实的材料和客观的逻辑。而要把客观的逻辑变为理论的逻辑，即变为社会主义的科学思想和理论，还需要在正确的世界观和方法论指导下的思维加工和理论创造。

在世界社会主义运动中，还有一种现象：就是有些政党和政府自称搞的是社会主义，但并不是无产阶级的社会主义，而是资产阶级改良主义。在当今世界最突出的例子，就是一些社会民主党所搞的"民主社会主义"（在苏东剧变后，他们改称为"社会民主主义"）。这种所谓的社会主义，放弃了推翻资产阶级、消灭剥削制度、消灭阶级和最后实现共产主义的政治目标；他们认同资本主义制度，只图通过议会选举，使社会民主党争取上台执政，以期在资本主义法制的范围内，对资本主义制度作出某些修补、调整和改良。当然，这样有时也能使群众得到一些实惠。民主社会主义者在表面上也在批评资本主义，但这是"小骂大帮忙"。因为，民主社会主义从根本上放弃了无产阶级的历史使命，背叛了无产阶级的根本利益，是从工人运动中的机会主义，滑向了资产阶级、小资产阶级的社会主义。对此，恩格斯批评道："为了眼前暂时的利益而忘记根本大计，只图一时的成就而不顾后果，为了运动的现在而牺牲运动的未来，这种做法可能也是出于'真诚的'的动机。但这是机会主义，始终是机会主义，而且'真诚的'机会主义也许比其他一切机会主义更危险。"[①] 应当说，民主社会主义有两种情况：一种是像戈尔巴乔夫那样在社会主义国家搞的民主社会主义，这是一种历史性的反动和倒退；另一种是在资本主义制度下搞的民主社会主义改良，这对老百姓或多或少有些好处。但不能评价过高。因为，如果不致力于无产阶级的解放，而仅仅争取工人群众在资本主义制度下，"吃穿好一些，待遇高一些，特有财产多一些，不会消除奴隶的从属关系和对他们的剥削，同样，也不会消除雇佣工人的从属关系和对他们的剥削。由于资本积累而提高的劳动价格，实际上不过表明，雇佣工人为自

---

① 《马克思恩格斯全集》第22卷，人民出版社1965年版，第274页。

己铸造的金锁链已经够长够重，容许把它略微放松一点。"① 民主社会主义与科学社会主义的对立表明：科学社会主义离不开社会主义运动，但社会主义运动并不一定就是科学社会主义的。社会主义运动的革命性和科学性，也需要科学的理论来给予支撑和保障。在科学社会主义的实践时，我们既要坚持历史唯物论，又要坚持历史辩证法。

三 科学社会主义的科学性体现为在实践运用中不断发展创新

恩格斯指出："社会主义自从成为科学以来，就要求人们把它当作科学看待，就是说，要求人们去研究它。"② 这里讲得很明白，要科学地理解和看待科学社会主义，就是要加强对它的科学研究。这当然包括对它的文本研究和学理研究，不过更重要的，是在实践运用中对它的坚持、发展和创新。科学社会主义的科学性，就在于它能指导社会主义运动和实践逐步取得进展和成功，同时它自身也会得到不断的验证、发展和创新。

科学社会主义如同整个马克思主义一样，主要是指由其基本概念、基本观点和基本原理构成的体系；而且它是关于整个世界的"主义"、是世界无产阶级的"主义"、是世界由资本主义转变到社会主义和共产主义整个历史时代的"主义"。因而，它具有普遍和长远的指导意义。当然，马克思主义及其科学社会主义的基本原理，只有同各国国情和时代特征即同具体的实践相结合，才能发挥有效的和不可替代的指导作用。列宁说："一切民族都将走向社会主义，这是不可避免的，但是一切民族的走法却不会完全一样，在民主的这种或那种形式上，在无产阶级专政的这种或那种形态上，在社会生活各方面的社会主义改造的速度上，每个民族都会有自己的特点。"③ 所以，科学社会主义必须考虑各国各民族的特点、必须与之相结合。而它与各国国情、文化和实践相结合的过程，就是科学社会主

---

① 《马克思恩格斯全集》第23卷，人民出版社1975版，第678页。
② 《马克思恩格斯选集》第2卷，人民出版社1995年版，第636页。
③ 《列宁全集》第28卷，人民出版社1975年版，第163页。

义本土化和民族化的过程，也是坚持运用和发展创新科学社会主义的过程。无产阶级社会主义事业的长远和曲折发展，包含理论和实践的双重探索和创新。我认为，在这个过程中，应当坚持科学的态度，审慎和辩证地对待和处理好以下几种关系：

其一，科学社会主义的精神实质的同一性与形态模式的多样性的关系。科学社会主义乃至整个马克思主义的精神实质，就是立足和依靠无产阶级，履行其历史使命，团结和领导广大人民，走历史必由之路，实现无产阶级解放和人类解放，达到人的自由而全面发展。为此，无产阶级及其政党就必须领导人民，进行社会政治大革命，夺取和执掌国家政权，建立社会主义的基本制度，保障实现广大人民的平等权利，保障社会主义物质文明、政治文明、精神文明、社会文明和生态文明的协调发展，从而为消灭一切阶级和阶级差别、为社会主义事业的完全胜利，并为最后进入共产主义社会，逐步创造物质的和精神的条件。显然，其中最根本的是社会物质财富的创造和共享。所以，邓小平同志说："社会主义的本质，是解放生产力，发展生产力，消灭剥削，消除两极分化，最终达到共同富裕。"①

但是，各国无产阶级和广大人民如何进行革命，如何夺取和执掌国家政权，如何建立和建设社会主义，如何选择和选择什么样的社会主义的体制模式，才能适合自己的国情、才有利于生产力发展和社会全面进步、才有利于社会主义本质的逐步实现，如此等等，都应当由各国无产阶级及其政党实事求是地作出自己的探索、选择和创新。各个国家从中可创造出切合自己国情的建设道路和发展模式，即科学社会主义的新形态。当然，其中最大的难题和科学性的要求，是既要坚持和贯彻科学社会主义的精神实质，又要寻找适合本国国情的社会主义革命、建设道路和发展模式，并使这两者达到具体和历史的统一。我认为，坚持在科学社会主义实践中这种统一的集中体现，就是必须坚持运用马克思主义的立场、观点和方法，去研究和探索社会主义革命、改革和建设中一切具体的矛盾与问题。

其二，科学社会主义真理的普遍性与其在各国实践的特殊性的关系。应该说，科学社会主义的基本观点、基本原则和基本原理都具有真理的普

---

① 《邓小平文选》第 3 卷，人民出版社 1993 年版，第 373 页。

遍性，反映了各国社会主义革命和建设的共同本质和共同规律，故而对于各国社会主义运动和实践，都具有普遍的指导作用。但是，各国国情及社会主义革命和建设的实践，都是个别的和具体的，都具有自己的特殊本质和特殊规律。从唯物辩证法的观点看，任何事物及其矛盾都是共性和个性、普遍性和特殊性的统一，而且共性寓于个性之中、普遍寓于特殊之中。因此，科学社会主义的基本原理必须与各国的具体实践相结合，才能具有现实性和科学性，才能胜利地推进社会主义事业。在我国，就是马克思主义必须实现中国化，就是科学社会主义必须以中国特色社会主义的形态来实现。这是我国社会主义实践的主要经验，是社会主义事业获得胜利的基本保证。

在这种理论和实践的历史性的探索中，无论中外社会主义国家，都应当警惕和防止两种情况：一种是片面地强调社会主义的普遍真理，照搬它的普遍原则，而不考虑自己国情和实践的特殊性，这容易使思想僵化，容易犯"左"的教条主义错误。这是我们党在改革开放之前一个时期曾经有过的重要教训。另一种是片面地把国情的特殊性强调到不适当的程度，从而忽视和否认科学社会主义基本原理和基本原则。这容易犯经验主义的或"右"的机会主义错误。邓小平提出坚持"四项基本原则"，坚持反对资产阶级自由化，就是防止和反对这种情况。在经济改革中，邓小平一方面主张"从根本上改变束缚生产力发展的经济体制，建立起充满生机和活力的社会主义经济体制，促进生产力的发展"，包括要调整经济结构，发展多种所有制经济；另一方面，他又强调"在改革中，我们始终坚持两条根本原则，一是以公有制经济为主体，一是共同富裕"[1]。这是为坚持改革的社会主义方向，所必须遵循的两条"根本原则"。

其三，科学社会主义原理体系的相对稳定性和理论内容的变动性的关系。科学社会主义的科学性和生命力，就是向实践和时间开放。理论是现实的反映。随着时代、实践和各门科学的发展，科学社会主义必须与时俱进，必须放弃那些已经过时的个别判断、个别结论和个别估计，必须在总结实践经验中不断得到充实、丰富和发展，使之适应变化了的历史条件，

---

[1] 《邓小平文选》第3卷，人民出版社1993年版，第370、142页。

以保持理论的活力和获得时代气息。科学社会主义理论内容的这种变动、发展和进步是一种常态，它往往还表现为阶段性的发展。但是，只要它还是马克思主义、还是科学社会主义，那它就必须保持自己在"质"① 上的规定性，还必须有相对不变的、一脉相承的东西。这就是马克思主义及其科学社会主义基本原理体系的相对稳定性。这种情况，是由认识对象的客观原因决定的。也就是说，只要由资本主义生产方式的基本矛盾运动所规定的资本主义社会还在继续，只要无产阶级还在受资产阶级剥削，只要资本主义社会的这种社会形态不是人类的末日，即它终究要被更高级的社会形态所取代，那么科学社会主义对于资本主义必将转变为社会主义的历史总趋势，以及工人阶级和一切劳动阶级必然获得解放的历史潮流的科学分析与正确预见，就依然是颠扑不破的科学真理。所以，科学社会主义在实践中发展的"变"中，也有相对"不变"的一面。尽管它的基本原理在实践中的运用必须与实际相结合，并且也会不断地深化，但它的基本原理的体系是相对稳定的。

其四，上述几个方面的关系归结到一点，就是科学社会主义的坚持和发展的关系。在我们党和我国理论界早已达成了共识，就是为了使科学社会主义和整个马克思主义焕发生机和活力，必须使它切合中国实际、必须实现中国化、必须使之在指导我国社会主义改革和现代化建设中，不断得到发展和创新。改革开放以来，我们党在指导思想上不断与时俱进，先后创立了邓小平理论、"三个代表"重要思想，以及科学发展观，这些都是对马克思主义、列宁主义、毛泽东思想的创造性运用、发展和创新，是指引中国特色社会主义事业发展的伟大的思想旗帜。

我们党的这种成功经验表明，对科学社会主义的坚持和发展是辩证统一的。其中，首先是坚持它的基本原理。这种坚持是前提，不坚持就谈不上发展，甚至会走上邪路。但是，这种坚持只能在实践运用和发展创新中坚持，不发展创新就无法坚持。因为，如果不在实践运用中发展和丰富科学社会主义，就会导致理论脱离实际，就会思想僵化，就会用理论来剪裁

---

① 黑格尔说过："质是与存在同一的直接的规定性"，"某物之所以是某物，乃由于其质，如失掉其质，便会停止其为某物。"（见《小逻辑》，商务印书馆1980年版，第202页。）

现实，就会犯教条主义错误，就会导致社会主义事业停滞和失败。对于马克思主义及其科学社会主义的坚持和发展的辩证统一关系，江泽民同志曾经作出过精辟的概括，这就是他所强调的两个"坚定不移、不能含糊"："一是必须坚持马克思主义的立场、观点、方法，坚持马克思主义的基本原理。这一点，要坚定不移，不能含糊。二是一定要贯彻解放思想、实事求是的思想路线，坚持追求真理和探索真理的革命精神。这一点，也要坚定不移，不能含糊。"他认为，这两个"坚定不移、不能含糊"，"始终是检验我们是不是真正的马克思主义者的试金石"[①]。据此，我认为，在实践中对马克思主义、对科学社会主义做到坚持与发展的辩证统一，也就是马克思主义所必经的发展道路。可以说，马克思和恩格斯只是给一种科学奠定了基础，社会主义者如果不愿意落后于实际生活，就应当在各方面把这门科学向前推进。在这个过程中，"沿着马克思的理论的道路前进，我们将愈来愈接近客观真理（但决不会穷尽它）；而沿着任何其他的道路前进，除了混乱和谬误之外，我们什么也得不到。"[②]

（原载《江西社会科学》2007 年第 5 期）

[①] 《江泽民文选》第 3 卷，人民出版社 2006 年版，第 335 页。
[②] 《列宁选集》第 2 卷，人民出版社 1995 年版，第 103—104 页。

关于马克思主义阶级观点和阶级分析方法的正确理解与运用

科学的阶级观点和阶级分析方法，是马克思主义认识阶级社会的基本观点和基本方法。它作为历史唯物主义和马克思主义政治学说的重要组成部分，是各国无产阶级及其政党制定和实施其政治路线、政治纲领、政治战略和政治策略的重要指导理论。

理论和事实都告诉我们，无论是对阶级社会、还是对在一定范围内存在着阶级斗争的社会，无论是革命战争年代、还是社会主义初级阶段（直到阶级完全消灭为止），我们能否正确地认识和处理与阶级和阶级斗争有关的问题，也就是，能否正确地理解、坚持和运用马克思主义阶级观点与阶级分析方法的问题，是一个事关无产阶级革命和社会主义事业全局的重大问题，是坚持革命和建设的正确政治方向、防止我们犯"左"或右的错误的原则性的问题。因此，我们必须始终严肃和谨慎地对待之。

一 必须从历史唯物主义的高度领会和掌握马克思主义阶级观点

马克思主义关于阶级和阶级斗争的观点学说，是对资产阶级思想家和理论家的有关成果的继承、改造和创新，是马克思主义科学体系的重要组成部分。列宁说："阶级关系——这是一种根本的和主要的东西，没有它，也就没有马克思主义。"[①]

---

① 《列宁选集》第41卷，人民出版社1986年版，第92页。

马克思对于自己关于阶级和阶级斗争的观点学说，曾经有过简明而精辟的概括。其背景是，马克思的学生和战友约瑟夫·魏德迈，于1852年初针对海因岑反马克思主义的言论，即宣扬只有君主才是一切灾祸的根源，而把阶级斗争说成是"共产主义者无聊的捏造"，嘲笑马克思主义者是在"玩弄阶级"，因此他在《纽约民主主义者报》上发表了一篇反驳海因岑的文章。对此，马克思在同年3月5日致约瑟夫·魏德迈的信中，给予了高度评价："你驳斥海因岑的文章写得很好……；它写得既泼辣又细腻，这种巧妙的结合称得上是名副其实的论战。"随即，马克思对自己关于阶级和阶级斗争的观点学说，做出了言简意赅的科学概括。他写道："至于讲到我，无论是发现现代社会中有阶级存在或发现各阶级之间的斗争，都不是我的功劳。在我以前很久，资产阶级历史学家就已叙述过阶级斗争的历史发展，资产阶级的经济学家也已对各个阶级作过经济上的分析。我的新贡献就是证明了下列几点：（1）阶级的存在仅仅同生产发展的一定历史阶段相联系；（2）阶级斗争必然导致无产阶级专政；（3）这个专政不过是达到消灭一切阶级和进入无阶级社会的过渡。"①

在这里，马克思既表明了他的阶级和阶级斗争的观点学说的历史继承性，又阐明了这一学说所实现的革命性变革。

我们知道，虽然法国复辟时期的历史学家例如梯叶里、基佐、米涅和梯也尔等人，在自己描写法国大革命的历史著作中，叙述过当时阶级斗争的历史事实；而资产阶级古典经济学家例如英国的亚当·斯密、大卫·李嘉图和法国的西斯蒙第等人，也都从其经济利益关系上，分析过工人阶级与资产阶级和大土地所有者（地主阶级）之间存在着阶级对立的经济根源。其中特别是西斯蒙第，可以说是第一个明确地提出资本主义发展过程中产生社会两极分化，并形成无产阶级和资产阶级对立的经济学家。他指出，各国工业化的结果是："中产阶级完全消灭了。社会中，除了大资本家和其雇佣外，没有其他阶级存在的余地。我们看到了一个前所未有的阶级——完全没有财产的阶级迅速成长。"② 但是，所有这些毕竟都只是些实

---

① 《马克思恩格斯全集》第28卷，人民出版社1973年版，第504、509页。
② 西斯蒙第：《政治经济学论丛》第2卷，巴黎1838年法文版，第124页。

证的、唯像的、不彻底的、有时甚至是自相矛盾的叙述和分析，而没有形成科学和系统的学说。只有当马克思和恩格斯站在无产阶级的革命立场，以人类数千年以来的社会历史过程及其发展规律作为客观基础、以辩证唯物主义和历史唯物主义作为科学的世界观方法论、以其对资本主义生产方式所作的深入和系统的经济剖析作为现实根据，才创立了马克思主义关于阶级和阶级斗争的科学观点和完整学说。因此，我们首先必须从历史唯物主义的高度，来领会和理解马克思主义的阶级观点和阶级斗争学说。

马克思认为，"阶级的存在仅仅同生产发展的一定历史阶段相联系"。这是从历史唯物主义高度，对其阶级观点作出的最高和最简明的理论概括。而他的关于阶级和阶级斗争的科学观点和完整学说，则是这个根本观点的展开和发挥，并由此成为历史唯物主义及其政治学说的重要内容。一般认为，马克思主义的历史唯物主义基本原理为其哲理基础的阶级观点和阶级斗争学说，以成熟而完整的理论形式公之于世的，是马克思和恩格斯共同撰写和1848年初发表的《共产党宣言》。

恩格斯在《〈共产党宣言〉1888年英文版序言》中，强调指出："虽然《宣言》是我们两人共同的作品，但我认为自己有责任指出，构成《宣言》核心的基本思想是属于马克思的。这个思想就是：每一历史时代主要的经济生产方式和交换方式以及必然由此产生的社会结构，是该时代政治的和精神的历史所赖以确立的基础，并且只有从这一基础出发，这一历史才能得到说明；因此人类的全部历史（从土地公有的原始氏族社会解体以来）都是阶级斗争的历史，即剥削阶级和被剥削阶级之间、统治阶级和被压迫阶级之间斗争的历史；这个阶级斗争的历史包括有一系列发展阶段，现在已经达到这样一个阶段，即被剥削被压迫的阶级（无产阶级），如果不同时使整个社会一劳永逸地摆脱一切剥削、压迫以及阶级差别和阶级斗争，就不能使自己从进行剥削和统治的那个阶级（资产阶级）的奴役下解放出来。"[①]

马克思的这一"核心的基本思想"的要义，就是要求人们从历史唯物主义的高度领会和掌握他的阶级观点和阶级斗争学说，作为指导无产阶级

---

① 《马克思恩格斯选集》第1卷，人民出版社1995年版，第257页。

及其政党为消灭一切剥削制度、消灭一切阶级差别,并使本阶级和整个人类获得彻底解放,而进行革命斗争的思想武器。马克思主义关于阶级和阶级斗争的基本思想和基本观点,包括:

第一,阶级的产生和存在、发展和更替、衰败和消灭,是同生产力发展的一定历史阶段相联系的社会过程。马克思主义认为,阶级不是从来就有的,也不会永远存在下去,它们仅仅同社会生产力发展的一定历史阶段、同社会分工和私有制的出现及其存在相联系。在长达数百万年的原始共产主义社会中,并不存在阶级。只是到原始社会末期,当社会生产力有了一定的发展,劳动者开始有了少量的剩余劳动、剩余产品可能被别人占有之时,社会才开始出现家庭和私有制,开始分裂出奴隶主阶级和奴隶阶级的对立。恩格斯曾经指出:"社会分裂为剥削阶级和被剥削阶级、统治阶级和被压迫阶级,是以前生产不大发展的必然结果。只要社会总劳动所提供的产品除了满足社会全体成员最起码的生活需要以外只有少量剩余,就是说,只要劳动还占去社会大多数成员的全部或几乎全部时间,这个社会就必然划分为阶级。在这被迫专门从事劳动的大多数人之旁,形成了一个脱离直接生产劳动的阶级,它掌管社会的共同事务:劳动管理、国家事务、司法、科学、艺术等等。因此,分工的规律就是阶级划分的基础。但是,这并不妨碍阶级的这种划分曾经通过暴力和掠夺、欺诈和蒙骗来实现,这也不妨碍统治阶级一旦掌握政权就牺牲劳动阶级来巩固自己的统治,并把对社会的领导变成对群众的加紧剥削。"[①] 由此产生的奴隶社会的阶级分化,以及由它依次演进到主要由地主阶级和农民阶级构成的封建社会、由资本家阶级和无产阶级构成的资本主义社会,都是阶级社会演进更替和发展进步的历史过程。而在这种社会发展进步过程中,历史地积累和造就的社会生产力的高度发展,为消灭阶级创造了根本的经济前提。历史唯物主义认为,社会生产力的发展状况,是整个人类社会发展进步的根本基础。阶级的划分和存在,仅仅与社会生产力发展的一定历史阶段相联系。"这种划分是以生产力的不足为基础,它将被现代生产力的充分发展

[①] 《马克思恩格斯选集》第3卷,人民出版社1995年版,第756页。

所消灭。"① 当然，阶级与其社会生产力之间的这种内在联系，并不是直接的，它还要经过由它决定的社会生产方式所固有、所派生的社会矛盾和矛盾运动，才能够得以实现。

第二，社会存在阶级分化和阶级对立的实质，是由其占支配地位的生产方式中的基本矛盾所决定的。马克思和恩格斯认为，一定社会的性质都是取决于其占支配地位的社会生产方式。在阶级社会中，一切人之所以都隶属于各自的阶级，是因为他们都在一定的生产方式中各自处于某种共同的生存条件、利益关系和经济地位之中，即处于某种共同的生产关系，特别是生产资料的某种所有制之中。这就是说，当社会生产力有了一定的发展而又不太发展的社会历史条件，只是社会产生和存在阶级的根本物质前提；而当由这种生产力的发展状况所决定的、并与它相适应的私有制的生产关系相结合、相统一的情况下，才是该社会产生和存在阶级分化和阶级对立的经济根源。换言之，是一定的社会生产方式中的基本矛盾的性质，即一定的生产关系与其生产力之间的矛盾性质，决定其阶级关系的性质，并且是由根源于一定生产力发展状况的生产关系的性质，尤其是由生产资料的所有制性质，直接决定着阶级的本质。列宁根据马克思主义基本原理，对阶级做出了明确定义："所谓阶级，就是这样一些大的集团，这些集团在历史上一定的社会生产体系中所处的地位不同，同生产资料的关系（这种关系大部分是在法律上明文规定了的）不同，在社会劳动组织中所起的作用不同，因而取得归自己支配的那份社会财富的方式和多寡也不同。所谓阶级，就是这样一些集团，由于它们在一定社会经济结构中所处的地位不同，其中一个集团能够占有另一个集团的劳动。"②

可见，阶级主要是一个经济范畴。"区别各阶级的基本标志，是他们在社会生产中所处的地位，也就是他们对生产资料的关系。"③ 列宁还具体地指出："阶级究竟是怎么回事呢？这就是允许社会上一部分人占有别人的劳动。如果社会上一部分人……拥有工厂，拥有股票和资本，而另一部

---

① 《马克思恩格斯选集》第3卷，人民出版社1995年版，第756页。
② 《列宁选集》第4卷，人民出版社1995年版，第11页。
③ 《列宁全集》第7卷，人民出版社1986年版，第30页。

分人却在这些工厂里做工,那就有了资本家阶级和无产者阶级。"① 阶级是由同一个社会中的经济地位大体相同的人们、阶层、群体所组成社会集团。与此同时,阶级还是一个意义更为广泛的社会范畴,它具有由其经济地位和经济利益决定的社会的、政治的和思想意识等面貌和特征。

在马克思主义看来,任何阶级都是在一定的经济社会关系及其发展中形成的,从经济上形成阶级到从政治上形成阶级,也就是从"自在的阶级"到"自为的阶级"的形成过程。马克思在论述18世纪法国大革命后的农民群众时,指出:农民们由于其分散性,"好像一袋马铃薯是由袋中的一个个马铃薯所集成的那样",就其"经济生活条件"这一点而言,"他们是一个阶级";但"他们利益的同一性并不使他们彼此间形成共同关系,形成全国性的联系,形成政治组织,就这一点而言,他们又不是一个阶级"②。马克思和恩格斯曾以法国资产阶级大革命以后的德国等国家为例,论述过资产者们直到中世纪后期,还不是"一个阶级",而只是"一个等级","在那里,等级还没有完全发展成为阶级"。他们认为,可以把"资产阶级的历史分为两个阶段:第一是资产阶级在封建主义和专制君主制的统治下形成阶级;第二是形成阶级以后,推翻封建主义和君主制度,把社会改造成为资产阶级社会"③。而在"国家权力还没有变成它自己的权力"之前的那个时期,"资产阶级在政治上还没有形成一个阶级"④。与此相类似,当工人阶级"所维护的利益变成阶级的利益"的时候,也就由一个"自在的阶级","形成一个自为的阶级"⑤。

列宁还指出:"阶级划分是政治派别划分的最根本基础,它归根结底总是决定着政治派别的划分的。但是这个根本基础,只是随着历史发展的进程,随着历史发展的参加者和创造者的觉悟程度显露出来的。"⑥

第三,阶级社会中阶级矛盾和阶级斗争存在,有其客观必然性及相应

---

① 《列宁选集》第4卷,人民出版社1995年版,第290页。
② 《马克思恩格斯选集》第1卷,人民出版社1995年版,第677页。
③ 同上书,第131—132、193页。
④ 《马克思恩格斯全集》第4卷,人民出版社1958年版,第330页。
⑤ 《马克思恩格斯选集》第1卷,人民出版社1995年版,第193页。
⑥ 《列宁全集》第7卷,人民出版社1986年版,第325页。

的社会作用。阶级社会是从原始社会解体、并进入奴隶社会开始的，中经封建社会和资本主义社会，直至各个阶级趋于消灭的社会主义社会（共产主义社会第一阶段）为止的几种社会经济形态的总称，是人类社会文明历经近万年或数千年的演进、更替和发展的重要的历史时期。马克思和恩格斯曾指出：人类至今"有文字记载的全部历史""都是阶级斗争的历史"①。其中，"奴隶制是古希腊罗马时代世界所固有的第一个剥削形式；继之而来的是中世纪的农奴制和近代的雇佣劳动制。这就是文明时代的三大时期所特有的三大奴役形式"②。据此，也就有了奴隶与奴隶主、农民与地主、工人与资本家之间的阶级矛盾和阶级斗争。

马克思和恩格斯认为，这种"阶级对立是建立在经济基础之上的，是建立在迄今存在的物质生产方式和由这种方式所决定的交换关系上的"③。"由于文明时代的基础是一个阶级对另一个阶级的剥削，所以它的全部发展都是在经常的矛盾中进行的。"④ 因此，"只要有利益相互对立、相互冲突和社会地位不同的阶级存在，阶级之间的战争就不会熄灭。"⑤

对于"什么是阶级斗争？"列宁回答说："这就是一部分人反对另一部分人的斗争，就是广大无权者、被压迫者和劳动者反对特权者、压迫者和寄生虫的斗争，雇佣工人或无产者反对私有主或资产阶级的斗争。"⑥ 他认为："到现在为止全部有记载的历史，都是不断更替地由一些社会阶级统治和战胜另一些社会阶级的历史。这种情形，在阶级斗争和阶级统治的基础，即私有制和混乱的社会生产消灭以前，将继续下去。无产阶级的利益要求消灭这种基础，所以有组织的工人自觉进行的阶级斗争，目标就应该对准这种基础。"⑦

从实质看，阶级同阶级的斗争就是政治斗争。而且，"在现代历史中至少已经证明，一切政治斗争都是阶级斗争，而一切争取解放的阶级斗

---

① 《马克思恩格斯选集》第1卷，人民出版社1995年版，第272页。
② 《马克思恩格斯选集》第4卷，人民出版社1995年版，第176页。
③ 《马克思恩格斯全集》第5卷，人民出版社1958年版，第533页。
④ 《马克思恩格斯选集》第4卷，人民出版社1995年版，第177页。
⑤ 《马克思恩格斯全集》第8卷，人民出版社1961年版，第249页。
⑥ 《列宁全集》第7卷，人民出版社1986年版，第169页。
⑦ 《列宁选集》第1卷，人民出版社1995年版，第88—89页。

争，尽管它必然具有政治的形式（因为一切阶级斗争都是政治斗争），归根到底都是围绕着经济解放进行的。"① 而凡是真正意义上的阶级斗争，例如无产阶级及其政党领导的反对资产阶级的斗争，正如列宁所说，"并不是有两种形式（政治的和经济的），像在我国通常认为的那样，而是有三种形式，同这两种斗争并列的还有理论的斗争。"②

无产阶级与资产阶级之间的阶级斗争的"最高表现就是全面革命"③，就是夺取政权，并实现社会主义代替资本主义的社会形态的更替和发展。

我们知道，社会物质生产的发展，在任何时候都是"整个社会生活以及整个现实历史的基础"④。在这个基础上所发生的生产关系与生产力、上层建筑与经济基础之间的社会基本矛盾和矛盾运动，是社会发展的根本动力。只不过，这种根本动力在阶级社会中，还要通过人与人、阶级与阶级的关系体现和发挥出来。阶级斗争是阶级社会发展的直接动力。

对此，马克思说："当文明一开始的时候，生产就开始建立在级别、等级和阶级的对抗上，最后建立在积累的劳动和直接的劳动的对抗上。没有对抗就没有进步。这是文明直到今天所遵循的规律。到现在为止，生产力就是由于这种对抗的规律而发展起来的。如果硬说由于所有劳动者的一切需要都已满足，所以人们才能创造更高级的产品和从事更复杂的生产，那就是撇开阶级对抗，颠倒了整个历史的发展过程。"⑤ 恩格斯也说过："至于'阶级斗争'，那么它不仅使我们回溯到'中世纪'，而且还回溯到古代各共和国——雅典、斯巴达和罗马所发生过的内部冲突。所有这些冲突都是阶级斗争。自从原始公社解体以来，组成为每个社会的各阶级之间的斗争，总是历史发展的伟大动力。"⑥

马克思和恩格斯还针对伯恩施坦等人否认和调和阶级斗争的滥调，强调指出："将近40年来，我们一贯强调阶级斗争，认为它是历史的直接动

---

① 《马克思恩格斯选集》第4卷，人民出版社1995年版，第251页。
② 《列宁选集》第1卷，人民出版社1995年版，第312—313页。
③ 参见《马克思恩格斯选集》第1卷，人民出版社1995年版，第194页。
④ 《马克思恩格斯全集》第23卷，人民出版社1975年版，第204页。
⑤ 《马克思恩格斯全集》第4卷，人民出版社1958年版，第104页。
⑥ 《马克思恩格斯全集》第22卷，人民出版社1965年版，第560页。

力,特别是一贯强调资产阶级和无产阶级之间的阶级斗争,认为它是现代社会变革的巨大杠杆;所以我们决不能和那些想把这个阶级斗争从运动中勾销的人们一道走。"① 列宁同样地也把阶级斗争视为阶级社会的"历史唯一的实际动力"②,认为近代"在欧洲各国,特别是在法国,导致封建制度即农奴制崩溃的汹涌澎湃的革命,却日益明显地揭示了阶级斗争是整个发展的基础和动力"。③

因此,在阶级社会中存在阶级矛盾和阶级斗争,都是客观的、不以人们的意志为转移的;在其每一个社会形态及其国家之中,被剥削、被压迫的阶级之所以会起来反抗统治阶级的剥削和压迫,是因为他们不堪重负,是因为他们生活不下去了。被剥削、被压迫的劳动人民只有在这种斗争中,才能迫使剥削阶级作出某种让步和改良,直至发生人民大革命,推翻剥削阶级的反动统治,推动社会发生根本变革,并达到国家政权的变更或社会形态的更替,从而能够实际地促进社会生产力发展和一定的社会进步。

总之,阶级斗争是解决阶级社会基本矛盾的一种重要的手段和方式,是社会发展进步的重要的直接动力。

二 必须从剩余价值理论的深度上领会和掌握无产阶级与资产阶级进行阶级斗争的理论和规律

如果说,历史唯物主义是从广度上揭示了一切被剥削、被压迫的劳动阶级进行反对其统治阶级的阶级斗争的普遍性的经济根源和一般规律的话,那么,马克思发现剩余价值规律和创立剩余价值论,则是从其深度上进一步论证、并阐明了无产阶级必然会进行反对资产阶级剥削、压迫的阶级斗争的客观规律和胜利前景。

马克思从理论和事实上都充分证明:资本主义从近代开始取代封建主

---

① 《马克思恩格斯选集》第3卷,人民出版社1963年版,第685页。
② 《列宁全集》第13卷,人民出版社1987年版,第263页。
③ 《列宁选集》第2卷,人民出版社1995年版,第313页。

义诚然是历史性的巨大进步，因为它使传统的农业文明转向、并发展出了现代工业文明。但是，它只是用新的雇佣剥削制度取代了旧的封建剥削制度。在这种制度下，工人创造的全部剩余劳动即剩余价值，都被资本家阶级无偿占有。于是，"工人生产的财富越多，他的产品的力量和数量越大，他就越贫穷。工人创造的商品越多，他就越变成廉价的商品。物的世界的增值同人的世界的贬值成正比。"①"可见，即使我们停留在资本和雇佣劳动的范围内，也可以知道资本的利益和雇佣劳动的利益是截然对立的。"②这是无产阶级与资产阶级之间发生阶级斗争的经济根源。即使资本家按照劳动力价值的增长，给予工人的工资有了一定增加，使工人及其家庭生活有所改善，但这也不可能从根本上改变工人阶级受剥削、受压迫的状况。对此，马克思指出："吃穿好一些，待遇高一些，特有财产多一些，不会消除奴隶的从属关系和对他们的剥削，同样，也不会消除雇佣工人的从属关系和对他们的剥削。由于资本积累而提高的劳动价格，实际上不过表明，雇佣工人为自己铸造的金锁链已经够长够重，容许把它略微放松一点。"③由此可见，无产阶级与资产阶级之间的对立和斗争，具有深刻的经济必然性。当然，这种阶级斗争展开的程度和发展阶段，是由无产阶级发展和组织的状况及其与资产阶级的力量对比所决定的。

（一）无产阶级有一个觉醒和成熟的过程，它反对资产阶级的阶级斗争也有一个多阶段的发展过程

第一，无产阶级在产生和成长的第一个阶段，还是一个盲目的和"自在的阶级"，只能进行一些零星的、分散的和消极的反抗。在资本原始积累时期和自由资本主义早期，资本家阶级对小生产者的剥夺和对工人阶级的剥削，是非常血腥和残酷的。但是，工人们在这个时候还不明白自己贫穷、失业和受剥削的原因，误认为是机器在排挤自己的工作，"抢"了自己的饭碗。因此，这时工人们对资本家剥削的反抗，往往表现为砸毁机器

---

① 《马克思恩格斯全集》第42卷，人民出版社1979年版，第90页。
② 《马克思恩格斯选集》第1卷，人民出版社1995年版，第354页。
③ 《马克思恩格斯全集》第23卷，人民出版社1975年版，第678页。

和消极怠工。由于这种斗争大多是各个工厂中由分散的工人们自发地、零星地进行的,缺乏有组织的力量支持,所以工人们在斗争中常常处于被动地位,斗争的成效不大,还不能显示出无产阶级的强大力量和斗争的胜利前景。

第二,无产阶级在成长和反对资产阶级斗争的第二个阶段,是在长期阶级斗争的实践锻炼中,特别是在马克思主义教育下逐步觉醒,并开始由一个"自在的阶级"发展转变一个"自为的阶级"。随着近现代资本主义大工业发展,无产阶级迅速发展壮大,日益成为一种强大的社会政治力量。无产阶级在反对和推翻封建地主阶级统治的资产阶级革命中,是资产阶级的同盟军和反封建斗争的主力。但由于革命的领导权掌握在资本家阶级手中,因此革命的成果和国家政权无一例外地都被资产阶级所独占,并且反过来用以镇压无产阶级。这在17世纪英国资产阶级革命、18世纪法国资产阶级大革命中都是如此。直到19世纪30年代初法国里昂、40年代初德国西西里等城市的工人起义,以及19世纪30—40年代主要由工人阶级进行的、声势浩大的英国人民宪章运动,才表明无产阶级作为独立政治力量登上了历史舞台。从此,各国工人阶级纷纷以各种形式组织起来,成立各种工会和政党,直至成立国际性的无产阶级政治组织。在各种名为工人阶级政治组织和政党组织之中,只有由马克思和恩格斯亲自指导建立、并以马克思主义作为指导思想的"共产主义者同盟"、"第一国际"和"第二国际"(前期),以及具有共同政治信念的各国无产阶级政党所开创、展开的国际共产主义运动,才是真正维护工人阶级的根本利益,以谋求工人阶级的彻底解放为己任的。

第三,无产阶级成长和反对资产阶级斗争的第三个阶段,是由唤醒人民、积累力量、准备革命,到发动、领导和进行无产阶级革命。这个伟大的革命斗争,旨在"使无产阶级形成阶级,推翻资产阶级的统治,由无产阶级夺取政权"[1],建立社会主义基本制度,为实现工人阶级的历史使命,开创和发展社会主义事业,提供根本的政治前提和制度基础。这个革命斗争的胜利,是91年前在经济文化比较落后的俄国,由列宁和布尔什维克

---

[1] 《马克思恩格斯选集》第1卷,人民出版社1995年版,第285页。

党领导的、俄国工人阶级和劳动人民在团结奋斗中首先开始实现的。1917年俄国十月社会主义革命，第一次开始使社会主义由理论变为社会现实。在十月革命和苏联的影响与帮助下，促使东欧诸国、蒙古、越南、朝鲜、中国、古巴、老挝等先后建立社会主义国家，并在20世纪40—60年代曾经一度组成为社会主义阵营。由于复杂的社会原因，虽然这个阵营解体了，苏联和东欧也随后发生了剧变，但是中国和越南等社会主义国家，却通过总结经验教训，实行体制改革（革新）和对外开放，使社会主义制度焕发出了生机和活力。这表明，世界社会主义运动目前处于低潮是暂时的，"社会主义经历一个长过程发展后必然代替资本主义"，"这是社会历史发展不可逆转的总趋势"[1]。

第四，无产阶级成长和反对资产阶级斗争的第四个阶段，是在坚持和发展社会主义基本制度的历史条件下，实行无产阶级专政（在我国称为人民民主专政），大力发展社会主义经济、政治、文化和社会事业，为消灭一切阶级、消灭一切剥削、逐步达到共同富裕，直至最终实现共产主义，而创造物质技术基础和社会条件。目前和今后一个较长的时期，在只有少数经济文化比较落后的国家率先走上社会主义道路，"资"强"社"弱，并处于资本主义世界统治体系包围的情况下，社会主义事业要能得到坚持和发展，除了国际共产主义运动发展和必要支持之外，社会主义各国本身还必须从其战略全局上，处理好以下两种基本关系：

其一是，必须处理好国内经济与政治的关系，其中特别是抓紧发展生产力与抓好阶级斗争的关系。应当说，在社会主义基本制度建立起来以后，必须集中精力发展生产力和创造物质技术基础，因为创造高于资本主义的劳动生产率，"归根到底是使新社会制度取得胜利的最重要最主要的东西"[2]。在这种历史条件下，如果还是像社会制度革命时期那样，仍然坚持"政治挂帅"、"以阶级斗争为纲"，那就会冲击经济社会建设。而在大力抓好生产力发展和经济社会建设的时候，如果否认和忽视客观存在的一定范围内的阶级斗争、否认和忽视社会主义与反社会主义的意识形态之间

---

[1] 《邓小平文选》第3卷，人民出版社1993年版，第382—383页。
[2] 《列宁选集》第4卷，人民出版社1995年版，第16页。

的斗争和较量，那么社会主义事业就可能夭折和失败。所以，在发展社会主义经济的时候，还必须正确地认识和处理政治问题。

其二是，必须在国内和国际关系方面处理好社会主义与资本主义（利用资本主义因素）之间的关系。在世界上仅仅存在少数社会主义国家的情况下，它们与资本主义之间的长期共处与对立、合作与较量，都是不可避免的。因此，应当尽量利用资本主义的和国际上的一切可能的有利条件与因素，来发展社会主义事业；而不至于使社会主义事业被资本主义所利用、破坏和颠覆。这中间，实际上不可避免地会存在着国际范围的政治斗争和阶级斗争。在国内，在我国长期处在社会主义初级阶段的条件下，必须在坚持公有制经济为主体、国有经济为主导的前提下，鼓励、支持和引导多种非公有制经济发展。只有这样，才有利于社会生产力的更快发展、有利于人民群众生活水平的提高，并从根本上有利于社会主义事业长远发展。这实际上是在利用非社会主义的甚至是资本主义的因素，来帮助和发展社会主义。在这里，同样有一个善于利用资本主义、而不被资本主义所利用的问题。

因此，我们社会主义国家在集中精力发展生产、发展经济的同时，还必须在政治上坚持无产阶级专政，坚持抓好一定范围内客观存在着的阶级斗争，必须坚持不断革命，把无产阶级革命进行到底。即必须做到马克思所说的："这种社会主义就是宣布不断革命，就是无产阶级的阶级专政，这种专政是达到消灭一切阶级差别，达到消灭这些差别所由产生的一切生产关系，达到消灭和这些生产关系相适应的一切社会关系，达到改变由这些社会关系产生出来的一切观念的必然的过渡阶段。"[①]

（二）无产阶级在反对资产阶级的阶级斗争中，必须把自身组织成为革命政党并在党的领导下"才能作为一个阶级来行动"

我们知道，无产阶级由于在现代社会化大生产中的阶级地位，决定了它是现代社会中的最先进、最有力量、最有组织性、纪律性和最具革命彻底性的阶级。因此它承担着资本主义"掘墓人"、争取本阶级解放和人类解放，

---

① 《马克思恩格斯选集》第 1 卷，人民出版社 1995 年版，第 462 页。

直至完全消灭阶级和实现共产主义社会的伟大、神圣、无私的历史使命。

工人阶级政党的政治领导和组织领导，是无产阶级革命事业不断取得胜利的根本保证。因为，无产阶级要真正成为一个阶级，即由一个"自在的阶级"成为一个"自为的阶级"，就必须组织和联合起来，就必须用自觉的、科学的和革命的阶级意识武装起来。马克思和恩格斯在《共产党宣言》发出了"全世界无产者，联合起来！"的伟大号召。这种联合包括工人阶级必须组织各国、各地、各级、各业的革命工会和在民族国家内组织自己阶级的革命政党。无产阶级政党，是工人阶级的阶级组织的最高形式，是工人阶级先锋队。马克思指出："无产阶级在反对有产阶级联合力量的斗争中，只有把自身组织成为与有产阶级建立的一切旧政党不同的、相对立的政党，才能作为一个阶级来行动。"他进而强调说："为保证社会革命获得胜利和实现革命的最高目标——消灭阶级，无产阶级这样组织成为政党是必要的。"[①]

在现代社会中，只有无产阶级在经济上所特有的阶级地位和大公无私的阶级品质，才使其从阶级本质上具有消灭一切私有制、消灭一切剥削、消灭一切阶级的历史使命，从而才能具有勇于开创和不断推进社会主义革命和建设事业，为最终实现共产主义社会而奋斗到底的革命坚定性和革命彻底性。这正如列宁所说："马克思主义理论的第一块主要的'基石'是什么呢？这就是：无产阶级是现代社会中唯一彻底革命的阶级，因此它在一切革命中都是先进的阶级。"[②]

西方有些垄断资产阶级御用学者，借口当前西方发达国家工人阶级发生了结构性变化，即"白领工人"在人数和地位上，已经或正在超过"蓝领工人"，并把工资收入较高的一些"白领"，从工人阶级之中划分出来，别有用心地称之为"中产阶级"。从而断言"工人阶级"正在消失、科学社会主义事业失去了"依靠力量"，马克思主义关于无产阶级及其历史使命的理论"过时"了。实际上，这就是资产阶级学者的似是而非的偏见。当然，马克思主义学者应当重视和深入研究当代工人阶级伴随西方产

---

① 《马克思恩格斯选集》第2卷，人民出版社1995年版，第611页。
② 《列宁全集》第12卷，人民出版社1987年版，第284页。

业结构转型升级,所发生的新情况和新变化,包括白领工人大量产生、蓝领工人大量减少这种结构性的变化,以及有些工人持有少量股票的事实。然而,在西方资本主义各国中,包括广大科学技术人员、大量中下层企业管理人员和持有少量股票在内的各类一般工薪收入者,他们都是依靠或主要依靠向资本家出卖自己的劳动力,来作为谋生的手段的,他们创造的剩余价值仍然被资本家阶级所无偿占有。因此,在当代世界各国,工人阶级即无产阶级人数和规模不是在减少,而是在发展和壮大;其素质和力量不是在下降,而是在提升和完善。工人阶级在过去、现在和将来,都是国际共产主义运动、各国社会主义事业的中流砥柱。

在当前和今后一个时期,各国马克思主义的工人阶级政党,若要在世界社会主义运动处于低潮之时,继续对本国工人阶级和广大劳动人民发挥主心骨的作用、发挥政治领导作用,就必须结合当代各国实际,坚持、发展和运用马克思列宁主义,教育、唤醒和武装工人阶级,进一步把工人阶级组织起来、联合起来,使他们"作为一个阶级来行动"。其中,最为关键的,就是向广大工人群众和工人运动"灌输"科学社会主义理论,唤醒和启发他们的自觉的、科学的和革命的工人阶级的阶级意识。在这里,我们必须重申和坚持马克思主义的一条基本原理,这就是,尽管从一定的意义和视角看,可以说"工人阶级自发地倾向社会主义",但是"社会主义意识是一种从外面灌输到无产阶级的阶级斗争中去的东西,而不是一种从这个斗争中自发地产生出来的东西"。因为自发的工人运动,即"工人阶级单靠自己本身的力量,只能形成工联主义意识",而"工联主义正是意味着工人受资产阶级思想的奴役"[①]。所以,工人阶级争取解放的过程,必然是不断发展着的马克思主义理论与其不断发展变化的革命实践相统一的自觉奋斗的过程。一方面,根源于经济必然性的"工人阶级的政治运动必然会使工人认识到,除了社会主义,他们没有别的出路。另一方面,社会主义只有成为工人阶级的政治斗争的目标时,才会成为一种力量"[②]。

[①] 见《列宁选集》第1卷,人民出版社1995年版,第328、326、317、327页。
[②] 同上书,第92页。

（三）无产阶级反对资产阶级的阶级斗争的"最高表现就是全面革命"，就是夺取政权，并在无产阶级专政下为消灭阶级创造经济和社会的前提

无产阶级进行反对资产阶级的阶级斗争的目的，是根据社会历史的发展规律，实行彻底的无产阶级革命，以摆脱受剥削、受压迫的地位，消灭私有制及其雇佣劳动制度、消灭一切阶级，谋求本阶级和整个人类的解放，最终实现共产主义远大理想。

第一，无产阶级对资产阶级进行阶级斗争的最关键的任务，是用革命手段，推翻资产阶级的统治，夺取国家政权，建立社会主义制度和实行无产阶级专政，为社会变革提供根本的政治前提和制度保证。无产阶级实行革命的根本原因，是根源于资本主义生产方式的基本矛盾——生产社会化与生产资料私人占有制之间的矛盾——运动激化的结果。不过，只有到旧社会发生"'下层'不愿照旧生活而'上层'也不能照旧维持下去"[①]的危机之时，这种革命才能够在资本主义统治体系的薄弱环节发生和胜利。按照工人阶级和革命人民的本来愿望，总是希望采用和平改造的方式，把资本主义旧社会改造为社会主义新社会。虽然，工人阶级及其政党不会放弃这种罕见的机遇，不会放弃一切可能的合法斗争。但是，"资产阶级国家由无产阶级国家（无产阶级专政）代替，不能通过'自行消亡'，根据一般规律，只能通过暴力革命。"[②] 至于这种无产阶级大革命究竟是走在中心城市搞武装暴动的革命道路，还是走以农村包围城市、最后夺取城市和国家政权的革命道路？这要由该国的具体国情来决定。理论和事实都证明，无产阶级只有运用革命手段，打碎资产阶级旧的国家机器，建立人民的新政权和社会主义基本制度，实行无产阶级专政，即"使无产阶级上升为统治阶级，争得民主"[③]，才具有坚持和发展社会主义事业的根本的政治前提和制度保证。

---

① 《列宁选集》第4卷，人民出版社1995年版，第193页。
② 《列宁选集》第3卷，人民出版社1995年版，第127—128页。
③ 《马克思恩格斯选集》第1卷，人民出版社1995年版，第293页。

应当指出，在目前世界社会主义运动处于低潮时期，有些国家的工人阶级政党（姑且不谈各国社会民主党）都在理论及其政治纲领中公开宣称放弃武装斗争的革命道路，仅仅主张进行合法斗争、坚持走"议会道路"。即仅仅主张在资产阶级多党制和"议会民主"的政治构架之内，争取上台执政和参政，而放弃以建立无产阶级专政作为革命的直接的政治目标。应该说，在革命低潮时期不具有革命形势，各国无产阶级及其政党都面临种种特殊的政治冲击和严重困难的情况下，当然应当主要是运用和平与合法的斗争方式，来稳住阵脚、教育群众、积蓄力量，以便迎接革命高潮的到来。但是，如果无产阶级及其政党把和平的、合法的议会斗争，作为唯一和长久的斗争形式，即把"和平过渡"作为改造资本主义旧社会的唯一希望，那就既不符合阶级斗争的严酷现实，也不符合马克思主义的基本原理。因为，资产阶级及其国家政权所竭力维护的，是这个剥削阶级的根本利益。而一旦无产阶级及其政党的政策和行动危及资产阶级的核心利益，就会受到资产阶级及其国家机器的毫不犹豫的镇压、迫害和屠杀。迄今为止，尽管已有极少数的共产党和其他拥护马克思主义的政党，在其资产阶级国家的宪法秩序之内，争得了一时的或局部地区的执政或参政的权力。但是，我们还没有看到由此使一个国家或地区走上社会主义道路的先例。

第二，无产阶级对资产阶级进行阶级斗争的最根本的任务，是在无产阶级专政的历史条件下，逐步创造出高于资本主义的劳动生产率，从而为巩固和发展社会主义制度奠定雄厚的物质技术基础。从历史唯物主义的高度看，"劳动生产率，归根到底是使新社会制度取得胜利的最重要最主要的东西。资本主义创造了在农奴制度下所没有过的劳动生产率。资本主义可以被最终战胜，而且一定会被最终战胜，因为社会主义能创造新的高得多的劳动生产率。"① 所以，列宁在俄国十月革命胜利以后不久，就强调指出："在任何社会主义革命中，当无产阶级夺取政权的任务解决以后，随着剥夺剥夺者及镇压他们反抗的任务大体上和基本上解决，必然要把创造高于资本主义的社会结构的根本任务提到首要地位，这个根本任务就是：

---

① 《列宁选集》第4卷，人民出版社1995年版，第16页。

提高劳动生产率,因此(并且为此)就要有更高形式的劳动组织。"①

这是因为,一般地说,社会主义是高于和优于资本主义的社会形态,所以它必须在继承资本主义创造的一切积极的社会成果的基础上,进一步创造出高于资本主义的物质文明、政治文明、精神文明、社会文明和生态文明;特殊地说,现实的社会主义国家都是在经济和文化比较落后的历史起点上建立起来的,因此它们都有一个赶超资本主义发达国家的历史性的艰巨和紧迫任务。所以,在坚持和利用社会主义制度优势的前提下,把大力发展社会化、现代化的社会生产力放在一切工作的首位,不仅是更为紧迫、更为重要、更为长期的经济任务,而且也是一项根本性的政治任务。因为,只有这样,无产阶级才能从根本上战胜资产阶级和资本主义,才能为消灭一切剥削、消灭一切阶级,创造根本的物质前提和物质基础。

第三,无产阶级对资产阶级进行阶级斗争的最艰巨的任务,是在不断巩固和全面发展社会主义事业的过程中,逐步创造出"使资产阶级既不能存在也不能再产生的条件"②。也就是要做到,完全消灭一切阶级和阶级差别,使资本主义剥削制度归于彻底消灭而不可能死灰复燃。因此需要无产阶级及其国家从经济、政治、文化和其他方面,完全和彻底地战胜并消灭资产阶级和一切剥削阶级;不仅要消灭各个阶级本身,而且还要消灭剥削阶级赖以存在和再生的经济、社会和思想、文化的土壤。对此列宁曾指出:"为了完全消灭阶级,不仅要推翻剥削者即地主和资本家,不仅要废除他们的所有制,而且要废除任何生产资料的私有制,要消灭城乡之间、体力劳动者和脑力劳动者之间的差别。这是很长时期才能实现的事业。要完成这一事业,必须大大发展生产力,必须克服无数小生产残余的反抗(往往是特别顽强特别难于克服的消极反抗),必须克服与这些残余相联系的巨大的习惯势力和保守势力。"③列宁在这里所讲的,主要是消灭阶级的艰巨性和长期性的国内因素,此外还有国际因素。

资本是一种国际性的力量。所以,处于资本主义世界统治体系包围

---

① 《列宁选集》第3卷,人民出版社1995年版,第490页。
② 同上书,第479页。
③ 《列宁选集》第4卷,人民出版社1995年版,第11页。

的、少数走上了社会主义道路的国家内部在消灭阶级的斗争中，还必然要受到种种国际因素的影响，其中包括经济、政治和思想文化等的影响。资产阶级存在和再生的经济、社会和思想、文化的土壤，之所以难以消灭；资本主义复辟的可能性之所以难以根除，还"在于它的各种国际联系牢固有力"①，"从金钱的意义上说，资产阶级始终是国际的，资产阶级现时在世界范围内还比我们强大"②。不仅如此，资产阶级在思想文化上的国际影响，也同样不能轻视。我们"对社会主义思想的任何轻视和任何脱离，都意味着资产阶级思想体系的加强"。其"原因很简单：资产阶级思想体系的渊源比社会主义思想体系久远得多，它经过了更加全面的加工，它拥有的传播工具也多得不能相比"③。由此，我们可以断言，在资本主义还是一种世界性的经济、政治和思想文化势力的情况下，在共产主义还没有实现以前，在一个或数个社会主义国家之内，要做到完全、彻底地消灭一切阶级，几乎是没有可能的。其实，列宁早就论述过马克思主义所昭示的这个真理。列宁说过："一个社会已经没有阶级，当然就没有工人和农民，而只有生产者——工作者了。我们从马克思和恩格斯的所有著作中确切地知道，他们是把还有阶级的时期和已经没有阶级的时期非常严格地区别开来的。马克思和恩格斯一向毫不客气地讥笑那些以为在共产主义以前阶级就会消失的思想、言论和假设，并且指出，只有共产主义才是消灭阶级。"④

因此，一切社会主义国家要完全彻底地消灭一切阶级，即在剥夺资产阶级的全部资本以后，进而在发展生产力的基础上创造出"使资产阶级既不能存在也不能再产生的条件"，进而创造出一切阶级和阶级差别完全消灭的经济、社会和思想、文化等条件，是无产阶级和广大劳动人民需要长期为之奋斗的艰巨的和复杂的历史性的任务，在短期之内是无法完成的。故而，马克思主义的阶级观点和阶级分析方法，同样是长期起作用的科学理论和方法。

---

① 《列宁选集》第 4 卷，人民出版社 1995 年版，第 135 页。
② 《列宁选集》第 3 卷，人民出版社 1995 年版，第 775 页。
③ 《列宁选集》第 1 卷，人民出版社 1995 年版，第 327—328 页。
④ 《列宁全集》第 41 卷，人民出版社 1986 年版，第 89 页。

三 我国社会主义初级阶段必须始终坚持和正确运用马克思主义的阶级观点和阶级分析方法

马克思主义阶级观点和阶级分析方法,由于其本身所包含的真理性和实践性,是适用于认识整个阶级社会、并相关地适用于阶级和阶级斗争趋于消灭之中的社会主义社会的马克思主义的基本观点和基本方法。它在整个马克思主义科学体系之中占有重要的、不可替代的地位。马克思主义关于"阶级的存在仅仅同生产发展的一定历史阶段相联系"的观点;关于阶级社会的基本矛盾必然地表现为阶级和阶级斗争的观点;关于阶级斗争是阶级社会发展的"直接动力"的观点;关于无产阶级反对资产阶级的阶级斗争的"最高表现就是全面革命"的观点;关于"阶级斗争必然导致无产阶级专政"的观点;关于无产阶级专政"是阶级斗争在新形式下的继续"[1]的观点;关于无产阶级专政"不过是达到消灭一切阶级和进入无阶级社会的过渡"的观点;关于无产阶级的阶级地位、历史使命和它自身只有组织成为革命政党"才能作为一个阶级来行动"的观点;关于"只有承认阶级斗争、同时也承认无产阶级专政的人,才是马克思主义者"等等观点,构成了马克思主义科学的"阶级斗争学说"[2]。而运用这种关于阶级和阶级斗争的学说及其基本观点来思考、认识、分析、解决相关的社会现象和社会问题,就是马克思主义的阶级分析方法。

无产阶级与资产阶级之间进行尖锐、复杂的阶级斗争,是围绕着维护各自根本的阶级利益而进行的。无产阶级及其政党在领导革命人民推翻资产阶级统治、夺取政权、建立社会主义制度和镇压资产阶级及其他剥削阶级反抗的革命斗争中,所依靠主要的思想理论武器就是以其哲学(尤其是历史唯物主义)和政治经济学(尤其是剩余价值理论)为基础的阶级斗争学说。马克思和恩格斯把由此阐明的阶级斗争规律称为"重大的历史运

---

[1] 《列宁全集》第36卷,人民出版社1985年版,第362页。
[2] 《列宁选集》第2卷,人民出版社1995年版,第314页。

动规律",认为运用这个规律是科学地理解阶级社会历史的"钥匙"①。

列宁认为,在阶级社会中,"阶级关系——这是一种根本的和主要的东西,没有它,也就没有马克思主义"②。因此,"阶级斗争的原则是社会民主党(布尔什维克党的前身——引者注)全部学说和全部政策的基础"③。"马克思主义要求我们对每一个历史关头的阶级对比关系和具体特点作出经得起客观检验的最确切的分析。"他要求"马克思主义者不应当离开分析阶级关系的正确立场"④。列宁甚至强调说:"无论哪一个人,只要他学过一点历史或者马克思主义学说,他就一定会承认,进行政治分析首先应该提出阶级问题:是哪个阶级的革命?是哪个阶级的反革命?"⑤

显然,这里主要讲的是阶级社会和剥削阶级没有消灭之前的情况。因为,在阶级社会中,"某一社会中一些成员的意向同另一些成员的意向相抵触;社会生活充满着矛盾;我们在历史上看到各民族之间,各社会之间,以及各民族、各社会内部的斗争,还看到革命和反动、和平和战争、停滞和迅速发展或衰落等不同时期的更迭——这些都是人所共知的事实。"列宁强调,面对历史上和现实之中这样种种复杂的、变幻莫测的社会现象,"马克思主义提供了一条指导性的线索,使我们能在这种看来扑朔迷离、一团混乱的状态中发现规律性。这条线索就是阶级斗争的理论。"究其原因,就在于"只有研究某一社会或某几个社会的全体成员的意向的总和,才能科学地确定这些意向的结果。其所以有各种矛盾的意向,是因为每个社会所分成的各阶级的地位和生活条件不同"⑥。

马克思、恩格斯、列宁和毛泽东之所以都是自己时代的伟大马克思主义者,之所以都能够胜利地开创出一番革命事业,其中一个重要理论和方法论的基础,就在于他们敢于坚持和善于运用马克思主义的即无产阶级的立场、观点和方法,去分析和解决自己面临的阶级和阶级斗争问题。马克

---

① 《马克思恩格斯选集》第1卷,人民出版社1995年版,第583页。
② 《列宁全集》第41卷.人民出版社1986年版,第92页。
③ 《列宁全集》第15卷,人民出版社1988年版,第38页。
④ 《列宁选集》第3卷,人民出版社1995年版,第24、27页。
⑤ 《列宁全集》第32卷,人民出版社1985年版,第79页。
⑥ 《列宁全集》第26卷,人民出版社1988年版,第60页。

思和恩格斯的《共产党宣言》、列宁的《什么是"人民之友"以及他们如何攻击社会民主党人?》、毛泽东的《中国社会各阶级的分析》等基本著作,就是进行阶级分析的典范,也分别是马克思主义、列宁主义、毛泽东思想创立的重要标志。

就一般的共产党人而言,承认阶级观点和阶级分析方法对于认识阶级社会、认识革命战争年代的重要性,大都具有基本的共识。但对于阶级和阶级斗争趋于消失过程之中的社会主义社会的阶级斗争问题,尤其是对于我国社会主义初级阶段的阶级斗争问题,则有一个重新认识和探索的问题,有一个须经社会实践重新反复检验和统一认识的过程。毛泽东同志是伟大的马克思主义者。他在革命战争年代、在社会主义改造时期重视阶级观点和阶级斗争是完全正确的,是毛泽东思想的要义之一。但是,他在20世纪50年代中期我国基本上完成了生产资料的社会主义改造以后,仍然提出和坚持"以阶级斗争为纲"的口号,发动多次政治运动,导致阶级斗争扩大化,这就犯了"左"的教条主义错误。

党的十一届三中全会果断地决定停止使用"以阶级斗争为纲"的口号,使党的工作重点转向社会主义现代化建设的正确轨道,并由此开始创立邓小平理论,形成了党的"一个中心、两个基本点"的基本路线,实现了党在指导思想上的拨乱反正和与时俱进,开辟了中国特色社会主义道路。这是我国30年来改革开放和现代化建设取得丰功伟绩的思想保证。

邓小平和邓小平理论的实事求是的科学态度,体现在改革开放和现代化建设事业的方方面面,也体现在对阶级斗争的看法和处理上。早在1979年3月30日,邓小平在中央理论工作务虚会上发表的《坚持四项基本原则》的重要讲话中,就指出:"我们必须看到,在社会主义社会,仍然有反革命分子,有敌特分子,有各种破坏社会主义秩序的刑事犯罪分子和其他坏分子,有贪污盗窃、投机倒把的新剥削分子,并且这种现象长时期内不可能完全消灭。同他们的斗争不同于过去历史上的阶级对阶级的斗争(他们不可能形成一个公开的完整的阶级),但仍然是一种特殊形式的阶级斗争,或者说是历史上的阶级斗争在社会主义条件下的特殊形式的遗留。"他还强调说:"社会主义社会中的阶级斗争是一个客观存在,不应该缩小,也不应该夸大。实践证明，无论缩小或者夸大，两者都要犯严重的错误。"① 党的十一届六中全会通过的《关于建国以来党的若干历史问题的决议》，据此对我国社会主义初级阶段的阶级斗争问题，作出了科学的论断。指出："在剥削阶级作为阶级消灭以后，阶级斗争已经不是主要矛盾。由于国内的因素和国际的影响，阶级斗争还将在一定范围内长期存在，在某种条件下还有可能激化。既要反对把阶级斗争扩大化的观点，又要反对认为阶级斗争已经熄灭的观点。"② 近30年的实践，特别是邓小平领导的包括平息"八九政治风波"在内的、历次反对资产阶级自由化的斗争实践，都反复证明：邓小平的上述观点和党中央《决议》中的上述论断，完全符合我国社会主义初级阶段的实际情况，是完全正确的，我们必须长期、坚定不移地加以坚持和贯彻落实。

唯物辩证的思维方法要求我们，在反对一种主要的错误倾向的同时，要注意防止它可能掩盖着的另一种错误倾向。但遗憾的是，形而上学的思维、从一个极端跳到另一个极端的思维，往往总是纠缠着一些人的头脑。如果说，在大讲"以阶级斗争为纲"的年代，确实有不少人对阶级和阶级观点显得过于敏感，从而容易犯阶级斗争扩大化的错误的话；那么，在改革开放的新时期，当我们党的工作重点转向"以经济建设为中心"以后，则有不少人对于阶级和阶级观点又显得过于麻木。他们对于我国一定范围内客观存在着的阶级斗争现象熟视无睹，对于当今世界在总体上还是阶级社会不以为然，因此把马克思主义的阶级观点和阶级分析方法弃之如敝屣。于是，在当今中国理论界，有些人主张淡化政治、淡化意识形态、淡化马克思主义，鼓吹超阶级的思想文化，直至公开宣扬中国应当实行"私有化"、"西方化"和"美国化"，即肆无忌惮地鼓吹资产阶级自由化，已经畅行无阻、成为一种时髦；而坚持四项基本原则，反对资产阶级自由化的声音却很微弱。这是极不正常的，也是很危险的。

在这方面，西方资产阶级学者和政客的政治敏感性，往往比我们要强

---

① 《邓小平文选》第2卷，人民出版社1994年版，第169、182页。
② 中央文献研究室：《十一届三中全会以来党的历次全国代表大会主要全会重要文件选编》（上），中央文献出版社1979年版，第211页。

得多。美国当年驻苏联大使小杰克·F. 马特洛克,在其所著的《苏联解体亲历记》中,对戈尔巴乔夫等人背叛马克思主义阶级斗争学说的观察和描写,就是很好的反面教材。马特洛克写道:"阶级斗争理论是列宁主义者的国家结构演进观所依据的中心概念。"他认为,在西方诱导戈尔巴乔夫领导集团发生思想政治演变时,"其中最重要的莫如马克思主义的阶级斗争学说。"而当他观察到苏共领导人戈尔巴乔夫等人在内政外交上,发表了大量超阶级的观点和言论之后,说"我一直孜孜以求的东西终于呈现在我的眼前",于是他把戈尔巴乔夫等人这些有关否认"阶级斗争的讲话作为一个可喜的迹象向华府作了汇报"。并写道:"这是《共产党宣言》以及《资本论》中的马克思主义吗?当然不是。""如果苏联领导人真的愿意抛弃这个观念,那么他们是否继续称他们的指导思想为'马克思主义'也就无关紧要了。这已是一个在别样的社会里实行的别样的'马克思主义'。这个别样的社会则是我们大家都能认可的社会。"①

虽然,我们中国的情况与当年苏联大不相同,但在道理上则是相通的。我们决不能做西方资产阶级政客"孜孜以求"地诱导我们去做的事情。我们应当在坚持党的"一个中心、两个基本点"的基本路线的过程中,举国上下,集中精力,长期坚持"以经济建设为中心",大力发展生产力;与此同时,还必须实事求是地看待我国在一定范围内长期存在的阶级斗争这一客观事实,实事求是地认识和理解马克思主义阶级观点的现实性,以及运用阶级分析方法的必要性。我们理论工作者尤其应当联系国内外的政治现实,实事求是地、既"不应该缩小、也不应该夸大"地讲清楚这个理论问题。

其一,我们应当从党中央关于经济全球化和世界多极化的总体性战略判断的高度上,来认识我们时代的本质和世界的政治格局。

从经济关系看,当今世界的经济态势是什么呢?首先我们应当看到当今世界的经济特征是:经济全球化在不断发展深化,新的科学技术革命日新月异,尽管经济竞争和综合国力竞争日趋激烈,但是和平与发展依然是

---

① 参见[美]小杰克·F. 马特洛克《苏联解体亲历记》(上),吴乃华等译,世界知识出版社1996年版,第162、165、169页。

当代的主题。在这种国际经济形势下，我们国家应当坚持对外开放、趋利避害、积极参与经济全球化，以利于我国的社会主义现代化建设。与此同时，我们也不要忘记，当今世界的经济全球化，主要是由西方发达国家掌控的、特别是由西方垄断资产阶级主导的全球化。其经济主体，主要是西方发达国家的少数富可敌国的跨国公司和多国公司，主要是由它们在主宰和左右着全球经济秩序。除了中国等少数几个社会主义国家之外，当今世界在总体上是资本主义的，而且主要是垄断资本主义的世界，是以私人垄断资本主义为基础、以国家垄断资本主义为主导、以国际垄断资本主义为扩张形式的三者相结合的垄断资本主义世界。所以，列宁关于帝国主义的经济实质是垄断资本主义的论断，并没有"过时"，只是在改变存在的形式。近几年，美国和英国的一些御用学者，也乐于把自己的国家称为"新帝国主义"，就从反面证明了这一点。

从政治关系看，当今世界政治格局和时代本质是什么呢？这是我们认识和搞好国内社会主义改革和建设的大背景、大前提，也是我们正确认识和对待国内外的阶级斗争问题的大背景、大前提。我们知道，政治是经济的集中表现。邓小平曾经指出："马克思主义的思想理论工作是不能离开现实政治的。我这里说的政治，是国内外阶级斗争的大局，是中国人民和世界人民在现实斗争中的根本利害。"[①] 我认为，世界人民的根本利害就是要从时代本质的高度，来认识和不失时机地争取实现各国劳动人民如何摆脱资本主义剥削，并创造条件，以求逐步和尽快地走上社会主义道路的问题。对此，列宁早就说过，我们生活在由资本主义社会转变到社会主义社会的"两个时代的交界点；因此，只有首先分析从一个时代转变到另一个时代的客观条件，才能理解我们面前发生的各种重大历史事件。这里谈的是大的历史时代。每个时代都有而且总会有个别的、局部的、有时前进、有时后退的运动，都有而且总会有各种偏离运动的一般型式和一般速度的情形。我们无法知道，一个时代的各个历史运动的发展会有多快，有多少成就。但是我们能够知道，而且确实知道，哪一个阶级是这个或那个时代的中心，决定着时代的主要内容、时代发展的主要方向、时代的历史背景

[①] 《邓小平文选》第2卷，人民出版社1994年版，第179页。

的主要特点等等"①。尽管我们所处的大时代,早从91年前俄国十月革命胜利时起,就开始由资本主义社会向社会主义社会转变,但是全世界除了中国等少数几个尚存的社会主义国家之外,在总体上还是阶级社会,所以我们不能离开阶级观点和阶级分析方法,来看待全球的国际政治,来看待我们所处"大的历史时代"的本质与当代"主题"的关系,来看待如何为巩固和发展我国社会主义事业而奋斗。

至于全球国际性的思想文化和意识形态上的关系,毫无疑问,都是由相应的经济和政治关系所决定和制约的,其性质、特点和相互交融、较量的状况,也就不言自明了。

其二,我们应当客观和审慎地看待和分析我们全中国阶级、阶层的关系和结构。1981年,党的十一届六中全会《决议》认为,我国"剥削阶级作为阶级消灭"了,这主要是就我国社会主义制度下的情况而言的,是完全正确的。因为,当时香港和澳门的回归还没有成为现实;邓小平关于用"一国两制、和平统一"的方针,收回香港和澳门,实现台湾与祖国的统一的伟大构想,当时还没有提出来。既然,我们中国即使在实现完全统一大业以后,还要长期实行"一国两制",也就是说,中国内地即我国主体部分实行社会主义制度;而香港、澳门和台湾回归祖国以后,仍然长期实行资本主义制度(例如香港和澳门现有的社会制度至少50年不变)。那么,显而易见,我国实行资本主义制度的那些地区也就完整地存在着一个资产阶级。所以,我们不应简单地说全中国的"剥削阶级作为阶级已经消灭"。然而,这决不意味着我们共产党人因此要对其搞什么"阶级斗争";恰恰相反,我国中央政府正在按照其基本法,实行港人治港、澳人治澳、高度自治方针,努力促进这些特别行政区的长期稳定和繁荣。而且,我国在实行改革开放的过程中,已经和继续在鼓励、欢迎和支持国外的,以及港澳台的公司和企业家,来中国内地投资和兴办企业,并依法维护他们的合法权益。应该说,我们在阶级分析上这样坚持马克思主义理论的彻底性和真理性,与在社会主义初级阶段实行必需的治国方略和具体的经济政策,是可以统一和并行不悖的。

---

① 《列宁全集》第26卷,人民出版社1988年版,第142—143页。

同时，我们还要看到：在我国大陆实行社会主义制度的主体部分，完全消灭一切阶级和阶级差别的历史任务，也远远没有完成。在我国理论界特别是经济学界有极少数人，一方面以我国生产力的总体发展水平很低为理由，反对公有制的主体地位，主张无限制地发展私有经济，甚至公开宣扬要实行私有化，好让私有经济（往往名曰"民营经济"）占主体地位；另一方面，他们又说我国已经消灭了阶级，反对讲阶级观点和运用阶级分析方法。这就从根本上违背了历史唯物主义的基本原理，是一种自相矛盾的理论悖论和政治悖论。因为历史唯物主义告诉我们，只有"现代生产力的充分发展"，才具有完全消灭阶级的根本物质前提和物质基础；否则就是空想，就是欺人之谈。

其实，在我国社会主义初级阶段，至少长期存在着两个基本的阶级和若干社会阶层。这就是：工人阶级（2004年年末在全国第二、第三产业就业的30822.8万人中，仅仅在内外资完全私有的企业中从业人员就有5490.1万人，其中绝大多数是工人）[1]、农民阶级（2005年农村人口为7.45亿人）[2]和若干新的社会阶层（即民营科技企业的创业人员和技术人员、受聘于外资企业的管理技术人员、个体户、私营企业主、中介组织的从业人员、自由职业人员等社会阶层）。

其中，对于我国在2005年就有了230万户的私营企业主，算不算是一个新的资产阶级？我国学术界还有争论。我认为，根据列宁的阶级定义，我国这些私营企业主可以说他们已经从经济上开始形成了一个新的资产阶级；但是，我们又不能仅仅从定义出发看问题，而必须以对事实的具体而客观的分析为依据。因为，根据马克思、恩格斯和列宁有关阶级的完整理论，一个阶级的形成，只有经历从经济上形成、进而从政治上形成的过程，才算是一个完整的阶级。例如，马克思和恩格斯认为，西欧的资产者们"在封建主统治时期是一个被压迫的等级"，还只是一个"阶层"，只是当他们"从大工业和世界市场确立的时候起"，从他们开始向封建地主阶级争夺统治权的时候起，才成为一种独立的经济和政治势力，也就是

---

[1] 国家统计局：《第一次全国经济普查主要数据公报》，中国统计出版社2006年版，第12页。
[2] 国家统计局：《中国统计年鉴（2006）》，中国统计出版社2006年版，第99页。

说，在"国家权力还没有变成它自己的权力"之前有个时期，"资产阶级在政治上还没有形成一个阶级"①。又如，马克思在论及法国资产阶级大革命以后人数众多的小农时，指出：他们"数百万家庭的经济生活条件使他们的生活方式、利益和教育程度与其他阶级的生活方式、利益和教育程度各不相同并互相敌对，就这一点而言，他们是一个阶级。而各个小农彼此间只存在地域上的联系，他们利益上的同一性并不使他们彼此间形成共同关系，形成全国性的联系，形成政治组织，就这一点而言，他们又不是一个阶级"②。所以，对于我国在改革开放的历史条件下出现的一批私营企业主，就他们拥护和服从社会主义制度的管理、受公有制经济主体的制约的意义而言，他们又不是一个完整的阶级。因此，目前称之为"私营企业主阶层"和"中国特色社会主义的建设者"，是比较妥当的。

其三，虽然阶级斗争已经不是我国社会的主要矛盾，但是在一定范围内仍将长期存在。这包括：对国外境外敌对势力企图"西化"和"分化"我国的政治图谋，对国际上的霸权主义和强权政治干涉我国内政、危害我国领土和主权完整的行径，必须进行斗争；对于"台独"、"藏独"和"疆独"等危害国家统一和领土主权完整的分裂势力与分裂活动，必须进行斗争；对于危害国家安全和国家稳定，对于危害国家、社会、公共秩序和社会主义建设的破坏活动，对于侵害国家和集体利益、侵害他人权益和生命财产安全等违法犯罪活动，即对严重的刑事犯罪活动，必须进行斗争；对于极少数官员和领导干部以权谋私、行贿受贿、腐化堕落等腐败犯罪行为，必须进行斗争；对于极少数私营企业主或者官商勾结，或者利用黑社会势力，以严重违法犯罪的手段，为取得非法利润，而惨无人道地对企业职工进行剥削、压迫、打骂、侮辱、故意伤害其身心健康，甚至草菅人命等野蛮的犯罪行为，必须进行斗争；对于在政治上和意识形态上顽固坚持资产阶级自由化立场，公然反对四项基本原则，企图颠覆我国社会主义制度的言行，必须进行斗争；如此等等范围之内的严重斗争，都在一定程度上带有阶级斗争的性质或者具有阶级斗争的因素。

---

① 《马克思恩格斯全集》第 4 卷，人民出版社 1958 年版，第 467、330 页。
② 《马克思恩格斯选集》第 1 卷，人民出版社 1995 年版，第 677 页。

其四，目前在我国社会主义初级阶段的历史条件下，我们共产党人仍然有必要正确地坚持马克思主义的阶级观点和阶级分析方法。否则，就是自我解除理论武装，会造成极为严重的后果。

既然当今世界在总体上还是由西方各国垄断资产阶级所主导的阶级社会，既然我国在一定范围内还会长期存在阶级斗争，那么马克思主义的阶级观点和阶级分析方法，就具有一定的适用范围和运用的客观必要性。如果我们抛弃了科学的阶级观点，势必会出现：我们对于国内外有关阶级斗争的事物和现象的认识，停留在"就事论事"的现象层面，就可能是一个缺乏政治观点、大局意识和战略头脑的庸人，就可能是政治上的"瞎子"和"聋子"，就可能目光短浅，是非不分，无所适从。

比如说，在当今的中外关系上，我们国家坚定不移地高举和平、发展和合作的大旗，奉行独立自主的和平外交政策，走和平发展的道路。但是，同时在国际间还客观地、长期地存在着社会主义与资本主义的两种社会制度、无产阶级与资产阶级的两种思想体系的并存与对立、合作与较量。虽然这两者的关系，并不能都简单地归结为国际之间的阶级斗争，我们也绝不会主动去向人家搞什么"阶级斗争"。可是，其中总是客观地、难以避免地具有某些阶级斗争的实际内容。要不然，为什么西方世界中总有那么一些人，极其顽固地要"围堵"和"妖魔化"中国，要对中国搞"西化"和"分化"，要阻挠中国完成和平统一大业和实现中华民族伟大复兴？我们且不说，在世界多极化之中有那么一个唯一的"超级大国"及其垄断资产阶级，总是在肆无忌惮地企图推行霸权主义和强权政治，企图进一步侵占、掠夺和剥削别国的物质财富和战略资源，企图消灭各国革命、民主和进步的社会力量，企图永远由它主宰世界和人类的命运。很显然，这是他们的主观妄想，也是当今世界不得安宁，并连续不断发生局部战争、政治动荡的根本原因。试想，如果不坚持用马克思主义的阶级观点来给予观察和分析，我们能够看清这些国际现象发生的原因、本质和规律吗？

又比如说，我们国内存在的一些政治现象，像陈水扁、达赖之流公然搞"台独"和"藏独"分裂活动；像一些顽固的资产阶级自由化分子公然宣扬中国在经济上要实行"私有化"（或所谓"民营化"），政治上要实行"美国化"（即要以美国和西欧所谓"民主宪政"为模式，实行资产阶级多党制），意识形态上要实行"全盘西化"（即把西方资产阶级意识形态视为我国应当融入的所谓人类文明的"思想主流"和"普世价值"），还有人把中国特色社会主义歪曲为"伯恩施坦主义"及其所谓"民主社会主义"等现象，难道其中不包含着阶级斗争或者是阶级斗争的反映吗？难道不需要运用阶级观点和阶级分析方法去观察和认识吗？这些问题为什么表现得那么突出和难以解决，为什么有些人搞反华、反共和反马克思主义活动，是那么肆无忌惮、有恃无恐？显然，这除了阶级斗争本身的复杂性和曲折性之外，就是由于我国国内一定范围内的阶级斗争与国际性的阶级斗争、政治斗争总是存在着某种联系，由于世界社会主义运动在目前处于低潮，由于这些人背后有"洋大人"为其打气、壮胆和撑腰。试想，如果我们不坚持运用马克思主义的阶级观点和阶级分析方法给予观察和分析，我们能够看清这种种国内的政治斗争、意识形态斗争现象发生原因、本质和规律吗？

再比如说，自从改革开放和发展社会主义市场经济以来，我们党员干部队伍之中的腐败堕落现象，为什么层出不穷、难以遏制，反腐败斗争搞了近30年、落马和毁掉了成十万党员干部、抓出了成百万计的案子。这固然体现了我们党反对腐败的决心、力度和成效。但是，腐败蔓延的势头至今没有根本性的好转。其中的根本原因是什么？对此，有些人用体制不健全、民主不充分，特别是运用西方的"寻租理论"来解释，当然有其一定的原因和道理（尤其是前两者），但都不是根本性的原因和道理。对其根本性、本质性的原因，江泽民同志曾经指出过："从本质上说，腐败现象是剥削阶级和剥削制度的产物"，"这些消极腐败现象是资产阶级和其他剥削阶级思想作风在党内的反映。"① 正是由于作为资产阶级和其他剥削阶级的腐朽、没落思想之集中表现的拜金主义、享乐主义、极端利己主义，即恶性膨胀的剥削阶级的腐朽、没落思想意识，对于一些党员干部头脑和灵魂的腐蚀，才使这些人丧失了自己的阶级立场、党性原则、社会主义信念和共产主义理想，从而抵挡不了金钱、美色和其他"糖弹"的诱惑与攻

---

① 《江泽民论有中国特色社会主义（专题摘编）》，中央文献出版社2002年版，第425、433页。

击，走上了以权谋私、违法犯罪、腐化堕落的不归之路。这些党员干部的腐败，既包括政治上的腐败、经济上的腐败和思想道德上的腐败，又包括党的机体的局部腐败。因此，我们反对腐败的斗争，既是国内外的一定范围内的阶级斗争，特别是意识形态上的较量和斗争在一些党员干部头脑中的反映，也是这类斗争在党内的反映。试想，如果不坚持用马克思主义的阶级观点，来对党内这些消极腐败现象进行观察和分析，我们能够看清消极腐败现象发生和开展反腐倡廉斗争的原因、本质和规律吗？我们能够真正有效地把这项严重的政治斗争进行到底吗？

总之，正如江泽民同志所说："我们纠正过去一度发生的'以阶级斗争为纲'的错误是完全正确的，但是这不等于阶级斗争已不存在了。只要阶级斗争还在一定范围内存在，我们就不能丢弃马克思主义的阶级和阶级分析的观点和方法。这种观点和方法始终是我们观察社会主义同各种敌对势力斗争的复杂政治现象的一把钥匙。"① 在这里，我们希望那些已经"丢弃"了这把"钥匙"的同志，再把它真正和实际地掌握起来，并加以正确对待和运用。只有这样，我们全党和全国各族人民才能够真正地做到坚持党的"一个中心、两个基本点"的基本路线，一百年不动摇；才能够真正有利于构建社会主义和谐社会；才能够真正坚持走中国特色社会主义道路；才能够真正有利于实现中华民族的伟大复兴。

（原载《马克思主义论丛·阶级和革命的基本观点研究》第 10 辑，中央编译出版社 2008 年版）

---

① 《江泽民文选》第 3 卷，人民出版社 2006 年版，第 83 页。

推进社会主义改革开放必须始终做到"三个坚定不移"

胡锦涛同志在纪念党的十一届三中全会召开30周年大会上的重要讲话,在回顾和总结改革开放伟大历程的基础上,系统和深刻地阐明了改革开放的十条基本经验和贯彻落实的战略思路,是指导党和国家全局工作的一个纲领性文献。其中第二条基本经验是:"必须把坚持四项基本原则同坚持改革开放结合起来,牢牢扭住经济建设这个中心,始终保持改革开放的正确方向。"[①] 从整个讲话的精神实质来理解这条经验,我认为,这是要求全党全国各族人民在全面建设小康社会中,团结奋斗,勇往直前,必须始终做到"三个坚定不移",即必须坚定不移地坚持和推进改革开放、必须坚定不移地始终保持改革开放的正确方向、必须坚定不移地用科学发展观指导改革和建设,实现坚持改革开放同坚持社会主义方向的内在统一。

一 改革开放是新的历史条件下新的伟大革命,必须坚定不移地向前推进

邓小平倡导改革开放,是在世界社会主义运动处于低潮、和平发展已经成为时代主题、我国体制上积累的弊端已在妨碍社会主义发展的历史条件下,而作出的决定当代中国命运的关键抉择。改革开放作为新的历史条件下一场新的伟大革命,必须始终坚定不移地向前推进。从根本上说,这是我们时代提出的历史性课题,是科学社会主义中国化发展的必然要求。

[①] 胡锦涛:《在纪念党的十一届三中全会召开30周年大会上的讲话》,人民出版社2008年版,第15页;本文后引此书,不再注释。

第一，从世界社会主义运动发展过程及全局看，体制改革是其中一个必经的发展环节，是我们时代提出的前沿性历史课题。国际社会主义事业的开创、发展和逐步取得胜利，是需要各国工人阶级及其政党团结、带领和指导工人阶级和广大劳动人民，坚持不懈地进行奋斗，不断解决各个时代的历史性课题的长远过程。

对此，马克思和恩格斯的主要贡献，是创立马克思主义，使社会主义由空想发展为科学，开创了国际共产主义运动；列宁和斯大林的主要贡献，是根据自己时代的特征和革命实践，把马克思主义发展到列宁主义阶段，指导无产阶级革命在帝国主义统治体系的"薄弱环节"，首先获得突破，在俄国（苏联）第一次使社会主义由理论变为现实，开创了人类历史新纪元；在中国，毛泽东的主要贡献，是基于我国国情和革命实践，倡导马克思主义中国化，在主要由他创立的毛泽东思想指导下，开辟了中国特色的无产阶级革命道路，指引党和革命人民推翻三座大山，建立了新中国和开创社会主义事业。总之，从马克思和恩格斯到列宁、再到毛泽东，他们面临的历史性课题和主要任务，是革剥削"制度"的命，是推翻剥削阶级统治、创建社会主义新制度和新事业。

在新时期，邓小平面临的历史性课题和主要任务，则是在坚持社会主义基本制度的前提下，要革传统的僵化"体制"的命。即通过体制改革和体制创新，以完善社会主义基本制度，使社会主义重新焕发出生机和活力。这种体制性的革命，是其制度性革命的继续、拓展和深入。包括中国在内的社会主义各国，如果不适时而正确地进行这场"新的伟大革命"，那么就会由于体制僵化而窒息社会主义制度的生命力，社会主义事业就可能走向停滞、萎缩和失败。所以，邓小平把改革视为"中国的第二次革命"[①]，胡锦涛说是"新的历史条件下新的伟大革命"。其意蕴是极为深刻和深远的。

第二，从历史唯物主义的哲学高度看，体制改革的历史必然性取决于社会主义社会的基本矛盾，目的在于进一步解放和发展生产力，促进社会全面进步。过去，我们在理论上往往强调通过革命推翻剥削制度，建立社

---

① 《邓小平文选》第3卷，人民出版社1993年版，第113页。

会主义新制度，是解放社会生产力，其后"我们的根本任务，已经由解放生产力变为在新的生产关系下面保护和发展生产力"①。邓小平独具慧眼。他看到，我国社会生产力的解放和发展，不仅同社会主义制度有关，而且同作为和体现这种制度的实现形式、运行的体制也有关。即在社会主义制度下，也有一个继续解放生产力的问题。他指出："革命是解放生产力，改革也是解放生产力。""社会主义基本制度确立以后，还要从根本上改变束缚生产力发展的经济体制，建立起充满生机和活力的社会主义经济体制，促进生产力的发展，这是改革，所以改革也是解放生产力。"②这个科学论断，是对历史唯物主义，特别是对其社会基本矛盾理论的深化和发展。理论和实践都表明，体制改革是解决社会主义社会的基本矛盾，即使生产关系更加适应生产力发展、上层建筑更加适应经济基础发展的根本方法和根本途径，是促进社会主义社会发展进步的强大动力。我国改革开放的伟大实践所取得的辉煌成就，突出地表现在经济发展上，是获得了30年年均9.8%的持续、快速和稳定增长，同时在国家政治建设、文化建设、社会建设、生态建设等方面也有显著的发展进步。这表明，我国实行改革开放，是完全正确的战略决策，是发展中国特色社会主义、实现中华民族伟大复兴的必由之路。

第三，从科学社会主义理论与实践的具体和历史的统一看，只有通过改革开放的实践探索，才能找到和形成适合我国国情、自己的时代特征的社会主义道路和发展模式。科学社会主义为我们提供的是基本原理和基本原则，而不是固定和现成的发展模式。在中国这样经济文化落后的发展中的大国建设社会主义，更是史无前例的创造性伟大事业，没有现成的经验和模式可循。因此，我们党必须解放思想、实事求是、一切从实际出发，"摸着石头过河"，探索切合中国实际的社会主义。用邓小平的话说，就是"把马克思主义的普遍真理同我国的具体实际结合起来，走自己的道路，建设有中国特色的社会主义"③。30年来，我国通过实行以经济改革——

---

① 《毛泽东文集》第7卷，人民出版社1999年版，第218页。
② 《邓小平文选》第3卷，人民出版社1993年版，第370页。
③ 同上书，第3页。

由计划经济体制转向社会主义市场经济体制——为中心的全面的体制改革，实行对外开放，开辟了中国特色社会主义道路，形成了中国特色社会主义理论体系，取得了伟大成功，创造了经济社会发展的奇迹。尽管，当代世界社会主义运动处于低潮，而在我们中国，却出现了社会主义事业发展的高潮。中国特色社会主义道路越走越宽广。中国人民从自己长远和亲身经历中体会到：只有社会主义才能救中国，只有改革开放才能发展中国，发展社会主义，发展马克思主义。

因此，邓小平说："城乡改革的基本政策，一定要长期保持稳定。当然，随着实践的发展，该完善的完善，该修补的修补，但总的要坚定不移。"① 因为，改革开放作为"中国的第二次革命"，不可能一帆风顺、一蹴而就，不可能没有困难、矛盾和问题。所以，在改革开放和现代化建设中，必然会遇到和积累许多新的矛盾和新的问题，但是，这些都是前进中的矛盾、发展中的问题，只能通过总结实践经验，深化和完善改革开放，才能逐步解决。我们坚信：我国实行社会主义改革开放，符合党心民意、顺应时代潮流，其方向和道路是完全正确的，成效和功绩不容否定，停顿和倒退没有出路，必须坚定不移地加以坚持和不断推进。

二 改革开放是社会主义的自我完善和发展，必须坚定不移地始终保持其正确方向

我们要坚定不移地推进改革开放，就必须坚定不移地"始终保持改革开放的正确方向"。因为体制改革（开放也是一种改革）是社会主义制度的自我完善和发展，所以始终保持改革开放的正确方向是它内在的客观逻辑和现实要求。在我国社会主义制度下，作为阶级的剥削阶级被消灭以后，阶级斗争已不再是社会的主要矛盾。但由于国内的因素和国际的影响，阶级斗争还将在一定范围内长期存在，在某种条件下还有可能激化。因此，国内外敌对势力会极力破坏和误导我国的改革开放，正在加紧实施其"西化"和"分化"我国的战略图谋。同时，由于各种复杂原因，社

---

① 《邓小平文选》第3卷，人民出版社1993年版，第371页。

会上对改革开放也客观地存在着不同看法。除了在拥护改革开放的广大人民群众、党员和干部中尚且存在着认识差异以外，还会长期面临"左"和右的两种错误思潮的干扰。目前，一方面，"左"的理论噪声和错误影响依然时有所现，必须加以警惕和防范；另一方面，右的即资产阶级自由化思潮的渗透和扩散，与西方"西化"和"分化"我国的政治图谋相互呼应，有恃无恐，更不可掉以轻心。所谓"只有民主社会主义才能救中国"；所谓以西方即美国的"普世价值尺度"和"价值准则"，作为"具有普遍世界意义的价值准则，以及由这些准则所规定的基本制度"是"任何民族最终的制度进化归宿"；所谓"人间正道私有化"；所谓以"人民民主宪政"代替"人民民主专政"等论调，其目的，都是企图影响和误导中国改革开放的方向，企图反对和推翻中国共产党的领导、反对和颠覆中国特色社会主义制度，企图在中国复制名为美国式、实为附庸于西方的资本主义。所以，坚决而鲜明地反对、抵制和克服形形色色的"左"和右的错误思潮，坚定不移地"始终保持改革开放的正确方向"，是我们坚定不移地坚持和推进中国社会主义改革开放的重要政治前提。

其实，所谓"始终保持改革开放的正确方向"，就是在改革开放的性质和发展方向上，必须通过体制改革和体制创新，力求完善、巩固和发展社会主义基本制度，而不是怀疑、背离和抛弃社会主义基本制度。即在现阶段以市场为取向的经济体制改革中，必须坚持公有制为主体、多种所有制经济共同发展的基本经济制度，既不能搞私有化，也不能搞纯而又纯的公有制经济；在政治体制改革中，必须坚持共产党的领导，健全和发展社会主义民主与法制，而不能搞资本主义的议会民主和多党制；在文化体制改革中，必须以马克思主义为指导发展社会主义文化，而不能搞指导思想多元化和文化的全盘西化；如此等等。从根本上说，要始终保持改革开放的社会主义方向，就必须依靠党的思想理论和政治路线的正确指导，必须依靠社会主义基本制度的规范和保证。在社会主义初级阶段，始终坚持党的"一个中心、两个基本点"的基本路线不动摇，对此具有最为直接和关键性的决定作用。所以，胡锦涛把我国改革开放的第二条基本经验完整地概括为："必须把坚持四项基本原则同改革开放结合起来，牢牢扭住经济建设这个中心，始终保持改革开放的正确方向。"

坚持党的基本路线，最根本的是必须以经济建设为中心，大力发展社会生产力，为社会主义奠定物质技术基础。这是社会主义的根本任务和改革开放的根本出发点，是兴国之要，是我们党和国家兴旺发达、长治久安的根本要求，必须长期扭住不放、毫不动摇。

坚持党的基本路线，必须坚持四项基本原则，维护、完善和巩固社会主义基本制度。四项基本原则是立国之本，是我们党和国家生存发展的政治基石，是实现社会主义现代化、实现中华民族伟大复兴的政治前提和制度保证，必须始终如一、自觉坚持。

坚持党的基本路线，必须坚持改革开放，通过体制改革和对外开放，使社会主义焕发出生机和活力，加快经济发展和社会全面进步，充分体现社会主义制度的优越性。改革开放是强国之路，是我们党和人民事业发展的力量源泉，必须长期坚持、不断推进。

总之，党的"一个中心、两个基本点"的基本路线，是一个相互贯通、相互依存、不可分割的统一整体，须臾不可偏离、丝毫不可偏废，必须全面坚持、一以贯之，落实和体现在我国改革开放和现代化建设的全过程。坚持"两个基本点"的实践统一，必须始终围绕和服务于经济建设这个中心，以便为满足人民群众日益增长的物质文化需要、为社会发展进步提供经济支撑；而这"两个基本点"的内在统一，源于它们是互为条件、互为前提的基本的治国方略。一方面，坚持四项基本原则，是坚持改革开放的政治前提和制度保证，用以规范改革开放的性质和发展方向；另一方面，坚持改革开放，则是坚持四项基本原则的现实根据和力量源泉，并赋予四项基本原则以时代特征和深化其思想内涵。党的基本路线是立国、兴国、强国的重要法宝，是实现科学发展和社会和谐的政治保证，是党和国家的生命线、人民群众的幸福线。我们全党要始终坚持党的基本路线不动摇，做到思想上坚信不疑、行动上坚定不移，决不走封闭僵化的老路，也决不走改旗易帜的邪路，而是坚定不移地走中国特色社会主义道路。中国特色社会主义道路会越走越宽广。

坚持党的正确路线的自觉性和坚定性，源于理论上的彻底和政治上的清醒。只要我们基于实践，把坚持、发展和创新马克思主义统一起来，不断推进马克思主义中国化；只要我们始终坚定而自觉地坚持党的基本理论和基本路线，就能做到不为任何风险所惧、不为任何干扰所惑，就能始终保持我国改革开放、现代化建设的社会主义方向。

三 改革开放是科学发展的内在要求，必须坚定不移地用科学发展观指导改革开放

我国经过30年的改革开放，焕发了社会主义制度的生机和活力，加快了社会主义现代化的进程，取得了举世瞩目的伟大成就。我国的发展面貌已经大为改观，综合国力大为增强，物质技术基础大为厚实，人民生活大为改善，国际地位大为提升。我国已经站在一个新的发展起点上。中国改革开放走向成功，是我国社会位居时代前沿的深刻变革所致、是世界社会主义运动史上的重大事件。中国社会主义事业的发展，代表着世界历史的主流和人类社会的未来。中国社会主义旗帜不倒，世界社会主义就有希望。

目前，我国正处于发展的关键时期，面临的机遇前所未有，面临的挑战也前所未有。从发展的外部条件看，和平与发展依然是我们时代的主题，对外开放与和平发展的国际环境，越来越有利于我国。但是国际环境的复杂多变，特别是近年肇始于美国、当前迅速蔓延于全球的金融－经济危机，从根本上看，体现了资本主义基本矛盾的尖锐性和制度的腐朽性；同时也使我国面临的国际经济形势更加严峻，造成比较严重的经济困难。从发展的内部条件看，我国经济社会发展的阶段性特征更为突出，虽然改革和发展的基本面是好的，但其中的一些深层次矛盾，不仅难以绕开而且更加突出。粗放高耗低效的发展方式难以为继；资源和人口约束、环境保护和可持续发展的形势日益严峻；城乡差距、地区差距、收入差距、贫富差距拉开得过快和过大；就业和维稳的任务不容乐观等问题，都迫切要求我国转向科学发展、和谐发展的轨道，迫切要求通过坚持和不断推进改革开放，为转变发展方式、增强发展的协调性和可持续性，提供体制和机制上的保证。所以改革开放是科学发展的内在要求，必须坚定不移地坚持用科学发展观指导改革开放和现代化建设、统领党和国家各项工作的全局。

科学发展观是立足于社会主义初级阶段的基本国情，总结我国发展实

践，借鉴国外发展经验，针对我国进入新世纪新阶段呈现出的阶段性特征，而提出的重大战略思想。科学发展观继承和发展了马克思列宁主义、毛泽东思想、邓小平理论和"三个代表"重要思想，是中国特色社会主义理论体系的重要组成部分，是马克思主义中国化的最新成果，对于用好发展机遇、破解发展难题、化解社会矛盾，推进改革和发展、促进社会和谐和稳定，具有最为切近的指导意义。科学发展观把发展作为第一要义，抓住了改革和解决中国一切问题的前提和根本；坚持以人为本，注重民生，明确了以人民为发展的根本目的和依靠力量；提出全面协调可持续发展的基本要求，为发展方式的转变指明了正确方向；强调统筹兼顾的根本方法，为解决各种社会问题提供了方法论上的正确指导。坚持科学发展观，同坚持马克思主义基本原理和科学社会主义基本原则，同坚持中国特色社会主义道路和理论体系，是完全一致的。因此，面对复杂多变的国内外形势和繁重任务，我们只有坚持用科学发展观指导改革开放和现代化建设，才能更好地坚持、贯彻落实其社会主义的发展方向。

（原载《思想理论和教育导刊》2009年第6期）

中国特色社会主义是科学社会主义新形态

中国特色社会主义道路、理论体系和实践成就，是马克思主义及其科学社会主义中国化的产物。胡锦涛同志指出："中国特色社会主义道路之所以完全正确、之所以能够引领中国发展进步，关键在于我们既坚持了科学社会主义的基本原则，又根据我国实际和时代特征赋予其鲜明的中国特色。"[①] 因此，中国特色社会主义根本不属于所谓"民主社会主义"、而只属于科学社会主义范畴，是科学社会主义中国化的新形态。我们只有明确和真正地认清这个理论定位和历史定位，才能够自觉地坚持我国改革开放和现代化建设的社会主义方向，才能够不断推进中国特色社会主义事业。

一 科学社会主义基本原则的实质和要义

中国特色社会主义，像任何具体事物一样，都是普遍性与特殊性、共性与个性的有机统一。按照我的理解，在"中国特色社会主义"这个科学概念中，"中国特色"主要是用以表征其特殊性和个性的；而"社会主义"所主要表征的，则是其普遍性和共性，是必须遵循的科学社会主义的基本原则。然而，这些基本原则究竟如何概括和表述，即它到底有哪几条，还是一个需要我国思想理论界深入研究和准确概括的理论问题。本文只是根据马克思、恩格斯及其后继者的有关论断，仅就科学社会主义的基本原理、基本原则的实质和要义，即中国特色社会主义所必须遵循和体现的普遍性和共性，试图作出如下四点概括：

[①] 中央文献研究室编：《改革开放三十年重要文献选编》（下），中央文献出版社2008年版，第1717页。

（1）"一、一"：马克思创立的科学社会主义，作为马克思主义理论体系的核心内容，在实质上，既是关于无产阶级革命的一种科学理论，又是关于社会主义建设的一种科学理论，是这两者的内在统一。马克思和恩格斯曾指出："工人阶级革命的第一步"，是必须打碎剥削阶级国家机器，建立无产阶级国家政权，"使无产阶级上升为统治阶级，争得民主"；进而，"无产阶级将利用自己的政治统治，一步一步地夺取资产阶级的全部资本，把一切生产工具集中在国家即组织成为统治阶级的无产阶级手里，并且尽可能快地增加生产力的总量"①，就是要不断完善和发展社会主义事业，最终实现共产主义社会。显然，无产阶级及其政党通过领导人民革命，夺取和执掌国家政权，是开创和发展社会主义事业的根本政治前提；而社会主义建设事业的不断发展和巩固，则是无产阶级革命的继续和深化。也就是说，无产阶级革命事业既是一个分阶段和有重点的、又是前后相继和统一的社会历史进程。在无产阶级革命事业各个发展阶段上，必须在理论和实践的探索中，始终遵循和发展马克思主义，充分发挥其指导作用，才能坚持正确的前进方向。尽管在社会主义事业的不同发展阶段上，其任务的重点会有所不同，但一般说来，我们不能离开建设搞革命，也不能离开革命搞建设。因此，有人把包括科学社会主义在内的整个马克思主义，简单地截然二分为"革命理论"和"建设理论"，即宣扬任何形式的（直接或间接的、公开或隐蔽的）"告别革命论"，都是不正确的，也是没有根据的，都是同共产党人的共产主义最终理想格格不入的。

（2）"二、二"：马克思以其"两大发现"，所揭示和论证的"两个必然"的结论，是科学社会主义的基本要义。恩格斯指出："这两个伟大的发现——唯物主义历史观和通过剩余价值揭开资本主义生产的秘密，都应归功于马克思。由于这两个发现，社会主义变成了科学。"② 马克思"这两个伟大的发现"，是支撑科学社会主义的两大理论支柱。因为，它们使马克思和恩格斯在《共产党宣言》中得出"两个必然"，即"资产阶级的

---

① 《马克思恩格斯文集》第2卷，人民出版社2009年版，第52页。
② 《马克思恩格斯文集》第9卷，人民出版社2009年版，第30页。

灭亡和无产阶级的胜利都是同样不可避免的"①基本结论，能够从社会历史发展的普遍规律上，以及同资本主义产生、发展和衰落的客观规律、同其向社会主义转变的客观规律的结合上，得到了科学的论证和深刻的阐明。而且，这种论证和阐明同工人阶级作为资产阶级"掘墓人"的社会地位、历史使命、革命作用的论证和阐明，以及同工人阶级解放、人类解放的论证和阐明，是紧密地联系在一起的。显然，马克思和恩格斯关于"两个必然"的这种表述，与我们常说的"资本主义必然灭亡和社会主义必然胜利"的表述，是完全一致和同义的。以马克思的"两个伟大的发现"，作为根本理论支柱的"两个必然"的结论，是科学社会主义最基本的原理和原则，是共产党人确定自己的工人阶级立场，坚定社会主义信念，确立共产主义理想，指引其革命、建设和改革实践的最为直接的理论基础。对工人阶级和一切共产党人而言："没有这样的信念，就没有一切。"②

（3）"三、三"：毛泽东总结我们党领导中国革命的实践经验，所提出的"三个法宝"和"三大作风"，体现了科学社会主义关于无产阶级革命理论和实践的基本精神、基本原则和基本特征，具有其普遍意义。大家知道，毛泽东曾在《〈共产党人〉发刊词》中，把党领导中国革命的基本经验，总结提炼为"三个法宝"："统一战线，武装斗争，党的建设"③。其中，坚持"统一战线"，就是要解决革命阵营、革命力量、革命主体的动员和组织问题，即必须在工人阶级及其政党领导下，实行工农联盟，联合一切可以团结的力量，组织浩浩荡荡的革命和建设大军；坚持"武装斗争"，就是要解决无产阶级革命道路问题，其理论根据是，"资产阶级国家由无产阶级国家（无产阶级专政）代替，不能通过'自行消亡'，根据一般规律，只能通过暴力革命"④，而共产党人所要努力争取无产阶级革命的和平发展，往往是历史上一种"极为罕见"的"例外"⑤；抓好"党的建

---

① 《马克思恩格斯文集》第2卷，人民出版社2009年版，第43页。
② 《邓小平文选》第3卷，人民出版社1993年版，第190页。
③ 《毛泽东选集》第2卷，人民出版社1991年版，第606页。
④ 《列宁专题文集·论马克思主义》，人民出版社2009年版，第194页。
⑤ 《列宁全集》第28卷，人民出版社1990年版，第162—163页；《列宁全集》第32卷，人民出版社1985年版，第132页。

设"，就是要解决无产阶级革命的领导核心问题，因为"无产阶级在反对有产阶级联合力量的斗争中，只有把自身组织成为与有产阶级建立的一切旧政党不同的、相对立的政党，才能够作为一个阶级来行动"，才能够"保证社会革命获得胜利和实现革命的最高目标——消灭阶级"①。而毛泽东在《论联合政府》中总结出我们党的"三大作风"，即"这主要就是理论和实践相结合的作风，和人民群众紧密地联系在一起的作风以及自我批评的作风"②，所体现的是科学社会主义的实践要求和本质特征，是革命胜利的重要保障。

（4）"四、四"：坚持我们党和邓小平提出的"四项基本原则"，是实现马克思提出的关于无产阶级专政、关于社会主义的革命和建设事业之"四个达到"的历史性任务的根本保证。马克思所讲的"四个达到"，即以现代化生产力发展为基础的"这种社会主义就是宣布不断革命，就是无产阶级的阶级专政，这种专政是达到消灭一切阶级差别，达到消灭这些差别所由产生的一切生产关系，达到消灭和这些生产关系相适应的一切社会关系，达到改变由这些社会关系产生出来的一切观念的必然的过渡阶段"。显而易见，这"四个达到"作为《共产党宣言》中的"两个决裂"（"共产主义革命就是同传统的所有制关系实行最彻底的决裂；毫不奇怪，它在自己的发展进程中要同传统的观念实行最彻底的决裂"③）的展开和具体化，体现了科学社会主义的彻底革命精神。而我们党和邓小平提出的"四项基本原则"——"第一，必须坚持社会主义道路；第二，必须坚持无产阶级专政；第三，必须坚持共产党的领导；第四，必须坚持马列主义、毛泽东思想"④——作为我们立党立国之本，必须始终一贯、毫不动摇地加以坚持和实践。这是实现马克思所讲的"四个达到"的必然要求和根本保证。而各国无产阶级及其共产党人，必须从理论与实践之历史的和具体的结合上，真正实现这种崇高目标与现实的实践道路的统一，社会的经济变革、政治变革与观念变革的统一，不断革命论与革命发展阶段论的统一。

---

① 《马克思恩格斯文集》第 3 卷，人民出版社 2009 年版，第 228 页。
② 《毛泽东选集》第 3 卷，人民出版社 1991 年版，第 1094 页。
③ 《马克思恩格斯文集》第 2 卷，人民出版社 2009 年版，第 166、52 页。
④ 《邓小平文选》第 2 卷，人民出版社 1994 年版，第 164—165 页。

这是科学社会主义事业取得最终胜利的最根本、最艰难、最伟大之所在。

二 中国特色社会主义与科学社会主义的根本一致性

中国特色社会主义与科学社会主义之所以具有一脉相承的、本质上根本的一致性，就在于科学社会主义基本的原理和原则，根据于世界的历史和现实，适用于各国无产阶级革命，适用于世界由资本主义向共产主义过渡的整个历史大时代，当然也适用于指导中国社会主义革命、建设和改革的实践。中国社会主义事业，是世界社会主义运动的一个重要的组成部分。科学社会主义，是中国特色社会主义最直接的理论基础；而中国特色社会主义的理论和实践，则是马克思主义及其科学社会主义在中国的运用、发展和创新，是科学社会主义中国化的新形态。这种根本的一致性具体表现为：

其一，它们之间具有相同的阶级立场。这主要就是工人阶级的立场、全体劳动阶级和人民大众的立场。科学社会主义和中国特色社会主义，都是学说、运动和社会制度的统一。它们作为学说，都是工人阶级立场和根本利益的理论表现，是工人阶级的阶级意识的思想体系，是工人阶级解放条件的理论概括，是工人阶级团结奋斗的思想旗帜。同时，由于工人阶级的先进性和革命的彻底性，以及同其他劳动阶级乃至全人类解放和社会进步利益的根本一致性，所以共产党人站在工人阶级立场，也就是站在全体劳动阶级和人民大众的立场。至于它们作为运动和社会制度，则是这种政治立场的实践贯彻、现实表现和逐步实现最终奋斗目标的实际阶梯。

其二，它们之间具有相同的世界观和方法论基础。这就是马克思主义哲学，即辩证唯物主义和历史唯物主义的世界观和方法论。这种哲学作为工人阶级的科学世界观，具有鲜明的阶级性和实践性，是科学社会主义的哲理基础，当然也是中国特色社会主义的哲理基础。中国共产党领导全国各族人民，在90年的长期革命奋斗中，之所以在国内阶级关系和国内外经济、政治、文化环境变化极为复杂的条件下，能够克服重重困难，绕过种种暗礁，一步步地夺取了新民主主义革命，社会主义革命、建设和改革的胜利，就在于我们党有了马克思列宁主义、毛泽东思想和中国特色社会主义理论体系的理论武装,就在于我们党始终坚持和善于运用辩证唯物主义、历史唯物主义这个政治上的"显微镜"和"望远镜",从而在正确分析国情和时代特征的基础上,正确地制定和贯彻党的政治路线和各项方针政策,不断推进党和人民的事业发展。而我们党和国家在前进中所出现的一些失误和曲折,也往往是我们党的一些领导机关和领导干部在思想路线上出现了偏差,即在工作中违背了马克思主义的世界观和科学的方法论所致。邓小平曾在1985年指出:"中国搞社会主义走了相当曲折的道路。二十年的历史教训告诉我们一条最重要的原则:搞社会主义一定要遵循马克思主义的辩证唯物主义和历史唯物主义,也就是毛泽东同志概括的实事求是,或者说一切从实际出发。"① 这就是我们党必须长期和一贯地加以坚持的思想路线。思想上政治上的路线正确与否,是决定一切的。

其三,它们之间具有相同的社会主义本质和最终的奋斗目标。这就是,社会主义革命的第一步,是建立社会主义的基本制度,并以体制改革和发展生产力作为主要动力,坚持和发展社会主义事业,以逐步创造条件,最终实现共产主义社会。中国特色社会主义之所以属于科学社会主义范畴,就在于它既坚持了科学社会主义的基本原则,同时又是"切合中国实际的"社会主义。其本质都是:"解放生产力,发展生产力,消灭剥削,消除两极分化,最终达到共同富裕。"邓小平说:"我们干的是社会主义事业,最终目的是实现共产主义。"② 可以说,是否坚持以实现共产主义社会作为最终奋斗目标,是真假社会主义的试金石,是科学社会主义与一切资产阶级的、小资产阶级的社会主义的分水岭。

其四,它们之间具有相同性质的社会主体和依靠力量。这就是工人阶级及其领导下的工农联盟。中国特色社会主义同科学社会主义一样,它们不仅在理论上是工人阶级的"主义",而且在实践上都主张建立工人阶级领导的国家,实行社会主义制度。众所周知,科学社会主义区别于空想社会主义的一个根本问题,就在于它不是幼稚地设想和劝说资本家们自愿地

---

① 《邓小平文选》第3卷,人民出版社1993年版,第118页。
② 同上书,第63、373、110页。

交出自己的财产,以消灭阶级剥削和实现社会平等,而在于它是以马克思创立的唯物史观和剩余价值理论为基础,阐明了工人阶级的历史使命,并成为社会主义事业的领导阶级和主体力量。一切社会主义国家,在国体上,都是无产阶级专政的国家。不过,在农民占有较大比例的国家,工人和农民都是社会主义事业的主体和依靠力量。这时,无产阶级专政的"最高原则就是维护无产阶级同农民的联盟,使无产阶级能够保持领导作用和国家政权"[①]。我国宪法和党章都规定:"中华人民共和国是工人阶级领导的、以工农联盟为基础的人民民主专政的社会主义国家。"[②] 人民民主专政,是无产阶级专政在我国的具体实现形式,即恩格斯所说的,是"间接地建立无产阶级的政治统治"[③] 的形式。

其五,它们之间具有相同性质的领导核心。这就是以工人阶级先锋队,即以共产党作为社会主义事业的领导核心。科学社会主义的一条基本原则,就是认为:"在推翻资本压迫的斗争中,在推翻这种压迫的过程中,在保持和巩固胜利的斗争中,在创建新的社会主义的社会制度的事业中,在完全消灭阶级的全部斗争中,只有一个阶级,即城市的总之是工厂的产业工人,才能够领导全体被剥削劳动群众。"[④] 然而,这种领导作用不可能由包括全体工人阶级的组织来实现,"只有工人阶级的政党,即共产党,才能团结、教育和组织无产阶级和全体劳动群众的先锋队,而只有这个先锋队才能抵制这些群众中不可避免的小资产阶级动摇性,抵制无产阶级中不可避免的种种行业狭隘性或行业偏见的传统和恶习的复发,并领导全体无产阶级的一切联合行动,也就是说在政治上领导无产阶级,并且通过无产阶级领导全体劳动群众。"[⑤] 在社会主义新中国,始终坚持共产党在人民民主专政中,在社会主义革命、建设和改革中的领导地位,是我们党和国家所必须坚持的"四项基本原则"之一。毛泽东讲过:"领导我们事业的

---

① 《列宁全集》第42卷,人民出版社1987年版,第49—50页。
② 中央文献研究室编:《改革开放三十年重要文献选编》(上),中央文献出版社2008年版,第300页。
③ 《马克思恩格斯文集》第1卷,人民出版社2009年版,第685页。
④ 《列宁专题文集·论社会主义》,人民出版社2009年版,第145页。
⑤ 《列宁全集》第41卷,人民出版社1986年版,第85页。

核心力量是中国共产党。"① 邓小平强调："从根本上说，没有党的领导，就没有现代中国的一切。"② 我们党在这方面的理论和实践，都体现了科学社会主义的基本原理和基本原则。

应该说，中国特色社会主义与科学社会主义的根本一致性，是多方面和多层次的，本文不可能全面论及。上面仅从其共有的阶级立场、世界观和方法论、最终目标、力量主体和领导核心等五个基本面，试图阐明中国特色社会主义与科学社会主义在本质上的根本一致性。中国特色社会主义在理论和实践上已经遵循并将继续遵循科学社会主义的基本原理与基本原则，所以才是科学社会主义中国化的新形态，才属于科学社会主义范畴。

三 中国特色社会主义作为科学社会主义的新形态"新"在何处？

中国特色社会主义，作为科学社会主义中国化的新形态，就意味着，它同科学社会主义既具有一脉相承的本质上的根本一致性，又具有相对的差异性，即具有理论和实践上的特殊性和创新性。所谓相对的差异性，是指它们在研究对象和理论重点上有所不同。因为，科学社会主义像整个马克思主义一样，是以人类社会历史特别是以近代以来整个世界的历史过程及其发展规律作为研究对象、总结世界社会主义运动的实践经验的关于世界的"主义"，是国际无产阶级的"主义"，是人类社会由资本主义向共产主义过渡的整个历史大时代的"主义"。因而，它所关注和要解决的，是人类的命运和世界的未来，是通过揭示整个世界发展的客观规律和历史大趋势，用以指导各国无产阶级及其政党进行社会主义革命、建设和改革的普遍真理。

而中国特色社会主义，则是马克思列宁主义及其科学社会主义在中国的运用、发展和创新，是科学社会主义中国化的新形态。尽管，中国特色社会主义也具有一定的国际意义，但它在理论和实践上所要重点思考和解

---

① 《毛泽东文集》第 6 卷，人民出版社 1999 年版，第 350 页。
② 《邓小平文选》第 2 卷，人民出版社 1994 年版，第 266 页。

决的问题，毕竟只是运用马克思主义的立场、观点和方法，根据当代世界的历史条件特别是当代中国的国情和实际，研究和进一步揭示中国社会主义革命、建设、改革的规律和共产党执政的规律，不断推进中国特色社会主义事业。用毛泽东的话讲，马克思列宁主义同毛泽东思想的关系，是"老师"与"学生"、总店与"分店"①的关系。只是我们现在的理论表述，还要在毛泽东思想之后，再加上邓小平理论、"三个代表"重要思想和科学发展观，即中国特色社会主义理论体系。

再就中国特色社会主义在理论和实践上的特殊性和创新性而言，我们还必须看到：

第一，中国特色社会主义是中国化的科学社会主义。首先我们要肯定，马克思主义及其科学社会主义基本原理，是"放之四海而皆准"的科学真理，在全世界都具有普遍指导意义。但是，马克思和恩格斯在《共产党宣言》的"序言"中，对此一再强调说："这些原理的实际运用，正如《宣言》中所说的，随时随地都要以当时的历史条件为转移。"②对中国共产党人来说，马克思主义及其科学社会主义基本原理，只有同中国国情、中国优秀的传统文化和中国的具体实践相结合，实现其具体化和中国化，才能发挥指导作用。随着我国革命、建设和改革的不断发展，马克思主义中国化必然是一个不断发展、深化和丰富的历史过程。在这个过程中，以毛泽东、邓小平、江泽民和胡锦涛为主要代表的历代中国共产党人，坚持把马克思主义基本原理同我国实际和时代特征相结合，先后探索和开辟了具有中国特色的无产阶级革命道路、具有中国特色的社会主义改造道路，以及在新时期开辟和坚持有中国特色的社会主义道路。由此形成了两次历史性的飞跃，先后产生了毛泽东思想和中国特色社会主义理论体系（包括邓小平理论、"三个代表"重要思想、科学发展观）。中国特色社会主义，是科学社会主义共性、普遍性同我国社会主义革命、建设、改革的个性和特殊性之具体和历史的统一。我们说，"中国特色社会主义"是科学社会主义中国化的新形态，

---

① 参见《毛泽东文集》第5卷，人民出版社1996年版，第260—261页。
② 《马克思恩格斯文集》第2卷，人民出版社2009年版，第5、15页。

"新"就新在它是符合中国国情、"切合中国实际的"社会主义，是进一步焕发出生机和活力的社会主义，是有利于加快中国社会发展进步和现代化的社会主义。

第二，中国特色社会主义主要是初级阶段的社会主义。我国建立社会主义制度，是通过新民主主义革命胜利，以半殖民地半封建的中国旧社会为历史起点，而走上社会主义道路的。因此，刚刚建立的社会主义新中国，还缺乏充分的物质技术基础，即它不是以发达资本主义为历史前提，而是建立在生产力、商品经济和科学文化很不发达的旧中国的历史地基上。在毛泽东时代，新中国在"三大改造"基本完成以后，仍然提出"以阶级斗争为纲"，曾试图搞"纯而又纯"的社会主义，实行过"超阶段"的经济体制和某些过急、过左的政策，因而难以充分调动劳动者的积极性，难以充分发挥社会主义优越性。进入新时期，我们党和国家在改革开放中，通过拨乱反正，实现了由"以阶级斗争为纲"向"以经济建设为中心"的转变，由"一大二公三纯"的经济结构向以公有制为主体、多种所有制经济共同发展的基本经济制度的转变，由计划经济体制向社会主义市场经济体制的转变。应该说，由此开始建设的中国特色社会主义，作为科学社会主义共性、普遍性与我国社会主义个性、特殊性的具体和历史的统一，必然地是要经历一个由低级阶段向高级阶段发展的历史过程。但在当前和今后一个时期，中国特色社会主义的理论和实践，立足于当代中国实际，所致力于建设的是初级阶段的社会主义。可以说，我国"初级阶段的社会主义"，并不是一切国家走上社会主义道路后都必经的一个发展阶段，而主要是由当代中国社会不发达的生产力状况所决定的、一种不完全和不成熟的社会主义，是不完全具备马克思所设想的共产主义社会第一阶段的经济、政治和文化特征的社会主义。这包括：我国根据现阶段生产力的发展状况，尚不能实行完全的生产资料公有制和完全的"按劳分配"制度，只能实行公有制和按劳分配为主体、多种所有制经济和多种分配形式并存的经济制度；不能实行消灭了商品货币关系的经济体制，只能实行社会主义市场经济体制；不能实行没有政治国家的社会主义，只能实行工人阶级领导的、人民民主专政的社会主义；等等。我国初级阶段的社会主义，就是力争社会主义因素占主体，同时还必须利用、包容和整合一些非社会主义的乃至一些资本主义因素的社会主义。

我国社会主义初级阶段，是一个至少长达100年的历史时期。其任务是为使我国发展到更高的社会阶段，即为了建成完全和成熟的社会主义，而创造历史前提和社会条件。中国特色社会主义作为科学社会主义中国化的新形态，在目前和今后一段时间，即在社会主义初级阶段，在一定意义上说，它还是一种过渡性的社会形态。马克思主义及其科学社会主义，既要立足于现实的实践和社会发展，又必须面向和预见党和人民事业发展的未来。我认为，目前我们党和党的理论工作者在重点关注和解决现阶段的理论与实践问题的同时，还应当前瞻性地思考的一个问题，就是社会主义初级阶段如何与其更高级阶段相衔接的问题，以便使我国能够完全而顺利地走过马克思所说的建成"共产主义社会（第一阶段）"所必需的"革命转变时期"和"政治上的过渡时期"①。

其实，邓小平早已从理论上做过这样前瞻性的思考和论述。例如，他在1990年3月，就指出："中国社会主义农业的改革和发展，从长远的观点看，要有两个飞跃。第一个飞跃，是废除人民公社，实行家庭联产承包为主的责任制。这是一个很大的前进，要长期坚持不变。第二个飞跃，是适应科学种田和生产社会化的需要，发展适度规模经营，发展集体经济。"② 到1992年7月，邓小平在审阅党的十四大报告稿时，再次重申我国农业长远的改革和发展"会有两个飞跃"的思想。他强调说："社会主义经济以公有制为主体，农业也一样，最终要以公有制为主体。"他认为这是农业现代化的客观要求，"就是过一百年二百年，最终还是要走这条道路"，即农业"集体化集约化"③ 的发展道路。我们应当以邓小平为榜样，自觉地考虑和谋划中国特色社会主义事业的长远发展。

第三，中国特色社会主义是处在人类历史前沿和具有活力的社会主

---

① 《马克思恩格斯文集》第3卷，人民出版社2009年版，第445页。
② 《邓小平文选》第3卷，人民出版社1993年版，第355页。
③ 参见中央文献研究室编《邓小平年谱》（下），中央文献出版社2004年版，第1349—1350页。

义。马克思主义的生机和活力，就在于它必须随着社会实践的发展而不断发展和创新，即不断解决时代和实践提出的新问题、新矛盾。社会主义发展史告诉我们，在不同的历史条件下，马克思主义者需要重点解决不同的历史性课题，以不断推进无产阶级革命事业。马克思和恩格斯所完成的历史性任务，是在自由资本主义时代，创立了唯物史观和剩余价值理论，使社会主义从空想发展为科学，从而开创了国际共产主义运动；列宁所解决的历史性课题，是在世界进入了垄断资本主义时代，把马克思主义发展到列宁主义阶段，用以指导和夺取了俄国十月革命的胜利，使社会主义第一次由理论变为现实；毛泽东的历史性贡献，是继列宁之后，在帝国主义和无产阶级革命时代，把马克思列宁主义同我国实际相结合，创立了毛泽东思想，开辟了农村包围城市、最后夺取城市和全国政权的革命道路，使我国在夺取新民主主义革命胜利的基础上，进而通过生产资料所有制上的根本变革，引导我国走上社会主义道路，并开始进行建设社会主义的理论和实践探索；新时期，邓小平所面临的历史性课题，是继列宁、斯大林和毛泽东先后在苏联和中国进行了社会主义的"制度创新"以后，通过倡导和进行体制改革，进行社会主义体制创新，开辟了中国特色社会主义道路，使社会主义重新焕发出生机和活力。所以，社会主义体制改革作为"中国的第二次革命"①，所探索的是社会主义制度的具体实现形式，初步解决了当年苏联和中国在毛泽东时代尚未解决的历史性的课题。新时期改革开放30多年来，中国特色社会主义事业所取得举世瞩目的伟大成就，有力地证明了社会主义体制改革的必然性、正确性和创新性。尽管，中国特色社会主义及其改革开放事业，还面临不少矛盾和问题，需要继续总结经验，不断探索前进。因此，它也就使中国共产党人、中国人民和中华民族走在了世界社会主义探索和人类历史发展的前列。中国共产党人和全国各族人民，由此在世界社会主义运动中正承担着光荣的、值得自豪的历史使命和历史责任。

总之，中国特色社会主义的理论和实践，作为科学社会主义新形态的不断推进和发展完善，是中国工人阶级、共产党人和马克思主义者在当代

---

① 《邓小平文选》第3卷，人民出版社1993年版，第113页。

中国对科学社会主义的坚持、发展和创新，是科学社会主义事业发展前沿的最重要的理论和实践成果，是世界社会主义运动走出低潮和迎接高潮到来的一个关键性因素。

（原载《北京联合大学学报》2011年第1期）

历史唯物主义及其社会形态理论的现实意义[*]

历史唯物主义及其社会形态理论，所揭示的是人类社会发展的一般规律，适用于整个人类社会的历史发展。如果说，马克思因为有了包括唯物史观在内的"两个伟大的发现"，才使社会主义从空想发展成为科学的话，那么，中国特色社会主义作为科学社会主义在我国的运用和发展，也必须把历史唯物主义作为自己的最根本、最切近的哲学基础。

（一）历史唯物主义是中国特色社会主义的根本理论基础

中国特色社会主义，是当代科学社会主义的中国形态。胡锦涛同志在党的十七大报告中指出："中国特色社会主义道路之所以完全正确、之所以能够引领中国发展进步，关键在于我们既坚持了科学社会主义的基本原则，又根据我国实际和时代特征赋予其鲜明的中国特色。"[①] 我认为，中国特色社会主义所坚持的"科学社会主义的基本原则"中，最为根本的，就是体现历史唯物主义所揭示的社会发展一般规律的基本原理。

从总体看，社会主义理论和社会主义社会——无论中国特色的社会主义、还是具有其他国家特色的社会主义——所属的共产主义思想体系和社会形态，之所以能够指导和实际取代资本主义的社会形态，就是以包括"五形态"说在内的历史唯物主义基本原理，作为根本理论基础的。正如邓小平所说："马克思主义是科学。它运用历史唯物主义揭示了人类社会

---

[*] 本文原为《唯物史观及其社会形态理论在当代的重大意义》的第三部分。
[①] 中央文献研究室编：《改革开放三十年重要文献选编》（下），中央文献出版社2008年版，第1717页。

发展的规律。封建社会代替奴隶社会，资本主义代替封建主义，社会主义经历一个长过程发展后必然代替资本主义。这是社会历史发展不可逆转的总趋势，但道路是曲折的。"① 而我们新中国所走的发展道路，就是由历史唯物主义所指明的科学社会主义道路。不过，我国又不能照搬科学社会主义的"本本"，而必须使其原理和原则同我国实际和时代特征相结合，以赋予其鲜明的中国特色。我们所讲所搞的"中国特色社会主义"，必须以历史唯物主义作为根本理论基础，是科学社会主义真理的普遍性同中国国情和实践的特殊性的统一。其实践经验的科学总结，就是有中国特色的社会主义理论。

中国特色社会主义理论体系，是以毛泽东时代的理论和实践探索为前提，而在改革开放和现代化建设的实践中，不断推进马克思主义中国化所取得的最新理论成果，是包括邓小平理论、"三个代表"重要思想，以及科学发展观在内的理论创新的总和，并且表现为新时期党的基本路线、基本纲领和基本经验。中国特色社会主义理论体系，是立足于马克思主义哲学世界观和方法论，特别是历史唯物主义的理论基础之上的马克思主义的中国化，是对马克思列宁主义、毛泽东思想的坚持、运用和发展。其中，历史唯物主义即唯物主义历史观，是中国特色社会主义理论体系的最切近的、最根本的哲学根据和理论基础。在这里，我们择其要者而略论之：

——社会主义本质论。邓小平指出："社会主义的本质，是解放生产力，发展生产力，消灭剥削，消除两极分化，最终达到共同富裕。"② 从哲学高度看，这五句话包含着三层意思：其中，把"解放生产力，发展生产力"置于社会主义本质之首而加以强调，这就坚持了"物质生产的发展，即对整个社会生活从而整个现实历史的基础"③ 的历史唯物论；而把"消灭剥削，消除两极分化"作为社会主义本质的重要内容、作为解放和发展生产力的制度性保证，则体现了对于社会主义生产关系和分配关系的能动作用的重视，从而坚持了历史辩证法；至于把"最终达到共同富裕"

---

① 《邓小平文选》第3卷，人民出版社1993年版，第382—383页。
② 同上书，第373页。
③ 《马克思恩格斯文集》第5卷，人民出版社2009年版，第211页。

作为体现社会主义本质的归宿和根本目的，则是既蕴含着经济利益和物质生活的基础性，也包含着人民主体论的能动性，是历史唯物论和历史辩证法的统一。

——社会主义初级阶段论。这个集中了全党智慧的基本共识，是从1981年党的十一届六中全会《决议》开始提出，到1987年十三大报告、1997年十五大报告加以系统阐明的中国特色社会主义的一个特有的阶段，一种特有的理论。其基本含义是："第一，我国社会已经是社会主义社会。我们必须坚持而不能离开社会主义。第二，我国的社会主义社会还处在初级阶段。"党的十三大报告指出："社会主义初级阶段，是一个什么样的历史阶段呢？它不是泛指任何国家进入社会主义都会经历的起始阶段，而是特指我国在生产力落后、商品经济不发达条件下建设社会主义必然要经历的特定阶段。"[①] 显而易见，社会主义初级阶段立论的根据，是我国"生产力落后、商品经济不发达"的历史条件。这从哲学上看，就是坚持了历史唯物主义。正因为这样，我国在现阶段所实行的社会制度，就必须是、也只能是不完全不成熟的社会主义制度：在经济上，实行以公有制为主体、多种所有制经济共同发展的基本经济制度，而不能实行私有化和单一的公有制；在政治上，实行工人阶级领导（通过共产党）的、以工农联盟为基础的人民民主专政和人民代表大会制度，是切合我国实际的社会主义国体和政体，而不能搞资产阶级多党制和议会制；在思想文化上，是在马克思主义指导下，发展面向现代化、面向世界、面向未来的，民族的科学的大众的社会主义文化，在建设高度物质文明的同时，建设高度的社会主义精神文明，而不能实行"全盘西化"。

——社会主义体制改革论。邓小平倡导的社会主义体制改革，是"中国的第二次革命"，是开辟中国特色社会主义道路的关键性抉择。其根本性的理论根据，是毛泽东所阐明的社会主义社会基本矛盾理论，即"在社会主义社会中，基本的矛盾仍然是生产关系和生产力之间的矛盾，上层建筑和经济基础之间的矛盾"。其性质是"非对抗性的"，但存在着"又相

[①] 中央文献研究室编：《改革开放三十年重要文献选编》（下），中央文献出版社2008年版，第474—476页。

适应又相矛盾"的情况。这种"又相适应又相矛盾"的情况,既表明了社会主义制度有利于社会生产力发展、有利于实现人民利益的优越性,但又存在着"又相矛盾"的一面,"可以经过社会主义制度本身,不断地得到解决"①。邓小平在理论上的创新和贡献,是在社会制度的基础上,在介于生产关系和生产力、上层建筑和经济基础之间的关系结构(矛盾)中,划分出了一个"体制"层次,并且通过全面的体制改革,促进生产力进一步解放和发展。他强调指出:"革命是解放生产力,改革也是解放生产力。……社会主义基本制度确立以后,还要从根本上改变束缚生产力发展的经济体制,建立起充满生机和活力的社会主义经济体制,促进生产力的发展,这是改革,所以改革也是解放生产力。"② 应当指出,我国社会主义体制改革,是包括以经济体制改革为中心的、并与之配套进行政治体制、文化体制和其他相关体制改革在内的全面改革,是社会主义制度的自我完善和发展。这就表明,社会主义体制改革,是源于和服务于社会生产力的发展要求;而在社会主义制度下,一经建立起富有生命力的体制,就会成为生产力发展和社会进步的重要动力。

因此,社会主义体制改革理论,既坚持了以社会生产力发展为基础的历史唯物论,也体现了社会主义生产关系及其经济体制,对于生产力发展和社会进步发挥能动作用的历史唯物论与历史辩证法的内在统一。历史唯物主义,是我国进行社会主义体制改革的根本理论基础。

——社会主义市场经济论。在科学社会主义经典理论中,原本主张社会主义社会不存在商品货币关系,当然也就不会搞"社会主义市场经济"。而中国特色社会主义理论体系所主张的"社会主义市场经济",就是让社会主义基本制度同市场经济结合起来。这是科学社会主义发展史上的一个伟大创举。其理论根据仍然是历史唯物主义。因为,马克思所阐明的未来"共产主义社会第一阶段",即我们现在所讲的社会主义社会,是以资本主义生产力充分发展、商品-市场经济高度发达,作为自己既有的社会前提和经济技术基础的。如果,在全世界大多数发达的资本主义国家,都走上

---

① 《毛泽东文集》第7卷,人民出版社1999年版,第213—215页。
② 《邓小平文选》第3卷,人民出版社1993年版,第370页。

社会主义道路的情况下，当然可以消灭商品货币关系，即在其"以生产资料公有为基础的社会中，生产者不交换自己的产品；用在产品上的劳动，在这里也不表现为这些产品的价值……个人的劳动不再经过迂回曲折的道路，而是直接作为总劳动的组成部分存在着"。劳动者"从社会领得一张凭证，证明他提供了多少劳动（扣除他为公共基金而进行的劳动），他根据这张凭证从社会储存中领得一份耗费同等劳动量的消费资料"①。所以，马克思对未来社会经济特征的这种预见，是有其历史唯物主义根据的，是合乎逻辑的、科学的。一切社会主义国家都势必要向这个方向前进和发展。

然而，在像中国这样生产力水平不高、商品经济不够发达，即没有经历过资本主义充分发展的半殖民地半封建社会的历史起点上，走上社会主义道路的国家，就不应该、也不可能从自然经济占有较大比重的发展阶段，企图超越商品经济的充分发展，一下子跨越到产品经济的发展阶段。因为理论和实践证明："商品经济的充分发展，是社会经济发展的不可逾越的阶段。"②所以邓小平认为计划经济和市场经济，都是发展生产力的"手段"和"方法"③。"计划多一点还是市场多一点，不是社会主义与资本主义的本质区别"④。"社会主义也可以搞市场经济。"⑤邓小平这些全新的观点，既符合唯物史观，更使全党解放了思想、打开了眼界，进而在理论和实践探索中，创立了社会主义市场经济理论。

——党在现阶段的"一个中心、两个基本点"的基本路线。上述四个方面的理论创新，可以说是在改革开放的实践中，结合我国实际，坚持和运用历史唯物主义理论，而为中国特色社会主义理论奠定了哲学基础，成为根本性的理论支柱。而党的基本理论和社会实践之间，有一个中介环节，就是党在社会主义初级阶段的基本路线。其完整的表述是："领导和

---

① 《马克思恩格斯文集》第 3 卷，人民出版社 2009 年版，第 433—435 页。
② 中央文献研究室编：《改革开放三十年重要文献选编》（上），中央文献出版社 2008 年版，第 350 页。
③ 《邓小平文选》第 3 卷，人民出版社 1993 年版，第 148、373 页。
④ 同上书，第 373 页。
⑤ 《邓小平文选》第 2 卷，人民出版社 1994 年版，第 236 页。

团结全国各族人民,以经济建设为中心,坚持四项基本原则,坚持改革开放,自力更生,艰苦创业,为把我国建设成为富强民主文明和谐的社会主义现代化国家而奋斗。"[1] 通常简称为"一个中心、两个基本点"的基本路线。党在现阶段的"基本路线"即"政治路线",规定了党在这个阶段上的总任务、总方针和总政策,是中国特色社会主义理论体系的综合运用,是全党全国各族人民行动的总纲领。党的这条基本路线,规定和指引着党和国家发展的政治方向,是党和国家的生命线,是人民的幸福线。从其要点看:

其一,关于"以经济建设为中心"。即使全党全国工作的着重点和注意力,由"以阶级斗争为纲"转向"以经济建设为中心",是新时期所实现的意义深远的、根本性的战略转变。其理论基础,是十一届三中全会以来,党基于我国社会主义改造基本完成以后对社会"主要矛盾"——不再是阶级斗争,而"是人民日益增长的物质文化需要同落后的社会生产之间的矛盾"[2]——的正确认定,作为直接的理论根据的。它坚持和实践的是社会主义根本任务论,即社会主义社会要取得完全胜利,就必须大力发展社会生产力、必须逐步创造出高于资本主义的劳动生产率,以便为巩固和发展社会主义奠定雄厚的物质技术基础。这体现了历史唯物主义的基本观点。

其二,关于"坚持四项基本原则"。这既是我们党一贯的政治观点和主张,也是邓小平针对改革开放之初,资产阶级自由化刚刚露头的情况,所作出的新的理论概括。对此,他指出:"我们要在中国实现四个现代化,必须在思想政治上坚持四项基本原则。这是实现四个现代化的根本前提。这四项是:第一,必须坚持社会主义道路;第二,必须坚持无产阶级专政;第三,必须坚持共产党的领导;第四,必须坚持马列主义、毛泽东思想。"[3] 四项基本原则,是我们立党立国之本,是全党全国人民团结奋斗的

---

[1] 中央文献研究室编:《改革开放三十年重要文献选编》(下),中央文献出版社2008年版,第1745页。
[2] 中央文献研究室编:《改革开放三十年重要文献选编》(上),中央文献出版社2008年版,第212—213页。
[3] 《邓小平文选》第2卷,人民出版社1994年版,第164—165页。

根本的共同政治基础。这"四个坚持",从社会主义的基本制度、国体和政体、共产党的领导地位和指导思想等方面,规定了我国的社会主义性质、引领着我国改革开放和现代化建设的正确方向。四项基本原则,是坚持、捍卫和发展中国特色社会主义的伟大法宝,是抵制和战胜一切反马克思主义、反科学社会主义思潮的强大理论武器。四项基本原则之所以能够发挥强大的政治威力,其基础是要靠社会主义改革开放、现代化建设的实践成就,同时也显示出社会主义基本政治原则的巨大能动作用。

其三,关于"坚持改革开放"。这是我们的强国之路,是我国新时期最鲜明的特征。社会主义体制改革,对内是通过探索社会主义制度的具体实现形式,即力求找到适合生产力发展和社会全面进步的发展道路、体制模式和运行机制,以求完善和充实社会主义制度,使其焕发出生机和活力。而对外开放,则是内政改革的继续,是对外关系方面的改革。邓小平倡导对外开放,是以毛泽东时代在内政外交上所取得的成就作为历史前提的,是在经济全球化的条件下构建的一种更为自觉、主动、普遍和有效的对外交往格局和国际发展战略。其目的,就是通过积极奉行独立自主的和平外交政策,走和平发展之路,"让中国走向世界"和"让世界了解中国",以便充分利用国内外两个市场和两种资源,从而加快我国生产力发展和社会全面进步。我国作为一个后发的社会主义大国,面临西方发达国家在经济、科技、军事和文化等方面占优势的压力,所以不能关门搞建设。如果对外封闭,就是自甘落后。故此,邓小平说:"社会主义要赢得与资本主义相比较的优势,就必须大胆吸收和借鉴人类社会创造的一切文明成果,吸收和借鉴当今世界各国包括资本主义发达国家的一切反映现代社会化生产规律的先进经营方式、管理方法。"[①] 这是有战略远见、求真务实、符合历史唯物主义的重要论断。

因此,这两个基本点,服务于经济建设这项中心工作,同时它们本身也是相辅相成、互补互促、缺一不可的,应当统一于社会主义现代化建设的全过程。把两个基本点人为地割裂开来、对立起来,认为"四个坚持"会妨碍改革开放,或者搞改革开放要突破"四个坚持",都是完全错误和

[①] 《邓小平文选》第3卷,人民出版社1993年版,第373页。

站不住脚的。

必须指出,党的基本理论和基本路线同历史唯物主义的内在联系,绝不止已经论及的内容,难免挂一漏万。质言之,在中国特色社会主义的理论和实践中受到重视、并引以为据的,首先是历史唯物论,特别是马克思主义生产力理论。这表现在它以"生产力标准"和"三个有利于"标准为依据,并贯穿于"社会主义本质论"、"社会主义根本任务论"、"社会主义初级阶段论"、"社会主义市场经济论"、"社会主义小康社会论"等思想观点之中。同时,中国特色社会主义理论也重视生产关系对生产力、上层建筑对经济基础的能动反作用,重视历史辩证法。这表现在它坚持通过改革开放为主要途径、为重要动力,来完善社会主义生产关系,并通过改革和创新其体制,促进生产力发展;以"坚持四项基本原则",来规范和保证改革和现代化建设的社会主义方向;以发展高度的物质文明为基础,来推进社会主义政治文明和精神文明的发展;并在进入新世纪后,提出全党必须实践"三个代表",来促进社会全面进步;进而提出"科学发展观",来引导整个社会主义现代化建设,实现科学发展、和谐发展、和平发展和全面协调可持续发展;还提出"社会主义核心价值体系",来引领各种社会思潮;如此等等,都体现了中国特色社会主义理论体系中历史唯物论和历史辩证法的有机结合与内在统一。

毋庸讳言,在改革和建设的实际工作中,有些党员干部在学习、掌握和运用中国特色社会主义理论体系中,并不能做到准确地领会、掌握和坚持历史唯物论和历史辩证法的内在统一。例如,在物质文明建设和精神文明建设中,难以纠正的"一手硬一手软"的情况、重经济轻文化、重物质生产指标轻思想政治工作、重自然科学轻社会科学,重利益实惠轻理想信念,以致在一些党员干部中比较普遍地出现了 GDP 崇拜、金钱崇拜、权力崇拜等偏颇现象。而这些扭曲的思想情结,恰恰是违背了中国特色社会主义理论、违背了历史唯物主义的,是"庸俗生产力论"、"经济决定论"和"工艺技术决定论"的表现。只有从历史唯物主义,即坚持历史唯物论和历史辩证法内在统一的认识高度,来领会和运用中国特色社会主义理论,才能够从理论和实践的结合上,真正掌握其精神实质。

(二) 马克思社会形态理论与落后国家建设社会主义的理论根据

自从1917年俄国十月革命胜利以来，特别是20年前苏东剧变和倒退为资本主义以来，国内外思想界有些人就对苏联和其后一些经济文化比较落后的国家，先于资本主义发达国家走上社会主义道路，提出了所谓"唯物主义"的责难。从考茨基到普列汉诺夫，从伯恩施坦主义到孟什维克主义，从西方思想界到国内资产阶级自由化思潮，都责难说：按照马克思的唯物史观及其社会形态理论，以及科学社会主义经典理论，社会主义革命先期发生和率先进入社会主义社会的，应当是西方资本主义发达国家；而一些经济文化落后的东方国家率先走上社会主义道路，是违背了历史唯物主义，是"证伪了马克思主义"（金观涛语）。这些都是别有用心、似是而非的观点和谬论，但却振振有词、颇有迷惑性。

其实，讲这种话的基调，都是典型的机械唯物论。因为，这些人要么是根本不信、甚至历来就反对马克思主义，要么是背叛了马克思主义，所以他们当然不懂得马克思的历史唯物论和历史辩证法的真谛，更不懂得社会形态理论中规律的普遍性及其实现形式的特殊性的辩证联结。

从历史唯物主义社会形态理论看，人类社会历史的总体过程，大体上是按照"五种社会经济形态"的共同规律、共同道路和共同顺序向前发展、更替和演进的。其必然归宿，是共产主义社会形态（社会主义社会是其第一阶段）。而这指的只是历史过程本身典型的客观逻辑和一般的经济必然性，只是人类历史发展的总方向和总趋势。

就其规律发挥作用的普遍性而言，在整个地球上，既不可能从原始公有制社会都越过奴隶社会，直接进入封建社会；也不可能由奴隶社会都越过封建社会，而都直接进入资本主义社会；同样，更不可能由封建社会都越过资本主义社会，而直接进入共产主义社会。而且，在"五种社会经济形态"向前发展、并依序更替和演进中，总是在前一个社会形态大体上已"繁荣至极"，并开始发生衰落的历史条件下，下一个更高级的社会形态才能继之在它的废墟上，或在地球上其他与之有关的并具有特殊社会条件的地方产生。在从原始社会及其解体以来成百万年的人类史，特别是在近万年的人类文明史上，这"五种社会经济形态"都曾经先后依序出现过，或者正存在着、或者正产生着。凡是具有世界历史常识的人，都应当了解和承认这一点。

而就其规律实现形式的特殊性而言，我们在承认人类社会按"五种社会经济形态"的共同规律、共同道路和共同顺序向前发展、更替和演进的同时，并不否认地球上某个地区、某个民族和某个国家在其社会形态更替中，由于一定的社会历史条件，而存在的某些特殊性，即某些滞后、空缺和"跨越"的状况。通观人类历史发展，常常会出现的现象是：当前一个社会形态已经高度发达和成熟、甚至开始趋于衰落的某个（些）国家，根据它（们）已为新的社会形态创造了历史前提，似乎理应走在社会形态更替的前列。但是，由于历史的惯性和惰性，由于旧社会统治机构的完备精致和统治阶级的垂死挣扎，而使得比它（们）落后并受其影响的，从而社会矛盾更为尖锐、激化和社会条件比较特殊的国家，往往有可能会走在社会形态变革的前列，而它（们）自己反而丧失了社会形态更替的先机。例如，从古代到近代，我国封建社会和封建文明虽然很成熟、很发达，却没有率先发展出资本主义社会；而封建制度和封建文明不太发达的西欧，以及根本就没有经历过封建社会的美国，却能够从中产生出发达的资本主义制度和工业文明。又如，资本主义制度很成熟、工业文明很发达的西欧，只是首先从中产生出社会主义思想，而没有首先从中产生社会主义社会；反而是资本主义经济文化比较落后的苏联和东欧以及更为落后的中国和越南等国，却先后成为世界资本主义统治的"薄弱环节"，而通过革命胜利，相继走上了社会主义道路。至于苏联和东欧等国家，在20年前的政治剧变中又倒退回资本主义社会，就更是显示了社会形态更替的特殊性、复杂性和曲折性。

当年，列宁曾在《论我国革命》一文中，针对苏汉诺夫等孟什维克主义者借口"俄国生产力还没有发展到可以实行社会主义的高度"、"还没有实行社会主义的客观经济前提"，而散布俄国不宜搞社会主义革命和建设的谬论，强调指出："世界历史发展的一般规律，不仅丝毫不排斥个别发展阶段在发展的形式或顺序上表现出特殊性，反而是以此为前提的。"列宁还尖锐地对苏汉诺夫们批评道："你们说，为了建设社会主义就需要文明。好极了。那么，我们为什么不能首先在我国为这种文明创造前提，如驱逐地主，驱逐俄国资本家，然后开始走向社会主义呢？你们在哪些书本上读到过，通常的历史顺序是不容许或不可能有这类改变的呢？"他还深入分析说，俄国是个介于西方文明国家和整个东方各国之间的国家，"所以俄国能够表现出而且势必表现出某些特殊性，这些特殊性当然符合世界发展的总路线，但却使俄国革命有别于以前西欧各国的革命，而且这些特殊性到了东方国家又会产生某些局部的新东西。"即"在东方那些人口无比众多、社会情况无比复杂的国家里，今后的革命无疑会比俄国革命带有更多的特殊性"[1]。因此，那种一谈及"五种社会经济形态"理论，就要求整个世界的一切国家，都应当整齐划一、毫无例外地——经历五种社会形态的更替和演进，并断言这种更替和演进，是仅仅由其生产力发展水平而直接决定的看法，是一种形而上学的机械论和"庸俗生产力论"的错误观点。

进而言之，中国等一些落后的东方国家能率先走上社会主义道路的理论根据，具体来说，还在于其社会基本矛盾运动的特殊性，以及同国际矛盾的关联性。

一般说来，社会主义社会取代资本主义社会的"经济上的必然性"[2]，存在于资本主义社会的基本矛盾运动之中。毫无疑问，在资本主义经济比较发达的国家中，其基本矛盾运动的对抗性，特别是生产社会化和资本主义私有制的不相容性，通常表现得总是要剧烈和深刻一些。这就是为什么从1825年英国发生第一次经济危机以来，历次周期性的经济危机，特别是发生于1929—1933年的严重经济危机，以及从2008年至今，由美国次贷危机开始，蔓延于全世界的严重的国际金融—经济危机，都是根源于甚至是直接发端于欧美发达资本主义国家的根本原因。

既然这样，那为什么在资本主义还未获得充分发展的俄国、中国和越南等东方国家，却能够率先相继发生社会主义革命，并走上社会主义道路呢？难道这不违背历史唯物主义吗？不。因为，存在于现实社会生活中的历史唯物论和历史辩证法，是相互结合地共同发挥作用的。因为，历史唯

---

[1] 《列宁专题文集·论社会主义》，人民出版社2009年版，第357—358、359—360页。
[2] 《马克思恩格斯全集》第2卷，人民出版社1957年版，第617页。

物主义并不是孤立地考察现代某个国家的历史发展，而应当从资本和竞争的国际关系的总体上，来看待和考察那些引起社会主义革命的社会矛盾运动。马克思和恩格斯在《德意志意识形态》一书中，对此就曾指出："按照我们的观点，一切历史冲突都根源于生产力和交往形式之间的矛盾。此外，不一定非要等到这种矛盾在某一个国家发展到极端尖锐的地步，才导致这个国家内发生冲突。由于广泛的国际交往所引起的同工业比较发达的国家的竞争，就足以使工业比较不发达的国家内产生类似的矛盾（例如，英国工业竞争使德国潜在的无产阶级显露出来了）。"[①]

20世纪初期和中期，无产阶级社会主义革命之所以能够先后在俄国、中国等一些经济文化比较落后的国家里获得初步胜利，并开始进行社会主义建设，是因为世界资本主义已经发展到垄断资本主义阶段，是因为帝国主义各国之间发展得极不平衡和彼此剧烈冲突，从而先后爆发了第一次、第二次世界大战。由此形成了世界资本主义统治体系的"薄弱环节"，而且世界战争造成的"毫无出路的处境十倍地增强了工农的力量"，促成了这些国家的革命形势"发展到有条件实现像马克思这样的'马克思主义者'在1856年谈到普鲁士时曾作为一种可能的前途提出来的'农民战争'同工人运动的联合"[②]。即由这些国家的工人阶级及其政党领导革命人民，依靠工农联盟，通过艰苦卓绝的奋斗，夺取革命胜利，并率先一度或者仍然在坚持先于西方资本主义发达国家而致力于社会主义建设事业。

这些国家的社会主义实践，再次证明了马克思主义关于不同发展水平的资本主义社会基本矛盾运动的特殊性和关联性的理论，同时也使这些经济文化比较落后的国家率先实现社会形态的更替，率先争得本国社会主义事业的胜利，能够得到历史唯物主义的理论指导和支持。

（三）唯物史观的社会形态理论与世界社会主义胜利的必然性和曲折性

人类社会经济形态从低级阶段向高级阶段演进和更替，是一种自然历史过程。人类历史发展已经先后经历过原始公有制社会、奴隶制社会、封

[①] 《马克思恩格斯文集》第1卷，人民出版社2009年版，第567—568页。
[②] 《列宁专题文集·论社会主义》，人民出版社2009年版，第357页。

建制社会,以及目前大多数国家所处的资本主义社会,还有中国等少数国家正在建设中的社会主义社会(属于共产主义社会第一阶段起始期)。这五种社会经济形态,作为世界历史发展的主流,既是人类社会历史已经历过的、并正在经历着的客观过程,也是历史唯物主义所揭示的社会形态发展的一般规律。

历史按自己的规律,走着自己的路。马克思在《〈资本论〉第一版序言》中说过:"一个社会即使探索到本身运动的自然规律——本书的最终目的就是揭示现代社会的经济运动规律——,它还是既不能跳过也不能用法令取消自然的发展阶段。但是它能缩短和减轻分娩的痛苦。"[①] 一个社会形态的内部发展是如此;人类社会形态演进和更替的总体过程就更是如此。马克思发现和创立的唯物史观,科学地揭示了包括资本主义在内的一切社会经济形态,在各自社会条件下存在的历史正当性和历史暂时性;而由他发现和阐明的剩余价值理论,则进一步论证了社会主义社会取代资本主义社会的历史必然性。美国日裔学者弗·福山——无产阶级哲学家约·狄慈根曾称这类人为资产阶级"有学位的奴仆"——因苏东剧变而得意忘形于一时,居然不知天高地厚地宣称资本主义已"终结"了人类历史。一个资产阶级御用文人,根本不懂得人类几千年的文明史,就妄想停止地球转动,冻结人类历史,想让人类社会不再发展进步,即企图阻挡资本主义必然衰亡、社会主义必然胜利的历史大趋势,真是太狂妄、太无知、太自不量力了!

第一,马克思主义社会形态理论作为历史唯物主义的基本思想,尊重历史辩证法、尊重符合客观规律的历史发展,承认资本主义社会形态在一定社会条件下的历史正当性和历史进步性。

从近代开始,西方资产阶级以"文艺复兴"运动,为自己走上和主宰世界历史舞台拉开了序幕。随后,这个新兴的剥削阶级,就通过"圈地运动"、"发现"美洲大陆、搞全球性的殖民扩张、贩卖"黑奴"以及大量屠杀和灭绝殖民地的土著民族等极不人道、极为疯狂的种种作为,以铁血手段和"炮舰外交",而进行资本的原始积累,从而开拓了世界市场,刺

[①] 《马克思恩格斯文集》第5卷,人民出版社2009年版,第9—10页。

激了资本主义商品－市场经济的产生和发展。资产阶级还以其政治革命，夺取和执掌国家政权，在西方和其他许多国家中，先后建立并巩固了自己的政治统治，以政治革命带来了工业革命。即以大工业机器生产和发达的商品经济，取代农业个体劳动和封建庄园经济，大大地提高了社会生产力。马克思和恩格斯在《共产党宣言》中，就曾充分肯定说："资产阶级在历史上曾经起过非常革命的作用。""在它的不到一百年的阶级统治中所创造的生产力，比过去一切世代创造的全部生产力还要多，还要大。"① 从那时以来，世界历史的脚步，又走过了160多年。资本家阶级所统治的资本主义世界，大约在100年前，就早已由自由资本主义演变为私人垄断资本主义，列宁称为"帝国主义"。此后，帝国主义国家之间加剧了殖民地争夺和其他利益争夺，从而在20世纪前50年，先后发动了祸害人类的两次世界大战。苏联、东欧和中国等一批社会主义国家，也分别从帝国主义战争所造成的革命危机中先后诞生，以及由于国际共产主义运动的发展，从而促成和推动了亚非拉民族解放运动的勃兴，并从其殖民统治体系的瓦解中，产生出一大批主权独立的发展中国家。由此，使得一些发达资本主义国家在国际竞争中，比较注重科学技术的研究、开发和应用，抢占了科技的战略制高点。由此形成的科学技术进步和产业革命，已经使经济发达国家的社会技术形态，先后由18—19世纪的蒸汽化时代，发展到20世纪前半期的电气化时代，再发展到20世纪后半期和21世纪的信息化时代。

马克思的唯物主义历史观，总是以科学的态度和标准，即以"促进生产力的发展"作为"社会进步的最高标准"②，来认识、评价和对待包括资本主义在内的整个人类社会的历史。尽管资本主义社会是以雇佣剥削制度取代封建剥削制度，尽管资本主义发家史就是被剥削被压迫人民、被侵略被掠夺民族的血泪史，尽管由于资本主义经济政治发展的不平衡作为"绝对规律"，曾导致两次血腥的世界大战以及其他一系列局部的侵略战争，包括美国正在伊拉克、阿富汗等国进行的战争等等，都充分暴露了资本主义生产方式及其阶级矛盾的对抗性和深刻性，暴露了资本主义大国之

---

① 《马克思恩格斯文集》第2卷，人民出版社2009年版，第33、36页。
② 参见《列宁全集》第16卷，人民出版社1988年版，第209页。

间的利益矛盾、霸权争夺的复杂性和尖锐性,但从世界近现代史的总体看,资产阶级统治的资本主义社会,乃是人类社会发展史上一个必经的不可逾越的历史阶段。它是一种高于和优于封建主义的、独立的社会经济形态,从而使人类由个体劳动和农业文明,发展到城市化和现代工业文明。这是历史性的巨大飞跃和空前的社会进步,它同时也为新的更高级的社会形态——共产主义社会(第一阶段是社会主义社会)出世,创造了物质基础和社会前提。

因此,资本主义社会取代封建社会、并作为一个新的社会形态在一个历史时期内存在和发展,是有其客观必然性和历史正当性的。它由此为人类社会发展进步作出了历史性贡献,因而当然享有它应当占有的历史地位。

第二,如同一切剥削阶级占统治地位的社会形态一样,资本主义生产方式所固有的对抗性的基本矛盾运动,所导致的生产力社会化同资本主义私有制之间的不相容性,决定了资本主义社会形态的历史暂时性,决定了它被社会主义、共产主义社会形态取代的历史必然性。

资本主义社会作为一个独立的社会形态,有一个发生、发展和衰亡的历史过程。随着资本主义"生产方式在一切有决定意义的生产部门和一切在经济上起决定作用的国家里占统治地位",为其所固有的基本矛盾作为对抗性的矛盾运动,会使"社会化生产和资本主义占有的不相容性,也必然越加鲜明地表现出来",并且"表现为无产阶级和资产阶级的对立","表现为个别工厂中生产的组织性和整个社会中生产的无政府状态之间的对立"[①]。马克思和恩格斯形象而深刻地指出,资产阶级的生产关系和交换关系,资产阶级的所有制关系,"这个曾经仿佛用法术创造了如此庞大的生产资料和交换手段的现代资产阶级社会,现在像一个魔法师一样不能再支配自己用法术呼唤出来的魔鬼了"[②]。这个"魔鬼"作怪的主要形式,就是周期性经济危机。从1825年英国发生第一次经济危机以来,大约每过8—10年,就要发生一次荒唐的"社会瘟疫",即由"生产过剩"所引

---

① 《马克思恩格斯文集》第3卷,人民出版社2009年版,第551、554页。
② 《马克思恩格斯文集》第2卷,人民出版社2009年版,第37页。

起的周期性经济危机,直到 2008 年由美国次贷危机引发了国际金融－经济危机。"这是什么缘故呢?因为社会上文明过度,生活资料太多,工业和商业太发达。社会所拥有的生产力已经不能再促进资产阶级文明和资产阶级所有制关系的发展;相反,生产力已经强大到这种关系所不能适应的地步,它已经受到这种关系的阻碍;而它一着手克服这种障碍,就使整个资产阶级社会陷入混乱,就使资产阶级所有制的存在受到威胁。资产阶级的关系已经太狭窄了,再容纳不了它本身所造成的财富了。"①

那么,各国资产阶级用什么办法来克服危机呢?其一是不得不大量毁灭生产力和大量物质财富,让社会生产力被束缚在狭小资本主义生产关系的框框之中;其二是加剧争夺国内外市场和资源,抓紧高新技术的开发和垄断,加重对国内外劳动人民剥削和掠夺,以至于不惜发动侵略战争,发生于 20 世纪前 50 年的两次世界大战,就是帝国主义之间利益争夺的产物;其三是被迫在资本主义制度可容许的范围内,进行一些可能的社会改良,并在工人阶级反剥削、求解放的斗争压力下,也被迫作出某些让步,以维护其剥削和统治。尽管,自 20 世纪 30 年代开始,美国被迫实施"罗斯福新政",随后西方国家也都普遍实行所谓"凯恩斯革命",包括加强国家的经济干预,并用西方国家私人资本"社会化",即组建由极少数私人财团垄断的巨型跨国股份公司,取代私人资本垄断组织,以加强对外扩张、加强对第三世界发展中国家的剥削和掠夺,并且对内实行"福利制度"等所谓"改革",从而在一定程度和范围内,暂时缓和了资本主义生产关系与生产力、工人阶级与资产阶级的矛盾,使战后西方发达资本主义国家有过较快的发展。

与此同时,西方发达国家又由私人垄断资本主义,演变为以私人垄断为基础、资本主义国家垄断为主导、以其国际垄断为扩张和掠夺形式的"金融垄断资本主义"。但是,资本主义各国的社会基本矛盾及其阶级矛盾、资本主义世界统治体系的矛盾,特别是以美国为首的发达资本主义国家同广大发展中国家的矛盾,不仅不可能从根本上得到解决、更不可能消失,而且日趋深刻化和复杂化,有些矛盾甚至越来越尖锐。对此,即使是

---

① 《马克思恩格斯文集》第 2 卷,人民出版社 2009 年版,第 37 页。

一些有远见的西方学者也认为,资本主义制度已经"病入膏肓"而"不可救药"了。

因此可以说,近 200 年西方资本主义发展史,既是"现代生产力反抗现代生产关系、反抗作为资产阶级及其统治的存在条件的所有制关系的历史"①,也是无产阶级反抗资产阶级剥削和压迫的阶级斗争的历史,还是资本主义生产方式在这些经济和政治冲击下,不断地在资本主义制度可容许的范围内拼命挣扎、让步改良而有所成效、社会有所发展进步,但却使其社会矛盾越来越深刻、改良空间越来越狭小,直至走向衰亡的历史。按照现代社会化生产力发展的客观要求,以生产资料由社会共同占有的公有制,来代替资本主义私有制,才能从根本上解决资本主义生产方式本身所无法解决的基本矛盾。即以共产主义社会(其第一阶段是社会主义社会)取代资本主义社会的社会形态更替和演进,是历史发展的必然趋势和空前伟大的社会进步,也是无产阶级和整个人类获得解放、人人得到全面而自由发展的根本途径和唯一正确的历史性选择。沿着这种人类历史发展的主流,在两次世界战争空隙中先后诞生了一批社会主义国家。尽管在 20 多年前的苏东剧变中,包括苏东地区在内一些社会主义国家,暂时发生了逆转,倒退为资本主义社会,但这只是人类历史发展主流中的一股逆流,是社会历史大趋势中的一段暂时曲折。苏联解体了,其社会主义的实践探索暂时失败了。然而,1917 年俄国十月革命的伟大胜利及其划时代的意义,则是永存的历史丰碑。它开辟了世界由资本主义社会形态开始向社会主义、共产主义社会形态过渡的人类历史的新纪元。

第三,当今世界的战略态势,特别是无产阶级与资产阶级、社会主义制度与资本主义制度的力量对比,决定了实现以社会主义制度完全取代资本主义制度的社会形态更替和历史性飞跃,是一个长期而艰难的革命奋斗和社会发展过程。

在 20 世纪 90 年代初,正当苏东剧变、世界社会主义运动步入低潮,西方垄断资产阶级反共、反社会主义势力及其政治战略家们,弹冠相

---

① 《马克思恩格斯文集》第 2 卷,人民出版社 2009 年版,第 37 页。

庆、得意忘形，声言马克思主义"过时"和"失败"了、"社会主义破产"和"消失"了，世界进入了"后马克思主义"、"后共产主义"时代之际，在一般人看来，人类历史似乎失去了明确的路标和前进方向，似乎资本主义的倒行逆施，可以改变当代的历史潮流。对此，邓小平高瞻远瞩地指出："我坚信，世界上赞成马克思主义的人会多起来的，因为马克思主义是科学。它运用历史唯物主义揭示了人类社会发展的规律。封建社会代替奴隶社会，资本主义代替封建主义，社会主义经历一个长过程发展后必然代替资本主义。这是社会历史发展不可逆转的总趋势，但道路是曲折的。资本主义代替封建主义的几百年间，发生过多少次王朝复辟？所以，从一定意义上说，某种暂时复辟也是难以完全避免的规律性现象。一些国家出现严重曲折，社会主义好像被削弱了，但人民经受锻炼，从中吸取教训，将促使社会主义向着更加健康的方向发展。因此，不要惊慌失措，不要认为马克思主义就消失了，没用了，失败了。哪有这回事！"[①]

这是邓小平站在唯物史观的战略制高点上，对世界社会主义运动前景的准确判断和科学展望。邓小平和其他一切马克思主义者，所确立的社会主义坚定信念、共产主义远大理想，都是立足于无产阶级立场，是置于马克思主义科学理论、特别是历史唯物主义所揭示的社会发展规律的基础之上的。包括资本主义在内的一切社会形态，之所以具有历史正当性和历史暂时性，社会主义取代资本主义和最终实现共产主义，之所以是"社会历史发展的不可逆转的总趋势"，这些都是由社会发展的客观规律所支配和决定的，是一种由人类社会实践总和所构成的自然历史过程。它是一种客观必然的历史逻辑，而不以任何人的意志为转移的，是任何反动势力所无法阻挡的社会历史进程。人类历史在走自己的路。共产党人致力于社会主义、共产主义事业，就是在认识、把握和运用社会发展规律前提下的一种社会自觉和历史自由，就是自觉地走历史必由之路，也是能动而自由地在创造社会进步的历史。这是高于以往一切革命者、社会改造者和建设者的认识和实践境界。

[①] 《邓小平文选》第3卷，人民出版社1993年版，第382—383页。

在历史唯物主义看来，社会主义必将完全取代资本主义，既根源于其历史的必然性和进步性，也是依靠其社会的正义性和无私性，是其历史必然性和社会正义性的高度统一。我们知道，社会主义取代资本主义的经济基础，是在有利于生产力获得更大发展的前提下，用生产资料公有制取代资本主义私有制。用马克思的话说，这是"人民群众剥夺少数掠夺者"①。也就是，通过无产阶级及其政党领导的社会主义革命，消灭生产资料私有制、消灭剥削和消灭一切阶级，把劳动阶级创造的劳动成果、由此积累的社会财富，从原来的"掠夺者"即资本家阶级手中，归还给劳动者即工人阶级，并且工人阶级还把据此索回的自己的劳动成果，即把一切生产资料奉献给全社会，让人人平等共有、共同劳动、共享劳动成果。——在社会主义社会以"劳动"为尺度、进而在共产主义社会以"需要"为尺度，来分配社会的生活消费品，让人类"建立在个人全面发展和他们共同的社会生产能力成为他们的社会财富这一基础上的自由个性"②，得到有效保障和充分发展。

这就是说，无产阶级革命事业奋斗目标的正义性和无私性，就在于它的阶级利益与人类社会进步的利益，是方向相同、紧密相关、完全一致的。因为，无产阶级所争取的不仅是本阶级解放，而且是全人类解放。因为无产阶级如果不解放全人类，那就不能实现自己阶级的彻底解放。也就是，要使整个人类从资本主义剥削制度下，按"丛林原则"进行的"你死我活"的阶级斗争中，即从人类生活的各个国家和民族、阶级和阶层及其政党之间的，以及其他种种利益集团之间的经济竞争、政治斗争、军事战争和思想文化等斗争，直至由社会极端势力残暴地对群众进行屠杀、种族灭绝等等永无休止的人类"内讧"中，一劳永逸地解放出来。只有这样，"个体的生存斗争停止了。于是，人在一定意义上才最终地摆脱了动物界，从动物的生存条件进入真正人的生存条件。人们周围的、至今统治着人们的生活条件，现在受人们的支配和控制，人们第一次成为自然界的自觉的和真正的主人，因为他们已经成为自身的社会结合的主人了。……

---

① 《马克思恩格斯文集》第5卷，人民出版社2009年版，第874—875页。
② 《马克思恩格斯全集》第46卷（上），人民出版社1979年版，第104页。

这是人类从必然王国进入自由王国的飞跃"①。无产阶级正在进行的社会主义和共产主义事业，是多么伟大而美好、公正而无私、崇高而神圣的事业啊！

然而，站在资产阶级和其他剥削阶级立场的人们，不仅不认同而且还在拼死反对马克思主义科学理论、拼死反对中国和其他国家的社会主义正义事业。并且，由于当今世界的战略态势，亦即无产阶级与资产阶级、社会主义制度与资本主义制度、广大发展中国家与少数资本主义发达国家之间的力量对比，决定了社会主义完全取代资本主义的长期性、艰巨性和曲折性。由于资本主义已有几百年的历史积累，由于战后西方资本主义新的发展变化，也由于先期走上社会主义道路的是一些基础差、底子薄的落后国家，而且社会主义制度作为新生事物，仅有90多年的历史，还需要有一个经验积累和完善成熟的发展过程。因此，资本主义世界统治体系暂时占有较大的、短时间内难以扭转的经济、科技、军事和舆论实力上的优势。特别是在苏东剧变、世界社会主义运动步入低潮以后，西方资本主义少数发达国家暂时获得了一些所谓"制度性红利"，而资本主义各国的马克思列宁主义影响、工人阶级政党组织，以及在马克思主义指导下的革命运动，都受到了空前未有的冲击，世界各国人民都处在新的觉醒之中。

其间，尽管中国、越南和其他几个尚存的社会主义国家，顶住了这股历史逆流，因势利导地倡导和不断推进对内的体制改革（革新）、对外的开放，即借以达到社会主义制度的自我完善和发展，使之焕发出生机和活力，从而在世界社会主义低潮中，出现了局部的社会主义建设"高潮"；但是，所有社会主义国家都同样地面临以美国为首的西方发达资本主义国家在经济、科技、军事和舆论实力上占优势的压力。包括西方发达国家在内的世界社会主义运动、世界社会主义和共产主义事业，所面临的是实力雄厚、老练狡猾、长于算计和精致包装的战略对手，是空前伟大、曲折而艰难的事业。所以，社会主义国家实现富强，需要长期艰苦奋斗；世界社会主义运动走出低潮，也需要长期艰苦奋斗；社会

---

① 《马克思恩格斯文集》第3卷，人民出版社2009年版，第564—565页。

主义要创造出比资本主义"新的高得多的劳动生产率"而取得完全胜利,就更"是很困难很长期的事业"①,更需要长期艰苦奋斗。

为此,邓小平就中国的情况指出:"我们搞社会主义才几十年,还处在初级阶段。巩固和发展社会主义制度,还需要很长的历史阶段,需要我们几代人、十几代人,甚至几十代人坚持不懈地努力奋斗,决不能掉以轻心。"②邓小平这个重要论断的主旨,是要求我们全党必须脚踏实地、循序渐进地作长期艰苦奋斗的思想准备,而不是要我们把共产主义事业推向虚无缥缈、无限遥远的未来。因为,只要我国坚持走社会主义道路,即使是从建设"初级阶段的社会主义"起步,但它毕竟也是共产主义社会形态的第一级台阶。据此,我们既要从我国国情出发,长期脚踏实地建设好初级阶段的有中国特色的社会主义,又不忘记共产主义长远目标,坚定不移地一步步地趋近而不是偏离这个大目标。因此,就不能不依靠历史唯物主义来看待世界、看待中国的社会主义前景。从历史唯物主义的高度看,社会主义社会必然代替资本主义社会,"这是社会历史发展的不可逆转的总趋势",是人类社会形态更替和演进的不可移易、不可抗拒的客观规律,由此确立我们的战略思想,确立共产党人坚定的社会主义信念、崇高的共产主义理想;从其革命和建设的具体实践看,共产主义社会形态高级阶段的最终实现,是一个内含着多个发展阶段的渐进的历史过程。我们切不可把社会主义估计易了、估计短了,把共产主义估计低了、估计近了,由此确立我们的策略思想,确立共产党人脚踏实地、长期艰苦奋斗和求真务实的科学态度。我们应当把社会主义事业发展的方向性和目标的坚定性,同社会主义实践中策略的灵活性、态度的务实性和过程的长期性,有机地结合和统一起来。共产党人是不断革命论和革命发展阶段论的统一论者,既不能犯"超阶段"、急于求成的幼稚病和急性病,又要善于抓住社会变革中的难得机遇,走历史必由之路,以"一万年太久,只争朝夕"的革命进取精神,充分发挥自觉推进共产主义革命大业的历史主动性。这就需要共产党人勤于学习

---

① 《列宁专题文集·论社会主义》,人民出版社2009年版,第151页。
② 《邓小平文选》第3卷,人民出版社1993年版,第379—380页。

和善于运用马克思主义世界观与方法论，特别是历史唯物主义为我们所提供的"伟大的认识工具"[①]，作为高瞻远瞩地洞悉历史趋势、把握社会进程、引领历史潮流、制定和实施战略指导的理论武器。

（原载《马克思主义若干重大问题研究》，社会科学文献出版社 2011 年版）

[①] 参见《列宁专题文集·论马克思主义》，人民出版社 2009 年版，第 68 页。

正确认识"两次飞跃",自觉推进马克思主义中国化

中国共产党自1921年7月诞生至今,已经走过了90年艰苦卓绝的奋斗历程。我们党的90年,是中国社会制度根本变革和社会面貌发生历史性变化的90年,是马克思列宁主义普遍真理不断同中国实际相结合的90年。90年来,中国革命、建设和改革的一切成就,都是党带领全国各族人民团结奋斗的伟大胜利,是不断推进马克思主义中国化的伟大胜利。

我们庆祝党的90年诞辰,旨在科学总结党的建设实践及其历史经验,继续推进党和人民的事业。当代中国共产党人,面对当今机遇与挑战并存的国际环境和肩负着的历史责任,必须立足当代、背靠历史、展望未来,使自己真正确立社会主义、共产主义的理想信念,才能拒腐防变;必须认真学习和善于运用马克思主义世界观和方法论,才能清醒坚定;必须完整准确地理解和把握马克思主义中国化的历史进程、优良传统、基本经验和理论成果,才能坚持和发展中国特色社会主义事业。我们认为,其中一个关键性的问题,就是我们要正确地认识和对待马克思主义中国化的"两次历史性飞跃",自觉地继续推进马克思主义中国化。

一 正确认识"两次飞跃"事关中国社会主义的前途命运

中国共产党成立,是"五四"运动思想启蒙的最大政治结果,是我国工人运动同马克思主义相结合的产物,是中国开天辟地的大事变。它标志着我国工人阶级以独立的革命力量登上了政治舞台,是中国新旧民主革命

的分水岭，是中华民族由衰转盛的一个历史性的转折点。

中国共产党是中国工人阶级的先锋队，是我国无产阶级革命、社会主义现代化建设和体制改革的核心领导力量，是实现中华民族伟大复兴的中流砥柱。我们党在新中国长期居执政地位，是中国人民在社会变革者的历史性选择，并由历史必然性、社会进步性赋予其政治合法性。坚持立党为公、执政为民，永葆党的工人阶级先进性和马克思主义理论武装，是我们党永不枯竭的力量源泉。

党的90年奋斗史反复证明，马克思列宁主义及其中国化理论，是我们立党立国之本，是全国各族人民团结奋斗的共同思想基础、根本的精神支柱。任何时候、任何情况下，我们都不容许削弱和动摇它。马克思主义基本原理之所以成为指导我国革命、建设和改革的根本理论基础，就在于：其一，马克思主义是关于世界的"主义"，它关注研究的是世界的前途和人类的命运，所揭示的是人类社会发展的基本规律和世界历史演进的总趋势；其二，马克思主义是世界各国无产阶级所共有的"主义"，它是无产阶级阶级意识的思想升华，是"无产阶级立场"在反对资产阶级的阶级斗争中的理论表现，"是无产阶级解放的条件的理论概括"[1]，从而阐明了无产阶级彻底革命的阶级地位和消灭一切阶级、解放全人类的历史使命；其三，马克思主义是关于整个世界由资本主义过渡到共产主义的整个历史时代的"主义"，它揭示了社会主义必将取代资本主义的客观必然性，提出了建设未来新社会（包括共产主义第一阶段及其高级阶段）的原理和原则；等等。因此，尽管马克思主义产生于当年西欧的社会和文化环境，但对包括我国在内的非西方国家而言，马克思主义不能被简单地视为"外来文化"。因为它也是各国工人阶级"自己的"世界观和方法论，是适用于现代各国社会发展进步的普遍真理，是各国工人阶级及其共产党人必须掌握、运用和不断发展的科学思想体系。

马克思主义创始人一再重申，其一般原理的实际运用，"随时随地都要以当时的历史条件为转移"[2]。其实，这个论断本身也是马克思主义的一

---

[1] 《马克思恩格斯文集》第1卷，人民出版社2009年版，第672页。
[2] 同上书，第5、15页。

条基本原理。正因为马克思主义具有科学性和普适性,所以它必须同各国实际相结合;正因为俄国、中国等东方各国都具有许多不同于西方的特殊性,所以更应该使马克思主义同自己的国情、社会实践和时代特征相结合。只有这样,马克思主义才具有生命力,才能有效地发挥其指导作用。

列宁在世界发展到垄断资本主义的历史条件下,立足俄国国情和革命实践,坚持和运用马克思主义,并使其发展到列宁主义阶段,从而缔造了布尔什维克党,夺取了俄国十月革命的胜利,第一次使社会主义在苏联变为现实。尽管,社会主义苏联在74年后被国内外敌对势力搞垮了,但由十月革命所开辟的人类历史新纪元,曾推动过并将继续推动着世界发展的历史进程。"十月革命一声炮响,给我们送来了马克思列宁主义。"① 中国共产党人在其后90年实践探索中,使之同我国实际逐步实现了历史性结合,从而成为我们党和人民改造旧中国、建设新中国的"伟大的认识工具"②。我们党的建立和发展壮大,中国新民主主义革命、社会主义革命的胜利及其建设的初步探索,直至中国特色社会主义道路的开创和发展,都是俄国十月革命、苏联社会主义事业的继续与发展,都是马克思列宁主义同中国实际和时代特征相结合,即马克思主义中国化的理论和实践成果。

马克思主义中国化的实践探索和理论创新,作为贯穿着中国共产党90年奋斗史的一条红线和主线,是一脉相承、逐步深化的历史过程。以毛泽东、邓小平同志为主要代表的中国共产党人,相继致力于马克思主义中国化理论和实践的艰辛探索,既指导和推进了党和人民的革命事业,又坚持和发展了马克思列宁主义,实现了"两次历史性飞跃"。江泽民同志在党的十五大报告中指出:"马克思列宁主义同中国实际相结合有两次历史性飞跃,产生了两大理论成果。第一次飞跃的理论成果是被实践证明了的关于中国革命和建设的正确的理论原则和经验总结,它的主要创立者是毛泽东,我们党把它称为毛泽东思想。第二次飞跃的理论成果是建设有中国特色社会主义理论,它的主要创立者是邓小平,我们党把它称为邓小平理论。这两大理论成果都是党和人民实践经验和集体智慧的结晶。"其后,

---

① 《毛泽东选集》第4卷,人民出版社1991年版,第1471页。
② 《列宁专题文集·论马克思主义》,人民出版社2009年版,第68页。

党中央和江泽民、胡锦涛同志,先后提出了"三个代表"重要思想和科学发展观,坚持和发展了中国特色社会主义理论。党的十七大认为:"中国特色社会主义理论体系,就是包括邓小平理论、'三个代表'重要思想以及科学发展观等重大战略思想在内的科学理论体系。"① 因此,马克思主义中国化的"第二次飞跃",包括邓小平理论、"三个代表"重要思想以及科学发展观等理论在内的创新成果,是关于新时期社会主义改革开放、现代化建设的历史经验的概括与总结,是对马克思列宁主义、毛泽东思想的坚持、运用和发展。

理论创新源于实践创新。马克思主义中国化发生"两次飞跃"的基础,是我们党领导中国人民进行了"两次革命"。"第一次革命",是中国的社会制度革命和社会制度创新。其历史性任务,是推翻旧中国"三座大山"(帝国主义、封建主义、官僚资本主义),即压迫和统治中国人民的反动政权及其剥削制度,实行社会主义"制度创新"。这首先是指党和毛泽东同志开创的以农村包围城市、最后夺取城市和全国政权的"井冈山革命道路",即具有中国特色的无产阶级革命道路。它以人民战争为主要斗争形式,完成了新民主主义革命,建立了工人阶级领导的、以工农联盟为基础的人民民主专政的国家政权;进而,新中国在消灭了封建土地制度以后,又开创了以"一体两翼"(国家工业化为主体,改造资本主义工商业、个体农业和手工业为两翼)为主要内容,以"和平赎买"资产阶级为主要特点,具有中国特色的社会主义改造道路。其实,马克思曾说过,"德国的全部问题将取决于是否有可能由某种再版的农民战争来支持无产阶级革命"②;马克思、恩格斯和列宁也曾主张用"和平赎买"的办法,去"废除私有制"③。但由于受历史条件的限制,他们这两种设想都未能实现。毛泽东在这两大问题上,根据自身国情所开辟的中国革命道路,以及社会主义改造道路,都是坚持、运用和发展马克思列宁主义的成功实践

---

① 中央文献研究室编:《改革开放三十年重要文献选编》(下),人民出版社2008年版,第893—894、1718页。
② 《马克思恩格斯文集》第10卷,人民出版社2009年版,第131页。
③ 参见《马克思恩格斯文集》第1卷,人民出版社2009年版,第684页;《马克思恩格斯文集》第4卷,人民出版社2009年版,第529页;《列宁选集》第4卷,人民出版社1995年版,第497—498页。

和伟大创新,从而在我国确立起社会主义基本制度,即通过根本变革旧的生产关系和社会形态,大大地解放了我国生产力,并开始进行"四个现代化"的实践和理论探索。

新时期,"改革是中国的第二次革命"①。这是要"革"过时和僵化的、束缚生产力发展和社会主义优越性充分发挥的旧体制的"命"。即要通过社会主义体制改革和体制创新,进一步解放生产力,使社会主义自我完善和发展,以便找到一条适合国情、能较快实现我国社会主义现代化的建设道路和发展模式。

这"两次革命"和马克思主义中国化的"两次飞跃",是贯穿党的90年奋斗史,贯穿我国无产阶级革命及其社会主义事业的、同一个历史进程之前后相继的两个发展阶段,也是其相辅相成、密不可分的两个方面。其中,革命实践是现实基础和客观根据;而理论创新则是其经验总结和行动指南。马克思列宁主义及其中国化理论,是中国共产党人的思想旗帜,是我们的党魂、军魂和国魂,是坚持中国特色社会主义道路,推进国家现代化、实现中华民族伟大复兴,巩固发展社会主义事业,并逐步迈向共产主义社会的行动指南。我们必须以实事求是的科学态度、以辩证唯物主义和历史唯物主义的观点,来看待我国的"两次革命"、来看待马克思主义中国化的"两次飞跃"及其理论成果,而能否正确地认识和对待党的90年奋斗史,是事关中国社会主义前途命运的大问题。

二 必须正确认识和把握"两次飞跃"的历史和辩证联系

马克思主义中国化的"两次飞跃"的历史和辩证联系之基础,根植和统一于我国革命、建设、改革实践的社会历史进程及其客观逻辑的本身。

近90年来,马克思主义中国化的"两次飞跃",同我们党领导和胜利进行的新民主主义革命、社会主义革命及其初期的社会主义建设,尤其是同新时期的改革开放和中国特色社会主义建设,是紧密联系的动态统一

---

① 《邓小平文选》第3卷,人民出版社1993年版,第113页。

体，是一个统一和循序渐进而又分阶段的中国工人阶级革命事业发展的历史过程。而且，我国这种历史发展同人类历史进程一样，都是其思想进程立足和取决于相应的社会实践及其历史进程；后一阶段的理论和实践进程，立足和取决于此前的社会实践及其历史进程。因此，胡锦涛同志指出："改革开放伟大事业，是在以毛泽东同志为核心的党的第一代中央领导集体创立毛泽东思想，带领全党全国各族人民建立新中国、取得社会主义革命和建设的伟大成就以及艰辛探索社会主义建设规律取得宝贵经验的基础上进行的。新民主主义革命的胜利，社会主义制度的建立，为当代中国的一切发展进步奠定了根本政治前提和制度基础。"[1]

马克思主义中国化的实践和理论，是从其"第一次飞跃"开始的。毛泽东是"马克思主义中国化"的倡导者、践行者和阐发者。马克思主义中国化的"第一次飞跃"，源于以毛泽东为核心的党中央第一代领导集体立足中国国情、以马克思列宁主义为指导的实践探索及其经验总结，并在其发展中体现为党的理论创新和人民革命事业的发展，即毛泽东思想的形成，以及在其指导下先后所取得的新民主主义革命的胜利、新中国的建立、社会主义制度的确立、社会主义建设规律的艰辛探索。马克思主义中国化的"第一次飞跃"及其所造就的事业发展，是新中国一切发展进步的根本的政治前提和制度基础。当然，这是"第二次飞跃"的出发点、理论基础和历史前提。可以说，这个"第一次飞跃"及其所形成的毛泽东思想，不仅是马克思主义中国化的思想源头，而且是马克思主义中国化的典范，即坚持马克思列宁主义普遍真理同中国具体实践、同中国优秀传统文化相结合的典范，从而成为我们党率先进行马克思主义理论创新的典范。正是马克思主义中国化的"第一次飞跃"及其伟大理论成果——毛泽东思想，作为实现"第二次飞跃"最为直接的理论基础，为其后推进马克思主义中国化指明了正确的方向，提供了根本的方法，并提出了实现"第二次结合"的历史性任务。因此，"第一次结合"和"第一次飞跃"是基础和前提。没有"第一次结合"和"第一次飞跃"，就没有"第二次结合"和"第二次飞跃"，但它不能代替"第二次结合"和"第二次飞跃"。

---

[1] 中央文献研究室编：《改革开放三十年重要文献选编》（下），人民出版社2008年版，第1715页。

1956年4月4日,毛泽东在中央书记处一次会议上,谈到我们党"把马克思列宁主义基本原理同我国革命和建设的具体实际结合起来"的历史经验时,指出:"现在是社会主义革命和建设时期,我们要进行第二次结合,找出在中国进行社会主义革命和建设的道路……应当更加强调从中国的国情出发,强调开动脑筋,强调创造性,在结合上下功夫,努力找出在中国这块大地上建设社会主义的具体道路。"[1]毛泽东提出了这个任务,并开始进行过有益的探索,但未能获得实质性的突破和进展。所以,我们党实现马克思主义中国化"第二次结合"和"第二次飞跃"的历史重任,就历史地交由十一届三中全会所形成的以邓小平为核心的中央第二代领导集体来承担。

应当承认,马克思主义中国化的"第一次结合"、"第二次结合"及"两次历史性飞跃"所形成的两大理论成果之间,当然具有其主题的不同和阶段性的区别,但作为其基础和历史起点的,则是它们之间历史联系和本质上的一致性。对此,邓小平在曾说过:"三中全会以后,我们就是恢复毛泽东同志的那些正确的东西嘛,就是准确地、完整地学习和运用毛泽东思想嘛。基本点还是那些。从许多方面来说,现在我们还是把毛泽东同志已经提出、但是没有做的事情做起来,把他反对错了的改正过来,把他没有做好的事情做好。今后相当长的时期,还是做这件事。当然,我们也有发展,而且还要继续发展。"[2]

新时期,以社会主义改革开放和现代化建设的实践探索为基础的、马克思主义中国化的"第二次飞跃",是在新的历史条件下对"第一次飞跃"的继续和深化。其意义非常重大而深远。如果没有邓小平在"第二次飞跃"中倡导和坚持改革开放,开辟中国特色社会主义道路,创立中国特色社会主义理论,那么,"第一次飞跃"所开创的中国社会主义事业,就会逐渐窒息其生机和活力,而发生僵化、停滞和曲折,乃至会失败。邓小平在苏联解体、东欧剧变,世界社会主义运动步入低潮,和平与发展成为时代主题的历史条件下,在中国经过"十年动乱",社会主义事业面临体

---

[1] 参见吴冷西《十年论战》(上),中央文献出版社1999年版,第23—24页。
[2] 《邓小平文选》第2卷,人民出版社1994年版,第300页。

制僵化和经济困境的情况下，带领全党解放思想、拨乱反正，恢复和确立了"实事求是"的思想路线和正确的政治路线，在总结国内外社会主义实践的正反两面历史经验的基础上，开创了"以经济建设为中心，坚持四项基本原则，坚持改革开放"为其鲜明特点的中国特色社会主义事业。

1982年9月1日，邓小平在党的十二大开幕词中，高度概括地指出："我们的现代化建设，必须从中国的实际出发。……把马克思主义的普遍真理同我国的具体实际结合起来，走自己的道路，建设有中国特色的社会主义，这就是我们总结长期历史经验得出的基本结论。"[①] 邓小平以此为主题所创立的"邓小平理论"，作为新时期全党全国各族人民所进行的改革开放、现代化的实践探索和集体智慧的结晶，为中国特色社会主义理论体系奠定了基本构架；其后，以江泽民、胡锦涛为代表的中国共产党人，继续推进中国特色社会主义的实践探索和理论创新，先后提出"三个代表"重要思想，以及科学发展观，形成了中国特色社会主义理论体系，进一步丰富和深化了"第二次飞跃"，坚持、运用和发展了马克思列宁主义、毛泽东思想、邓小平理论。新时期，我们党所实现的马克思主义中国化"第二次飞跃"及其理论成果，是对"第一次飞跃"及其理论成果的继承、丰富和创新，并集中地体现为科学社会主义中国化的新运用、新发展和新成就。

第一，从推进马克思主义中国化的视角看，中国特色的社会主义理论体系"必须是切合中国实际的有中国特色的社会主义"[②]，是科学社会主义中国化的新形态。其理论上的创新，是依据现阶段中国实际与时代特征，围绕"什么是社会主义、怎样建设社会主义"这个根本问题，以马克思主义基本原理同当代中国实际相结合，从中提炼出"中国特色社会主义"这个总体性的科学概念，并展开和形成以关于阐述社会主义本质、社会主义初级阶段、社会主义体制改革（包括对外开放）、社会主义市场经济、社会主义法治国家、社会主义小康社会和社会主义的物质文明、政治文明和精神文明，以及生态文明建设等新论断、新观点、新思想为基本构

---

① 《邓小平文选》第3卷，人民出版社1993年版，第2—3页。
② 同上书，第63页。

架，而作出了系统性的理论思考、战略规划和顶层设计，开辟了中国特色社会主义道路，形成了中国特色社会主义理论体系，从而为经济、文化和科技落后的社会主义中国如何较快地实现现代化，闯出了一条新路。这在科学社会主义发展史上，是继马克思主义、列宁主义、毛泽东思想之后，最为重大的理论和实践创新。

第二，从中国社会主义事业发展的视角看，新时期由邓小平倡导的改革开放，既继承和发展了毛泽东时代的成就、又纠正了毛泽东同志晚年的错误，通过社会主义体制改革和体制创新，使社会主义制度焕发出生机和活力，加速了中国现代化和中华民族复兴的历史进程。中国特色社会主义理论和实践，所要重点解决的是社会主义体制问题。列宁、斯大林和毛泽东所完成的历史任务，是先后在俄国和中国，通过领导有其特色的武装斗争和社会主义改造运动，建立了社会主义基本制度，并按照集中统一的计划经济体制模式，也各自进行过社会主义实践与理论探索。其间有过永载史册的辉煌，积累了不少宝贵经验。但其传统的体制模式，都有一定的历史局限性和某些超阶段的偏颇。尽管，毛泽东在1956年就已经意识到苏联体制存在若干问题，并提出中国要"以苏为鉴"、要注意研究我国"社会主义整个经济体制问题"，并有过类似列宁"新经济政策"[①]的思想闪光，可并没有一以贯之、付诸行动。新时期，邓小平倡导和推进"中国的第二次革命"，进行体制改革和体制创新，使社会主义趋于完善，进一步解放和发展了社会生产力。邓小平认为："革命是解放生产力，改革也是解放生产力。……社会主义基本制度确立以后，还要从根本上改变束缚生产力发展的经济体制，建立起充满生机和活力的社会主义经济体制，促进生产力的发展，这是改革，所以改革也是解放生产力。"[②]近30多年来，我国通过配套进行和逐步深化体制改革和体制创新，找到了一条适合国情的社会主义建设道路，使我国生产力大为解放，经济实力和综合国力大为增强，人民群众生活水平在达到总体小康以后，正朝着全面小康迈进，社会主义现代化进程在加快。中国特色社会主义理论和实践的伟大成就，进

---

① 参见《毛泽东文集》第7卷，人民出版社1999年版，第23、53、170页。
② 《邓小平文选》第3卷，人民出版社1993年版，第113、370页。

一步验证和体现了科学社会主义的真理性和生命力。

第三,从世界历史发展进步的视角看,邓小平所开创的中国特色社会主义事业,是在和平与发展成为时代主题、世界社会主义运动处于低潮的历史条件下,以巨大的理论勇气和非凡的政治智慧,坚决捍卫、巩固和发展了科学社会主义事业。应该说,当年社会主义苏联的兴起,具有划时代的意义;而74年后苏联解体和向资本主义倒退,则是国际共运的空前挫折和巨大冲击。正当西方世界为此弹冠相庆,断言世界历史将倒退和"终结"于"资本主义一统天下"之时,邓小平、江泽民和胡锦涛同志相继主政的社会主义中国,砥柱中流、力挽狂澜,在世界社会主义运动低潮中,出现了改革和建设的高潮。中国社会主义"奇迹",依赖于马克思主义中国化的"第二次飞跃",依赖于中国特色社会主义道路的开辟和坚持,依赖于中国特色社会主义理论体系的形成和指引。正是马克思主义中国化的"第二次飞跃"及其成果,开辟和引领着中国特色社会主义实践。这才使得中国共产党人和中华民族跃居世界社会主义探索前列、人类社会主流前列。我们深信,中国特色社会主义事业的成功和兴旺,将是世界社会主义运动走出低谷、迎来高潮的一个关键性因素,并促进人类社会发展进步。

据此可以说,马克思主义中国化的"第二次飞跃"及其理论成果——中国特色社会主义理论体系,对于我国新时期社会主义改革开放、现代化建设和党的全部工作,无疑地具有最直接、最切近、最关键的指导意义。同时,党的90年奋斗史表明:马克思列宁主义、毛泽东思想和中国特色社会主义理论体系,是一脉相承、与时俱进的统一的科学体系。只有后者以其前者作为基础和出发点时,才具有历史和逻辑的完整性,并作为统一的科学体系发挥其指导作用。所以,我们只有联系马克思列宁主义历史发展及其中国化的全过程,包括从整体上正确认识和把握其"第一次飞跃"和"第二次飞跃"及其成果,把握它们之间的历史和辩证联系,才能完整准确地掌握和实践中国特色社会主义理论体系。如果把马克思列宁主义同中国化的马克思主义、把马克思主义中国化的"两次结合"、"两次飞跃"及其成果,人为地割裂开来、对立起来,就势必丢掉马克思主义"老祖宗",就会丧失根本和迷失方向,甚至会走邪路。

三　自觉推进马克思主义中国化，引领中国特色社会主义事业发展

科学社会主义是学说、运动和制度的统一。中国化的科学社会主义事业，是空前深刻、艰难和创新性的伟大事业，必须有科学理论的指导、规范和引领，使共产党人带领人民群众走历史必由之路，才能自觉地创造历史。

因此，马克思列宁主义及其科学社会主义中国化，必然会贯穿中国特色社会主义事业发展的全过程。我国由于国情所决定，必将长期处于社会主义初级阶段。它至少需要百余年，才能够发展和转变到与之相衔接的社会主义更高阶段。而社会主义完全胜利和资本主义最终被战胜，不仅必须在物质生产上，要尽快地增加生产力的总量，逐步"创造出新的高得多的劳动生产率"[1]；同时，还必须在经济关系和思想观念上，"同传统的所有制关系"、"同传统的观念实行最彻底的决裂"。为此，马克思指出："这种社会主义就是宣布不断革命，就是无产阶级的阶级专政，这种专政是达到消灭一切阶级差别，达到消灭这些差别所由产生的一切生产关系，达到消灭和这些生产关系相适应的一切社会关系，达到改变由这些社会关系产生出来的一切观念的必然的过渡阶段。"[2] 也"就是要造成使资产阶级既不能存在也不能再产生的条件"[3]。其长期性和艰巨性，正如邓小平所说："巩固和发展社会主义制度，还需要一个很长的历史阶段，需要我们几代人、十几代人，甚至几十代人坚持不懈地努力奋斗，决不能掉以轻心。"[4]

中国特色社会主义事业方兴未艾、任重道远。它需要我们党自觉地继续推进马克思主义中国化，更好指导中国特色社会主义事业发展。而要使之"自觉地继续推进"，就必须认真总结和始终坚持我们党90年来在这方面的成功经验，同时借鉴其他无产阶级政党和社会主义国家的经验教训。

---

[1] 《列宁专题文集·论社会主义》，人民出版社2009年版，第151页。
[2] 《马克思恩格斯文集》第2卷，人民出版社2009年版，第52、166页。
[3] 《列宁专题文集·论社会主义》，人民出版社2009年版，第85页。
[4] 《邓小平文选》第3卷，人民出版社1993年版，第379—380页。

我认为，从党的思想理论建设的历史经验看，我们党要自觉地继续推进马克思主义中国化的理论和实践探索，就应当坚持和发扬党的优良传统，积极慎重地认识和处理其中几个基本关系：

第一，坚持党的工作重点与指导思想的完整性的统一。我们党在90年奋斗史上，先后有过以人民战争推翻"三座大山"和建立新中国为主要任务的新民主主义革命；以"一化三改"为主要任务的社会主义革命和建设；到新时期，又在以体制改革作为重要动力、以发展生产力作为"根本任务"，致力于建设"初级阶段的社会主义"①。故而，党在现阶段必须以中国特色社会主义理论体系，作为最直接和最切近的指导思想，必须实行社会主义初级阶段的基本制度、基本路线、基本纲领和基本政策，否则就会重蹈过去阶级斗争扩大化和"超阶段"的错误。同时，还必须明确意识到："这些阶段只不过是达到首要的伟大目标的阶梯"②，"共产党人为工人阶级的最近的目的和利益而斗争，但是他们在当前的运动中同时代表运动的未来"③。因此，现行党章规定："中国共产党以马克思列宁主义、毛泽东思想、邓小平理论和'三个代表'重要思想作为自己的行动指南"，"党的最高理想和最终目标是实现共产主义"④。必须承认，党的指导思想是一个有其逻辑层次、不可分割的有机整体。尽管在无产阶级革命事业发展的不同阶段上，其中某些内容可能具有直接的实践意义，而其他更基础的、目标远大的内容，则发挥着理论支撑和长远的导向作用。在当今中国，我们当然要重点学习和实践中国特色社会主义理论体系及其基本著作；与此同时，一切有条件的共产党员特别是领导干部，还应当认真学习和领会马克思、恩格斯、列宁和毛泽东等经典作家的基本著作，力求系统掌握马克思主义基本原理。只有这样坚持党的工作重点与指导思想完整性的统一，我们才能够懂得马克思主义的来龙去脉和精神实质，才能够完整准确地理解中国特色社会主义理论体系，才

---

① 中央文献研究室编：《改革开放三十年重要文献选编》（下），人民出版社2008年版，第896、898页。
② 《马克思恩格斯文集》第4卷，人民出版社2009年版，第470页。
③ 《马克思恩格斯文集》第2卷，人民出版社2009年版，第65页。
④ 中央文献研究室编：《改革开放三十年重要文献选编》（下），人民出版社2008年版，第1743页。

能够自觉地继续推进马克思主义中国化。否则就难以成为坚定自觉的共产党人,就不可能真正掌握和运用马克思主义世界观和方法论,不可能确立社会主义、共产主义理想信念。邓小平在改革中告诫全党:"没有这样的信念,就没有一切。"①

第二,坚持社会实践的基础性与科学理论的导向性的统一。任何理论,都源于实践、服务实践,都要由实践来验证,由实践推动其发展。所以,社会实践是理论的基础。实践观点,是马克思主义认识论的首要和基本观点。同时,有利于社会进步的实践,也离不开正确的理论导向。没有革命的理论,就没有革命的实践。没有马克思列宁主义及其中国化理论,就没有新中国,就没有中国社会主义事业,就没有中国现代化。党的理论工作和理论创新,当然要为经济建设和社会全面进步服务,要与社会主义市场经济的发展要求相适应。这是从本质联系上看问题。而理论和实践的机制性联系,则包含着更为复杂的双向依赖关系。

列宁认为:"工人阶级单靠自己本身的力量"和"自发的工人运动","只能形成工联主义的意识",不可能产生"现代社会主义意识"②。何况市场经济的逐利机制,更不会自发地趋向社会主义。我国市场调节具有积极和消极的二重效应,必须要由社会主义基本制度、马克思主义指导的社会主义意识形态及其核心价值观,对其加以规范、引导和矫正。所以,我们既要反对轻视实践、脱离国情和照抄照搬的教条主义倾向;也要防止轻视理论、迷信局部经验、只讲眼前实惠的经验主义和实用主义倾向。在理论创新中,要尊重社会实践,以实践为根据为标准。同时要看到"实践标准"既有确定性、又有不确定性。因此,社会实践对新旧理论的证实或证伪,不能仅凭一时一事,就轻易作结论,而必须要有一个较长和反复验证的认识过程。坚持社会实践的基础性和科学理论的能动性和导向性的统一,是一条基本经验和原则。

第三,坚持理论创新的时代性与原理体系的相对稳定性的统一。实践在不断发展,时代在不断演进。因此,只有以反映时代变化、实践发展和

---

① 《邓小平文选》第3卷,人民出版社1993年版,第190页。
② 《列宁选集》第1卷,人民出版社1995年版,第317、327页。

社会进步为其本质要求的马克思主义，才能够把握时代脉搏、富有时代气息、引领社会潮流。故而，马克思列宁主义及其中国化理论，必须面向实践、与时俱进，在继承和坚持中，不断发展和创新，不断实现其基本原理同当代中国实际的结合。马克思主义的生命力，就在于它体现了人民群众现实利益和长远利益的统一、反映了世界发展的一般规律和总趋势，就在于它会随着实践、时代和科学的发展而不断深化、丰富和发展。然而，一般说来，对于马克思主义基本原理，我们要慎重对待，不能轻言"突破"和放弃。这是因为其基本原理及其科学体系，具有相对的稳定性。而这种"相对的稳定性"，根源于它所研究的客观对象，即资本主义社会及其对立物——社会主义社会，各自都具有其社会性质上的相对稳定性，以及该社会基本矛盾的相对稳定性。只要资本主义生产方式及其基本矛盾依然存在，只要工人阶级没有完成自己的历史使命，只要社会主义没有取得完全胜利，马克思主义的基本原理及其科学体系就不会过时。但是它们必须随时随地同社会实践相结合，并在实践应用中不断地深化和发展。江泽民同志在阐发"科学对待马克思主义"时所作出的两个"坚定不移、不能含糊"[①]的重要论断，就体现了中国共产党人关于坚持和发展马克思主义之辩证统一的深度思考与科学理解。

第四，坚持基本原理的普遍性与我国国情的特殊性的统一。这种统一，在中国特色社会主义理论体系中，得到了生动而充分的体现。就"中国特色社会主义"这个总体性的概念而言，其中的"中国特色"，就是主要用以表征和体现中国国情的特殊性；而"社会主义"，则是主要用以反映各个社会主义国家所具有的共同本质、所必须坚持的基本原则，即主要表征其普遍性。

包括社会主义制度在内的一切客观事物，都是个性与共性、特殊性与普遍性的有机统一。首先，万事万物都是以各自特殊的具体形态，而存在着和发展着。这是我们认识它们的现实基础和客观的立足点。但同时，一切具体和特殊的事物，都包含着不同范围、不同层次的共性或普遍性。普遍性只是一种科学抽象，它体现了同类事物在质上的规定性及其共同的本

[①] 参见《江泽民文选》第3卷，人民出版社1996年版，第335页。

质特征。因此，中国特色社会主义的理论和实践，是科学社会主义基本原则与中国特殊国情和具体实践的历史统一。

对此，胡锦涛同志概括为："中国特色社会主义道路之所以完全正确、之所以能够引领中国发展进步，关键在于我们既坚持了科学社会主义的基本原则，又根据我国实际和时代特征赋予其鲜明的中国特色。"① 邓小平更是坚持这种统一的典范。他在十一届三中全会以后倡改革开放，要求全党："解放思想，独立思考，从自己的实际出发来制定政策。……我们要建设的是具有中国自己特色的社会主义。"② 在改革开放中，他认为"看准了的，就大胆地试，大胆地闯"，否则"就走不出一条好路，走不出一条新路，就干不出新的事业"③。另一方面，在改革开放之初，他就概括和提出"坚持四项基本原则"，认为"这是实现四个现代化的根本前提"④，必须一以贯之地加以坚持和落实。他指出："一个公有制占主体，一个共同富裕，这是我们所必须坚持的社会主义的根本原则。我们就是要坚决执行和实现这些社会主义的原则。从长远说，最终是过渡到共产主义。"⑤ 从哲学高度看，坚持这种统一，具有普遍性的方法论意义。因为，如果离开我国国情的特殊性，仅仅强调社会主义普遍原则，使之绝对化，就会重犯"左"的教条主义和"超阶段"的错误；而如果借口国情的特殊性，而否定四项基本原则，即从根本上违背社会主义的根本原则和共同本质，就会犯右的、脱离社会主义方向的错误。如果在全局上犯"左"的或右的错误，并顽固地坚持而不改，都可能葬送社会主义事业，更谈不上推进马克思主义、科学社会主义中国化。所以在哲学上，我们必须始终坚持马克思主义基本原理的普遍性与我国国情的特殊性的统一。

总之，我们回顾、总结和坚持我们党 90 年建设中成功的历史经验，就必须始终坚持党的工作重点与指导思想的完整性的统一，坚持社会实践的基础性与科学理论的导向性的统一，坚持理论创新的时代性与原理体系

---

① 中央文献研究室编：《改革开放三十年重要文献选编》（下），人民出版社 2008 年版，第 1717 页。
② 《邓小平文选》第 3 卷，人民出版社 1993 年版，第 260—261 页。
③ 同上书，第 372 页。
④ 《邓小平文选》第 2 卷，人民出版社 1994 年版，第 164 页。
⑤ 《邓小平文选》第 3 卷，人民出版社 1993 年版，第 111 页。

的相对稳定性的统一，坚持基本原理的普遍性同我国国情的特殊性的具体和历史的统一，才能自觉地继续推进马克思主义中国化，以便加快转变我国经济社会的发展方式，引领中国特色社会主义事业顺利推进和发展。

（原载《36位著名学者纵论中国共产党建党90周年》，中国社会科学出版社2011年版）

毛泽东与马克思主义中国化

毛泽东同志（1893.12.26—1976.9.9）是中国共产党、中国人民解放军和中华人民共和国的主要缔造者，是伟大的马克思主义者。

毛泽东主席，作为我们全党全国各族人民的革命领袖和导师，是伟大的无产阶级革命家、理论家、军事家和战略家，是具有中国文化丰厚学养的最杰出的诗人、书法家和语言艺术大师。

毛泽东是马克思主义中国化的伟大倡导者和功业卓著的践行者。他为寻找和解决具有中国特色的无产阶级革命道路、社会主义改造道路，以及中国工业化道路而进行的实践探索，是他倡导和推进马克思主义中国化的实践需要和客观基础。我国无产阶级革命一步步胜利和社会主义事业的开创和发展，都离不开马克思列宁主义及其中国化理论的正确指导。正是科学理论和社会实践的双向互动、互补和互促，才引领我国革命、建设和改革不断夺取新胜利，使中国人民走在科学社会主义探索的世界历史的前列。

坚持理论和实践的具体和历史的统一，是马克思主义的本质要求，更是我们党从毛泽东时代就开始培育的优良传统。毛泽东善于掌握和运用马克思主义宇宙观作为观察世界、中国和中华民族的历史命运的工具，善于把马克思列宁主义普遍真理同我国革命的具体实践相结合，用以解决中国革命中的一个个重大问题，中国革命面貌才为之一新，革命事业才从一个胜利走向另一个胜利。毛泽东在他倡导和践行马克思主义中国化的"第一次历史性飞跃"中，以他为核心的党中央第一代领导集体创立了毛泽东思想，坚持和发展了马克思列宁主义，从而指导和带领全党全国各族人民相继夺取了我国新民主主义革命、社会主义革命的伟大胜利和新中国建设的巨大成就。

一代伟人毛泽东，离开我们已有 36 个年头。但其辉煌功业和光辉思想，使我们国家、民族和人民长远受惠而永远铭记。

胡锦涛同志在党的十七大报告中指出："我们要永远铭记，改革开放伟大事业，是在以毛泽东同志为核心的党的第一代中央领导集体创立了毛泽东思想，带领全党和全国各族人民建立新中国、取得社会主义革命和建设的伟大成就以及艰辛探索社会主义建设规律取得宝贵经验的基础上进行的。新民主主义革命的胜利，社会主义基本制度的建立，为当代中国一切发展进步奠定了根本政治前提和制度基础。"[1]

胡锦涛在党的十八大报告中，进一步指出："以毛泽东同志为核心的党的第一代中央领导集体带领全党全国各族人民完成了新民主主义革命，进行了社会主义改造，确立了社会主义基本制度，成功实现了中国历史上最深刻最伟大的社会变革，为当代中国一切发展进步奠定了根本政治前提和制度基础。在探索过程中，虽然经历了严重曲折，但党在社会主义建设中取得的独创性理论成果和巨大成就，为新的历史时期开创中国特色社会主义提供了宝贵经验、理论准备、物质基础。"[2]

在学习党的十八大精神的过程中，我们缅怀和重温毛泽东的辉煌功业和光辉思想，特别是他所倡导的马克思主义中国化及其伟大实践，如同缅怀和重温邓小平的辉煌功业和光辉思想一样，对于我国深化改革开放，全面建成小康社会，使中国特色社会主义继续沿着科学社会主义方向前进，无疑是非常必要和极为有益的。

辉煌功业篇
——毛泽东带领党和人民创建了社会主义新中国

毛泽东是中国自近代即鸦片战争以后，有过数千年辉煌文明而又灾难深重的中华民族的前途命运处于历史性转折的关键时期，在党和人民集体

---

[1] 中共中央研究室编：《改革开放三十年重要文献选编》（下），中央文献出版社 2008 年版，第 1715 页。

[2] 胡锦涛：《坚定不移沿着中国特色社会主义道路前进 为全面建设小康社会而奋斗》，载《中国共产党第十八次全国代表大会文件汇编》，人民出版社 2012 年版，第 10 页。

奋斗中成长起来的、久经考验的中国共产党和中国人民的伟大领袖和导师，是在国际共产主义运动中继马克思、恩格斯和列宁以后，对中国及世界历史进程发生长远影响的无产阶级领袖人物。

1883年3月17日，恩格斯《在马克思墓前的讲话》中指出："马克思发现了人类历史的发展规律"，"还发现了现代资本主义生产方式和它产生的资产阶级社会的特殊的运动规律。由于剩余价值的发现，这里就豁然开朗了，而先前无论资产阶级经济学家或者社会主义批评家所做的一切研究都只是在黑暗中摸索。"[1]

在97年后的1980年8月21日，邓小平在同一位意大利记者的谈话中，也用类似的词语，来评价毛主席对我国革命的历史性贡献。他指出："尽管毛主席过去有段时间也犯了错误，但他终究是中国共产党、中华人民共和国的主要缔造者。……他多次从危机中把党和国家挽救过来。没有毛主席，至少我们中国人民还要在黑暗中摸索更长的时间。毛主席最伟大的功绩是把马列主义的原理同中国革命的实际结合起来，指出了中国夺取革命胜利的道路。"[2] 我们应当把毛主席晚年在探索中的失误，包括他在"文化大革命"中所犯的"左"的错误，同他为党和人民毕生所建立的伟大功绩、同以他为主要创立者的毛泽东思想，明确地区分开来。

毛泽东是人不是神。他既不需要人为的美化、神化和偶像化崇拜，也是任何人骂不倒、否定不了的。因为，他为党为人民所创造的不朽功业和揭示的革命真理，已经以千百万、亿万人民的波澜壮阔的社会实践形式，而写在了中国大地上，融入了现代中国乃至世界的历史中。

近一个时期，社会上出现了一波波贬低、丑化和"妖魔化"毛泽东同志的反常现象和声浪。其一切恶毒言论，都是毫无根据和极其错误的，甚至是别有用心的。而社会上自发地大量出现，而且持久不衰的"毛泽东热"则表明，我们马克思主义理论工作者有责任，向广大人民和一代代中华儿女，还原一个伟大的毛泽东！一个真实的毛泽东！

---

[1] 《马克思恩格斯文集》第3卷，人民出版社2009年版，第601页。
[2] 《邓小平文选》第2卷，人民出版社1994年版，第344—345页。

一 毛泽东第一大功业,是开辟了有中国特色的无产阶级革命道路,引领我国革命走向胜利,缔造了新中国而使"中国人从此站起来了"

毛泽东在青少年求学年代,面对着被西方列强肆意欺凌、掠夺和瓜分的半殖民地半封建的旧中国,就怀有以天下为己任、救国救民和为一切被剥削被压迫的劳动人民翻身解放、谋求幸福生活的远大志向。当这种政治抱负,同他在俄国十月革命影响下、并在积极参与"五四"运动等革命活动的基础上,转向接受和信仰马克思主义相联系,就使他迅速地升华和成长为一位忠诚坚定的伟大马克思主义者、无私无畏的伟大无产阶级革命家、矢志不移的伟大共产主义战士。

毛泽东在青年时代,从积极参与"五四"运动开始,在筹建中国共产党和在党成立初期的革命活动中,通过大力传播和普及马克思列宁主义,同卓有成效地亲自发动和领导湖南等地的学生运动、工人运动和农民运动相结合,因而脱颖而出,逐渐练就和显示出政治上的远见卓识、杰出的领导才干和非凡的革命韬略。

毛泽东同志是出席1921年7月中国共产党成立的"一大"的13名代表之一。在1923年6月召开的党的"三大"上,毛泽东被选为中央执行委员、中央局成员和中央局秘书,协助中央局委员长陈独秀处理党中央日常事务,直到1925年1月(前一年12月,他因病回湘疗养未出席)党的"四大"召开。毛泽东积极主张实行国共第一次合作,以推进北伐和夺取大革命胜利。他出席了于1924年1月召开的国民党第一次全国代表大会,当选为中央执行委员会候补委员(蒋介石连国民党"一大"代表都不是);并于1925年10月至1926年5月,曾任国民党中央宣传部代理部长。毛泽东积极拥护和践行孙中山先生的联俄、联共、扶助农工的三大政策,主张共产党团结国民党左派、反击国民党右派破坏国共合作,反对陈独秀在国共合作中放弃领导权、对国民党右派反共行为妥协退让的右倾机会主义,主张放手开展群众运动,特别是以农民运动来支持国民革命。这期间,毛泽东所发表的《中国社会各阶级的分析》、《湖南农民运动考察报告》等著作和政见，就体现了我们党所应坚持的正确主张。但由于毛泽东、周恩来和蔡和森等一批共产党人提出要及时、有力地反击蒋介石等国民党右派之反共阴谋的正确主张，未被陈独秀主持的党中央所采纳，以致使蒋介石这个新军阀、国民党内的政治"暴发户"及以其为首的国民党右派反共势力，迅速膨胀和坐大。

蒋介石、汪精卫之流于1927年4月12日和7月15日，先后在上海和武汉发动屠杀共产党人和革命人民的反革命政变，就宣告了陈独秀右倾机会主义的破产，而迫使中国无产阶级及其共产党人不得不走暴力革命之路。如果说，周恩来等同志领导的"八一"南昌起义，作为中国共产党人对国民党蒋介石、汪精卫等反动派屠杀革命的战略回应，而打响了暴力革命的第一枪的话，那么，党中央于六天后召开的"八七"会议，则标志着我们党独立领导中国无产阶级革命发展和转变到了一个新阶段，即主要以武装的革命反对武装的反革命的阶段。在这次会议上，毛泽东同志提出的"须知政权是枪杆子中取得的"①（后被简称为"枪杆子里面出政权"）的重要论断，体现了中国共产党人在总结革命教训中所达到的对无产阶级暴力革命的高度理论自觉和政治自信。

随后，由毛泽东同志为书记的中共湖南省委前敌委员会领导了"秋收起义"。当起义军希图攻打和夺取长沙失利以后，他毅然决然地带领千人左右的余部，进行"三湾改编"，把党支部建在连上，进军湘赣边界罗霄山中段，创立了井冈山革命根据地。毛泽东以此为开端开辟了有中国特色的无产阶级革命道路，即以农村包围城市，最后夺取城市和全国政权的革命道路。这条革命道路的开创、坚持和发展，是毛泽东同志顶住种种压力和干扰，自觉地坚持把马克思列宁主义普遍真理同我国革命的具体实践相结合的光辉典范，从而成为形成毛泽东思想的基础性的实践探索和客观的现实依据。

我们知道，马克思和恩格斯作为马克思主义创始人，都始终具有和平改造旧社会的真诚愿望，认为当无产阶级能够"和平实现共产主义"的时

---

① 参见中共中央文献研究室编《毛泽东年谱 一八九三——一九四九》（上卷），人民出版社、中央文献出版社1993年版，第208页。

候，就要"避免使用暴力和流血"①。同时，他们出于对剥削阶级本性及其国家机器的镇压本质，以及对社会形态演进和更替的客观规律的深刻理解，历来认为，一切处于没落和灭亡前掌握着国家政权的剥削阶级，必然会垂死挣扎，要竭尽全力阻挡、镇压，乃至会血腥地屠杀革命人民，而绝不可能自愿放弃剥削，自动退出统治舞台。

马克思主义认为，通过暴力革命夺取国家政权，是无产阶级革命的基本原理和"一般规律"。马克思和恩格斯指出："暴力是每一个孕育着新社会的旧社会的助产婆。"② 他们在《共产党宣言》中写道："共产党人不屑于隐瞒自己的观点和意图。他们公开宣布：他们的目的只有用暴力推翻全部现存的社会制度才能达到。"③ 强调"工人阶级必须在战场上赢得自身解放的权利"④，即必须用革命暴力打碎剥削阶级的国家机器，建立革命政权，使工人阶级上升为统治阶级。其后，列宁指出："马克思和恩格斯关于暴力革命不可避免的学说是针对资产阶级国家说的。资产阶级国家由无产阶级国家代替，**不能**通过'自行消亡'，根据一般规律，只能通过暴力革命。"他强调说："必须系统地教育群众**这样**来认识而且正是这样认识暴力革命，这就是马克思和恩格斯**全部**学说的基础。"⑤

列宁及其指导下的布尔什维克党，遵循这个"一般规律"，利用俄国社会矛盾及其在第一次世界大战中所形成的革命时机，在彼得堡、莫斯科等中心城市举行工人武装起义，才夺取了十月革命的胜利，从而使社会主义第一次由科学理论变为社会现实。但由此也形成了一种较普遍的思维惯性、一种教条主义心态：似乎发动中心城市工人武装起义，是各国无产阶级革命的唯一模式。从1927年9月中旬秋收起义失利后，毛泽东鉴于敌强我弱的战略态势，决定放弃原定攻打长沙的计划，而率部进军井冈山，在建立中央苏区前期的革命道路探索中，从而同共产国际及其指导下的我们党的一些领导人，产生了原则性分歧。这主要和集中地表现为：是坚持

---

① 《马克思恩格斯全集》第2卷，人民出版社1957年版，第625页。
② 《马克思恩格斯文集》第5卷，人民出版社2009年版，第861页。
③ 《马克思恩格斯文集》第2卷，人民出版社2009年版，第66页。
④ 《马克思恩格斯文集》第3卷，人民出版社2009年版，第619页。
⑤ 《列宁专题文集·论马克思主义》，人民出版社2009年版，第194页。

在敌人力量薄弱的农村，在我党领导下创建、巩固和发展革命根据地，建立和壮大工农红军，进行土地革命战争；还是冒险地在中心城市发动工人武装暴动，或是让初创和弱小的工农武装，立即去攻取长沙、武汉、南昌、九江和赣州等中心城市，要实现所谓"会师武汉、饮马长江"的口号，急于"争取革命在一省与数省首先胜利"。

那时，有些"钦差大臣"，还有自称"百分之百的布尔什维克"的那些人，反对毛泽东同志开辟井冈山革命根据地的实践探索，给他扣上诸如"狭隘的经验论"、"完全反映着农民意识"，是所谓"富农路线"，"犯了极严重的一贯的右倾机会主义错误"等大帽子，断言"山沟里出不了马克思主义"。而且毛泽东同志由此受到的大大小小"处分"，竟达20次之多，毛泽东本人就曾同斯诺谈到过他受到的"处分"[①]。其中一次，是1927年11月9—10日召开的中共中央临时政治局扩大会议，决定撤销毛泽东同志担任的中央政治局候补委员、湖南省委委员职务；到次年3月，湘南特委代表到井冈山却把这个"决定"，误传为毛泽东被"开除党籍"，宣布撤销毛泽东任书记的省委前敌委员会，以致他曾一度改任工农革命军（后称中国工农红军）"第一师师长"[②]。

毛泽东同志是遵守党纪和继续为党顽强奋斗的典范。尽管毛泽东多次身处逆境，但他始终以党的团结统一和革命大业为重，在极端困难的情况下，仍坚定不移地推进"井冈山道路"的实践和理论探索。其间，他坚持运用马克思主义立场、观点和方法，精辟地分析了我国半殖民地半封建社会的经济、政治发展极不平衡的独特国情，并在初步认识中国革命的一般规律和特殊规律之统一的基础上，相继发表了《中国红色政权为什么能够存在？》、《井冈山的斗争》、《关于纠正党内的错误思想》、《星星之火，可以燎原》和《反对本本主义》等名著，论证了"井冈山道路"的必然性和正确性，从而使包括中央苏区、中央红军在内的全国各革命根据地及其红军的创建和发展，特别是使中央苏区粉碎蒋介石军队从第一次到第四次

---

① 参见宇文利《毛泽东早年受过三次大的处分》，《党史博采》2000年第12期。
② 参见中共中央文献研究室编《毛泽东年谱 一八九三——一九四九》（上卷），人民出版社、中央文献出版社1993年版，第236页。

反革命"围剿",有了正确的理论、路线、政策、战略和策略的指导,迎来了中央苏区的全盛时期。但是,当临时党中央领导机构于1933年初被迫由上海转移到中央苏区,就把王明的"左"倾教条主义路线,很快地贯彻到中央苏区党政军各方面工作中。这样一来,他们就完全否定毛泽东的正确主张,剥夺了毛泽东的一切军事指挥权,致使中央红军未能打破蒋介石军队对中央苏区的"第五次围剿",被迫于1934年9月开始实行战略转移,撤离中央苏区,进行举世闻名的万里长征。

我党我军第五次反围剿的失败、长征前期的战略被动和惨重损失,都表明了王明"左"倾教条主义的错误和危害。1935年1月,在遵义召开了中央政治局扩大会议,否定和批判了王明"左"倾教条主义错误,肯定了毛泽东的正确主张,增选毛泽东为政治局常委,实际确立了毛泽东及其正确理论、路线和战略策略在全党的指导地位,从而挽救了红军、挽救了党,使革命转危为安,是具有深远意义的历史性转折。这样,我们党才能够战胜张国焘的分裂主义,胜利地完成了伟大的二万五千里长征,使我国革命的大本营,转到陕北延安,转到以抗日救亡为主要任务的新阶段。

当年,日本帝国主义要灭亡中国的野蛮侵略和现实威胁,使中日民族矛盾超过了国内阶级矛盾,而成为我国面对的主要矛盾。在党中央和毛泽东同志积极倡导和努力争取下,建立和长期坚持实行抗日民族统一战线。以我党力主和平解决"西安事变"为主要标志,促成了国共第二次合作和实行全民族抗日。

可以说,在抗日战争中形成的"延安精神",以及由其代表的民族革命战争的正确道路,是"井冈山精神"和"井冈山革命道路"在新的历史条件下的继续和发展。这就使我党我军既坚定地站在民族革命战争前列,体现了民族大义,抓住了战略制高点,又使我国属于资产阶级性质的、实则是世界无产阶级革命一部分的新民主主义革命,获得了发展的新契机和更大空间。

延安时期,毛泽东同志进行了更为光辉卓绝的实践和理论的探索与创新。

在实践中,党中央和毛主席在克服了王明所宣扬的"一切通过统一战线"、"一切服从统一战线"的右倾机会主义错误,及时指挥我党领导下的八路军、新四军和其他抗日武装力量,深入敌后,建立根据地,坚持持久战,独立自主地开展抗日游击战,也不放弃有利条件下的运动战,以配合国民党军队抗日的正面战场,同时有理、有利、有节地反对国民党军队的反共"摩擦",使人民抗日武装力量得到迅速发展和壮大。在八年抗战胜利时,我们党领导的军事力量,由原来3万人左右,发展到120万军队和100万民兵;解放区人口约有一亿人;我党党员也有百万之众。我国无产阶级革命的胜利,由此奠定了初步基础。

在理论上,党中央和毛泽东同志坚持把马克思列宁主义普遍真理同中国革命的具体实践相结合:一方面,是根据革命斗争的直接需要,提出和阐明了抗日战争的理论与路线、方针与政策、战略与策略、军事工作与政治工作、根据地发展与部队壮大等民族革命战争中的基本问题;另一方面,是从我国反帝反封建的革命任务出发,以将来向社会主义革命转变为目标,在分析旧中国社会性质和社会矛盾的基础上,系统地提出和阐明了我国新民主主义革命理论、人民战争理论及其革命的"三大法宝"和党的"三大作风"等基本问题,形成了中国无产阶级如何进行革命的系统理论。为此,毛泽东相继撰写和发表了《论反对日本帝国主义的策略》、《抗日游击战的战略问题》、《论持久战》、《论新阶段》、《〈共产党人〉发刊词》、《中国革命和中国共产党》、《新民主主义论》和《论联合政府》等重要著作,从而为中国无产阶级革命指明了方向。

作为上述两个方面的理论概括和哲学总结,毛泽东撰写和发表了《实践论》、《矛盾论》、《改造我们的学习》、《整顿党的作风》、《反对党八股》和《领导方法的若干问题》等名著,从世界观和认识论的哲学高度,既清算和针砭了党内理论脱离实际、主观和客观相分裂的教条主义、经验主义等主观主义和形而上学的错误认识,又坚持和发展了以实践为基础的马克思主义认识论、以事物的矛盾法则(即对立统一规律)为核心的唯物辩证法和军事辩证法。毛泽东对马克思主义哲学的创造性运用和发展,同其所阐明的中国无产阶级革命理论的内在统一,就构成了毛泽东思想的基本内容。而且他还创造了"延安整风"这种形式,开展马克思主义学习和教育运动,提高了党的理论和政治水平,实现了全党在毛泽东思想基础上的团结和统一。这样就为我党我军赢得抗日战争,乃至赢得全国革命胜利,奠定了必要的思想理论基础。

抗日战争胜利以后,党中央和毛泽东主席自觉抵制了国外有些共产党"缴枪换官"的政治短视行为。特别是毛主席以其大智大勇,不顾个人安危,亲赴重庆谈判,同国民党蒋介石反动派进行针锋相对的斗争,使我们党无论是在争取和平建国、还是反击国民党势将发动的反人民内战的两种可能性中,都掌握着政治主动权。

在中国两种命运、两种前途的这场战略对决中,党和毛主席以雄伟气魄和超人的胆略,在胜利地反击国民党反动派撕毁国内和平协议,而发动的反人民内战中,集小胜为大胜、变劣势为优势、化被动为主动,敏锐地抓住稍纵即逝的历史性机遇,及时组织和实施规模空前的辽沈、淮海、平津"三大战役",敢于和善于进行战略决战。我党我军仅用了短短三年时间(1946—1949),就打败和消灭了800万蒋军,推翻了"三座大山",解放了中国大陆。1949年10月1日,中华人民共和国成立。

新中国成立,是继俄国十月革命胜利和苏联问世之后,世界社会主义运动所取得的一个历史性进展和重大胜利,它极大地改变了全世界的战略格局。毛主席向世界宣告:"中国的历史,从此开辟了一个新时代","占人类四分之一的中国人从此站起来了"![1] 这样,就永远结束了中国受西方列强欺凌的历史,中国人民掌握了自己的命运,为我国走向繁荣富强奠定了根本的政治前提。

中国抗日战争、人民解放战争的伟大胜利和新中国成立,都以不容置疑的革命实践和客观事实,验证了毛泽东所开辟的有中国特色的无产阶级革命道路,即以农村包围城市、最后夺取城市和全国政权的真理性与可行性。这是既符合无产阶级革命的"一般规律",又适合中国国情的唯一正确的革命道路,是毛泽东的伟大功勋和业绩。

---

[1] 《毛泽东文集》第5卷,人民出版社1996年版,第348、343页。

二 毛泽东第二大功业,是开辟了有中国特色的社会主义改造道路,不失时机地使中国顺利走上社会主义道路,为中国社会发展进步奠定了制度基础

从新民主主义革命发展转变为社会主义革命,是我们党成立之初就定下的必须长期为之奋斗的革命纲领。抗日战争时期,毛泽东发表的《中国革命和中国共产党》和《新民主主义论》等著作中,都反复阐明了我们党领导的"整个中国革命是包含着两重任务的",是"包括资产阶级民主主义性质的革命(新民主主义的革命)和无产阶级社会主义性质的革命"。他以其"民主主义革命是社会主义革命的必要准备,社会主义革命是民主主义革命的必然趋势"[①] 的论断为理论依据,引领我国及时而顺利地实现了革命转变和社会进步。

新中国成立前夕,毛泽东《在中国共产党第七届中央委员会第二次全体会议上的报告》中,对于党和人民将要"把中国建设成为一个伟大的社会主义国家",以及对新中国"没收官僚资本"为人民国家所有,并在其五种经济成分中,让国营经济掌握"国家经济命脉","成为整个国民经济的领导成分";同时要"节制资本",即"对私人资本主义采取限制"和发展并行的政策,要"领导劳动人民的个体经济逐步地走向集体化"[②] 等经济纲领,都有过原则性的论述。但是,通过一条什么样的道路,来实现生产资料私有制的社会主义改造,即如何确立起社会主义经济制度,则只能依据科学社会主义指导,通过实践探索来具体地加以解决。

新中国成立后,在农村普遍实行土地改革,消灭了在我国存在2000多年的封建剥削制度,特别是在三年经济恢复取得巨大成就的基础上,党中央和毛主席高瞻远瞩,因势利导,从1952年下半年开始酝酿、并于1953年逐步形成了党在社会主义过渡时期的总路线。其完整表述是:"从中华人民共和国成立,到社会主义改造基本完成,这是一个过渡时期。党

[①] 《毛泽东选集》第2卷,人民出版社1991年版,第651页。
[②] 《毛泽东选集》第4卷,人民出版社1991年版,第1430—1437页。

在这个过渡时期的总路线和总任务，是要在一个相当长的时期内，逐步实现国家的社会主义工业化，并逐步实现对农业、对手工业和对资本主义工商业的社会主义改造。这条总路线是照耀我们各项工作的灯塔，各项工作离开了它，就要犯右倾或'左'倾的错误。"当时认为，这"大约需要经过三个五年计划，就是大约十五年左右的时间"①。

党的这条以"一化三改"为主要内容、以和平"赎买"民族资产阶级的资本为主要特点的总路线及其实践，坚持和发展了马克思列宁主义，是毛泽东为在我国确立社会主义经济制度，而在实践探索中取得的一大成就和功绩。

我们知道，马克思、恩格斯和列宁都曾有过"赎买"资产阶级的设想。但对马克思和恩格斯而言，仅仅是其"剥夺剥夺者"理论的一种策略性考虑。1847年，恩格斯在《共产主义原理》中，在回答"能不能用和平的办法废除私有制"问题时，写道："但愿如此，共产主义者当然是最不反对这种办法的人。"② 其后，马克思和恩格斯曾多次谈到过这种可能性。

例如，恩格斯写于1872年5月至1873年1月的《再论蒲鲁东和住宅问题》中，在谈到"无产阶级取得政权后是去简单地运用暴力占有生产工具、原料和生活资料，还是为此立即给以补偿，或者通过缓慢的分期付款办法赎买这些东西的所有权"时，他认为"这种事情我留给别人去做"③，即只能由后人根据其实际情况加以考虑和决定。

再如，1894年11月15日，即直到恩格斯于1895年8月5日逝世的半年前，他又在《德法农民问题》中指出："我们的党一旦掌握了国家政权，就应该干脆剥夺大土地占有者，就像剥夺工厂主一样。这一剥夺是否要用赎买来进行，这大半不取决于我们，而取决于我们取得政权的情况……我们决不认为，赎买在任何情况下都是不容许的；马克思曾向我讲过（并且讲过多次！）他的意见：假如我们能赎买这整个匪帮，那对于我

---

① 《毛泽东文集》第6卷，人民出版社1999年版，第316页。
② 《马克思恩格斯文集》第1卷，人民出版社2009年版，第684页。
③ 《马克思恩格斯文集》第3卷，人民出版社2009年版，第328页。

们最便宜不过了。"① 显然，他们这个构想是光辉的；但其"匪帮"云云，则是在特殊语境下的一种用语。

列宁在十月革命胜利后，更加重视这种"赎买"。1918年5月5日，在《论"左派"的幼稚性和小资产阶级性》中，他主张"对文明的资本家，对那些肯接受并能实施'国家资本主义'，能精明干练地组织真正以产品供应千百万人的大企业而对无产阶级有益的资本家**谋求妥协**或向他们实行赎买"。认为这适合当时俄国"在文明程度方面，在从物质和生产上'实施'社会主义的准备程度方面，却比欧洲最落后的国家还要**落后**"的"这种特殊情况"②。但由于当时俄国的政治环境和国内外的历史条件，列宁的这个主张却未能实现，对资本主义企业只能实行无偿剥夺。

在我国社会主义改造中，马克思、恩格斯和列宁虽主张但未能做到的事情，被毛泽东在实践探索中取得了成功。党中央和毛泽东同志运用科学社会主义基本原理，以及毛泽东思想关于中国农民阶级和资产阶级（被划分为官僚买办资产阶级和民族资产阶级两部分，以及对民族资产阶级二重性）的科学分析，结合我国社会主义革命实践，探索到一条有中国特色的社会主义改造道路。即在革命胜利以后，在没收官僚买办资本归国家所有、国营经济掌握着国家经济命脉的前提下，党和国家遵循自愿互利、典型示范和国家帮助的原则，引导农民创造了从临时互助组、常年互助组，发展到半社会主义性质的初级农业生产合作社，再发展到社会主义性质的高级农业生产合作社等循序渐进的过渡形式；对个体手工业的改造，也采取了类似做法；对资本主义工商业的改造，创造了委托加工、计划订货、统购包销、委托经营代销、公私合营、全行业公私合营等一系列从低级到高级的国家资本主义的过渡形式，最后实现了马克思、恩格斯和列宁都曾设想过、但在苏联未能实行的和平"赎买"资产阶级的理论构想。

这种具有中国特色的社会主义改造，进行得比较迅速和顺利。到1956年年底，我国实现了社会主义生产关系的历史性变革，确立了社会

---

① 《马克思恩格斯文集》第4卷，人民出版社2009年版，第529页。
② 《列宁选集》第3卷，人民出版社1995年版，第530—531页。

主义经济制度。原计划15年左右的社会主义改造，仅用了三年时间，就提前基本完成了。同时，我国工农业生产也得到了比较迅速的发展。通过实施和提前完成"一五"计划（1953—1957），为我国奠定了社会主义工业化的初步基础，城乡群众生活水平有了初步改善和一定提高。至1957年，我国工农业总产值达到1387亿元，比1952年增长68%。其中工业总产值783.9亿元，年均增长18%；农业总产值达到604亿元，比1952年增长25%，年均增长4.5%。这就是说，我国在生产关系上实现社会主义深刻变革的过程中，不仅没有影响而且促进了社会生产力的较快发展。

邓小平同志指出："建国后，我们在农村进行了土地改革和合作化，在城市进行了对资本主义工商业的社会主义改造，都干得很好。"[1] 应当指出，我国社会主义改造由于要求过急、工作过粗、改变过快、形式过于单一，以至于长期遗留一些问题，包括对一部分原工商业者的使用和处理，也不是很适当。党的十一届六中全会通过的《关于建国以来党的若干历史问题的决议》，对此作出的总体结论是："整个来说，在一个几亿人口的大国中比较顺利地实现了如此复杂、困难和深刻的社会变革，促进了工农业和整个国民经济的发展，这的确是伟大的历史性胜利。"[2]

正因为我国当年实现了如此广泛而深刻的社会经济变革，并同解放初建立的人民民主专政的国家政权相结合，一个社会主义新中国从此屹立于世界东方！

饮水思源、不忘根本，尊重历史、开创未来。这是我们中国共产党人应有的立场和态度。虽然，我国在新时期，通过体制改革和体制创新，而把社会主义初级阶段的基本经济制度调整为公有制为主体、多种所有制经济共同发展，但它仍然是在新的历史条件下，对原有社会主义经济制度的坚持、完善和发展。当我国坚持公有制为主体、国有经济为主导的前提下，而把非公经济作为社会主义市场经济的重要组成部分的时候，有的人

---

[1] 《邓小平文选》第3卷，人民出版社1993年版，第115页。
[2] 中共中央文献研究室编：《改革开放三十年主要文献选编》（上），中央文献出版社2008年版，第189页。

就否定我国当年的社会主义改造，否定毛泽东开辟的有中国特色的社会主义改造道路，这是完全错误的。

三 毛泽东第三大功业，是规划和指导我国开始进行社会主义现代化建设，使新中国成为初步繁荣昌盛的社会主义国家

中国古代有过历史悠久、辉煌灿烂的文明史，至今我们仍引以自豪。但是，由于从晚清到北洋军阀，再到国民党蒋介石统治集团的保守反动、军阀混战和腐败无能，由于西方帝国主义列强的欺凌和掠夺，中国在近代，即从1840年鸦片战争到1949年的109年间，却大大地落后于世界文明的发展和进步。新中国成立前夕，旧中国乃是一个半殖民地半封建社会，而且经过在八年（从1931年"九·一八"算起，实为14年）抗战和三年解放战争中，由于日伪势力和蒋介石集团破坏和掠夺，以及长期的战争消耗，整个社会百孔千疮、民生凋敝。党和人民政府从蒋介石统治集团那里接收的，是一个"烂摊子"。

用毛泽东的话说，新中国建设的历史起点是"一穷二白"。毛泽东的一大功业，是他指导和带领全党全国各族人民，从我国建立社会主义制度时开始，就规划和开始进行大规模的社会主义建设，使新中国在短时间内，就成为一个初步繁荣昌盛的社会主义国家。

新中国成立之初，我国有近5亿人口，其中个体农民占90%。农业极为落后，仍然沿袭着几千年由农户个体进行分散、简陋的手工耕作，有些边远地区群众甚至仍处在刀耕火种状况；工业基础也极为薄弱，主要是有些轻纺业，而且大多集中在沿海和东部一些城市，而机器制造业则是一片空白。1949年，我国粮食产量只有11318万吨，棉花44.4万吨，钢、铁产量分别为15.8和5万吨，产煤3200万吨，发电量43亿度，原油12万吨，棉纱32.7万吨。交通运输业遭到严重破坏，主要铁路干线没有一条可以通车，公路有1/3不能使用，城乡交流阻塞，不少群众饥寒交迫、嗷嗷待哺，城乡建设百废待兴。当时，我国几乎所有经

济指标都落后于印度。①

凡是亲历过那段历史的人们，都永远记得：从新中国成立到"文化大革命"前的 1965 年，尽管我国经济社会发展曾经历过像"大跃进"那样的曲折，而大起大落，但在毛泽东时代还是激动人心地前进了三大步。

第一步是三年经济恢复的成就突出。党和毛主席面对新中国成立后的严峻形势，团结和领导刚从"三座大山"重压下解放出来的全国各族人民，一边进行清匪反霸、土地改革和抗美援朝，以消灭封建剥削制度，保卫革命成果；一边为国家经济恢复，作出了艰苦卓绝的努力。1952 年，我国工农业总产值达到 810 多亿元，比 1949 年增长 77.5%，比旧中国最高水平的 1936 年增长 20%；其中，工业比 1949 年增长 145.1%，年均增长 34.8%。② 这样，我国仅用了三年时间，就迅速医治了战争创伤，胜利完成了国家经济恢复任务。

第二步是"一五"计划提前超额完成。如前所说，我国是在党和毛主席领导下，一边进行生产资料私有制的社会主义改造，一边提前和超额完成了"一五"计划，使我国进行大规模社会主义建设有了良好的开局。五年间，国家经济和文化教育的基建投资总额 588 亿元，新增固定资产 492 亿元，相当于 1952 全国所有固定资产的 1.9 倍。1957 年，我工业总产值 783.9 亿元，超过原定计划的 21%，比 1952 年增长 128.3%，年均增长 18%；农业总产值 604 亿元（按 1952 年不变价格计算），完成原定计划的 101%，增长 25%。这一年，我国钢产量 535 万吨，原煤 1.3 亿吨，发电量 193.4 亿度，粮食 19509 万吨，棉花 164 万吨，分别比 1952 年增长 296%、96%、166%、19% 和 26%。这些数据，在今天看来也许不太起眼，但在当时却是鼓舞人心的明显进展。尤其值得一提的是，我国在"一五"期间，优先发展重工业，以苏联援建的"156 项工程"为骨干，开展了大规模工业建设，使国家工业化有了初步基础。我国开始批量生产汽车、飞机、拖拉机、机床等多种机电设备。随着工业产量增长和品种增多，工业材料和设备的自给率也有了提高。1957 年，我国钢材的自给率达

---

① 参见国家统计局编《新中国五十五年资料统计汇编》、《国外经济统计资料（1949—1972）》。
② 参见国家统计局编《新中国五十五年资料统计汇编》、《中国统计年鉴（1984）》。

到 86%，机械设备的自给率达到 60% 以上。① 同时，国家科技水平和文化教育事业，也有显著发展和进步，人民群众的生活水平逐步有所提高。

　　第三步是十年建设在曲折前进中成就可观。这期间的曲折，是在顺利中出现"左"的偏差，其进展和成绩则是在一定程度上吸取了经验教训的结果。

　　正当我国"一五"计划提前超额完成，党的八大在举国上下形势喜人、欣欣向荣的大背景下胜利召开，并对我国社会的主要矛盾和社会主义建设的根本任务，都作出了正确分析、明确规定和信心大增以后；正当毛泽东同志也开始对社会主义实践在进行初步的、正确的和有长远意义的理论总结，即写出了《论十大关系》和《关于正确处理人民内部矛盾的问题》等著作以后，由于种种复杂的原因，毛泽东和党内其他一些同志，都变得过于自信而不够谨慎了。党和毛泽东同志面对国内外复杂多变的政治形势，先是从 1957 年下半年开始，犯了反右斗争扩大化的错误；接着又头脑发热、急于求成，轻率地发动了"大跃进"和"人民公社化"运动，出现了追求"高指标"、"供给制"、"浮夸风"、"共产风"和强迫命令等"左"的风气。包括要在 1958 年实现钢产量（要由上年 535 万吨，达到 1070 万吨）翻一番，就动员八千万劳力上山，全民大炼钢铁。当赫鲁晓夫提出苏联要在 15 年内"超过美国"，我国也提出要在 15 年内"超过英国"；想"跑步进入共产主义"。由于这些错误举措，使经济形势大起大落，再加上严重的天灾和苏联"卡脖子"（如撤走专家、停止援助和催讨债务等），使我国出现了三年困难时期。

　　应该说，当时敏锐发现问题和带头纠正错误的，还是毛泽东同志本人。毛主席从 1958 年秋天就开始纠"左"。他在同年 11 月和次年 2 月底至 3 月初召开的两次"郑州会议"，1858 年底在武昌召开的八届六中全会，还有次年 4 月初召开的八届七中全会等一系列会议上，以及在其后的工作中，都试图纠"左"。其主要精神，就是力求纠正农村"一平二调三收款"的"共产风"，开始调整人民公社的政策和体制（实行"队为基

---

① 参见周恩来在第二届全国人大一次会议上所作的《政府工作报告》，《人民日报》1959 年 4 月 19 日。

础、三级所有"），主张尊重价值规律，发展商品生产和交换，并开始压缩国民经济的高指标，恢复综合平衡。在三年困难中，为同全党全国人民同甘共苦，毛泽东有段时间坚持"不吃肉"。但是，他对"大跃进"年代"左"的错误认识，是初步和有限的，因此是不彻底的。他坚持认为总路线、"大跃进"、人民公社这"三面红旗"是正确的，只是执行中的具体政策和做法有错误。所以在1959年"庐山会议"上，就由纠"左"转向在全党反对"右倾机会主义"，使纠"左"出现中断和反复。

于是，党和国家不得不从1961年初开始制定和贯彻"调整、巩固、充实、提高"的方针。同时，毛主席要求全党"大兴调查研究之风"，主张1961年是"实事求是年"[①]；1962年又召开了"七千人大会"，进一步总结经验，动员全党全国各族人民团结一致、共克时艰，坚持对失衡的国民经济进行全面调整，改进工作，积累经验，很快就收到了实效。我国工农业生产和国民经济出现较好和喜人的发展势头，使经济社会建设有了可观的进展和成就。

从党的八大到"文化大革命"前这十年（1956—1965），是党和毛主席领导我国社会主义建设在探索中曲折发展的十年。到1965年，同1957年相比，我国工农业总产值增长了59.9%，其中农业增长9.9%，工业增长98.1%。工农业主要产品中，钢增长1.3倍，达到1223万吨；原煤增长77%，达到2.32亿吨；发电量增长2.5倍，达到676亿度；原油增长6.75倍，达到1131万吨；合成氨增长8.7倍，达到148.4万吨。农业主要产品中，棉花达到209.8万吨，增长27%；粮食产量达到3891亿斤，接近1957年的水平。由于"大跃进"年代所造成的经济大起大落，得到了克服。农业生产全面恢复，国家重工业、原油探采及提炼、机器机电制造、铁路公路交通运输业，轻纺、食品和医药等工业产业，都得到了全面稳步发展；国家教育和科学技术水平都有了较大较快的发展，特别是国防尖端科学技术的进展和成果最为突出。毛泽东高瞻远瞩，从我国困难时期开始，就力主和努力搞成功了"两弹一星和核潜艇"。这些伟大成就，至今仍是我国国防的坚强后盾，是国家强盛的可靠保障和重要标志。

---

① 《毛泽东文集》第8卷，人民出版社1999年版，第237页。

必须指出，我国社会主义"四个现代化"的发展目标，是由毛主席规划和提出、并由周恩来总理在1964年全国人大三届一次会议上宣布和部署，后在1975年全国人大四届一次会议上加以重申的。对此，周总理说："遵照毛主席的指示，三届人大的政府工作报告曾经提出，从第三个五年计划开始，我国国民经济的发展，可以按两步来设想：第一步，用十五年时间，即在一九八〇年以前，建成一个独立的比较完整的工业体系和国民经济体系；第二步，在本世纪内，全面实现农业、工业、国防和科学技术的现代化，使我国国民经济走在世界的前列。"① 今天看来，这个发展"设想"和要求，还是有点急，但它毕竟为我国社会主义现代化指明了发展目标和前进方向。

人类历史总是走着曲折的道路。毛泽东在其毕生奋斗中，为我国新民主主义革命、社会主义革命和建设，都建立了辉煌功业。但是，由于缺乏经验和其他复杂原因，他也有过失误。特别是在我国社会主义改造基本完成以后，从1957年下半年开始，在他身上和党的指导思想上，"左"倾错误逐渐抬头。尤其是在党的八届十中全会及以后，他提出了"以阶级斗争为纲"的口号，不停地搞政治运动，导致阶级斗争扩大化，直至演变为"文化大革命"这一全局性的、长时间的"左"倾错误。但是，我们在否定"文化大革命"错误的时候，仍应对"文化大革命"时期作具体分析，应当把毛泽东同志晚年的失误同毛泽东思想区别开来。因为在这期间，我国有些领域即便是在"文化大革命"冲击和干扰下仍取得了一定发展和成就，毛主席也有不少值得肯定的重要贡献。例如，他在"文化大革命"中既提出要整所谓"走资派"，但也保护和解放了一大批干部；他还提出了"三个世界理论"、"两个中间地带理论"和"反对霸权主义"等外交战略；在党中央和毛主席领导下，巧妙地开展"乒乓外交"，以"小球转动大球"，打开了中美和中日关系，使新中国和美、日等国得以建交；促成新中国恢复了在联合国（包括安理会常任理事国）的合法席位；等等。

总之，正如邓小平同志所说："毛泽东同志在他的一生中，为我们的党、国家和人民建立了不朽的功勋。他的功绩是第一位的，他的错误是第

---

① 《周恩来选集》下卷，人民出版社1984年版，第439、479页。

二位的。因为他的功绩而讳言他的错误,这不是唯物主义的态度。因为他的错误而否定他的功绩,同样不是唯物主义的态度。"①

理论创新篇
——毛泽东思想是马克思主义中国化的科学理论

马克思列宁主义,是各国无产阶级和革命人民认识世界、改造世界的科学理论,是我们党指导思想的根本理论基础。马克思主义在指导各国无产阶级革命和社会主义建设的实践中,必须使其普遍真理同各国国情和具体实践相结合,才能成为现实的指导思想;在我国,必须使之同中国国情、中国实践和中国文化相结合,实现马克思主义中国化而成为我国人民所喜闻乐见的、具有自己的民族形式、民族气派、民族风格的理论形态,才能得到广泛传播、深入人心和实际地发挥指导作用。

毛泽东同志是马克思主义中国化的倡导者和伟大践行者。在党的90多年奋斗史上,党在领导中国人民进行革命、建设和改革的伟大实践探索中,努力践行马克思主义基本原理同中国实际之间的这种必然和内在的结合,先后发生了两次历史性飞跃,产生了马克思主义中国化的两大理论成果,这就是毛泽东思想和包括邓小平理论、"三个代表"重要思想和科学发展观在内的中国特色社会主义理论体系。

一 马克思主义中国化的客观必然性

马克思主义及其科学社会主义,是作为资本主义及其思想体系的对立物,而直接产生于西欧社会文化环境的科学理论,是无产阶级革命的普遍真理在特殊的西欧文化形式中的表达。马克思主义在"五四"运动前后传入我国,是经过俄国人介绍,即以俄国十月革命和列宁主义为中介的。故此,马克思列宁主义又包含有俄国即苏联社会主义革命和建设的经验总结,并带有俄国文化的某些特点。所以,中国共产党人要学用马克思列宁

---
① 《邓小平文选》第2卷,人民出版社1994年版,第334页。

主义普遍真理即基本原理，以指导中国革命、建设和改革，就必须开启和不断推进马克思主义中国化，一步步地指导、引领中国无产阶级革命和社会主义事业赢得胜利。

第一，马克思主义中国化之所以具有客观必然性是由其真理的普遍性及其普适性决定的。从其普遍性看：

其一，马克思主义不是地域性的，而是关于世界的"主义"。我们知道，马克思和恩格斯是被剥夺了本国国籍、其长期居住地英国也不准其入籍的德国人，是真正的"世界公民"。这便于他们站在国际无产阶级立场，所关注和研究的不仅是德国和西欧社会，而是全世界的历史和现实、全人类的前途命运。马克思主义世界观和方法论，即辩证唯物主义和历史唯物主义，是以自然界、社会、人类思维运动发展的普遍规律作为研究对象和理论内容的；其政治经济学和科学社会主义，是以近代以来世界资本主义发展变化的历史过程作为主要研究对象，所揭示的是整个资本主义必然灭亡、社会主义和共产主义必然胜利的一般规律。

其二，马克思主义不只是德国和西欧的，而且是世界各国无产阶级自己的"主义"。恩格斯说，马克思主义即共产主义思想，是无产阶级立场在这种阶级斗争——无产阶级和资产阶级之间的阶级斗争——中的理论表现，"是无产阶级解放的条件的理论概括"①。列宁把马克思主义称为"革命无产阶级的思想体系"，是无产阶级的根本利益、阶级意识和历史使命的思想升华。因此，"只有马克思主义的世界观才正确地反映了革命无产阶级的利益、观点和文化"②，以谋求无产阶级的彻底解放，并实现人类解放和人的自由而全面发展。

其三，马克思主义不只是关于自由资本主义的，而且是关于整个世界由资本主义社会向社会主义直至共产主义社会转变的历史大时代的"主义"。马克思和恩格斯揭示了资本主义社会由于内在的、不可克服的对抗性矛盾运动和最终必然激化，而必将被未来共产主义社会（社会主义社会是其第一阶段）取代的一般规律。只要世界各国资本主义生产方式所固有

---

① 《马克思恩格斯文集》第 1 卷，人民出版社 2009 年版，第 672 页。
② 《列宁全集》第 39 卷，人民出版社 1986 年版，第 332 页。

的对抗性的基本矛盾没有消失，只要世界各国工人阶级受资本家阶级剥削、压迫和奴役的状况没有根本改变，只要工人阶级没有完成自己的历史使命，即只要世界各国资本主义没有灭亡、社会主义制度没有完全胜利、共产主义没有完全实现，那么，马克思主义阐明的人类社会发展的一般规律就仍然会发挥作用，其基本原理就不会"过时"和"失效"。马克思主义具有无产阶级国际主义的视野，是国际无产阶级的阶级意识的思想体系。马克思主义对包括中国在内的非西欧国家的无产阶级来说，不应简单地视为"外来文化"。因为，它同世界各国无产阶级及其政党领导社会主义革命和建设，都具有内在本质和历史的关联性。

因此，马克思主义基本原理作为"放之四海而皆准"的客观真理，具有普遍和长远的指导作用。它必然要求和可能实现中国化，从而使马克思列宁主义同其中国化理论一道，成为我们党和国家根本的指导思想、精神支柱和理论武器。

第二，马克思主义中国化之所以具有客观必然性，是由我国革命、建设和改革的客观需要决定的。

众所周知，我国从1840年鸦片战争开始，到1919年"五四"运动前后马克思列宁主义传入中国，并被中国先进知识分子接受和传播开来之前近80年间，西方资产阶级的左右翼的政治理论、学说和主张，如资产阶级自由主义、实用主义、工联主义、社会民主主义以及由此产生的变法维新、洋务运动和旧民主革命的思想，还有西方小资产阶级的无政府主义、基尔特社会主义、民粹主义、乡村主义等思潮和改造社会的方案，都曾引进或试用过，而且都失败了。这是由于西方帝国主义列强自从中国近代以来，即自1840年鸦片战争到1949年新中国成立的100多年间，纷纷对我国进行公开侵略和野蛮掠夺，故此它们通常总是联合压制中国向着近代化和现代化发展、复兴和崛起，从而堵塞了中国资本主义正常发展的道路。

对此，毛泽东说："就是这样，西方资产阶级的文明，资产阶级的民主主义，资产阶级共和国的方案，在中国人民的心目中，一齐破了产。"[1]

---

[1] 《毛泽东选集》第4卷，人民出版社1991年版，第1471页。

所以，中国无产阶级和革命人民从俄国十月社会主义革命的胜利和成功中，从中国仁人志士救亡图存的屡次失败中，从对各种社会思潮的比较中，体悟到世界历史发展的总趋势，历史地选择马克思列宁主义。从此，中国人民才开始看到了自己的光明前途，才使中国无产阶级和革命人民在共产党领导下，经过新民主主义革命的胜利，走上了社会主义道路。对此，毛泽东又说："马克思列宁主义来到中国之所以发生这样大的作用，是因为中国的社会条件有了这种需要，是因为同中国人民革命的实践发生了联系，是因为被中国人民所掌握了。任何思想，如果不和客观的实际的事物相联系，如果没有客观存在的需要，如果不为人民群众所掌握，即使是最好的东西，即使是马克思列宁主义，也是不起作用的。"① 这就是说，马克思主义科学理论同我国无产阶级领导的革命，同社会主义建设和改革事业，具有客观的、现实的和实践的内在的相关性。当年中国革命，客观地需要马克思列宁主义及其中国化理论的指导，革命胜利后进行社会主义改造、建设和改革的实践探索，也同样需要马克思列宁主义及其中国化理论的指导。

第三，马克思主义中国化之所以具有客观必然性，是由我国的特殊国情和文化环境决定的。

我们中国是个历史悠久、文化灿烂、人口众多、疆域广袤、物产丰富的大国，有着几千年连续不断的辉煌和居于世界前列的社会文明。在中华民族发展史上，不仅汉唐文明无与伦比，不仅向世界贡献了包括"四大发明"（指南针、造纸、火药、印刷术）在内的许多科技发明，而且在社会经济文化发展上，曾经长期位居世界前列。中国古代金属冶炼很发达。有位美国学者指出："到 11 世纪末，中国北部已有一个可观的冶铁业，每年能生产 11.5 万吨铁⋯⋯这一生产数字要比 700 年以后英国工业革命早期的铁产量还多！"② 据经合组织（OECD）2001 年在巴黎出版安格斯的《世界经济千年史》计算：中国经济占世界的比重，在公元 1000 年、1500 年、1600 年、1700 年、1820 年、1870 年和 1913 年，分别为 22.7%、

---

① 《毛泽东选集》第 4 卷，人民出版社 1991 年版，第 1515 页。
② [美] 保罗·肯尼迪：《大国的兴衰》，王宝存等译，求实出版社 1988 年版，第 7 页。

25%、29%、22.3%、32.9%、17.2%、8.9%。这就是说，直到鸦片战争前20年（清嘉庆二十五年），中国经济总量还占世界的1/3，但到1913年就不足9%了。近代中国的衰落，是封建专制统治的腐朽没落和西方列强的侵略掠夺，而变成半殖民地半封建社会的结果。这种国际大环境，就使得中国进入近代以后，不可能由资产阶级领导民主主义革命取得彻底胜利，不可能通过走资本主义道路，而实现国家现代化。

相反地，当中国在世界进入帝国主义即垄断资本主义时代，因其在加剧了经济政治发展不平衡的历史条件下，尽管中国无产阶级人数不多、但因身受三重（帝国主义、封建主义和官僚资本主义）的剥削和压迫，所以中国无产阶级"特别能战斗"，即更具有革命的坚定性和彻底性。同时，当中国无产阶级开始以独立的政治力量登上历史舞台之时，世界资本主义趋于衰落，并使中国人民从俄国十月社会主义革命中看到了世界新时代的曙光。这就使中国无产阶级及其共产党人能够找到一条超越资本主义充分发展的、既切合中国国情又符合世界潮流的革命道路。因此，中国人民依据马克思列宁主义及其中国化理论的正确指导，在中国无产阶级及其政党——中国共产党领导下，通过发动、组织和带领革命人民，进行暴力革命，推翻"三座大山"，夺取新民主主义革命胜利，建立新中国，走上社会主义道路，实现社会主义现代化。

马克思主义要在中国实现这种指导作用，就必须结合中国实际及其历史条件，实现马克思主义中国化。马克思和恩格斯在《共产党宣言》的多篇"序言"中，一再强调："这个《宣言》所阐述的一般原理整个说来直到现在还是完全正确的。"而"这些原理的实际运用，正如《宣言》中所说的，随时随地都要以当时的历史条件为转移"[①]。当然，中国在半殖民地半封建社会的历史起点上搞革命和建设，就更应该如此，更应该使之中国化。可以说，马克思主义中国化，是其内容和形式两个方面的结合和统一。在思想内容上，就是马克思主义基本原理在中国实践运用中，必须进行实践经验的正确总结和理论创新，在继承和弘扬中国文化精髓的同时，坚持、丰富和发展马克思列宁主义；在理论形式上，就是马克思主义基本

[①] 《马克思恩格斯文集》第2卷，人民出版社2009年版，第5、15页。

原理在同中国国情、实践和文化的结合中，必须形成有中国特色的思想理论形态，即具有为中国人民群众所喜闻乐见的民族形式、民族气派、民族风格。应该说，马克思主义作为工人阶级的科学世界观，作为工人阶级自觉的阶级意识，原本就是各国工人阶级自己的"主义"。但马克思列宁主义的经典形态，先后分别产生于西欧和俄国的社会文化环境，同时也具有外来文化特征和特点的一面。所以，从其理论话语表述和论证形式上，也有一个同中国文化相结合即中国化的过程。例如，为使马克思主义哲学原理和概念体系，更好更易于为我们中国人民学习和掌握，只有当毛泽东写出了《实践论》和《矛盾论》，即把马克思主义认识论作为以实践为基础的"知行统一观"、把唯物辩证法的实质和核心归结为"事物的矛盾法则"[①]来加以发挥和阐明，才使中国共产党人和革命人民更便于学习、掌握和运用。

当然，我们要真正理解和自觉地运用马克思主义的每条基本原理，还必须联系其整个科学体系及其历史发展来加以把握，力求做到完整、准确地掌握和运用马克思主义立场、观点和方法。列宁说得好："马克思主义的全部精神，它的整个体系，要求人们对每一个原理只是（α）历史地，（β）只是同其他原理联系起来，（γ）只是同具体的历史经验联系起来考察。"[②] 否则，我们就不可能完整准确地理解其原意，就不可能在实践中真正坚持运用和发展马克思主义，就难以实现马克思主义中国化的理论创新。对此，江泽民同志也指出："进行理论创新，必须坚持两个基本要求：一是必须坚持马克思主义的立场、观点和方法，坚持马克思主义的基本原理。这一点，要坚定不移，不能含糊。二是一定要贯彻解放思想、实事求是的思想路线，坚持勇于追求真理和探索真理的革命精神。这一点，也要坚定不移，不能含糊。这两个'坚定不移，不能含糊'始终是检验我们是不是真正的马克思主义者的试金石。"[③]

---

① 《毛泽东选集》第1卷，人民出版社1991年版，第297、299页。
② 《列宁全集》第47卷，人民出版社1990年版，第464页。
③ 江泽民：《论党的建设》，中央文献出版社2001年版，第537页。

二 毛泽东思想:马克思主义中国化第一次 飞跃的伟大成果

马克思主义中国化,是中国共产党人在实践探索中,坚持和发展马克思主义的永无止境的历史过程。90多年来,我们党相继创立的马克思主义中国化两大理论成果,就是毛泽东思想和中国特色社会主义理论体系。毛泽东思想,是马克思列宁主义与中国实际相结合的第一次历史性飞跃的伟大成果,是被实践证明了的关于中国革命的正确理论原则和经验总结,是以毛泽东为主要代表的中国共产党人集体智慧的结晶。

(一) 毛泽东是马克思主义中国化的倡导者和伟大践行者

中国共产党,作为马克思主义同中国工人运动相结合的产物,从1921年成立之时起,就把马克思列宁主义写在自己的旗帜上,作为党的指导思想的理论基础。这表明,我们党一成立就是马克思主义政党,是中国无产阶级先锋队,是中国革命的核心领导力量。

我们党同俄国布尔什维克党一样,学会善于把马克思列宁主义正确地应用于指导本国革命,都有一个在认识和实践上的探索过程。因为,马克思主义为各国共产党人所提供的,只是指导各国无产阶级革命的普遍真理,而不可能是现成答案。此前,经济文化上比西欧北美落后得多的俄国,通过十月革命胜利,首先走上社会主义道路。这正如列宁所说:"世界历史发展的一般规律,不仅丝毫不排斥个别发展阶段在发展的形式或顺序上表现出特殊性,反而是以此为前提的。"列宁还预言:"在东方那些人口无比众多、社会情况无比复杂的国家里,今后的革命无疑会比俄国革命带有更多的特殊性。"[①] 这就意味着,在旧中国这个半殖民地半封建社会的东方大国里,共产党团结和带领人民进行革命,必然会遇到许多特殊和复杂的问题,靠背诵马克思主义的某些词句和"本本",靠照搬外国经验,是不可能成功解决这些问题的,是不可能找到适合中国国情的革命和建设

---

① 《列宁专题文集·论社会主义》,人民出版社2009年版,第357—358、359—360页。

道路的。

例如，按照马克思主义的常理，无产阶级进行武装革命的主力应是工人阶级，而在中国则主要是共产党领导下的农民战争。共产党在中心城市发动和领导工人武装暴动，的确是俄国十月革命的主要斗争形式，但它并不适用于中国。陈独秀在大革命后期犯右倾机会主义错误；瞿秋白、李立三同志在土地革命前期先后所犯过的"左"倾冒险主义错误；其后，王明等人先在土地革命后期犯了"左"倾教条主义错误、后来在抗日统一战线问题上犯了右倾机会主义错误；等等，就是脱离中国国情，而照搬马克思主义词句和外国经验的结果。特别是王明等人所犯的"左"倾教条主义错误，几乎使中国革命陷入绝境。只是由于毛泽东同志坚持把马克思列宁主义的无产阶级革命理论，紧密地同我国实际相结合，开创了"井冈山革命道路"，特别是在革命危急关头，即在1935年1月召开的"遵义会议"上，实际地确立了毛泽东和已具雏形的毛泽东思想的指导地位，才使我国革命得以渡过难关，并一步步走向胜利。

实践证明，以教条主义、经验主义等主观主义、形而上学的错误态度，来对待马克思列宁主义，根本不可能引导中国革命和社会主义事业走向胜利。马克思主义必须中国化，即依据实践探索，大胆进行既坚持马克思主义普遍真理、又符合中国实际的实践运用和理论创新，才能够适应中国革命、建设和改革的需要，作为引领全党全国各族人民前进的胜利旗帜、思想灵魂和行动指南。

毛泽东同志是伟大的马克思主义者。1936年，他本人曾对斯诺说过："1920年冬天，我第一次在政治上把工人组织起来了，在这项工作中我开始受到马克思主义理论和俄国革命历史的指引。我第二次到北京期间，读了许多关于俄国情况的书。我热心地搜寻能找到的为数不多的用中文写的共产主义书籍。有三本书特别深地铭刻在我的心中，建立起我对马克思主义的信仰。我一旦接受了马克思主义对历史的正确解释以后，我对马克思主义的信仰就没有动摇过。这三本书是：《共产党宣言》，陈望道译，这是用中文出版的第一本马克思主义的书；《阶级斗争》，考茨基著；《社会主义史》，柯卡普著。到了1920年夏天，在理论上，而且在某种程度的行动上，我已成为一个马克思主义者了，而且从此我也认为自己是一个马克思主义者了。"① 坚定不移地信仰马克思主义，是坚持、运用和发展马克思列宁主义的必不可少的前提条件。

在我们党内，毛泽东首先倡导和践行马克思列宁主义普遍真理同中国革命的具体实践相结合，是提出和实践马克思主义中国化的杰出代表和光辉典范。应该说，在中国首先传播马克思主义的李大钊同志等人最早具有这种思想萌芽。例如，他讲过：马克思主义的运用"会因时、因所、因事的性质情形生一种适应环境的变化"，"必须要研究怎么把它的理想尽量应用于环绕它的实境"②。但是，在同党和人民长期和集体的奋斗中，能够从理论和实践的结合上，明确而自觉、坚定而卓有成效地倡导和践行马克思主义中国化的，毛泽东同志是我党我国的第一人。

毛泽东同志依据他所开辟和坚持"井冈山革命道路"及其整个新民主主义革命的实践探索，特别是他旗帜鲜明地在同党内教条主义等主观主义错误思想、路线和政策的斗争中，善于坚持、运用和创造性地发展马克思列宁主义。他在注重调查研究、科学总结实践经验的基础上，逐步形成和率先提出了"马克思主义中国化"的概念和任务。1930年5月，毛泽东在《反对本本主义》中，就提出了"共产党人从斗争中创造新局面的思想路线"，并首次明确地提出了马克思主义必须同我国实际"相结合"的命题。他指出："马克思主义的'本本'是要学习的，但是必须同我国实际情况相结合。我们需要'本本'，但是一定要纠正脱离实际情况的本本主义。"③ 1938年10月，毛泽东在中共六届六中全会上所作的《论新阶段》的报告中，首次向全党提出了"马克思主义中国化"的概念和历史性任务。他强调说："对于中国共产党说来，就是要学会把马克思列宁主义的理论应用于中国的具体的环境。成为伟大中华民族的一部分而和这个民族血肉相连的共产党员，离开中国特点来谈马克思主义，只是抽象的空

---

① [美]斯诺：《西行漫记》，董乐山译，读书·生活·新知三联书店1979年版，第131页。另据罗章龙1990年回忆说：当年毛泽东读到的，可能是由北大一个翻译小组所译和油印《共产党宣言》的中文全译本。[见中共中央文献研究室编《毛泽东年谱》（1893—1949）上卷，人民出版社、中央文献出版社1993年版，第57页]。

② 《李大钊文集》第3卷，人民出版社1999年版，第3页。

③ 《毛泽东选集》第1卷，人民出版社1991年版，第116、111—112页。

洞的马克思主义。因此，马克思主义中国化，使之在每一表现中带有必须有的中国特性，即是说，按照中国的特点去应用它，成为全党亟待了解并须亟待解决的问题。"① 1939年10月4日，毛泽东在《〈共产党人〉发刊词》这篇著名论文中，把"马克思列宁主义的理论和中国革命的实践相结合"作为公式提了出来，并且将善于实现这种两者"结合"和"统一的理解"②，当成我们党成熟的一个重要标志。此后，经过"延安整风"这个马克思主义学习和教育运动，"马克思主义中国化"、"马克思列宁主义的理论和中国革命的实践相结合"等命题，其含义也在不断深化。我们认为，所谓"马克思主义中国化"的含义，是指马克思列宁主义的普遍真理同中国的具体实践相结合的过程和产物，是中国共产党人基于自己的国情，在坚持运用马克思列宁主义基本原理指导中国革命、建设和改革的实践探索中，通过总结其实践经验，而提出切合中国实际的、具有中国特色的马克思主义新结论、新观点和新思想的认识过程。

因此，马克思主义在实践运用中实现中国化，同时中国实践也在实现马克思主义化。应该说，这是一个以其实践创新，促进理论创新的双向运动和历史性提升的认识过程。

毛泽东在开创和践行马克思列宁主义同中国革命的具体实践相结合，即在倡导和推进马克思主义中国化的伟大事业中，作出了独创性的重大贡献。他从"五四"运动期间，接受和信仰马克思主义，并开始致力于中国无产阶级革命事业，直至成为党中央的领导核心。包括他在建党期间、大革命时期、土地革命战争时期、抗日战争时期、解放战争时期、社会主义革命和建设时期，都十分重视党的理论研究、理论武装和实践运用，注重和善于运用马克思主义的立场、观点和方法，研究中国情况、解决现实问题、总结实践经验，进行创造性的理论工作，形成了大量理论著作，特别是党中央进驻陕北及延安时期（1935年10月中旬至1848年3月下旬），毛泽东撰写和发表了大量关于哲学、政治、军事、经济、党的建设和国际

---

① 毛泽东：《论新阶段》，《解放》1938年第57期。
② 《毛泽东选集》第2卷，人民出版社1991年版，第610—614页。

问题等方面的著作。① 他通过撰写和发表这些著作,以及其他大量的党内文件、指示和讲话,总结中国革命的基本经验,使我们党领导中国革命的伟大实践,上升为马克思主义理论。这样,中国无产阶级革命理论的创立、成熟及其在实践上的不断胜利,标志着我们党在把马克思列宁主义普遍真理同我国革命的具体实际的结合中,即在马克思主义中国化的进程中,发生了第一次历史性飞跃,形成了毛泽东思想。其主要创立者是毛泽东同志,同时它又是全国革命经验的科学总结和全党集体智慧的结晶。

毛泽东思想作为中国化的马克思主义,不仅科学和系统地回答了中国无产阶级革命在当时所迫切需要解决的理论、路线、政策、战略与策略问题,而且科学地回答和解决了推进中国新民主主义革命及其向社会主义革命转变的一系列基本理论问题。毛泽东思想,是在我国革命战争年代所形成的、马克思主义中国化的第一个系统和成熟的科学理论形态。1945年,党的"七大"把毛泽东思想同马克思列宁主义一道,确立为我们党的指导思想,使全党在毛泽东思想的基础上实现了团结和统一,从而极大地提高了我党我军的理论武装和战斗力量。我们党在领导抗日战争、解放战争、建立社会主义新中国的伟大实践中相继取得胜利,固然是全党和全国人民万众一心、团结奋斗所赢得的伟大胜利,同时也是马克思列宁主义、毛泽东思想的伟大胜利。

(二) 毛泽东思想是马克思主义中国化的伟大成果和光辉典范

万事开头难。中国共产党人对马克思主义是否要中国化,以及如何中国化的探索上,有过惨痛失败的教训,付出了可歌可泣、刻骨铭心的许多血的代价;而其中国化本身则是一个艰难探索的过程,也是一个没有止境的、逐步深化和前进的历史过程。我们要永远铭记和感谢以毛泽东同志及其所主导创立的毛泽东思想,在我党我国创造性地运用、发展和创新马克思列宁主义的伟大事业中,开了先河,获得了成功,而成为后继者继续推进马克思主义中国化的榜样和楷模。

---

① 《毛泽东选集》1—4卷(人民出版社1991年第2版)所收入的159篇文章中,有112篇写于党中央进驻陕北及延安时期。

毛泽东思想，作为我们党把马克思列宁主义普遍真理同中国的具体国情、革命实践和优秀的传统文化相结合的第一个理论创新的伟大成果和光辉典范，是一个体现了中国无产阶级先进思想及其革命事业发展规律的、博大精深的科学体系。

第一，毛泽东思想是马克思主义普遍真理同中国实际相结合的典范。毛泽东思想对于马克思主义普遍真理的坚持和创造性的运用，贯穿于其整个思想理论体系，即贯穿于其思想理论体系的立场、观点和方法之中。毛泽东自从受"五四"运动影响，而确立了马克思主义的坚定信仰以后，一方面，他终身一以贯之地带头刻苦钻研马克思主义经典作家的基本著作和基本理论，即使是在戎马倥偬、十分繁忙、条件艰苦的革命战争年代，毛泽东仍有许多刻苦研读、虚心求教、集体切磋、勤于理论著述的极为感人的生动事例。另一方面，毛泽东从学生时代开始，数十年如一日，格外注重了解和掌握中国国情、中国实际、中国革命和建设的实践经验。他常常亲自深入实际、深入基层、深入群众，进行调查研究，掌握第一手材料。早在土地革命战争初期，以他写于1930年的《反对本本主义》为代表，就提出了"你对某个问题没有调查，就停止你对于某个问题的发言权"的至理名言，提出了"调查就像'十月怀胎'，解决问题就像'一朝分娩'"[①]的精辟论断，以至被当时一些教条主义者讥讽为"狭隘经验论"，但是毛泽东仍然极力坚持、不为所动。毛泽东倡导和坚持马克思主义理论和实践的具体和历史的统一，所以主要由他提出的毛泽东思想中的每个新的基本概念、基本论断、基本观点和基本思想，既体现了马克思列宁主义的基本原理，又切合中国实际，因此才在中国革命和建设的实践中，已经并且将继续发挥巨大的指导和启迪作用。对此，我们试举三例，就可见一斑。

其一，关于"新民主主义革命"的内涵。毛泽东所阐明的我国"新民主主义革命"的内涵，是对马克思列宁主义无产阶级革命理论的坚持、运用和创造性的发展。马克思和恩格斯曾在《共产党宣言》中，指出："工人革命的第一步就是使无产阶级上升为统治阶级，争得民主。无产阶级将

[①] 《毛泽东选集》第1卷，人民出版社1991年版，第109—110页。

利用自己的政治统治，一步一步地夺取资产阶级的全部资本，把一切生产工具集中在国家即组织成为统治阶级的无产阶级的手里，并且尽可能快地增加生产力的总量。"① 后来，马克思进一步分析和指出，只有当"资本的垄断成了与这种垄断一起并在这种垄断之下繁盛起来的生产方式的桎梏。生产资料的集中和劳动的社会化，达到了同它们的资本主义外壳不能相容的地步。这个外壳就要炸毁了。资本主义私有制的丧钟就要响了"，才进入"剥夺者就要被剥夺了"②的无产阶级革命时期。但这种无产阶级革命在各个国家，特别是经济文化比较落后的国家中究竟如何进行，还需要后来的共产党人和马克思主义者，从理论和实践上进行探索。

列宁在俄国进行过这种探索。他早在1905年写的《社会民主党在民主革命中的两种策略》一书中，指出：俄国人民在沙皇专制统治下进行革命，第一步是进行"按其社会经济内容来说是资产阶级革命"，"是不超出资产阶级的即资本主义的社会经济制度范围"的"民主革命"，但社会民主党不要把"革命中的领导权交给资产阶级"；第二步，"无产阶级在应当把民主革命进行到底"的基础上，"应当实现社会主义革命"③。

在1917年俄国二月革命中，尽管俄国工人阶级及其布尔什维克党也积极参与，但在这次革命后，国家政权已经从"掌握在一个旧阶级及以尼古拉·罗曼诺夫为首的农奴主—贵族—地主阶级的手里"，"转到了另一个阶级，即资产阶级这个新阶级的手里"，这标志着"资产阶级革命已经完成了"。列宁在十月革命前夕指出："俄国当前形势的特点是从革命的第一阶段向革命的第二阶段过渡，第一阶段由于无产阶级的觉悟和组织程度不够，政权落到了资产阶级手中，第二阶段则应当使政权转到无产阶级和贫苦农民手中。"④ 而这个革命任务，是由俄国十月社会主义革命和随后赢得三年内战来解决的。据此可以说，列宁关于俄国革命分为资产阶级性质的民主革命和社会主义革命两个阶段，以及无产阶级政党应当尽最大的努力参与"民主革命"和力求掌握革命领导权的思想，的确给中国共产党人以

---

① 《马克思恩格斯文集》第2卷，人民出版社2009年版，第52页。
② 《马克思恩格斯文集》第5卷，人民出版社2009年版，第874页。
③ 《列宁选集》第1卷，人民出版社1995年版，第555、558、606页。
④ 《列宁选集》第3卷，人民出版社1995年版，第25、14页。

启示；但布尔什维克党和列宁力图通过实行"彻底的无产阶级民主主义"革命，而直接转向社会主义革命的期盼，因为受当时历史条件限制，而未能成为现实。

我国新民主主义革命，是相对于中国民族资产阶级领导的、不彻底和未能完成的旧民主主义革命而言的。以毛泽东为主要代表的中国共产党人，运用马克思列宁主义无产阶级革命理论，科学地分析了旧中国半殖民地半封建的社会性质、阶级结构、革命对象、革命动力、革命任务、革命前途等基本问题的基础上，把中国无产阶级领导的全部革命，正确地划分为"新民主主义革命"和"社会主义革命"两个前后相继的阶段。认定只有完成了反帝反封建的新民主主义革命的前提下，才能转变为社会主义革命。毛泽东在《新民主主义论》中，指出："中国现时社会的性质，既然是殖民地、半殖民地、半封建的性质，它就决定了中国革命必须分为两个步骤。第一步，改变这个殖民地、半殖民地、半封建的社会形态，使之变成一个独立的民主主义的社会。第二步，使革命向前发展，建立一个社会主义的社会。"他又说："这种殖民地半殖民地革命的第一阶段，第一步，虽然按其社会性质，基本上依然还是资产阶级民主主义的，它的客观要求，是为资本主义的发展扫清道路；然而这种革命，已经不是旧的、被资产阶级领导的、以建立资本主义的社会和资产阶级专政的国家为目的的革命，而是新的、被无产阶级领导的、以在第一阶段上建立新民主主义的社会和建立各个革命阶级联合专政的国家为目的的革命。因此，这种革命又恰是为社会主义的发展扫清更广大的道路。"故而，"它就不再是属于旧的世界资产阶级民主主义革命的范畴"，"而是新的世界革命的一部分，即无产阶级社会主义世界革命的一部分了"[①]。中国新民主主义革命"两步走"的战略设计，既不超越发展阶段，即首先去完成本应由资产阶级民主革命完成的历史任务，又通过共产党领导的以农村包围城市、最后夺取城市和全国政权之独特的无产阶级革命道路，并因此同社会主义革命前途巧妙地结合了起来。所以，毛泽东确定的我国"新民主主义革命"的内涵及其实现，是我们党和毛泽东把马克思、恩格斯关于"使无产阶级上升为统

---

① 《毛泽东选集》第 2 卷，人民出版社 1991 年版，第 666、668 页。

治阶级"为政治目标的无产阶级革命的普遍真理,同我国革命的具体实践相结合的伟大创举和光辉典范。

其二,关于中国共产党加强建设的特点。我国"新民主主义革命"成功的根本保证,是毛泽东指导的中国共产党的建设和领导。因为,按照马克思主义基本原理,"无产阶级在反对有产阶级联合力量的斗争中,只有把自身组织成为与有产阶级建立的一切旧政党不同的、相对立的政党,才能作为一个阶级来行动。"① 而我们党在建设和奋斗中,长期所处社会环境,是在一个产业工人人数很少、农民占有全国人口的绝大多数的国度中,并分散在农村各地领导革命战争,"实质即是农民革命战争"的条件下进行的,所以党员的大多数来自农民。在这样的国情和环境中,党和毛泽东同志在为建设一个全国范围的、广大群众性的、思想上政治上组织上完全巩固的、并成为工人阶级先锋队的中国共产党,其主要特点和关键性的举措,就是着重从思想上建党,即要求党员在组织上入党以后还要继续解决"思想上入党"问题。毛泽东从1929年在古田会议上发表《关于纠正党内的错误思想》开始,到1939年所撰写和发表的《〈共产党人〉发刊词》,再到40年代初期所作的三大"整风"报告(即《改造我们的学习》、《整顿党的作风》和《反对党八股》)等一系列党建著作中,特别是在党的建设实践上,都一贯地坚持采取"掌握思想教育"作为"团结全党进行伟大政治斗争的中心环节"。即采取以加强党的理论武装、实践锻炼、思想政治工作、党内批评和自我批评等有效手段为主,并辅以必要的组织纪律,来纠正全党和党员个人中存在的种种非无产阶级思想,坚持不懈地把用马克思列宁主义、毛泽东思想武装全党落到实处。为此,毛泽东所提倡和阐明的党的"三大作风"及其团结—批评—团结的公式、"惩前毖后、治病救人"②的方针、关于共产党人在改造客观世界的同时改造自己主观世界等主张,尤其是采取"延安整风"的形式,来进行马克思主义学习和教育,都是把党的思想建设摆在首位,而全面加强党的建设、实施党的建设"伟大的工程"③之有效举措和优良传统。毛

---

① 《马克思恩格斯文集》第3卷,人民出版社2009年版,第228页。
② 《毛泽东选集》第3卷,人民出版社1991年版,第1093—1097页。
③ 《毛泽东选集》第2卷,人民出版社1991年版,第602—614页。

泽东指导我们党建设成为一个伟大、光荣、正确的党，一个世界最大的无产阶级先锋队，这是把马克思主义政党建设的基本原理同中国实际相结合的光辉范例和卓越贡献。

其三，关于"人民民主专政"的"主要纲领"。马克思关于无产阶级国家学说的核心内容是："在资本主义社会和共产主义社会之间，有一个从前者变为后者的革命转变时期。同这个时期相适应的也有一个政治上的过渡时期，这个时期的国家只能是无产阶级的革命专政。"① 列宁很看重无产阶级专政，并指出："只有承认阶级斗争、同时也承认无产阶级专政的人，才是马克思主义者。马克思主义者同平庸的小资产者（以及大资产者）之间的最深刻的区别就在这里。必须用这块试金石来检验是否真正理解和承认马克思主义。"他认为："只有懂得这一点的人，才算掌握了马克思国家学说的实质。"②

然而，当中国无产阶级革命在半殖民地、半封建的我国夺取了基本胜利以后，如何既要遵循无产阶级专政的一般原理，又要结合中国实际，来建立自己的政治统治呢？虽然，恩格斯曾以当时工人占居民之多数的英国和农民多于工人的法、德两国的两种情况为例，预言过"无产阶级革命将建立民主的国家制度"时，可以分别有"直接或间接地建立无产阶级的政治统治"③ 的两种形式。而且，列宁也曾把1917年十月革命胜利以后，所建立的"苏维埃"（"СВЕТ"的俄文原意是"代表会议"即"工农兵代表会议"）国家政权，确定为俄国"从资本主义向社会主义过渡的形式，无产阶级专政的形式"④，可算是这种"间接"形式的一种尝试。那么，这种"间接"形式，在刚要建立的新中国又应是个什么样子呢？

新中国成立前夕，即1949年6月30日，毛泽东为"纪念中国共产党成立二十八周年"所撰写和发表的《论人民民主专政》一文，就成功地回答和解决了这个问题。他在科学地总结了自中国近代（1840）以来，特别是共产党成立28年以来中国人民奋斗史的基础上，高屋建瓴地指出：

---

① 《马克思恩格斯文集》第3卷，人民出版社2009年版，第445页。
② 《列宁专题文集·论马克思主义》，人民出版社2009年版，第206—207页。
③ 《马克思恩格斯文集》第1卷，人民出版社2009年版，第685页。
④ 《列宁全集》第37卷，人民出版社1986年版，第156—157页。

"总结我们的经验,集中到一点,就是工人阶级(经过共产党)领导的以工农联盟为基础的人民民主专政。这个专政必须和国际革命力量团结一致。这就是我们的公式,这就是我们的主要经验,这就是我们的主要纲领。"[①] 这样,就一方面坚持和体现了无产阶级专政的基本原理(包括无产阶级及其政党——共产党在新中国的领导地位,坚持新中国发展的社会主义方向和最终实现共产主义的长远目标);另一方面,结合我国实际,坚持以两大基本阶级——工人阶级和农民阶级的团结和联盟,作为人民民主专政的政治基础;而且对民族资产阶级给予"两面性"的科学分析,为后来以和平"赎买"的形式,团结、利用和改造民族资产阶级提供了理论依据。毛泽东以"人民民主专政"作为我国无产阶级专政的实现形式,是结合中国国情,而坚持和实践无产阶级专政理论的又一个突出范例。

第二,毛泽东思想是把马克思主义同中华民族优秀传统文化相结合的典范。毛泽东思想既坚持和体现了马克思列宁主义的普遍真理,又具有为中国人民所易学易懂和喜闻乐见的中国特色、中国气派、中国风格的民族形式,吸收和改造中国传统文化中的思想精华,体现了中华民族的思维方式、话语表达和政治智慧。

我们知道,毛泽东不仅熟悉马克思主义经典著作及其精神实质,同时对我国历代的文化典籍、诗词歌赋和名家杂记等历史文献,以及所负载的历史事件、人物典故、思想智慧、诸子百家的源流等等,都非常珍视,总是手不释卷,反复研读,烂熟于心,而且往往见解独特、视野广阔、造诣深厚。这至今在我们党内,无出其右者。毛泽东不仅是伟大的哲人,而且是继承和弘扬中国优秀传统文化的语言大师。所以,毛泽东坚持"古为今用",做到去粗取精,去伪存真,信手拈来,非常贴切,恰到好处。更为难得的是,他善于运用马克思主义的立场、观点和方法,对之加以改造、解释、利用、点化和发挥。这在毛泽东著作中,随处可见,所在多有,常常达到画龙点睛、出神入化、炉火纯青、化腐朽为神奇的思维妙境。

其中一个范例,就是他对"实事求是"的改造和发挥。在词源学上,"实事求是"原是讲治学态度的一个成语,典出班固撰《汉书·河间献王

[①] 《毛泽东选集》第4卷,人民出版社1991年版,第1480页。

传》。书中赞誉汉景帝的儿子刘德："河间献王以孝景前二年立，修学好古，实事求是。从民间得善书，必好写与之，留其真。"这是说，刘德在研学典籍时，有个嗜好：每当他从民间收集到一种难得的孤本或善本书，就重新抄写一份给人家，而把原书留下来（"留其真"）保存。唐朝学者颜师古批注曰："务得事实，每求真是也。"由此，形成了"实事求是"这个成语，用以表征一种严谨求真的治学态度。民国初年（1917），湖南工业专门学校（今湖南大学前身）校长宾步程，书写了"实事求是"的匾额，作为校训而高挂于长沙岳麓书院讲堂上。这对曾经寓住过该书院"半学斋"的青年毛泽东，无疑会发生不言而喻的影响。

而且，早在1938年1月，毛泽东在同艾思奇的一次彻夜的哲学长谈中，就把艾文《中庸观念的分析》中对"实事求是"这个成语的新解，曾作出过更为精辟的发挥。毛泽东对艾思奇说："你的这篇文章里，对'实事求是'这句话有新解。'实事求是'并不是像普通意味上的小心翼翼地循规蹈矩之谓，而是能遵循事物自身的必然法则以决定方针动向之谓。是不是这样的？"[①]可见，毛泽东对"实事求是"一词的改造和发挥问题，曾有过长时间的马克思主义的切磋和思考。

1941年5月19日，毛泽东在延安干部大会上所作的《改造我们的学习》报告中，对"实事求是"给予了马克思主义的科学改造和精辟发挥。他指出："'实事'就是客观存在着的一切事物，'是'就是客观事物的内部联系，即规律性，'求'就是我们去研究。我们要从国内外、省内外、县内外、区内外的实际情况出发，从其中引出其固有的而不是臆造的规律性，即找出周围事变的内部联系，作为我们行动的向导。"[②] 1943年，毛泽东在延安为中央党校题写了"实事求是"四个大字，作为中央党校的校训，成为中国共产党人的座右铭。

当然，毛泽东这里所讲所写的"实事求是"，既继承了它所负载我国优秀的传统文化，更为重要的，是又得到了马克思主义的理论改造、思维飞跃和思想升华，体现了马克思列宁主义、毛泽东思想的精髓。正如邓小

---

① 黄禹康：《毛泽东与艾思奇的"哲学情"》，《中华魂》2012年第7期。
② 《毛泽东选集》第3卷，人民出版社1991年版，第801页。

平所说:"马克思、恩格斯创立了辩证唯物主义和历史唯物主义的思想路线,毛泽东同志用中国语言概括为'实事求是'四个大字。"他认为:"毛泽东思想的精髓就是这四个字","实事求是,是毛泽东思想的出发点、根本点",也是"马克思主义的根本观点、根本方法"[1]。其实,包括"实事求是"精髓在内的整个毛泽东思想及其理论表述,就是马克思主义的科学真理同中国优秀传统文化及其话语形式的一种完美、和谐的有机结合与内在统一。

第三,毛泽东思想是马克思主义理论创新的典范。从实质看,党和毛泽东同志首先自觉地倡导、并努力实现把马克思主义普遍真理同中国革命的具体实践相结合,把体现马克思主义立场、观点和方法的理论思维,同中华民族传统文化中的思想精华相结合的时候,即在指导和推进中国革命事业中,实现了第一次历史性飞跃,由此形成了毛泽东思想,从而坚持和发展了马克思列宁主义,是马克思主义发展史上进行理论创新的一个伟大成果和典范。对此,我们应了解和学习:

其一,关于毛泽东和毛泽东思想进行理论创新的实践目的。就是为了运用马克思列宁主义,以指导和解决中国无产阶级革命和社会主义建设的发展进程中,所遇到的重大而紧迫的现实问题。其中最为根本的,是党和毛泽东同志旨在解决、并实际地解决了具有中国特色的无产阶级革命道路和社会主义改造道路等重大问题。如果我们离开了中国革命实践的需要和实践探索的现实基础,而谈论坚持运用和发展创新马克思主义,那就既没有任何意义,也没有丝毫的可能。关于毛泽东思想进行理论创新的根本目的和实践贡献,我们在第一部分已经做过讨论,这里就不用多讲了。

其二,关于毛泽东和毛泽东思想进行理论创新的精神实质和根本方法。马克思主义经典形态及其后来的理论发展和创新形态,同任何事物一样,从哲学的高度看,都是其普遍性与特殊性、共性与个性的内在结合与统一。马克思主义基本原理具有相对的稳定性,是"放之四海而皆准"的普遍真理,体现各国革命的一般规律;而它随着时代、实践和各门科学发展而发展、丰富和深化的变动性则是绝对的。即当它被我们党和毛泽东同志运用于中国革

---

[1] 《邓小平文选》第2卷,人民出版社1994年版,第278、126、114页。

命具体实践的时候，就必须同中国国情、中国实践和具体条件的特殊性、个性相结合，使其基本原理的普遍性、共性即一般性，在指导中国革命实践中而转化、并寓于包含着自己的特殊性、个性的中国革命进程和社会现实之中。对此，毛泽东在《矛盾论》中指出："这一共性个性、绝对相对的道理，是关于事物矛盾的问题的精髓，不懂得它，就等于抛弃了辩证法。"① 这个哲理，适用于万事万物，当然也适用于马克思列宁主义、毛泽东思想。其实，真正掌握和吃透马克思主义基本原理及其真理的普遍性与我们具体国情的客观性和特殊性这两头，并使其一般和个别紧密地结合起来，则不仅是毛泽东进行理论创新所必需的前提条件，同时也体现了毛泽东所阐明的唯物辩证法的基本原理，是毛泽东进行理论创新的精神实质，并成为一个重要的思想方法。毛泽东指出："我们共产党人无论进行何项工作，有两个方法是必须采用的，一是一般和个别相结合，二是领导和群众相结合。"他所讲的"无论进行何项工作"，当然包括党的理论武装、理论运用和理论创新工作，特别是当他进一步从认识论的高度上，把这"两个方法"归结为"从群众中来，到群众中去"，即"从群众中集中起来，再到群众中坚持下去。如此无限循环，一次比一次地更正确、更生动、更丰富。这就是马克思主义的认识论"②。可见，毛泽东在进行实践和理论的探索和创新中，是在创造性地运用马克思主义辩证法和认识论。

其三，关于毛泽东和毛泽东思想进行理论创新的重要途径。毛泽东致力于马克思主义中国化的理论创新，是为了适应和满足当时中国革命实践的迫切需要，也是他同党内存在的延误和危害我国革命的"左"、右倾机会主义等错误思想斗争的产物。正如毛泽东所说："正确的东西总是在同错误的东西作斗争的过程中发展起来的。真的、善的、美的东西总是同假的、恶的、丑的东西相比较而存在，相斗争而发展的。……这种斗争永远不会完结。这是真理发展的规律，当然也是马克思主义发展的规律。"③ 理所当然的，这也是毛泽东和毛泽东思想进行理论创新所遵循的规律和重要

---

① 《毛泽东选集》第1卷，人民出版社1991年版，第320页。
② 《毛泽东选集》第3卷，人民出版社1991年版，第897、899页。
③ 《毛泽东文集》第7卷，人民出版社1999年版，第230—231页。

途径。

其间，以毛泽东同志为主要代表的党内马克思主义者，先后同陈独秀右倾机会主义，同以王明等人先是"左"倾教条主义、后是右倾机会主义等主观主义、形而上学的错误思想，进行了党内积极的思想斗争。据此，毛泽东先后写出和发表了《湖南农民运动考察报告》、《关于纠正党内的错误思想》、《反对本本主义》、《中国革命战争的战略问题》、《中国共产党在民族战争中的地位》和《整顿党的作风》等著作，既是革命经验的理论升华，也是党内思想政治斗争的科学总结；而其《实践论》和《矛盾论》等哲学著作，则是从世界观和方法论上，对党内出现过的错误路线、政策和作风所体现的主观主义、形而上学，进行了思想批评和哲学清算，同时也坚持、丰富和发展了马克思主义哲学（关于这方面的理论成果，后面还要作具体论述）。这样，党和毛泽东就在坚持运用马克思列宁主义基本原理指导中国革命具体实践的同时，开辟和推进了马克思主义中国化的伟大事业，不断推进马克思列宁主义的实践运用和理论创新。

对此，毛泽东指出："马克思这些老祖宗的书，必须读，他们的基本原理必须遵守，这是第一。但是，任何国家的共产党，任何国家的思想界，都要创造新的理论，写出新的著作，产生自己的理论家，来为当前的政治服务，单靠老祖宗是不行的。……我们在第二次国内战争末期和抗日战争初期写了《实践论》、《矛盾论》，这些都是适应当时的需要而不能不写的。"[①] 可以说，是当时中国新民主主义革命，以及后来新中国进行社会主义革命和现代化建设的实践需要和推动，以及对其经验的正确总结，才促进了党和毛泽东的理论创新，创立和发展了毛泽东思想。

三 毛泽东思想的基本内容和长远的指导作用

毛泽东思想作为被实践证明了的关于中国革命的正确理论原则和经验总结，作为马克思主义中国化第一次历史性飞跃的伟大成果，是一个博大

---

① 《毛泽东文集》第8卷，人民出版社1999年版，第109页。

精深的理论体系。其中所阐明、深化和发展了的马克思主义基本原理，以及在这个基础上得出的关于党领导中国革命和新中国建设的基本经验、基本观点、基本见解和基本思想，都具有长远的指导意义。

关于毛泽东思想的基本内容，可以从不同的角度进行概括和阐述。党的十一届六中全会通过的《中国共产党中央委员会关于建国以来党的若干历史问题的决议》中，把"毛泽东思想具有多方面的内容"，扼要而精辟地归结为："关于新民主主义革命"；"关于社会主义革命和社会主义建设"；"关于革命军队的建设和军事战略"；"关于政策和策略"；"关于思想政治工作和文化工作"；"关于党的建设"等六个基本方面的思想理论；并且指出："毛泽东思想的活的灵魂，是贯串于上述各个组成部分的立场、观点和方法，它们有三个基本方面，即实事求是，群众路线，独立自主。"其总的结论是：毛泽东思想"以独创性的理论丰富和发展了马克思列宁主义"①。这些都是人所共知的，我们完全赞同，就不展开、不重复了。在这里，我们只想以毛泽东的《实践论》和《矛盾论》为重点，扼要地介绍一下他基于我们党领导中国人民进行的伟大革命实践，而对坚持、丰富和发展马克思主义哲学所作出的重要贡献；因为毛泽东对马克思主义哲学原理作了集中概括和深刻发挥，从而具有世界观和方法论上的长远和普遍的指导意义。

对此，毛泽东在谈到各国共产党人必须进行理论创新时，就指出过："我们在第二次国内革命战争末期和抗日战争初期，写了《实践论》、《矛盾论》，这些都是适应当时的需要而不能不写的。"可见，他分别写于1837年7月和8月的《实践论》和《矛盾论》，在毛泽东思想的理论创新中，具有突出的代表性。

（一）毛泽东在《实践论》等著作中，坚持和发展了以社会实践为基础的马克思主义认识论

马克思列宁主义历来认为："全部社会生活在本质上是实践的"②，

---

① 中共中央文献研究室编：《改革开放三十年主要文献选编》（上），中央文献出版社2008年版，第205—211页。

② 《马克思恩格斯文集》第1卷，人民出版社2009年版，第501页。

"生活、实践的观点,应该是认识论的首要的和基本的观点"①。毛泽东把自己阐述认识论的著作,定名为"实践论",而只把"论认识和实践的关系——知和行的关系"作为副标题,就足见他是根据马克思列宁主义的观点,而看重"实践"范畴及其在认识论中的基础性地位的。

在《实践论》中,毛泽东在阐明"社会实践"(包括"生产活动"、"阶级斗争"、"政治生活"和"科学艺术的活动"等)的科学内涵的基础上,深刻地论述了基于实践的人类认识过程,是从感性认识(阶段)到理性认识(阶段),再从理性认识变为社会实践的两个"能动的飞跃";并基于国内外革命的实践经验之深刻总结,阐明了认识对实践的依赖关系,以及实践和认识相互促进、历史性的循环往复和不断深化;阐明了人类认识进步及其真理性是在实践中得到检验和发展的,而且是以认识由"相对真理"向着"绝对真理"永无止境的矛盾运动,而反映着"客观世界的辩证法的运动"等认识论的一系列基本问题和基本原理。据此,毛泽东深刻地揭示了在党的历史上一些人所犯错误的认识论根源。他指出:"唯心论和机械唯物论,机会主义和冒险主义,都是以主观和客观相分裂,以认识和实践相脱离为特征的。以科学的社会实践为特征的马克思列宁主义的认识论,不能不坚决反对这些错误思想。"故而,他主张:"我们的结论是主观和客观、理论和实践、知和行的具体的历史的统一,反对一切离开具体历史的一切'左'的或右的错误思想。"

最后,作为《实践论》的收官之笔,毛泽东对人类认识发展的总过程和总规律,作出了高度概括:"实践、认识、再实践、再认识,这种形式,循环往复以至无穷,而实践和认识之每一循环的内容,都比较地进到了高一级的程度。这就是辩证唯物论的全部认识论,这就是辩证唯物论的知行统一观。"② 到1963年5月,毛泽东对此更简练地归结为:"物质可以变成精神,精神可以变成物质"这样两个"飞跃"。并说:"一个正确的认识,往往需要经过由物质到精神,由精神到物质,即由实践到认识,由认识到

---

① 《列宁专题文集·论辩证唯物主义和历史唯物主义》,人民出版社2009年版,第49页。
② 《毛泽东选集》第1卷,人民出版社1991年版,第282—297页。

实践这样多次的反复，才能够完成。"①

（二）毛泽东在《矛盾论》等著作中，坚持和发展了以对立统一规律为"本质"和"核心"的唯物辩证法

对立统一规律，即事物的矛盾法则，在马克思主义唯物辩证法中，具有极为重要的中心地位。列宁认为："可以把辩证法简要地规定为关于对立面的统一的学说。这样就会抓住辩证法的核心，可是这需要说明和发挥。"②《矛盾论》作为中国革命经验的总结和对教条主义的批评，就很好地实现了这个"说明和发挥"的任务。

在《矛盾论》中，毛泽东从"两种宇宙观"（唯物辩证法与形而上学）对立的高度，指出："这个辩证法的宇宙观，主要地就是教导人们要善于去观察和分析各种事物的矛盾的运动，并根据这种分析，指出解决矛盾的方法。"③为着这个目的，《矛盾论》全面和深刻地阐明了矛盾的普遍性、矛盾的特殊性、主要矛盾和矛盾的主要方面、矛盾诸方面的同一性和斗争性、对抗在矛盾中的地位等基本理论问题。《矛盾论》所阐明的基本哲理是："事物矛盾的法则，即对立统一的法则，是自然和社会的根本法则，因而也是思维的根本法则。它是和形而上学的宇宙观相反的。它对于人类的认识史是一个大革命。按照辩证唯物论的观点看来，矛盾存在于一切客观事物和主观思维的过程中，矛盾贯串于一切过程的始终，这是矛盾的普遍性和绝对性。矛盾着的事物及其每一个侧面各有其特点，这是矛盾的特殊性和相对性。矛盾着的事物依一定的条件有同一性，因此能够共居于一个统一体中，又能够转化到相反的方面去，这又是矛盾的特殊性和相对性。然而矛盾的斗争则是不断的，不管在它们共居的时候，或者在它们互相转化的时候，都有斗争的存在，尤其是在它们互相转化的时候，斗争的表现更为显著，这又是矛盾的普遍性和绝对性。当着我们研究矛盾的特殊性和相对性的时候，要注意矛盾和矛盾方面的主要的和非主要的区别；

---

① 《毛泽东文集》第 8 卷，人民出版社 1999 年版，第 321 页。
② 《列宁专题文集·论辩证唯物主义和历史唯物主义》，人民出版社 2009 年版，第 141 页。
③ 《毛泽东选集》第 1 卷，人民出版社 1991 年版，第 304 页。

当着我们研究矛盾的普遍性和斗争性的时候，要注意矛盾的各种不同的斗争形式的区别。否则就要犯错误。如果我们经过研究真正懂得了上述这些要点，我们就能够击破违反马克思列宁主义基本原则的不利于我们的革命事业的那些教条主义的思想；也能够使有经验的同志们整理自己的经验，使之带上原则性，而避免重复经验主义的错误。"①

毛泽东历来钟爱和思考哲学问题。直到晚年，他还在继续发表自己关于对立统一规律等哲学问题的独特而又具启发的见解。例如，他在1965年的一个批注中写道："辩证法的核心是对立统一规律，其他范畴如质量互变、否定之否定、联系、发展等等，都可以在核心规律中予以说明。盖所谓联系就是诸对立物间在时间和空间中互相联系，所谓发展就是诸对立物斗争的结果。至于质量互变、否定之否定，应与现象本质、形式内容等等，在核心规律的指导下予以说明。旧哲学传下来的几个规律并列的方法不妥，这在列宁已基本上解决了，我们的任务是加以解释和发挥。至于各种范畴（可以有十几种），都要以事物的矛盾对立统一去说明。例如什么叫本质，只能说本质是事物的主要矛盾和主要矛盾方面。如此类推。"②

有必要指出，毛泽东所运用和发挥了的马克思主义哲学思想，除了其哲学著作以外，还体现在他的一切科学著作和正确的重大决策之中。例如毛泽东军事著作、军事思想及其军事指挥的伟大实践，就包含内容宏富、精彩生动和睿智深刻的军事唯物论和军事辩证法，需要有关同志去加以深入研究和系统阐发。

（三）毛泽东思想具有长远的指导意义

众所周知，从党的七大至今，毛泽东思想就同马克思列宁主义一道，在邓小平理论形成以后，又同中国特色社会主义理论一道，成为我们党的指导思想。尽管毛泽东思想形成于我们党领导革命战争的年代，发展于新中国成立前后，但是，其中所阐明的马克思主义基本原理及立场、观点和方法，所概括和阐明的中国社会主义革命和现代化建设的合规律性的认

---

① 《毛泽东选集》第1卷，人民出版社1991年版，第336—337页。
② 《毛泽东文集》第8卷，人民出版社1999年版，第326—327页。

识，所总结和阐发的党和人民团结奋斗的革命精神、基本经验和优良传统等宝贵的思想遗产，都具有长远的指导和启发作用，我们必须继承和发扬。对此，邓小平同志一再指出："我们必须世世代代地用准确的完整的毛泽东思想来指导我们全党、全军和全国人民，把党和社会主义的事业，把国际共产主义运动的事业，胜利地推向前进。"①

邓小平在主持和指导起草党的十一届六中全会《决议》的时候，针对有些人过分看重毛泽东晚年的错误，而想贬低、否定毛泽东同志和毛泽东思想的不恰当的认识，就曾一再指出："确立毛泽东同志的历史地位，坚持和发展毛泽东思想。这是最核心的一条。不仅今天，而且今后，我们都要高举毛泽东思想的旗帜。"他强调："毛泽东思想这个旗帜丢不得。丢掉了这个旗帜，实际上就否定了我们党的光辉历史。"②邓小平力主实事求是地评价毛泽东同志的功劳和错误，坚持学习、运用和发展毛泽东思想，他提出和要求组织全党学习和运用毛泽东哲学著作，以继承和发展毛泽东开创的社会主义事业。他赞同陈云同志的主张："建议中央提倡学习，主要是学习马克思主义哲学，重点是学习毛泽东同志的哲学著作。……现在我们的干部中很多人不懂哲学，很需要从思想方法、工作方法上提高一步。《实践论》、《矛盾论》、《论持久战》、《战争和战略问题》、《论联合政府》等著作，选编一下。还要选一些马恩列斯的著作。总之，很需要学习马克思主义哲学就是了。"③

在新时期，以邓小平、江泽民、胡锦涛和习近平同志为代表的中国共产党人，在社会主义改革开放和现代化建设的实践探索中，在不断推进马克思主义中国化中，所创立和不断发展着的包括邓小平理论、"三个代表"重要思想、科学发展观在内的中国特色社会主义理论体系，就是对马克思列宁主义、毛泽东思想的继承、运用和发展。马克思列宁主义、毛泽东思想和中国特色社会主义理论，是既一脉相承、又与时俱进的统一的科学体系。因此，我们应当把高举中国特色社会主义伟大旗帜，同世世代代坚持

---

① 《邓小平文选》第2卷，人民出版社1994年版，第39页。
② 同上书，第291、298页。
③ 同上书，第303—304页。

高举马克思列宁主义、毛泽东思想的旗帜作统一的理解、把握和实践。

探索启示篇
——毛泽东是中国特色社会主义探索的先行者

毛泽东是中国特色社会主义探索的先行者。在20世纪50年代，他领导我国确立社会主义制度，启动社会主义大规模建设之时，就实际地开始了中国特色社会主义道路的先行探索。虽然在其曲折发展中曾经有过一些失误和挫折，也尚未提出"中国特色社会主义"的概念和系统理论。然而，毛泽东在这期间所提出和初步阐明的关于社会主义建设的许多重要观点、见解和闪光的思想，作为马克思主义中国化的新尝试，仍然是对毛泽东思想的丰富和发展，是后来党和邓小平开创和坚持中国特色社会主义道路，形成和发展中国特色社会主义理论体系的探索起点和思想源头，从而具有长期和重要的指导和启示意义。

一 毛泽东的社会基本矛盾理论和两类社会矛盾学说，是开辟中国特色社会主义道路的重要理论前提

从哲学高度上，正确地认识社会主义社会的矛盾运动及其趋势，是正确认识社会主义社会，探索社会主义发展道路的必不可少的理论准备和前提。倘若对社会主义社会的矛盾和矛盾运动的规律缺乏认识，就不知道如何驾驭社会主义航船的航向。

列宁在这个问题上有过原则性的提示。他在对尼·布哈林《过渡时期经济学》一书所作的批注中，写道："对抗和矛盾完全不是一回事。在社会主义下，对抗将会消失，矛盾仍将存在。"[①] 然而，可惜的是，其后继者并没有坚持沿着列宁的这个思路继续前进，而是在斯大林时代既经历过社会主义实践的高歌凯进、又伴随着对社会主义社会矛盾的认识的一阵阵摇

[①] 《列宁全集》第60卷，人民出版社1990年版，第281—282页。

摆以后，逐步滑向苏联党和国家在指导思想上的错误导向，并且产生了否认苏联社会存在矛盾、主张以其"精神和道义上的一致"，视为苏联社会"发展动力"的认识偏颇。这种违背历史唯物主义和历史辩证法的错误认识，不仅无法指引苏联社会主义建设和改革的正确方向，而且为苏共完全蜕化变质埋下了祸根。

正是在这个根本问题上，毛泽东坚持贯彻唯物辩证法，并根据我国社会主义革命和建设的实践经验，继承和发展了马克思、恩格斯和列宁的思想，阐发了社会主义社会基本矛盾理论，创立了两类社会矛盾学说。这些珍贵的思想遗产，主要体现在他1957年发表的《关于正确处理人民内部矛盾的问题》这篇重要著作中。毛泽东的理论贡献，主要体现在以下三个方面或三个理论层次的概括：

其一，他提出了"社会基本矛盾"的科学概念。毛泽东根据经典作家多次揭示、反复阐述过的各国社会的生产关系与生产力之间的矛盾、上层建筑与经济基础之间的矛盾的思想，也根据历史和现实经验的正确总结，概括和提出了适用于一切社会的"社会基本矛盾"的科学概念。这从其普遍性看，就指明了一切社会的矛盾运动共有的基本结构和基本形态，从而有助于我们认识和掌握社会发展前进的基本指导线索；而从其特殊性看，则能使我们根据不同性质和发展水平的社会基本矛盾的运动情况和特点，来更好地认识把握不同社会形态（特别是阶级社会）的特殊本质和特殊规律。这种社会历史观上的理论综合和逻辑提升，既符合马克思主义原意，又深化了唯物史观，并为我们正确认识社会主义社会，提供了世界观和方法论的指导。

其二，他阐发了社会主义基本矛盾理论。毛泽东指出："在社会主义社会中，基本的矛盾仍然是生产关系和生产力之间的矛盾，上层建筑和经济基础之间的矛盾。"他认为，社会主义社会的基本矛盾同旧社会（例如资本主义社会）的基本矛盾"具有根本不同的性质和情况"，即它们不是"对抗性的矛盾"，而是具有"又相适应又相矛盾"的特点。这就是说，当时中国的"社会主义生产关系已经建立起来，它是和生产力的发展相适应的；但是，它又还很不完善，这些不完善的方面和生产力的发展又是相矛盾的。除了生产关系和生产力发展的这种又相适应又相矛盾的情况以外，还有上层建筑和经济基础又相适应又相矛盾的情况"。所谓"又相适应"，是指社会主义生产关系和上层建筑"更能够适合生产力发展的性质"，"能够容许生产力以旧社会所没有的速度发展"，从而能够满足人民不断增长的物质文化生活需要。因此，社会主义基本制度具有优越性，必须坚定不移，始终坚持。所谓"又相矛盾"，则是指刚刚建立起来的社会主义生产关系和上层建筑，还很不成熟和完善，需要不断调整和改进。据此毛泽东作出了一个重要论断，即"社会主义社会的矛盾……不是对抗性的矛盾，它可以经过社会主义制度本身，不断地得到解决"[①]。这一论断已经成为新时期社会主义体制改革，即使社会主义制度不断自我完善和发展的重要理论根据。

其三，他创立了两类社会矛盾学说。毛泽东对我国社会主义社会的认识，没有停留在社会基本矛盾分析的哲理层次，而是以此为指导，进一步分析和概括社会利益关系和政治关系，认为社会主义中国存在敌我矛盾和人民内部矛盾这两类社会矛盾，创立了两类社会矛盾学说。他明确指出："在我们面前有两类社会矛盾，这就是敌我之间的矛盾和人民内部的矛盾。这是性质完全不同的两类矛盾。"[②] 在严格、明确界定"敌我矛盾"和"人民内部矛盾"的基础上，毛泽东深刻地阐明了在我国社会主义制度下严格区分这两类社会矛盾的重大意义，强调要根据它们的不同性质和情况，采取不同的原则和方法，去解决两类不同性质的社会矛盾。两类社会矛盾学说，是其社会主义社会基本矛盾理论的具体化，从而为我们在社会主义制度下认识、调整社会各个阶级、阶层和社会成员之间的利益关系和政治关系，提供了重要的指导思想和政治原则。毛泽东的社会主义社会基本矛盾理论和两类社会矛盾学说，进一步丰富和发展了毛泽东思想，是马克思主义中国化的重要成果。50多年来的实践证明，它的基本观点和基本精神是完全正确的，是我们深化对社会主义社会认识的重要理论依据和指导原则。而且毛泽东依据这些思想和原则，在当时就作出了一些重要论断。例如，他关于"革命时期的大规模的急风暴雨式的群众阶级斗争基本结束，但是阶级斗争还没有完全结束"的观点，关于"我们的根本任务已

[①] 见《毛泽东文集》第7卷，人民出版社1999年版，第213—215页。
[②] 同上书，第208—209页。

经由解放生产力变为在新的生产关系下面保护和发展生产力"的观点，关于"团结全国各族人民进行一场新的战争——向自然界开战，发展我们的经济，发展我们的文化"①的观点等，至今仍有指导和启发意义。

然而，其中最基础的还是社会基本矛盾理论。对此，邓小平指出："关于基本矛盾，我想现在还是按照毛泽东同志在《关于正确处理人民内部矛盾的问题》一文中的提法比较好。毛泽东同志说：'在社会主义社会中，基本的矛盾仍然是生产关系和生产力之间的矛盾，上层建筑和经济基础之间的矛盾。'……当然，指出这些基本矛盾，并不就完全解决了问题，还需要就此作深入的具体的研究。但是从二十多年的实践看来，这个提法比其他的一些提法妥当。"②从邓小平作出这一评价至今，又经历了30多年时间和实践的检验，依然证明毛泽东的社会主义基本矛盾理论和两类社会矛盾学说，是"妥当"和正确的。

在我国30多年改革开放中，我们党正是通过深入具体地研究我国生产关系和生产力之间、上层建筑和经济基础之间的"又相适应又相矛盾"的情况，才坚定了坚持和完善社会主义基本制度、改革和创新社会主义体制的信心与决心；也正是通过坚持以正确处理人民内部矛盾，作为国家政治生活的"主题"，以推进改革打破体制和机制性障碍，调整社会利益结构，不断正确处理和化解人民内部矛盾，促进社会和谐，以充分调动人民的积极性、主动性和创造性，才能不断推进社会主义改革开放和现代化进程。因此，毛泽东的社会主义基本矛盾理论和两类社会矛盾学说，为开辟和坚持中国特色社会主义道路，已经发挥了并将继续发挥着一定的基础性指导作用。

二 毛泽东关于社会主义可划分为"两个阶段"的估计，是社会主义初级阶段理论的重要思想源泉

社会主义初级阶段理论，是开辟中国特色社会主义道路的重要而直接

---

① 《毛泽东文集》第7卷，人民出版社1999年版，第216、218页。
② 《邓小平文选》第2卷，人民出版社1994年版，第181—182页。

的理论基石。尽管毛泽东时代后期在对社会主义发展进程的理解，以及在一些政策措施上有过"超阶段"的失误，但他在总结这些曲折发展及其经验教训以后，提出："社会主义这个阶段，又可能分为两个阶段，第一个阶段是不发达的社会主义，第二个阶段是比较发达的社会主义。"① 在这里，毛泽东明确提出了"不发达的社会主义"阶段的设想。可以认为，这个设想是"社会主义初级阶段"理论的一个重要的思想源头。

大家知道，在科学社会主义发展史上，关于经济文化落后的国家走上社会主义道路以后，社会主义发展阶段的历史定位，是一个极为重要的问题。虽然，早在马克思和恩格斯那里，曾经提出过"只能逐步改造现今社会"② 的过程论思想，并且在《哥达纲领批判》中，也曾预言未来的共产主义社会有其第一阶段和高级阶段之分。但对其第一阶段，即社会主义阶段是否还要进一步划分小阶段，因为他们尚未面对这种实践要求，也就没有涉及。

列宁在十月革命胜利后，认为苏维埃国家"在剥夺了地主和资本家以后，只获得了建立社会主义那些最初级形式的可能"，也说过"社会主义是直接从资本主义生长出来的社会，是新社会的初级形式"③。这里讲的"社会主义……最初级形式"，可能包含对社会主义作出阶段性划分的思想，但未能引起重视。相反，从斯大林到他的后继者，都程度不同地看短、看易了社会主义，看近、看低了共产主义。苏共和斯大林领导苏联确立了社会主义制度，并在初步实现工业化之后，就于1936年宣布建成了马克思所说的"共产主义社会第一阶段"的社会主义社会；进而于1952年在苏共十九大上，提出"要建成无阶级的社会主义社会，逐步向共产主义过渡"的任务。斯大林逝世以后，赫鲁晓夫全盘否定斯大林，但就是不否定苏联急于要向共产主义过渡的主张。相反，他们的调门更高。赫氏在苏共二十一大上提出，苏联在1959年已经进入"一个新的发展时期——全面展开共产主义建设的时期"④。

---

① 《毛泽东文集》第8卷，人民出版社1999年版，第116页。
② 《马克思恩格斯文集》第1卷，人民出版社2009年版，第685页。
③ 《列宁选集》第4卷，人民出版社1995年版，第92、91页。
④ 参见《人民日报》1959年2月1日关于苏共二十一大的报道。

可以说,"超阶段"和急于求成地建设社会主义,甚至主张迅速过渡到共产主义,是社会主义各国当时的普遍现象。我国在"大跃进"年代,一些人想"跑步进入共产主义",也是在这个大背景下发生的失误。然而,毛泽东作为伟大的马克思主义者,以其敏锐的政治眼光看到了我国在"大跃进"中所犯的错误,是超越社会主义发展阶段。他于1959年12月在《读苏联〈政治经济学教科书〉的谈话》中,主张中国应由急于向共产主义过渡转向社会主义的第一阶段,即建设"不发达的社会主义"阶段。很显然,这同邓小平在28年后所讲的"社会主义的初级阶段,就是不发达的阶段"①的论断,不仅在语言表达上极为相似,就是在思想内容和精神实质上也有相通之处。因为,后者是对前者的继承和发展。

必须看到,从毛泽东的认识转变,到产生他对社会主义社会划分"两个阶段"的想法,再到新时期提出和形成"社会主义初级阶段"理论,体现了我们党对中国社会主义现代化建设过程及其规律认识的深化。而这方面的正确认识的形成,表现为一种曲折的过程。

自新中国成立到20世纪50年代中期,党和毛泽东对我国社会主义建设、对社会主义现代化进程的估计,还是比较谨慎、冷静和客观的。1954年6月,在主持和指导起草我国第一部社会主义宪法时,毛泽东谈到了社会主义建设的目标和发展历程。他指出:"我看,我们要建成一个伟大的社会主义国家,大概经过五十年即十个五年计划,就差不多了,像个样子了,就同现在大不一样了。"② 到1955年10月,在一次座谈会上,当谈到我国社会主义建设要赶上和超过最发达的资本主义国家美国时,毛泽东又说:"究竟要几十年,看大家努力,至少是五十年吧,也许七十五年,七十五年就是十五个五年计划。"③ 到1956年党的八大召开之后,毛泽东在会见列席八大的一个外国代表团时,讲到要使中国变成为一个富强的社会主义国家,说"需要五十到一百年的时光"④。至此,毛泽东对我国摆脱不发达状态,建成富强的社会主义现代化国家的设想,就这样由50年延

---

① 《邓小平文选》第3卷,人民出版社1993年版,第252页。
② 《毛泽东文集》第6卷,人民出版社1999年版,第329页。
③ 同上书,第500页。
④ 《毛泽东文集》第7卷,人民出版社1999年版,第124页。

长到75年，再延长到100年。这表明，我们党和毛泽东对中国实现社会主义现代化的艰巨性、探索性和长期性的认识，是一步步地在深化和前进的。

但是，当历史行进到50年代后期，由于我国"一五"计划顺利实现所产生的骄傲情绪，由于在1957年"反右"斗争扩大化中"左"的倾向抬头，党和毛泽东同志对于我国社会主义现代化建设，也作出了过于乐观、急于求成、脱离实际的估计。这年4月，毛泽东在《介绍一个合作社》一文中，写道："由此看来，我国在工农业生产方面赶上资本主义大国，可能不需要从前所想的那样长的时间了。"他在送出此文时，给其他几位中央领导同志和有关同志的一封信中，还写道："十年可以赶上英国，再有十年可以赶上美国，说'二十五年或者更多一点时间赶上英美'，是留了五到七年的余地。'十五年赶上英国'的口号仍不变。"①

但很快地，"大跃进"在实践中的失败和挫折，否定了这种过于乐观的估计。它促使毛泽东在总结经验教训中认识到："现在看来，搞社会主义建设不要那么十分急，十分急了办不成事，越急越办不好，不如缓一点波浪式地向前发展。"② 到1962年1月，在中央召开的"七千人大会"上，毛泽东总结说："对建设社会主义的规律的认识，必须有一个过程。必须从实践出发，从没有经验到有经验，从有较少的经验到有较多的经验，从建设社会主义这个未被认识的必然王国，到逐步地克服盲目性、认识客观规律、从而获得自由，在认识上出现一个飞跃，到达自由王国。"实践使毛泽东得出这样一个重要判断："中国的人口多、底子薄，经济落后，要使生产力很大地发展起来，要赶上和超过世界上最先进的资本主义国家，没有一百多年的时间，我看是不行的。"③ 这就意味着，毛泽东到这时已经认识到，中国要经历他所说的"不发达的社会主义"阶段，大约需要100多年的时间。很显然，多年后所创立的邓小平的社会主义初级阶段理论，也正是基于这个思想脉络而提出和形成的。

---

① 转引自薄一波《若干重大决策和重大事件回顾》下卷，中共中央党校出版社1993年版，第695页。
② 《毛泽东文集》第8卷，人民出版社1999年版，第236页。
③ 同上书，第300、302页。

三 毛泽东一些"超体制"的闪光的思想,是中国特色社会主义体制创新的胚胎和萌芽

毛泽东是新中国创建社会主义制度和体制的主要领导人。应该说,中国当时建立起集中统一的计划经济体制模式,是当时历史条件的产物,有其客观必然性,也发挥过积极作用,取得过许多重大成就。它使我国开启了大规模的社会主义建设,并且在短时间内就建立起独立的、比较完整的工业体系和国民经济体系。同时,毛泽东也是我们党内最早反思、批评和揭露在"学习苏联老大哥"中照搬苏联经验的教条主义做法,最早敏锐地触摸和感觉到计划经济体制弊端的主要领导人。早在20世纪50年代中期,当我国社会主义制度和体制刚刚建立不久,毛泽东就提出要"以苏为鉴",走符合自己国情的中国工业化道路,甚至提出要注意研究解决我国"社会主义整个经济体制问题"①。为此,他在大量调查研究的基础上,发表了《论十大关系》等名著,并且开始提出了旨在调整、完善计划经济体制的"原则和苏联相同,但方法有所不同,有我们自己的一套内容"的我国"自己的建设路线"②。其中,他实际上已经提出一些超越当时体制模式的、包含着中国特色社会主义理论之胚胎和萌芽的闪光的观点、见解和主张。

例如,毛泽东主张中国也实行"新经济政策"。即在我国所有制社会主义改造基本完成以后,再恢复和发展一些私营经济,并幽默地称之为"可以消灭了资本主义,又搞资本主义"。1956年12月7日,在同民建和工商联的负责人谈话中,毛泽东说:"上海的地下工厂……要使它成为地上,合法化,可以雇工。"对于方便群众的那些服务业,他说:"最好开私营工厂,同地上的作对,还可以开夫妻店,请工也可以。这叫新经济政策。"他认为:"还可以考虑,只要社会需要,地下工厂还可以增加。可以开私营大厂,定个协议,十年、二十年不没收。华侨投资的,二十年、一

---

① 《毛泽东文集》第7卷,人民出版社1999年版,第53页。
② 同上书,第369—370页。

百年不要没收。可以开投资公司，还本付息。可以搞国营，也可以搞私营。可以消灭了资本主义，又搞资本主义。"①

又如，毛泽东主张在社会主义条件下，要大力发展商品生产和商品交换，让"商品生产、商品流通、价值法则为社会主义服务"②。在"共产风"正在许多地方盛行之时，他在1958年11月召开的郑州会议上，反复强调要重视商品生产和商品交换。他说："我国是商品生产很不发达的国家，比印度、巴西还落后。"在毛泽东看来，只有当社会"产品充分发展之后，才可能使商品流通趋于消失"，所以，我国"扩大商品生产"和"商品交换"是"极其必要、极其有用的"。他批评有些人"怕商品生产"，"无非是怕资本主义"，而"商品生产不能与资本主义混为一谈"。他说："商品生产，要看它同什么经济制度相联系，同资本主义制度相联系就是资本主义商品生产，同社会主义相联系就是社会主义商品生产。"③他在论及"价值法则"之时，还写道："这个法则是一所大学校，只有利用它，才有可能教会我们的几千万干部和几万万人民，才有可能建设我们的社会主义和共产主义。否则一切都不可能。"④

再如，毛泽东主张对我国在很大程度上，是从苏联照搬、移植过来的国家计划体制和企业体制，应该加以调整、改革和完善。他在20世纪50年代很多著作，如在《论十大关系》中，都多次探讨和论述过这方面的设想。从宏观经济管理看，他认为"应当在巩固中央统一领导的前提下，扩大一点地方的权力，给地方更多的独立性，让地方办更多的事情"。他说："我们的国家这样大，人口这样多，情况这样复杂，有中央和地方两个积极性，比只有一个积极性好得多。我们不能像苏联那样，把什么都集中在中央，把地方卡得死死的，一点机动权也没有。"从企业管理体制看，他认为应当如列宁所说，注意研究企业"独立自主"问题。他指出，"把什么都集中在中央或省市，不给工厂一点权力，一点机动的余地，一点利益，恐怕不妥"。但"在解决中央和地方、地方和地方的关系问题上，我

---

① 《毛泽东文集》第7卷，人民出版社1999年版，第170页。
② 同上书，第437页。
③ 同上书，第434—439页。
④ 《毛泽东文集》第8卷，人民出版社1999年版，第236页。

们的经验还不多，还不成熟，希望你们好好研究讨论……要总结经验"。不过，从其总倾向和思考的重点看，毛泽东主张在巩固全国有必要的集中统一的前提下，要考虑中央向地方、主管部门向企业更多地下放一点权力，使地方和企业有一定的"独立性"或"独立自主"。毛泽东还风趣地说，要使企业成为"公开的、合法的'半独立王国'"[①]。

显然，毛泽东在这期间所提出和发表的珍贵的、闪光的思想，绝不仅限于上述方面，而是包含更为广泛更为丰富的内容。例如，他提出关于我国实现社会主义"四个现代化"的奋斗目标，关于"以农业为基础"和按"农轻重"的顺序安排国民经济的要求，关于"全国一盘棋"及兼顾国家、集体和个人利益的原则，以及既要虚心学习外国一切长处和先进经验，又不能盲目、教条式和机械地照搬，既要虚心学习外国的先进技术，又不能走世界各国技术发展的老路，跟在别人后面一步一步地爬行等论述，都是极为珍贵的思想遗产。

应该说，像一切站在历史前列，而带领社会前进的领袖人物一样，毛泽东既对自己国家、民族和人民作出了伟大贡献，同时也有自己的历史局限性。在现代中国，毛泽东对我国新民主主义革命、社会主义革命和开启社会主义大规模建设，其贡献是无与伦比的。但是，从20世纪50年代后期开始，特别是其晚年，他对自己曾经提出的一些闪光的观点、见解和主张，并没有都一以贯之地加以坚持，没有完整地付诸实践和变为现实，而只能由其后继者来承担起继续探索、发展和获得成功的历史使命。

在我国我党，探索建设"切合中国实际的有中国特色的社会主义"，是从毛泽东思想到邓小平理论、再到"三个代表"重要思想和科学发展观，而一脉相承、与时俱进、不断发展的。在谈到十一届三中全会以来党的理论和实践探索，同毛泽东和毛泽东思想的关系时，邓小平曾经指出："三中全会以后，我们就是恢复毛泽东同志的那些正确的东西嘛，就是准确地、完整地学习和运用毛泽东思想嘛。基本点还是那些。从许多方面来说，现在我们还是把毛泽东同志已经提出、但是没有做的事情做起来，把他反对错了的改正过来，把他没有做好的事情做好。今后相当长的时期，

---

① 《毛泽东文集》第7卷，人民出版社1999年版，第31、29、33、53、56页。

还是做这件事。当然，我们也有发展，而且还要继续发展。"[①] 邓小平的这个精辟概括，全面、深刻和科学地揭示了由他开辟的中国特色社会主义道路，同毛泽东在这方面所进行的先行探索的内在联系，即继承、发展和创新中的客观联系。

（原为单行本，社科文献出版社 2012 年 12 月版，次年 3 月正式印刷出版发行）

[①] 《邓小平文选》第 2 卷，人民出版社 1994 年出版，第 300 页。

论加强共产主义理想信念教育

党的十八大报告，为了保障我国到2020年实现全面建成小康社会的宏伟目标，就全面推进党的建设新的伟大工程，全面提高党的建设科学化水平，作出了深刻精辟的论述和系统周密的部署。报告中提出了"建设学习型、服务型、创新型马克思主义执政党"①的历史性任务，要求全党以改革创新精神，从"要抓好思想理论建设这个根本"、"抓好党性教育这个核心"和"抓好道德建设这个基础"的认识高度，切实抓好全党的思想理论学习和思想教育工作。通过这种学习和教育，共产党员应当达到的政治素质、思想觉悟和道德境界，集中到一点，就是要"坚定理想信念，坚守共产党人精神追求"。可以认为，在全体共产党员特别是在干部队伍中切实加强理想信念教育，使其树立和坚定社会主义、共产主义的理想信念，是党的建设中一项根本性、基础性任务。切不可等闲视之！

一　革命理想高于天

为着推动和指导全党学习贯彻十八大精神，习近平同志于2013年发表的"一·五"重要讲话，围绕党的十八大主题和主线，在高瞻远瞩、旗帜鲜明地阐明"坚持和发展中国特色社会主义"的几个重大理论问题时，其感人至深的一个思想亮点，是重新唱响了"革命理想高于天"的主旋律。

重申"革命理想高于天"，具有振聋发聩的现实针对性。改革开放以

---

① 胡锦涛：《坚定不移沿着中国特色社会主义道路前进　为全面建成小康社会而奋斗——在中国共产党第十八次全国代表大会上的报告》，载《中国共产党第十八次全国代表大会文件汇编》，人民出版社2012年版，第46页；本篇下引此文，不再注明出处。

来，我们党在马克思主义基本原理指导下，根据我国长期处于社会主义初级阶段的基本国情，制定和贯彻党在现阶段的基本路线、基本纲领和基本政策，从而克服了我国曾一度存在过的"超阶段"的观念、政策和做法。这是完全正确和必要的。而这同共产党人必须矢志不渝地坚持共产主义理想信念，绝不是对立的而是统一的。党和邓小平同志在继承毛泽东时代的思想和功业的基础上，所开辟的中国特色社会主义道路，旨在从建设"初级阶段的社会主义"起步，为建设"够格"的、完全和成熟的社会主义，最终实现共产主义，而脚踏实地奋斗和前进。

其实，从邓小平到江泽民、再到胡锦涛同志都一再要求全党，既要坚定不移地贯彻执行党在现阶段的基本路线、基本纲领和基本政策，又要坚持不懈地抓好理想信念教育，实现党的最高纲领与现阶段基本纲领、共产主义远大理想与中国特色社会主义"共同理想"的统一。邓小平多次强调：在建设社会主义精神文明的"四有"（有理想、有道德、有文化、有纪律）要求中，"我们最强调的，是有理想"，"我们共产党人的最高理想是实现共产主义，在不同历史阶段又有代表那个阶段最广大人民利益的纲领"。因此，我们才有"共同的理想和坚定的信念"，才能团结广大人民群众，万众一心，共同奋斗，争取胜利。他甚至强调说："没有这样的信念，就没有凝聚力。没有这样的信念，就没有一切。"①

尽管如此，我们党现有8260多万党员的思想状况，我们干部队伍的思想状况，我国理论界的思想状况，乃至整个社会思想道德状况，在肯定其主流是好的和比较好的前提下，所存在的问题和不良倾向，还是相当严重、不容乐观和令人忧虑的。在国内外各种错误思潮和剥削阶级腐朽没落思想的自发影响、浸润和渗透下，在市场经济逐利性的冲击下，在权力、金钱和美色等消极诱惑下，特别是在世界社会主义运动处于低潮，而西方敌对势力趁机对我国实施"西化"和"分化"战略的大背景中，有不少党员干部对马克思列宁主义和毛泽东思想，丧失了感情和信仰；对社会主义和共产主义，淡化和丧失了理想信念，以至于马克思主义"过时论"和"无用论"，共产主义"渺茫论"和"乌托邦论"，在社会上、在部分党员

---

① 《邓小平文选》第3卷，人民出版社1993年版，第190页。

干部中，仍然很有市场。这是一些领导干部"前腐后继"的根本原因；甚至有极少数党员干部由此滑向和公开散布反共立场。例如，有人从恩格斯晚年的一篇文章中，别有用心地抽出其中93个字，肆意加以歪曲，胡说从中找到了"马克思主义真经"，就是恩格斯晚年抛弃了"共产主义"，而成为"民主社会主义的首创者"；接着，他还把中国特色社会主义，曲解为"民主社会主义"和"新资本主义"。这种人恶意歪曲、公然反对社会主义和共产主义，到了肆无忌惮、无以复加的地步！

前车之覆，后车之鉴。苏联有74年发展史，曾一度是世界的"两超两霸"之一。苏共有近2000万党员，掌握着能够"毁灭"世界多次的大量核武器。看似强大无敌的苏联，当时面对国内外敌对势力反苏、反共和反社会主义的政治攻势，毫不设防、毫无斗志，反而祸起萧墙、同流合污、毁于一旦。究其直接原因，是十分明显和令人痛心的，就是由于该党及其领导层在苏共二十大以后，思想逐步变质，即由隐而显地背叛了马列主义信仰，抛弃了社会主义和共产主义理想信念，从而导致党的指导思想和政治路线变质，进而演变为亡党亡国的历史性倒退。一个丧失马克思主义灵魂的共产党，其人数再多、组织再大、历史再辉煌，也是列宁所说的"稻草人"，会不打自倒；凡是缺乏社会主义和共产主义理想信念，缺少精神支柱的党员干部，即使其职位再高、资历再老，在各种诱惑和考验面前，都会丧失立场和腐化堕落。

虽然，我们党顶住了苏东剧变的政治冲击，力图把准改革开放的正确方向，从而开创、维护和不断推进着中国特色社会主义事业。但是，当年苏共所面对的挑战和考验，对中国共产党人来说，在一定意义上也同样存在。我们党内某些个人和局部也发生了、并在发生着类似当年苏共发生的那种消极变化。正是针对这种现实危险和思想理论混乱的情况，党的十八大报告明确指出："对马克思主义的信仰，对社会主义和共产主义的信念，是共产党人的政治灵魂，是共产党人经受住任何考验的精神支柱。"[①] 习近平同志在"一·五"重要讲话中，所阐明的关于共产主义理想与现实工作的辩证关系，就是对这个重要论断的贯彻和发挥。他郑重要求：共产党员

[①] 《中国共产党第十八次全国代表大会文件汇编》，人民出版社2012年版，第46页。

特别是党员领导干部要做共产主义远大理想和中国特色社会主义共同理想的坚定信仰者和忠实践行者。并说，我们既要坚定走中国特色社会主义道路的信念，也要胸怀共产主义的崇高理想，矢志不移贯彻执行党在社会主义初级阶段的基本路线和基本纲领，做好当前的每一项工作。革命理想高于天。没有远大理想，不是合格的共产党员；离开现实工作而空谈远大理想，也是不合格的共产党员。衡量一名共产党员、一名领导干部是否有共产主义远大理想，是有客观标准的，就是要看他能否坚持全心全意为人民服务的根本宗旨，能否吃苦在前、享受在后，能否勤奋工作、廉洁奉公，能否为理想而奋不顾身去拼搏、去奋斗、去献出自己的全部精力乃至生命。一切迷茫迟疑的观点，一切及时行乐的思想，一切贪图私利的行为，一切无所作为的作风，都是与此格格不入的。习近平同志的这些话，讲的是何等深刻、何等好啊！他既深刻阐明了坚持共产主义远大理想和做好现实工作的辩证关系，又对全体党员特别是领导干部提出了衡量其应有的政治素质、思想觉悟、道德境界的客观标准和原则要求。其中"革命理想高于天"一句话，就是对此作出的精辟准确、形象生动的高度概括。这应当成为一切共产党人的座右铭！

——其所以"革命理想高于天"，就在于以共产主义理想作为核心内容和终极目标的"革命理想"，根植于马克思主义普遍真理，体现了人类社会发展的一般规律，顺应了世界历史发展的总趋势，是任何人任何力量都无法阻挡、不可逆转的历史潮流。无论现在各国垄断资产阶级势力如何强横和狡诈，无论世界上一切反共、反社会主义势力如何气势汹汹，也不论资本主义各国的社会主义革命力量目前还多么分散和弱小！但世界社会主义运动处于低潮是暂时的；资本主义生产方式所固有的、对抗性的、自身无法解决的基本矛盾及其运动，则是长远发挥作用的因素，是它必然衰败的根本原因。因此，社会主义经过一个长过程发展必将代替资本主义，而社会主义最终又必将发展到共产主义高级阶段。这是不可移易的世界历史大趋势。这是"革命理想高于天"的现实性、必然性和高尚性之所在。

——其所以"革命理想高于天"，就在于共产主义事业，是人类历史上最彻底、最崇高、最神圣的革命伟业。在马克思主义话语体系中，"科学社会主义"与"科学共产主义"，"无产阶级革命"、"社会主义革命"

与"共产主义革命",在本质上是同义语。只是马克思把代替资本主义的未来社会,划分为"共产主义社会第一阶段"和"共产主义社会高级阶段",而列宁则把共产主义社会第一阶段,称之为"社会主义社会"。于是共产主义社会及其理想,就通常专称其高级阶段。即便如此,列宁还说过:在社会主义社会,"既然生产资料已成为公有财产,那么'共产主义'这个名词在这里也是可以用的,只要不忘记这还不是完全的共产主义"①。邓小平进一步讲清了中国所处的社会主义初级阶段同共产主义的联系和区别。他指出:现在"中国社会主义是处在一个什么阶段,就是处在初级阶段,是初级阶段的社会主义。社会主义本身是共产主义的初级阶段,而我们中国又处在社会主义的初级阶段,就是不发达的阶段。一切都要从这个实际出发,根据这个实际来制订规划。"②这就要求,我国在现阶段必须坚持公有制为主体、多种所有制经济共同发展的基本经济制度。因此,无论我国当年所进行的社会主义改造和建设,还是正在建设的"初级阶段的社会主义",以及发展到将来生产资料完全成为"公有财产"的更高阶段的社会主义,其实质和发展目标都是一致的,都是要创造条件,逐步实现马克思所讲的两个"最彻底的决裂"和四个"达到"。即在社会主义革命取得完全胜利和现代化生产力充分发展的基础上,逐步达到完全消灭私有制、消灭剥削、消灭阶级、消灭三大差别,使工人阶级和全人类获得彻底解放,使所有人实现全面而自由的发展,使人类社会进入由必然王国向自由王国的飞跃。

——其所以"革命理想高于天",就在于它集中体现了共产主义思想体系的科学的预见性、坚定的目标性和长远的导向性,是代表工人阶级根本利益、贯穿社会主义事业全过程和事关其成败的实践纽带、政治灵魂、行动指南、精神支柱和力量源泉。因此,工人阶级及其政党领导的一切革命、建设和改革事业,都不能缺少共产主义思想体系及其远大理想的引领,否则就不可能获得胜利。其实,毛泽东同志早在指导我国新民主主义革命和发展新民主主义经济、政治、文化的实际工作中,就从共产主义思

---

① 《列宁专题文集·论社会主义》,人民出版社2009年版,第38页。
② 《邓小平文选》第3卷,人民出版社1993年版,第252页。

想体系的长远指导作用同新民主主义行动纲领的实践之间的联系和区别上，早已把这个问题讲清和讲透了。他指出："在现时，毫无疑义，应该扩大共产主义思想的宣传，加紧马克思列宁主义的学习，没有这种宣传和学习，不但不能引导中国革命到将来的社会主义阶段上去，而且也不能指导现时的民主革命达到胜利。但是我们既应把对于共产主义的思想体系和社会制度的宣传，同对于新民主主义的行动纲领的实践区别开来；又应把作为观察问题、研究学问、处理工作、训练干部的共产主义的理论和方法，同作为整个国民文化的新民主主义的方针区别开来。把二者混为一谈，无疑是很不适当的。"①

共产主义是理论、运动和制度的统一。共产主义制度的最终确立，必须经历无产阶级革命和社会主义建设的多个循序渐进、不能超越的发展阶段，作为实现其伟大目标的历史性阶梯。但在其中任何阶段，都必须依靠马克思主义即共产主义思想体系及其远大理想的指导和引领。既然当年革命先辈搞新民主主义革命，就是因为有了共产主义思想体系及其远大理想的实际指导作用，才能使"民主革命达到胜利"；那么，我们在现阶段要做好改革开放、建设中国特色社会主义各个领域的现实工作，就更需要共产主义思想体系及其远大理想的实际指导作用。马克思主义"老祖宗"不能丢，科学社会主义基本原理不能丢，社会主义和共产主义的理想信念不能丢。否则，我们共产党人就丧失了根本，就会因为缺乏"政治灵魂"和"精神支柱"，而迷失方向和腐化变质。可以说，"革命理想高于天"是最质朴的真理，是共产党人安身立命的革命箴言。

二 理想信念教育必须常抓不懈

习近平同志重申"革命理想高于天"，就是言其根本性和重要性。改革开放以来，我们党对包括"理想信念教育"在内的思想理论建设，不能说没有抓，也不能说没有取得一定成效。但在一定程度上，往往先是重重提起，然后轻轻放下，最后不了了之。就党员理想信念教育而言，可以

---

① 《毛泽东选集》第2卷，人民出版社1991年版，第706页。

说，是由于全党有不少人的认识不到位，而导致行动不到位，乃至于说得多做得少、口号多措施少、要求多实效少。

从对其认识看，党章中早有明确规定："中国共产党党员是中国工人阶级的有共产主义觉悟的先锋战士。"[1] 在"有共产主义觉悟"中，就包含着有社会主义和共产主义理想信念。而问题的关键就是在党的建设中，如何有步骤、有制度保障地使更多的党员努力争取和达到这一条。

马克思列宁主义有条重要原理，即"工人阶级单靠自己本身的力量，只能形成工联主义意识"，"社会主义学说……它的产生是革命的社会主义知识分子的思想发展的自然和必然的结果"。"现代科学社会主义"，是从马克思和恩格斯"创造的哲学理论、历史理论和经济理论中发展起来的"。"可见，社会主义意识是一种从外面灌输到无产阶级的阶级斗争中去的东西，而不是一种从这个斗争中自发地产生出来的东西"。"因此，对社会主义思想体系的任何轻视和任何脱离，都意味着资产阶级思想体系的加强"和"受资产阶级思想体系的支配"[2]。

可是，马克思列宁主义原本是提倡"自觉性"和反对"自发性"的这条理论"灌输"原理或原则，却被许多人有意无意地、望文生义地曲解为一种教条式、简单生硬的理论宣传和思想教育方法，而反复地加以批评和否定。我们应当把坚持理论上自觉"灌输"的原则，同不恰当的思想教育和理论宣传方法，作出明确区分，而不能简单地混为一谈，以使全党提高学习和掌握马克思主义基本理论的自觉性。

其实，这条原由当年还是马克思主义者的考茨基提出、并被列宁加以肯定、重申和阐发的原理，是要求我们共产党人应从行动上努力做到：

第一，一切共产党员都必须认真研学马克思列宁主义，真诚接受共产主义教育，才能拥有马克思主义信仰，成为自觉献身无产阶级革命大业的共产主义战士，即确立了社会主义信念和坚定共产主义理想的真正共产党人。即使工人阶级出身、有长期革命和工作经历的人，也不能例外。一个人的科学社会主义意识，不可能因为有参加社会主义运动的工作经验，就

---

[1] 《中国共产党第十八次全国代表大会文件汇编》，人民出版社2012年版，第73页。
[2] 《列宁选集》第1卷，人民出版社1995年版，第317—318、326—327页。

能自发地产生；在社会主义制度下，个人收入高了、家庭生活好了，也不可能自发地形成社会主义信念和共产主义理想。其工作经验和利益关联，是他们能够接受和信仰马克思主义的客观条件，但其是否接受和相信马克思主义，还必须通过学习和"灌输"其基本理论，即用马克思主义革命学说，即用无产阶级思想体系来武装自己的头脑，从而懂得历史规律，自觉地走历史必由之路，才能真正确立具有立足于现实的实践基础和严密的理论逻辑之上的社会主义信念、共产主义理想。那些抱着"入党做官"动机不放，因而把讨好、巴结和逢迎领导放在首位，以图升官发财，而不真学、真懂、真信、真用马克思主义的人们，是不可能真正坚持社会主义道路、践行共产主义理想和道德的。

第二，一切有阅读和研究能力的共产党员，特别是领导干部，都应结合自己的工作实际和思想实际，认真研读和领会马克思主义基本原著及其精神实质，认真学习其他有关而必要的科学知识，力求掌握和运用马克思主义的立场、观点和方法。列宁说："只有了解人类创造的一切财富以丰富自己的头脑，才能成为共产主义者。"① 那些文化和理论水平较高的共产党人，应当热情地向周围其他同志、向人民群众，努力作好思想宣传工作，以帮助更多同志学习和了解马克思主义，以利于领会和贯彻党的路线方针政策。因此，在党的建设中，应当狠抓"建设学习型、服务型、创新型马克思主义执政党"的落实。全党学习和掌握马克思主义基本理论，作为我们的看家本领。但这决不能流于形式、走走过场，更不能停留在普遍要求和一般号召上。党中央现任领导集体应当像毛泽东同志那样，为党员领导干部列出《必读书目》。既要提倡和引导党员和干部个人自觉地学习钻研马克思主义，也要加强学习的组织、督促、检查和落实，而且应持久不懈地紧抓不放，一直坚持抓下去。

第三，全党的思想理论建设和党员干部的理论学习，要形成制度，要有得力的举措，要有正确的舆论和政策导向，不断加以引导和提高。我们党要建设成为学习型的马克思主义执政党，要学习的东西固然很多（包括学习体现党的路线方针政策的重要文献、必要的经济、法律、管理和历史

---

① 《列宁专题文集·论无产阶级政党》第1卷，人民出版社2009年版，第281—282页。

等基本知识），但其中最为重要和有决定意义的，是要持久不懈地坚持学用马克思列宁主义、毛泽东思想和中国特色社会主义理论体系。我们中国共产党人，当然要重点学用马克思主义中国化的"创新理论"，因其具有最切近的、更具操作性的指导作用。但这必须同学习和掌握必读的马克思主义经典著作及其基本原理相结合，才有利于学习、领会和掌握中国化马克思主义的理论基础及其精神实质。更为基本和不可代替的是，一切共产党人要树立和坚定社会主义、共产主义理想信念，就必须学习和掌握由马克思、恩格斯创立和由列宁、毛泽东所阐发的辩证唯物主义和历史唯物主义、政治经济学和科学社会主义学说，通过领会其中所揭示的历史规律，才能建立起自己对马克思主义的信仰，并坚定其理想信念。在这个重大问题上，党和国家的舆论导向和用人导向，最为要紧和关键。在党的干部政策上，应当长期坚持"四化"方针，把具备马克思主义的必要的理论素养，列为选拔和运用中高级党政干部，尤其是意识形态领域的领导干部的一项必不可少的基本条件。只有使党和国家的领导权牢牢地掌握在忠诚的马克思主义者手中，中国特色社会主义事业才有希望和保障。当共产党员们都力求成为"中国工人阶级的有共产主义觉悟的先锋战士"，当领导干部们都力求成为真学、真懂、真信、真用马克思主义的表率，才能形成全党学用马克思主义浓厚风气和社会环境。

三　理想信念教育重在改造世界观

一切共产党人都应树立和坚定社会主义、共产主义理想信念的问题，归根到底，是阶级立场和世界观问题。只有真正站在工人阶级立场的人们，才能拥护、学懂和掌握马克思主义的科学体系及其世界观；而只有真正学习和领会了辩证唯物主义和历史唯物主义世界观的人们，才能拥护、学懂和掌握马克思的剩余价值学说和科学社会主义，从而才能真正树立和坚定社会主义、共产主义理想信念。因此，党员的理想信念教育，应重在引导人们在学用马克思主义的同时，努力改造自己的世界观。这些年来，在党的思想理论建设中，不大提倡和引导党员干部自觉地改造世界观，党内也未能经常而认真地开展批评和自我批评，往往只强调重在"正面宣传"和"正面引导",从而实际上是在回避开展党内积极的思想斗争。这样,极不利于党的思想理论建设,极不利于党员的思想觉悟和思想道德素质的提高,极不利于党员理想信念教育的加强和获得实效。为造成有利于加强党内理想信念教育的舆论环境、社会氛围和思想基础,我建议应努力做到以下几点:

其一,在党内应重提和引导党员特别是领导干部自觉地改造世界观。只要你立志成为一名真正的共产党员,成为"中国工人阶级的有共产主义觉悟的先锋战士",那么人人都应当自觉而不断地在学习和实践中,努力改造自己的世界观,即使是出身工人阶级的党员,即使是职位再高、资历再老的干部,也不例外。我们常说,世界观的转变是一种根本的转变,在实质上,这并不是一种政治话语,而是一种认识论的哲学话语。马克思主义世界观,即辩证唯物主义和历史唯物主义哲学,是工人阶级的科学世界观。这种世界观所论证和代表的工人阶级的根本利益,就是为消灭私有制、消灭剥削、消灭阶级,最终实现共产主义社会,而提供哲学论据、启发理论自觉,就是要不断克服各种不符合工人阶级根本利益、不符合坚持社会主义、共产主义发展方向的各种非无产阶级思想,以使共产党人的思想境界,顺应社会发展的客观规律和历史大趋势,而能自觉地为之奋斗和奉献。

因此,共产党人在改造客观世界的同时,都应当自觉改造自己的主观世界,就是使自己的主观不断符合客观,是变历史必然为思想自由的认识过程。这实际上是个认识论问题。所以,毛泽东在《实践论》中说:"世界到了全人类都自觉地改造自己和改造世界的时候,那就是世界的共产主义时代。"[①] 共产党员作为"有共产主义觉悟的先锋战士",当然要首先身体力行之。

其二,共产党人特别是领导干部在自觉地改造世界观的过程中,离不开党内开展正确的批评和自我批评。这作为我们党的"三大作风"之一,是应当继承和弘扬的优良传统。但近些年来,我们党在纠正原有"过火"的党内斗争等"左"倾错误之时,有些人走向另一个极端,奉行无原则的

---

① 《毛泽东选集》第1卷,人民出版社1991年版,第296页。

"好人主义",在党内政治生活中,也就淡化了积极的思想斗争,放弃了必要的批评和自我批评。而党员世界观问题的解决同党内思想认识矛盾的解决,往往是密不可分的。只有通过党内开展积极的思想斗争,才能分清是非、鼓励先进、帮助后进,以正确解决党内的思想认识矛盾。

毛泽东在《矛盾论》中指出:"党内不同思想的对立和斗争是经常发生的,这是社会的阶级矛盾和新旧事物的矛盾在党内的反映。党内如果没有矛盾和解决矛盾的思想斗争,党的生命也就停止了。"① 毛泽东的这个论断,在阶级斗争在一定范围内仍将长期存在的中国社会主义建设新时期,对于解决党内矛盾仍然具有指导意义。现在党内的矛盾,除了极少数违法犯罪以外,一般都是同志之间的人民内部矛盾,仍应采用"团结——批评——团结"的方法,加强思想政治工作,及时加以解决和化解。如果放弃党内批评和积极的思想斗争,同志之间思想不见面,就会使一些人平常发生的小错误,逐步积累,而演变为大错误,乃至会犯政治错误,直至违法犯罪。近些年来,有一批批党员干部"前腐后继",自我毁灭。虽说这是由于改革开放、发展市场经济大环境中的种种诱惑所致,但不能不看到,这同党内政治生活不健全、不能及时开展批评和自我批评、党内理想信念教育不到位,是有密切的内在关联的。

其三,共产党人必须坚持改造主观世界同改造客观世界的统一。我们主张共产党人都应努力学习和掌握马克思主义世界观,确立和坚定社会主义、共产主义理想信念,这本身并不是目的。其目的完全在于实践应用,在于更好地维护和发展中国特色社会主义事业,逐步实现"社会主义的本质",即"解放生产力,发展生产力,消灭剥削,消除两极分化,最终达到共同富裕"②,直至最终实现共产主义。共产党人必须在改造客观世界同时,努力改造自己的主观世界,才能够成为推进中国特色社会主义事业的骨干力量。

马克思说:"要消灭私有财产的思想,有共产主义思想就完全够了。

---

① 《毛泽东选集》第1卷,人民出版社1991年版,第306页。
② 《邓小平文选》第3卷,人民出版社1993年版,第373页。

而要消灭现实的私有财产,则必须有现实的共产主义运动。"[1] 马克思又说:"思想从来也不能超出旧世界秩序的范围;在任何情况下它都只能超出旧世界秩序的思想范围。思想根本不能实现什么东西。为了实现思想,就要有使用实践力量的人。"[2] 尽管,马克思主义是指导无产阶级革命和社会主义建设的普遍真理,共产主义理想体现了人类历史发展的必然趋势,但停留在这种思想理论本身,则既不能触动资本主义旧世界的一根毫毛,也不能对社会主义事业有丝毫助益。所以,社会主义信念和共产主义理想的现实力量,就在于它会以共产党的路线方针政策为中介,以共产党人的言行为示范,能够被人民群众所掌握,而"理论一经掌握群众,也会变成物质力量"[3],即推翻旧世界的剥削制度和建设社会主义新社会的强大社会力量。

在为中国社会主义和共产主义事业的长期奋斗中,中国共产党的领导和共产党人的先锋模范作用,是这项宏图伟业的中流砥柱和主心骨,由此掌控和引领着当代中国社会发展进步的方向。而任何共产党人的实践行为,都是由其思想意识,特别是由其理想信念作为"思想总开关",来掌控和支配的。所以,当代中国共产党人,特别是居于关键性领导岗位的共产党人,如果能够坚持改造主观世界同改造客观世界的统一,能够以坚定的社会主义和共产主义理想信念,真正做到克己奉公、不谋私利,模范地践行社会主义核心价值观,用以指导、引领和规范自己的职责和言行,那么中国特色社会主义事业就定然势不可挡、日益兴旺发达。

(原载《30位著名学者纵论党的十八大》,中国社会科学出版社2013年版)

---

[1] 《马克思恩格斯全集》第42卷,人民出版社1979年版,第140页。
[2] 《马克思恩格斯全集》第2卷,人民出版社1957年版,第152页。
[3] 《马克思恩格斯文集》第1卷,人民出版社2009年版,第11页。

增强坚持和完善我国基本经济
制度的坚定性和自觉性

我们从历史唯物主义高度研究当代中国发展，也就是要研究和推进中国特色社会主义及其现代化事业发展。这就必须有以下两方面的密切结合：一方面，必须按客观规律办事，坚持以科学发展为主题，以加快转变发展方式为主线，建设创新型国家，大力发展生产力，不断增强综合国力；另一方面，必须深化改革开放，巩固和完善中国特色社会主义基本制度，关注和保障民生，逐步实现共同富裕，为推进中国特色社会主义事业发展、最终实现共产主义创造条件。而其中基础性的关键环节，就是在中国现阶段必须坚持和完善公有制为主体、多种所有制经济共同发展的基本经济制度。

然而，国内外总有些人，尤其是那些新自由主义的所谓"主流经济学家"，出于某种目的，而相互串通、内外呼应，企图误导我国改革开放，主张全面私有化。例如，有个知名的经济学家，以反"垄断"为名，说国企是"未来中国成长的主要障碍之一"，声称国企私有化需要进一步的政治决断，"希望未来五到十年内，国有企业的比重降到10%左右"。并说："大量国有企业，尤其是中央的国有企业都已经上市，他们的股票都有价格，可以通过市场转让这些股份到非国有部门和个人，也可以通过像英国那样半转让、半赠送的办法，分给普通的老百姓。"[1] 显然，这种主张是要瓦解公有制的主体地位，搞垮我国法定的基本经济制度。

因此，我们必须始终毫不动摇地坚持和完善我国现阶段的基本经济制

---

[1] 张维迎在"中国发展论坛2012"年会上的讲话。转引自陈亮《国有企业私有化绝不是我国国企改革的出路——兼与张维迎教授商榷》，《马克思主义研究》2012年第5期，第128页。

度。这是关系到中国特色社会主义的前途命运,关系到我国生产力能否长远发展,共同富裕能否逐步实现,社会主义经济基础及其社会形态的性质能否得到维护、巩固和发展的一个原则性和根本性的问题。对此,我们必须讲清道理,增强维护它的自觉性和坚定性。

一 从促进社会生产力发展看:坚持和完善我国法定的基本经济制度的客观必然性

新时期,我国形成法定的社会主义初级阶段基本经济制度,是在改革开放中坚持、调整和完善原有社会主义经济制度的产物,是坚持和发展中国特色社会主义的必然要求,体现了科学社会主义理论逻辑和中国社会发展历史逻辑的统一。

我国社会主义经济制度,是在1956年基本完成社会主义改造中形成和建立的。党的十一届六中全会通过的《中国共产党中央委员会关于建国以来党的若干历史问题的决议》,对此作出的结论是:"整个来说,在一个几亿人口的大国中比较顺利地实现了如此复杂、困难和深刻的社会变革,促进了工农业和整个国民经济的发展,这的确是伟大的历史性胜利。"同时《决议》也指出"这项工作中也有缺点和偏差",即"改造要求过急,工作过粗,改变过快,形式也过于简单划一,以致在长期间遗留了一些问题"[1]。

就生产资料所有制的"形式也过于简单划一"而论,是指我国由此形成了"一大二公三纯"的社会经济结构,致使个体和私有制经济基本绝迹,社会主义公有制的比重最高时达到97.9%,几乎囊括了一切经济领域。这样,就不太适合我国生产力的发展状况,社会主义经济制度的优越性难以充分发挥出来。因此,在新时期体制改革中,根据历史唯物主义关于生产力决定生产关系的基本原理,为同我国多层次的社会生产力发展状况相适应,就必须在"坚持公有制为主体"、国有经济为主导的前提下,

---

[1] 中共中央文献研究室编:《改革开放三十年重要文献选编》(上),中央文献出版社2008年版,第189页。

调整和优化社会经济结构,适当地恢复和多发展一些个体和私有制经济。这是势在必行的正确决策。因为,这既坚持了科学社会主义基本原则,又从我国实际出发,纠正了原来一些"超阶段"的失误。

据此,现行的《中华人民共和国宪法》,基于我国经济改革的已有成果和发展趋势,对社会主义初级阶段的基本经济制度及有关的重大问题,都作出了明确规定:

——宪法第六条规定:"中华人民共和国的社会主义经济制度的基础是生产资料的社会主义公有制,即全民所有制和劳动群众集体所有制。社会主义公有制消灭人剥削人的制度,实行各尽所能、按劳分配的原则。""国家在社会主义初级阶段,坚持公有制为主体、多种所有制经济共同发展的基本经济制度,坚持按劳分配为主体、多种分配形式并存的分配制度。"

——宪法第七条规定:"国有经济,即社会主义全民所有制经济,是国民经济中的主导力量,国家保障国有经济的巩固和发展。"

——宪法第十一条规定:"在法律规定范围内的个体经济、私营经济等非公有制经济,是社会主义市场经济的重要组成部分。""国家保护个体经济、私营经济的合法权利和利益。国家鼓励支持和引导非公有制经济的发展,并对非公有制经济依法实行监督和管理。"

——宪法第十二条规定:"社会主义的公共财产神圣不可侵犯。国家保护社会主义的公共财产。禁止任何组织或者个人用任何手段侵占或者破坏国家的和集体的财产。"[①]

我国社会主义初级阶段的基本经济制度,由此受到了宪法的肯定、维护和保障。这既有利于当前解放和发展生产力,繁荣经济,扩大就业,造就社会主义市场经济的微观主体,也有利于中国特色社会主义长远发展,是全国人民的根本利益之所在。所以,我们全党全国各族人民都必须始终不渝、一以贯之地予以坚持、遵循和实践。

党的十六大为此作出了"两个毫不动摇"的重要决策。江泽民同志在

[①] 中共中央文献研究室编:《十五大以来重要文献选编》上,人民出版社2000年版,第808—809页。

十六大报告中指出:"根据解放和发展生产力的要求,坚持和完善公有制为主体、多种所有制经济共同发展的基本经济制度。第一,必须毫不动摇地巩固和发展公有制经济。发展壮大国有经济,国有经济控制国民经济命脉,对于发挥社会主义制度的优越性,增强我国的经济实力、国防实力和民族凝聚力,具有关键性作用。集体经济是公有制经济的重要组成部分,对实现共同富裕具有重要作用。第二,必须毫不动摇地鼓励、支持和引导非公有制经济发展。个体、私营等各种形式的非公有制经济是社会主义市场经济的重要组成部分,对充分调动社会各方面的积极性、加快生产力发展具有重要作用。"[1] 胡锦涛同志在党的十七大和十八大报告中,都一再肯定、重申和进一步论述了这"两个毫不动摇"。

30多年的实践证明:我国由原来单一公有制的社会经济结构,改革和调整为坚持公有制为主体、多种所有制经济共同发展的基本经济制度,同时由过分集中的计划经济体制转向社会主义市场经济体制,极大地解放和促进了我国生产力发展。改革开放30多年来,我国社会生产力得到快速、持续和健康的发展,综合国力大为增强,国民经济上了一个个新台阶。从1978—2011年,我国国内生产总值(GDP)年均增长接近10%,这不仅明显高于从1953—1978年年均6.1%的增速,更是大大高于同期世界年均3.0%的增速。其间,我国国内生产总值已由1978年3624.1亿元,迅速跃升到2011年的47.2万亿元,2012年达到51万亿元,由1978年居世界第10位,于2010年超过日本,跃居世界第二位,仅次于美国。

我国经济总量这种跃升,得益于改革开放促进公有和私有经济的共同发展。由此使我国商品生产和服务的供给能力大为提高,实现了由商品短缺到总体供需平衡、由卖方市场到买方市场的历史性转变。工农业生产和供给能力稳定提高。2011年,我国粮食产量57621万吨,比1978年30477万吨增长约89%;棉花660万吨,比1978年的217万吨增长3倍多;油料3279万吨,比1978年的522万吨增长6.2倍多。主要工业品的产量增长得更快,在500余种主要工业品中,我国有200余种的产量占世

---

[1] 中共中央文献研究室编:《改革开放三十年重要文献选编》(下),中央文献出版社2008年版,第1252—1253页。

界第一位。到 2011 年，我国产原煤 35.2 亿吨、原油 2.04 亿吨、天然气 1030 亿立方米、发电量 47000.7 亿千瓦时、粗钢 6.8 亿吨、钢材 8.8 亿吨、水泥 20.9 亿吨、彩电 1.22 亿台（其中液晶电视 1.1 亿台）、微型电脑 3.2 亿台，等等。我国工农业许多主要产品，比 1978 年分别有一至数倍或十数倍以上的增长，有些产能还出现了相对过剩。其中，粮食、油料、肉食、水产品等农牧产品，纺织服装和其他许多工业品的产量，都位居世界第一。我国交通运输和现代电讯业发展也很快。到 2011 年，我国铁路营运里程由 1978 年的 5.2 万公里增加到 9.3 万公里，增长约 79%，而且发展到高速化；公路里程由 1978 年的 89 万公里增加到 403.9 万公里（其中高速公路 8 万多公里），增长 4.53 倍；年末，我国固定电话用户达 2.85 亿户，移动电话用户达 9.86 亿户，上网人数达到 5.13 亿人。

在改革开放新时期，我国对外贸易快速增长。2011 年，我国外贸进出口总额达到 36421 亿美元，是 1978 年 206.4 亿美元的 176 倍。外汇储备达到 31811 亿美元，稳居世界第一位。

这期间，我国城乡居民收入和生活水平，都有了显著的提高和改善。2011 年，城镇居民人均可支配收入由 1978 年的 343.4 元提高到 21810 元，扣除物价因素，增长了约 8 倍，年均增长约 7.8%；农村居民人均纯收入由 1978 年的 133.6 元提高到 6799 元，扣除物价因素，增长了约 7.6 倍，年均增长约 7.7%。[①] 在 20 世纪末，我国人民生活在达到总体小康以后，正向全面小康迈进。

随着社会生产力发展和国家经济实力增强，我国科技、教育、文化、医疗卫生和国防建设等各项事业，都得到了较快发展，整个社会面貌都在发生深刻变革和全面进步。我国在 21 世纪中叶基本实现社会主义现代化的宏伟目标，可望如期达成。

必须充分肯定，在过去 30 多年中，我国社会主义现代化建设所获得的举世瞩目的伟大成就，应归功于党中央和邓小平、江泽民、胡锦涛同志在继承、发展毛泽东时代取得的巨大成就和宝贵经验的基础上，所倡导和

---

① 根据《中华人民共和国 2011 年国民经济和社会发展统计公报》（见 2012 年 2 月 23 日《人民日报》）和国家统计局公布的 1978 年统计数据估算。

推进的社会主义改革开放，所开辟和拓展的中国特色社会主义道路，所创立和发展的中国特色社会主义理论体系，所确立和完善的中国特色社会主义制度。

然而在一些人眼中，却形成了一种错觉和误解，我国在新时期所取得的一切成就，似乎不是依靠改革开放而使社会主义自我完善和发展，不是坚持公有制为主体、多种所有制经济共同发展的基本经济制度的产物；而只是依靠私有制和外资企业，发展资本主义经济的结果。对于非公经济在我国生产力和市场经济发展中的重要贡献，我们必须实事求是地给予充分肯定，要继续支持、鼓励和引导其发展。然而更应该看到，这是在中国特色社会主义理论、路线和法律的指导和规范下，在共产党和人民政府的政策扶持下所取得的，是社会主义优越性的体现。

因此，我们必须把"坚持公有制为主体，促进非公有制经济发展，统一于社会主义现代化建设的进程中，不能把这两者对立起来"[①]；不能离开坚持和完善我国现阶段的基本经济制度，特别是离开"坚持公有制为主体"和发挥国有经济的主导作用等制度性规范，而去过分抬高非公经济，贬低和否定公有制经济的"主体"地位和作用。有些人以所谓反"垄断"为借口，企图搞垮国有企业特别是大型央企，而大造"国退民进"、"以民营经济为主体"和"人间正道私有化"等错误舆论，直至提出把我国国有经济所占的比重，由2010年的27%，到2030年下降到10%左右，甚至建议把央企股份化后，像英国当年搞私有化那样，采取"半转让、半赠送的办法，分给普通的老百姓"这样离谱的政策建议。这些人为了影响我国经济改革的顶层设计，所大造的舆论、提出的建议，都是极为错误的。因为，这不仅违背了党中央"两个毫不动摇"的重要决策；更为严重的，是他们公然无视和企图搞垮我国宪法规定的社会主义初级阶段的基本经济制度。

我国宪法是根本大法，是治国理政的总章程，具有最高的法律权威和尊严。我国作为社会主义法治国家，必须"依法治国"。其中，首先和最

[①] 中共中央文献研究室编：《改革开放三十年重要文献选编》（下），中央文献出版社2008年版，第1253页。

根本的,是要"依宪治国"。我国执政党中国共产党和作为参政党的各民主党派,都要在宪法和法律规定的范围内活动。国家各级政权机关制定和实施的一切其他法律,以及所有法规、政令、政策、指示和行政措施,都必须以宪法作为根本的法律依据,都不得违宪;任何团体、组织和个人的一切言行,都不得违背法律特别是宪法,都不能有任何违宪的借口和例外。宪法关于我国社会主义制度及其立国原则的规定,应当长期保持稳定。即使由于实践发展和社会进步,而确实需要对现行宪法作必要的修订和完善,则必须极其慎重,而且只能依照法定程序,由全国人民代表大会通过和颁布宪法修正案。此前,现行宪法就必然具有法律规范的至上性、神圣性和严肃性,而不得被触犯。宪法的生命、权威和尊严,都在于一体遵循。如果容允任何人、任何组织和团体有违宪的尤其是涉及我国基本制度和立国原则的违宪言行,那么我们"依法治国"的基本方略和宪法尊严,就会成为一句空话,最终势必危及我国发展的正确方向和社会主义性质。人民利益至上、宪法至上和党的领导至上,是坚持和发展中国特色社会主义的根本保障。

二 从坚持走共同富裕道路看:我国坚持生产资料公有制为主体的极端重要性

邓小平同志晚年最关心全国人民共同富裕和防止两极分化问题。1993年9月16日,他在一次谈话中,十分忧虑地说:"过去我们讲先发展起来。现在看,发展起来以后的问题不比不发展时少。"他指出:"国家发展了……十二亿人口怎样实现富裕,富裕起来以后财富怎样分配,这都是大问题。题目已经出来了,解决这个问题比解决发展起来的问题还困难。分配的问题大得很。我们讲要防止两极分化,实际上两极分化自然出现。要利用各种手段、各种方法、各种方案来解决这些问题。"[①]

邓小平在倡导和推动改革开放之初,是重点讲发展,强调"发展才是

---

① 中共中央文献研究室编:《邓小平年谱 一九七五——一九九七》(下),人民出版社2000年版,第1364页。

硬道理"①，这要长期坚持。但同时，他从改革开放必须坚持社会主义方向和根本原则、体现社会主义本质的高度，反复告诫全党要始终坚持"以公有制为主体"和"共同富裕"这两条根本原则，以防止两极分化。

1985年8月28日，邓小平在接待外宾的一次谈话中，指出："在改革中坚持社会主义方向，这是一个很重要的问题。""社会主义有两个非常重要的方面，一是以公有制经济为主体，二是不搞两极分化。""如果导致两极分化，改革就算失败了。"②

同年9月23日，邓小平在党的全国代表会议上，又指出："在改革中，我们始终坚持两条根本原则，一是以社会主义公有制经济为主体，一是共同富裕。有计划地利用外资，发展一部分个体经济，都是服从于发展社会主义经济这个总要求的。鼓励一部分地区、一部分人先富裕起来，也正是为了带动越来越多的人富裕起来，达到共同富裕的目的。"③

邓小平一再阐明的这些基本观点，进而在1992年初的"南方谈话"中，被高度概括为"社会主义本质"。指出："社会主义的本质，是解放生产力，发展生产力，消灭剥削，消除两极分化，最终达到共同富裕。"④可以说，这五句话是强调以"解放生产力，发展生产力"作为物质基础，以坚持社会主义基本制度作为"消灭剥削，消除两极分化"的制度性前提，同以"最终达到共同富裕"作为根本目标的内在统一。

首先必须肯定，邓小平当初提出和实行"一部分地区、一部分人先富起来"的这样"一个大政策"⑤，同他主张在改革中必须始终坚持社会主义方向、坚持"以公有制为主体"和"共同富裕"的根本原则，即同体现社会主义的本质要求，是密切联系、不可分割、内在统一的战略规划和顶层设计；而决不应顾此失彼。

同时也要看到，当初为了纠正平均主义，我国当时实行"鼓励一部分地区、一部分人先富起来"和"效率优先、兼顾公平"等政策，都是必

---

① 《邓小平文选》第3卷，人民出版社1993年版，第377页。
② 同上书，第138—139页。
③ 同上书，第142页。
④ 同上书，第373页。
⑤ 《邓小平文选》第2卷，人民出版社1994年版，第152页。

要、正确和有效的。同时,由于市场机制的利益分化效应,而引起收入和贫富差距的拉开,有些过快过大。特别不能容忍的是,有些人以权谋私,乘国企在改制中大量破产、兼并和重组之机,搞暗箱操作、贱卖自买、违法违纪,使国有资产大量流失。有不少原国企干部,摇身一变,一夜暴富,而成为大股东大老板。有资料显示,1982—1992年,国有资产年均流失500亿元,90年代年均流失5000亿元,都被一些人中饱私囊、化公为私,使贫富急剧分化。一方面,我国在短期内,社会财富迅速地被少数人合法或不合法地所占有,从而产生了一个暴富群体。2011年10月19日,瑞信研究院发布的《全球财富报告》显示:中国百万美元以上的富翁已达101.7万人;个人净资产在5000万美元以上的富豪,中国有5400人,仅次于美国,而德国4135人、日本3400人、俄罗斯1970人。我国社会财富向高收入人群的集中度,正以年均12.3%的速度增长,是世界平均增速的2倍。另一方面,我国城乡至2012年还有1.5亿人达不到联合国规定的每人每天1.25美元的脱贫标准;即使按我国规定的农民个人年收入2300元为脱贫标准,农村仍有9899万人未脱贫。

最近十几年,我国还存在较为严重的分配不公。这主要表现在:在国民收入中,劳动者报酬所占的比重逐年降低:从1997年至2007年,企业盈余从21.23%增加到31.29%,国家财政收入从10.95%增加到20.57%,而劳动者报酬却从53.4%下降到39.74%。多数职工年收入只有2万—3万元,同大企业一些高管年薪高达数百万乃至数千万元,形成了巨大反差。这种情况,虽然近年来有所调整,但其利益格局变化不大。我国收入差距之增大,反映在基尼系数上,已由1978年的0.331,上升为2008年的0.491,即使近几年有所下降,到2012年仍然处于0.474的高位。有些学者估算,我国基尼系数实际上比官方公布的还要高,目前已达到或超过0.5[①]。尽管这类估算多少有些出入,但是我国基尼系数早已超过了国际公认的0.4的警戒线,甚至比许多资本主义国家还高,则是一种社会共识。

---

① 参见丛亚平、李长九《中国基尼系数实已超0.5,财富两极分化》,载2010年5月21日《经济参考报》;卫兴华教授学术访谈:《按照社会主义本质要求处理财富分配关系》,《马克思主义研究》2012年第6期,第14页。

显而易见，我国收入差距、城乡差距、地区差距日益在扩大的趋势，与共同富裕的发展目标是很不相称的。

因此，我国迫切需要深化改革，调整和优化分配格局，构建较合理的利益格局，尽快扭转城乡差距、收入差距、贫富分化迅速扩大的趋势，以利社会和谐和调动一切积极因素，推进中国特色社会主义事业。我国"十二五"规划纲要指出："坚持和完善按劳分配为主体、多种分配方式并存的分配制度。初次分配和再分配都要处理好效率和公平的关系，再分配更加注重公平。努力提高居民收入在国民收入分配中的比重，提高劳动报酬在初次分配中的比重。……努力扭转城乡、区域、行业和社会成员之间收入差距扩大趋势。"[①] 这是非常必要、正确和有现实针对性的政策调整。而问题的关键在于，全党和各级政府都必须对此提高认识和切实付诸行动。

其中最根本的，是我们应从坚持和完善基本经济制度的高度，来认识和解决收入分配和逐步实现共同富裕问题。马克思指出："消费资料的任何一种分配，都不过是生产条件本身分配的结果；而生产条件的分配，则表现生产方式本身的性质。"他批评"庸俗的社会主义仿效资产阶级经济学家……把分配看成并解释成一种不依赖于生产方式的东西，从而把社会主义描写为主要是围绕着分配兜圈子。"[②] 如果这样，"既不会使人民群众得到解放，也不会根本改善他们的社会状况，因为这两者不仅仅决定于生产力的发展，而且还决定于生产力是否归人民所有"[③]。

按照马克思主义基本原理，是生产决定分配，是生产资料所有权决定产品的分配权和收益权。以私有制为基础的市场经济，会使两极分化自然出现；只有在生产资料公有制（至少应占主体）的基础上，使社会主义基本制度同市场经济相结合，才能成为防止两极分化、实现共同富裕的根本前提。所以，邓小平才指出："只要我国经济中公有制占主体地位，就可以避免两极分化。"[④] 社会经济发展，具有不以人的意志为转移的客观逻辑

---

① 中共中央文献研究室编：《十七大以来重要文献选编》（中），中央文献出版社2011年版，第990页。
② 《马克思恩格斯文集》第3卷，人民出版社2009年版，第436页。
③ 《马克思恩格斯文集》第2卷，人民出版社2009年版，第689页。
④ 《邓小平文选》第3卷，人民出版社1993年版，第149页。

和客观规律。如果我们不是在生产资料"公有制占主体地位"的基础上发展市场经济,那么价值规律就会"不顾一切法律和行政规范",而以自然的"必然性"把整个社会"分解为一群群私人生产者"①,会自然出现两极分化。

所以,坚持公有制为主体和发挥国有经济的主导作用,是中国特色社会主义在初级阶段的经济基础,是建立和发展社会主义市场经济的根本前提,是劳动人民不再受私有资本奴役的命根子,是逐步实现共同富裕的制度保障。如果动摇了我国现阶段基本经济制度中的公有制的主体地位,离开了党中央"两个毫不动摇"的重要决策,实际上只讲放手发展私有经济的"一个毫不动摇",那我们也"主要是围绕着分配兜圈子"、做文章。我国通过调整收入分配政策,让工会参与同资方集体谈判中代表工人利益,以及建立社会保障体系等仿效一些西方国家在一定程度上也在实行的举措,固然也可能发挥一定的调节作用,但绝不可能从根本上防止社会两极分化。我国在社会主义初级阶段,只有全党全国各族人民齐心协力、举国一致,都自觉地坚持和完善公有制为主体、多种所有制经济共同发展的基本经济制度,才能有效地贯彻执行按劳分配为主体、多种分配方式并存的分配制度,才能逐步扭转收入差距扩大的趋势,以有效防止和遏制两极分化,逐步实现共同富裕。

三 从维护我国社会主义社会形态看:坚持生产资料公有制为主体的绝对必要性

我国在生产资料上"坚持公有制为主体"之所以绝对必要,更根本和长远的,是为维护和发展我国社会主义社会形态的本质规定性,所必须所决定的。中国特色社会主义应当名副其实。否则,我国社会主义社会——即使是"初级阶段的社会主义"——在性质上就会发生变化,而逐步被西化和分化。这绝不是我国体制改革的初衷。我国体制改革的目的,是社会主义制度的自我完善和发展,是要进一步解放和发展生产力,促进社会全

---

① 见《马克思恩格斯文集》第9卷,人民出版社2009年版,第327—328页。

面进步，使社会主义充分焕发出生机和活力。

根据历史唯物主义基本原理，人类历史发展中演进和更替的各种社会形态的性质，是由一定的生产方式决定的。而一切生产方式都是其生产力与其生产关系的有机统一。其中，生产力最为根本，是生产力决定生产关系；并由生产关系的总和（包括人们对生产资料所有制关系、以此为基础的人与人的关系、劳动产品的分配关系等）直接地决定社会形态的性质。对此马克思指出："各个人借以进行生产的社会关系，即社会生产关系，是随着物质生产资料、生产力的变化和发展而变化和改变的。生产关系总和起来就构成所谓社会关系，构成所谓社会，并且是构成一个处于一定历史发展阶段上的社会，具有独特的特征的社会。"① 当包括新中国在内的社会主义社会开始确立时，同样地，都是由其"生产关系总和起来就构成所谓社会关系，构成所谓社会"的，而不可能有例外。

马克思主义认为，无产阶级为建立新社会进行革命所要解决的基本问题，是生产资料的所有制问题。马克思和恩格斯在《共产党宣言》中指出："共产党人到处都支持一切反对现存的社会制度和政治制度的革命运动。在所有这些运动中，他们都强调所有制问题是运动的基本问题，不管这个问题的发展程度怎样。"因此，"共产主义革命就是同传统的所有制关系实行最彻底的决裂；毫不奇怪，它在自己的发展进程中要同传统的观念实行最彻底的决裂。""从这个意义上说，共产党人可以把自己的理论概括为一句话：消灭私有制。"当然，这场深刻和空前的社会形态的更替和变革，必须有一个历史过程，而不能毕其功于一役。所以，他们又指出："工人革命的第一步就是使无产阶级上升为统治阶级，争得民主。无产阶级将利用自己的政治统治，一步一步地夺取资产阶级的全部资本，把一切生产工具集中在国家即组织成为统治阶级的无产阶级手里，并且尽可能快地增加生产力的总量。"②

恩格斯为《共产党宣言》所起草的初稿，即在《共产主义原理》中，对未来如何"一步一步地夺取资产阶级的全部资本"问题，讲得更为具

---

① 《马克思恩格斯文集》第1卷，人民出版社2009年版，第724页。
② 《马克思恩格斯文集》第2卷，人民出版社2009年版，第66、45、52页。

体。他对"能不能一下子把私有制废除"问题的回答是:"不,不能,正像不能一下子就把现有的生产力扩大到为实行财产公有所必要的程度一样。因此,很可能就要来临的无产阶级革命,只能逐步改造现今社会,只有创造了所必需的大量生产资料之后,才能废除私有制。"①

从科学社会主义基本原理看:其一,通过无产阶级革命建立的未来社会——共产主义社会第一阶段是社会主义社会——的本质规定性,是"同传统的所有制关系实行最彻底的决裂"和"消灭私有制",即"夺取资产阶级的全部资本,把一切生产工具集中在国家即组织成为统治阶级的无产阶级手里,并且尽可能快地增加生产力的总量",以建立社会主义的经济基础;其二,"夺取资产阶级的全部资本"和"废除私有制",必须有两个前提,即"无产阶级上升为统治阶级"和"创造了所必需的大量生产资料"。所以,无产阶级国家对全部私人资本的剥夺,不是"一下子"而是"一步一步"的,即"只能逐步改造现今社会",即资本主义社会。

前已论及,我国在20世纪50年代所进行的社会主义改造,既是一场"复杂、困难和深刻的社会变革"和"伟大的历史性胜利",同时又存在"改造要求过急,工作过粗,改变过快,形式也过于简单划一"等"缺点和偏差"。就是说,基于我国半殖民地半封建社会的历史起点,即根据社会主义建设初期的基本国情,就更"只能逐步改造现今社会"。其发展思路和战略设计只能有两种:或者延长过渡时期,即一边逐步创造"所必需的大量生产资料",一边逐步"废除私有制",这就要用较长时间,才能过渡到马克思所说的"共产主义社会第一阶段",建成社会主义社会;或者依据基本国情,把经历过渡时期所进入的新社会,作为我国独特的、有中国特色的"社会主义初级阶段",并在坚持公有制为主体的前提下,通过大力发展社会生产力,而为逐步和完全"废除私有制"、建成社会主义社会("共产主义社会第一阶段")创造物质技术基础和根本前提。因此,我国在社会主义初级阶段,根据社会生产力比较落后和多层次的状况,就不宜于实行"一大二公三纯"的社会经济结构,而必须坚持和完善公有制为主体、多种所有制经济共同发展的基本经济制度。

---

① 《马克思恩格斯文集》第1卷,人民出版社2009年版,第685页。

可以说，我国必经社会主义初级阶段的实质，是要在工人阶级及其政党——中国共产党代表广大人民执掌国家政权，在坚持公有制经济为主体、国有经济为主导的前提下，通过改革开放，充分利用和发挥个体、私营企业和外来资本的积极作用，以发展社会主义市场经济的形式，用以包容和整合大量非社会主义因素，大胆吸收和借鉴人类文明的一切成果，以加快实现本来应由资本主义制度所完成的现代化的历史任务。于是在体制改革和体制创新中，我们党力图把社会主义的主体部分，同非社会主义乃至资本主义的经济因素整合在一起，即从社会经济的对立因素中，来寻求其整合、平衡、统一和发展。这本身就是一个高难度、有风险的历史性课题。所以邓小平说，这是"天翻地覆的事业，是伟大的实验，是一场革命"。又说："我们的改革有很大的风险，但很有希望成功。"[1]

理论和现实都要求，我国在现阶段必须始终坚持公有制的主体地位，才能真正坚持中国特色社会主义道路；而如果动摇和丧失了公有制的主体地位，就没有中国特色社会主义。我国改革开放30多年至今，乃至今后一个时期，在非公经济已成为社会主义市场经济的重要组成部分的情况下，能否成功利用非社会主义因素，能否坚持和发展中国特色社会主义的根本经济前提，就必须坚定而自觉地坚持和巩固生产资料公有制的主体地位，力求在大体上，始终维持着社会主义社会形态的本质规定性。这是社会主义的经济底线，决不容许逾越，才会使以社会主义公有制为基础的生产关系和经济关系，能够"决定其他一切生产的地位和影响，因而它的关系也决定其他一切关系的地位和影响。这是一种普照的光，它掩盖了一切其他色彩，改变着它们的特点"[2]。

而现在的情况是，我国基本经济制度及其公有制的主体地位，正面临着严峻的挑战。在这里，我们且不说鼓吹国企和土地"私有化"的舆论不绝于耳，且不说不少领导干部对维护公有制的主体地位缺乏应有的决断和信心，甚至缺少起码的政治意识，我们仅仅看一看我国经济现状和发展趋势，就令一切真正的共产党人十分忧虑！

---

[1]《邓小平文选》第3卷，人民出版社1993年版，第156、268页。
[2]《马克思恩格斯文集》第8卷，人民出版社2009年版，第31页。

改革开放以前，我国几乎是清一色的公有制经济。1978年，工业总产值中全民所有制经济约占77%、集体经济约占22%以上。所以，在改革开放中，必须调整社会经济结构，大力恢复和发展个体经济和私有制经济，引进外资和兴办一些"三资"企业，改革公有制企业的经营管理体制，并使其比重适当下降。这对于优化经济结构，调动多方面的生产积极性，学习和吸收国外先进技术和管理经验，从而对搞活经济，加快生产力发展和现代化建设步伐，是完全正确、必要和有益的。

我国必须深化改革开放，坚定不移地走中国特色社会主义道路。为此，我国在社会主义初级阶段必须始终遵循和全面贯彻"一个中心、两个基本点"的基本路线，始终遵循和全面贯彻邓小平关于体制改革的重要论断和根本原则，包括发展非公经济是为了加强公有制经济、维护和巩固公有制的主体地位。他多次这样说："我们在改革中坚持了两条，一条是公有制经济始终占主体地位，一条是发展经济要走共同富裕的道路，始终避免两极分化。我们吸收外资，允许个体经济发展，不会影响以公有制经济为主体这一基本点。相反地，吸收外资也好，允许个体经济存在和发展也好，归根到底，是要更有力地发展生产力，加强公有制经济。"①

然而，我们后来有些实践探索，却未能很好体现这些原则要求，致使公有制经济所占的经济比重下降得过快过大，其主体地位非常脆弱，"实际上两极分化自然出现"。按国家统计局的数据显示，1988年，全国国有企业在大量破产或被国内外私有资本大量兼并和廉价收购以后，仍有23.8万家；到2007年就减少了一多半，剩下11.2万家；到2009年，规模以上的工业企业，仅有9105家，从业人员985万人。中央企业也由2003年的196户，减少到2011年的117户②。而且，这些央企大多是上市公司，可以说，只是由国家控股的混合所有制企业。

其间与此明显对照的，则是非公经济一直享受着政策优惠，顺风顺水，迅猛发展。据国家工商总局统计数据显示：到2011年初，我国登记注册的私营企业超过840万户，占全国企业总数的74%，注册资本金达

---

① 《邓小平文选》第3卷，人民出版社1993年版，第149页。
② 参见2011年8月10日《人民日报》有关报道。

19.2万亿元，从业人员9183.89万人，2010年出口额4500亿美元，高于国企一倍以上；有个体工商户3406.54万户，资金1.3万亿元，从业人员6982.37万人。个体和私营企业从业人员，共达1.6亿—1.8亿人。[1] 其中，全国规模以上工业企业资产总额为657988亿元，包括国有和国有控股企业的274802亿元，占41.8%，其余为非国有的民营企业资产总额（主要为私有）占58%。如果把规模以下工业企业统计在内，则私有工业资产会占全国工业资产的60%以上。[2]

另外，我国在30多年对外开放中，累计吸收外商投资达10600亿美元，批准设立外资企业达44.59万户，从业者约有2000万人。[3] 全国工商联主要负责人，早就宣布民营经济（实际上是私有经济，因为集体经济的比重极小）的比重已占65%。[4] 据国务院研究中心和世界银行联合撰写和近期发布的《2030年的中国》这篇研究报告所披露，到2010年，我国国有经济所占比重约为27%。目前，这个比重当然更低。因此可以说，我国非公经济已是"三分天下有其二"了。

我们注意到，社会上对此有一种悲观估计，认为我国公有制的主体地位实际上已经丧失。某知名人士则早在"十八大建言"中，主张把我国基本经济制度中的"公有制为主体"，改为"公有制为主导"，实际地是要以私有制经济为主体；并否认公有制经济是共产党执政的经济基础，说什么"中国共产党执政的基础是三个'民'：民心、民生、民意"[5]。其实，这是一种变相私有化主张，显然是错误的、是共产党人所不应赞成的。

我们应从事关中国特色社会主义的前途命运，事关我国社会主义经济基础及其社会形态的性质能否得到维护、巩固和发展的认识高度上，来认识和对待"坚持公有制为主体"问题。假若我国公有制的主体地位被动摇和丧失，而成为一个以私有经济为主体的国家，那么在社会形态上，我国

---

[1] 参见2011年1月22日《人民日报》（海外版）有关报道。
[2] 陈永杰：《各类所有制经济的份额与比重》，《改革内参》2012年第29期（本期内容不涉密——原刊注）。
[3] 参见2011年8月10日《人民日报》有关报道。
[4] 参见2011年1月2日《人民政协报》所载全国政协副主席、全国工商联主席黄孟复文。
[5] 参见张剑荆、杜珂《未来经济改革的方向和重点——专访高尚全》，《中国改革》2012年第7期。

将不再具有社会主义的本质规定性，我们党也就不再有长期执政的经济支柱。

至于把所谓"三个民"（民心、民生、民意），说成是"中国共产党执政的基础"，则是似是而非的诡辩。显然，这是在偷换概念，是把我们党执政的经济基础，偷换为"民意"基础。因为以"三个民"（民心、民生、民意）作为执政的"民意"基础，不仅适用于一切社会主义国家及其执政党；而且在一定意义上，也可以适用于任何剥削阶级国家及其执政党。而问题在于，我国作为社会主义国家，顺应民心、解决民生、体现民意的现实基础，是必须坚持和完善公有制为主体、多种所有制经济共同发展的基本经济制度。因为，如果颠覆了这个基本经济制度，搞全面私有化，就必然出现两极分化，中国特色社会主义就势必会演变为"中国特色资本主义"。这种政治主张，从根本上违背了工人阶级历史使命，违背了人民群众的根本利益和民心民意，从而也无法从根本上解决民生问题。因此，一个人从思想到行动，是否都在切实地维护我国公有制经济的主体地位，应当成为判别真假共产党人和真假社会主义者的一块试金石。

我们认为，"坚持公有制为主体"，不应只写在文件上、停留在口头上，而应落实在行动上。对这个"主体"，必须规定其数量同质量相统一的清晰的内涵和明确的界限，具有决不容逾越的底线。其实质，就是我国的生产关系，在为适应生产力发展要求的体制改革中，必须在总体上始终保持和巩固其社会主义性质。这就必然要求：公有制（重点是全民所有制）的经营性资产在全国经营性的总资产中占有大头和优势；由此才有劳动人民的主人翁地位、才能决定大部分社会剩余劳动（物质财富），不是被私有资本剥削和积累；而是成为全民或集体的公共积累，并用于扩大再生产和发展社会主义事业。

鉴于我国社会主义初级阶段，原本就是为建成完全和成熟的社会主义社会形态的准备阶段，所以公有制主体地位在发展程度上，可以由"相对性的主体"向"实质性的主体"发展。——对我国公有制主体地位作这种区分，是笔者的一种尝试性的理论概括。

目前，从我国经济总体看，公有制的主体地位大体上还在维系和支撑着。但这种主体地位很脆弱，正面临着严峻的挑战，只能算作是一种"相对性的主体"地位。因为，尽管包括内外资私有企业在数量和经济总量已经占了大头，但是，以110多家央企为骨干的国有经济，正在战略性调整中做大做强。2011年，有69家中国企业进入了世界500强（含8家台湾企业），而在这61家大陆企业中56家是国企（其中38家为央企）。国有经济特别是中央企业，是我国的经济柱石和脊梁。在激烈的国际市场竞争中，如果我国自毁大型和巨型的中央企业，那么一般的民营企业根本就不是西方跨国公司的对手，就难以维护我国的经济主权和经济安全。国有经济作为我国国民经济的主导力量，仍然在掌控着我国军工、能源、钢铁、有色金属、机电设备和大型成套设备制造、交通运输、现代通讯、城市基础设施等事关国家经济命脉的基础产业、支柱性产业、尖端科技产业和金融业。目前，我国公有制经济所具有的这种相对性的主体地位，作为国家宏观经济调控的后盾，主要是体现在控制力上。

我国生产资料公有制的主体地位，应当是动态的，是不断巩固和发展着的。其前进的方向，应当是由其"相对性的主体"向"实质性的主体"发展和进步。据我看，所谓"实质性的主体"就应当是：其一，全民所有制和集体所有制的经营性资产，在全国经营性总资产中占有大头和优势，并且牢牢地掌控着国家的经济命脉；其二，全体社会成员生活资料的绝大部分，应是通过"按劳分配"所分得的，按生产要素（尤其是私有资本）分配的部分逐步在减少；其三，绝大部分社会剩余劳动（社会物质财富），不是被国内外私有资本所占有和积累，是作为全民或集体的公共积累、用于扩大再生产和发展社会主义事业；其四，全国绝大部分职工都逐步摆脱了雇佣劳动者身份，并真正成为生产资料和企业的平等主人，而直接地同生产资料相结合。只有这样，我国工人阶级才是在既为自己又在为社会劳动，才能够真正掌握自己的命运。如果多数工人依然在私企劳动，依然是私营老板的雇工，那么，他们就不能掌握自己的命运。马克思说："只要雇佣工人仍然是雇佣工人，他的命运就取决于资本。"[①] 这在社会主义政治制度下，情况虽然有所不同，但在很大程度上，也依然如此。显然，这同工人阶级作为我国领导阶级的政治地位，是很不相称的，必须逐步加以

---

① 《马克思恩格斯文集》第1卷，人民出版社2009年版，第728页。

改变。

总之，从维护我国社会主义社会形态的本质规定性来看，在社会主义初级阶段坚持和完善公有制为主体、多种所有制经济共同发展的基本经济制度，是绝对必要和不容打折扣的。其中，公有制经济的主体地位不仅必须始终坚持、不容削弱和虚化，而且应当随着现代化生产力的发展，而不断地得到巩固、加强和发展。因为，社会主义初级阶段在经过百余年发展和准备以后，即我国基本实现社会主义现代化以后，还必须同迈向社会主义更高阶段、迈向完全和成熟的社会主义社会实现历史性的衔接，直至最终完全实现共产主义社会。

（此文原为作者在 2012 年中国历史唯物主义学会学术年会上的主题报告，后由《历史唯物主义与当代中国发展》文集全文发表，中国社会科学出版社 2013 年 7 月版）

马克思主义国家观和国家认同问题

近些年，关于民族国家认同（Nation-state Identity）问题的研究，是国内外学术界探讨的一个理论热点。在"后冷战"时代，世界多极化、经济全球化、社会信息化和区域经济一体化，已成为一种社会潮流。在此大背景下，国家间的经贸关系和社会联系日益紧密，人员交往和国际性流动日渐频繁，不同的民族文化和意识形态之间，也势必会发生交汇、碰撞和影响。在总体上，这些都是有利于人类历史进步的社会现象。但与此同时，西方资本主义发达国家通过为其所掌控、所主导的全球性和国际性金融及经贸组织，在极力扶持本国那些巨型的私人财团、跨国公司和多国公司趁机进行全球性经济扩张中，根本无视《联合国宪章》的宗旨、原则和国际关系准则，以侵蚀别国的、主要是广大发展中国家的国家主权；伴随这种经济扩张、市场垄断和资源掠夺并为之服务的，还有其军事威慑、政治渗透和舆论造势，甚至靠编造诸如所谓"人权高于主权"、"人权外交"和"价值观外交"等借口，而不择手段地干涉别国内政，乃至公然军事入侵和推翻被其厌恶的别国政权。在这种情况下，我们在研究国家认同之时，就更应以马克思主义国家观作为理论基础，坚持马克思主义的阶级观点和阶级分析，才能正确地理解、引导和增进国家认同。

一 马克思主义国家观是研究国家认同的理论基础

所谓"国家认同"，就是指认识主体对自己生活于其中的、并作为认识客体的国家持有肯定性的认识、态度和情感。普遍而真实的国家认同，是国家稳定的民意基础，也是国家兴旺的重要前提。

而当我们对国家认同问题进行学术探讨和理论研究之时，就应懂得国家的本质及其历史演变的规律性,即必须以马克思主义国家观作为理论基础,才能逐步深化对国家认同问题的理论思考和学术争鸣。当然,就当代中国共产党人和其他先进分子而言,如果学习掌握了这个正确的国家观,那就有利于自觉地使自己、并帮助他人确立和增进我们的国家认同。所以,只有坚持马克思主义国家观,才能引领人们沿着正确的思路,确立和增进国家认同,也有利于国家认同的学术研究及其进展。

马克思主义国家观是由马克思和恩格斯创立、并由列宁、毛泽东等后继者不断加以发展的思想理论。它是以历史唯物主义为基础,深刻地论述和揭示了国家伴随阶级产生、发展和灭亡,而产生、发展、更替和消亡的历史过程及其客观规律,以及剥削阶级国家的本质和功能;科学地阐明了通过无产阶级革命,推翻资产阶级国家,建立无产阶级国家及其政治制度,实行无产阶级专政,发展社会主义民主,在发展现代社会生产力的基础上,逐步消灭私有制、消灭剥削、消灭阶级,促进国家消亡,最终实现共产主义社会的革命学说;是指导各国无产阶级革命、建设和巩固社会主义国家政权的重要的理论指南。简略地说,马克思主义国家观包括以下三方面内容:

(一) 国家的起源和本质

马克思主义国家观告诉我们,国家起源是人类历史发展到一定阶段的产物,是人类文明史的社会开端。恩格斯指出:"国家并不是从来就有的。曾经有过不需要国家,而且不知国家和国家权力为何物的社会。在经济发展到一定阶段而必然使社会分裂为阶级时,国家就由于这种分裂而成为必要了。"[①] 所谓"不知国家为何物"的社会,是指有数百万年人类史的原始共产主义社会。当时,逐步脱离动物界的原始人,其智力、劳动工具和生产力水平都极为低下,且生存环境恶劣,使得其社会结合,只能以血缘关系为纽带,缓慢地从原始群发展到氏族(由母系到父系)公社、再发展到部落或部落联盟等原始性社会组织形式。在原始社会,人类必须依靠集体的力量,人人参加生产,共享劳动成果,才能勉强维持其生存和世代繁

---

① 《马克思恩格斯文集》第 4 卷,人民出版社 2009 年版,第 193 页。

衍。因此，当时自发形成的是没有家庭、私有制和国家的原始公社制。这种史前社会，人类原本已经失忆了。直到1884年，恩格斯根据马克思初步的相关研究和遗愿，在继承、综合和发挥美国学者摩尔根的《古代社会》和其他人类学研究的新成果的基础上，写成和出版了名著《家庭、私有制和国家的起源》，才揭开了国家起源及其本质这个"历史之谜"。

马克思主义认为，当人类历史演进至原始社会末期，由于生产工具的改进和人类智力的提升，特别是金属工具的制作和运用，使生产力水平有了较大提高，劳动者的产品也开始出现少量剩余。于是，才使得氏族或部落首领、祭司、军事首长等少数上层人士，开始占有别人的剩余产品和形成家庭成为可能。至此，氏族或部落之间战争中的俘虏，就不再被杀掉，而成为战利品和私人奴隶。特别是由于"第一次社会大分工"——游牧业同农业分离——"在使劳动生产率提高，从而使社会财富增加并使生产领域扩大的同时，在既定的总的历史条件下，必然地带来了奴隶制。从第一次社会大分工中，也就产生了第一次社会大分裂，分裂为两个阶级：主人和奴隶、剥削者和被剥削者。"①

其后，在社会生产力继续有所发展的基础上，相继发生了第二、三次"社会大分工"（手工业、商业先后同农牧业分离），进一步使家庭、私有制和阶级分化，变得更为典型和普遍。阶级分化必然伴随着阶级斗争。由于奴隶主阶级同奴隶阶级之间的利益对立、阶级矛盾、阶级冲突的对抗性和不可调和性，所以奴隶主阶级为了维护其阶级利益，就必须镇压奴隶阶级的反抗。这样，奴隶主阶级的国家就应运而生，就使氏族（部落）制度的机关被新的机关，即"它被国家代替了"。对此，恩格斯指出："确切地说，国家是社会在一定发展阶段上的产物；国家是承认：这个社会陷入了不可解决的自我矛盾，分裂为不可调和的对立面而又无力摆脱这种对立面。而为了使这些对立面，这些经济利益互相冲突的阶级，不致在无谓的斗争中把自己和社会消灭，就需要有一种表面上凌驾于社会之上的力量，这种力量应当缓和冲突，把冲突保持在'秩序'的范围以内；这种从社会中产生但又自居于社会之上并且日益同社会相异化的力量，就是国家。"

---

① 《马克思恩格斯文集》第4卷，人民出版社2009年版，第180页。

国家"是按地区来划分它的国民",而在性质上不同于"由血缘关系形成和联结起来的旧的氏族公社"和"部落"①。

关于国家的本质,在马克思主义以前,人们或多或少地对其进行过研究,但都没有科学地揭示其本质。最具代表性的,是以往的政治学理论把国家说成是超阶级、超历史、代表全民利益的社会机构,并给"国家"下过种种似是而非的定义。但只有马克思主义经典作家第一次科学地揭示了国家的本质。恩格斯认为:"实际上,国家无非是一个阶级镇压另一个阶级的机器,而且在这一点上民主共和国并不亚于君主国。"②列宁也指出:"国家是维护一个阶级对另一个阶级的统治的机器。"③稍微具体地说,"国家"内涵包含这么几点:

其一,国家作为实行阶级统治的社会公共权力机构,是阶级统治的"政治形式"。这从奴隶制国家,到封建主义国家,再到资本主义国家,历来如此,没有例外。鉴于"国家的存在证明阶级矛盾不可调和"④,故而,统治阶级才需要和利用国家,以维护其阶级利益和统治秩序。这就使国家公共权力在形式上,作为"调停人"出现,以"表面上凌驾于社会之上的力量",而发挥管理社会的作用。实际上,国家政权采取社会公共权力的形式,是在掩盖并维护其阶级利益。正如马克思所揭示的那样:"现代国家最完善的例子就是北美。法国、英国和美国的近代著作家都一致认为,国家只是为了私有制才存在的,可见,这种思想也渗入日常的意识了。因为国家是统治阶级的各个人借以实现其共同利益的形式,是该时代的整个市民社会获得集中表现的形式,所以可以得出结论:一切共同的规章都是以国家为中介的,都获得了政治形式。"⑤

其二,国家是特殊的暴力机器。列宁说:"国家是阶级矛盾不可调和的产物和表现。"⑥所以,"系统地使用暴力和强迫人们服从暴力的特殊机

---

① 《马克思恩格斯文集》第4卷,人民出版社2009年版,第188、189—190页。
② 《马克思恩格斯文集》第3卷,人民出版社2009年版,第111页。
③ 《列宁全集》第37卷,人民出版社1986年版,第66页。
④ 《列宁选集》第3卷,人民出版社2012年版,第114页。
⑤ 《马克思恩格斯文集》第1卷,人民出版社2009年版,第584页。
⑥ 《列宁选集》第3卷,人民出版社2012年版,第114页。

构……就叫作国家"①。作为一种暴力机器，国家不同于氏族社会的武装组织的特殊之处就在于：一是国家不仅有武装部队，而且还有监狱和各种强制机关等物质附属物，即常设的暴力机关，而氏族社会的武装组织不过是自愿组织为武装力量的居民。二是国家的暴力为统治阶级所专有，并作为政治工具，来维护统治阶级的利益，维持社会秩序，以及对付外敌；而氏族社会的武装组织由全体成年居民组成，主要用于对付外敌，在氏族内部则主要是以原始民主、原始崇拜、道德习俗等习惯力量，来维持其秩序。三是国家所采用的往往是系统的暴力，也是有精致包装的暴力；而氏族社会的武装组织，则不具备国家暴力的系统性和精巧性。

其三，国家必须履行社会管理等公共职能。尽管一切剥削阶级国家在本质上都是阶级的统治工具，但在形式上，却表现为一种超然于社会之上的独立力量。这样，国家在统治中，就必须履行其他一些社会管理和组织职能。如早在古代国家那里，就承担起铸造钱币、制定度量衡标准、平抑物价、救济灾荒、兴修水利、管理经济和其他社会事务等等；而现代资产阶级国家，其经济干预和社会管理职能，就更为复杂而多样了。因为统治阶级的"政治统治到处都是以执行某种社会职能为基础，而且政治统治只有在它执行了它的这种社会职能时才能持续下去"②。国家实行阶级统治和社会管理的两重性，正是统治阶级利益得以实现的客观要求，是其阶级利益在社会上的实现形式，并体现其国家性质。

（二）国家的发展、更替和最终消亡

在阶级社会的历史发展和社会形态更替中，伴随奴隶制国家、封建主义国家、资本主义国家的产生和历史性更替，分别形成的是奴隶主阶级的、地主阶级的和资产阶级的国家。这些不同类型的国家，即使在政治形式上，已经由古代君主专制发展演进为现代民主共和国，但都是由其统治阶级对被剥削、被统治的阶级实行阶级专政。这是剥削阶级国家的共同本质。

---

① 《列宁全集》第37卷，人民出版社1986年版，第62—63页。
② 《马克思恩格斯选集》第3卷，人民出版社2012年版，第559—560页。

必须肯定，历史上通过相应的社会革命，所实现的社会形态及其国家的发展和更替，都是人类历史发展的制度性飞跃和社会进步。而推动这种历史进步的直接动力，则是在生产力发展过程中所出现的社会基本矛盾运动，以及被剥削阶级与剥削阶级之间的阶级斗争。当然，新兴的剥削阶级（奴隶主阶级、地主阶级、资产阶级）在其革命和上升时期，也都发挥过积极进步的历史作用，甚至是革命性的作用。但究其根本，只有广大劳动人民，才是人类历史发展的真正动力，正是他们的生产劳动和对剥削制度的反抗斗争，才促成剥削阶级用一种新的比较文明的剥削形式，去取代前一种野蛮的、过时的旧剥削形式，由此直接推动了社会变革和历史进步。恩格斯指出："奴隶制是古希腊罗马时代世界所固有的第一个剥削形式，继之而来的是中世纪的农奴制和近代的雇佣劳动制。这是文明时代的三大时期所特有的三大奴役形式，公开的而近来是隐蔽的奴隶制始终伴随着文明时代。"[①]

既然国家是剥削阶级的统治工具，那么国家随着阶级的消灭也就必然会消亡。马克思主义认为，阶级的"这种划分是以生产的不足为基础的，它将被现代生产力的充分发展所消灭"[②]，因而随着阶级的消失，国家也不可避免地要消失。国家消亡是一种历史必然，也是无产阶级革命和无产阶级专政为之奋斗的最终产物。国家消亡的根本条件，是社会主义经济和政治民主的高度发展。那时，通过社会民主的高度发展，公共权力就逐渐地从国家人口中占少数的公务人员手中，转交到大多数人乃至全体社会成员手中。这样政治民主作为一种国家形式、一种国家形态，连同其政治权力本身，也就失去了存在的必要、可能和实际意义。"那时，国家政权对社会关系的干预将先后在各个领域中成为多余的事情而自行停止下来。那时，对人的统治将由对物的管理和对生产过程的领导所代替。国家不是被'废除'的，它是自行消亡的。"[③]

---

① 《马克思恩格斯文集》第4卷，人民出版社2009年版，第195页。
② 《马克思恩格斯选集》第3卷，人民出版社2012年版，第813页。
③ 《马克思恩格斯文集》第9卷，人民出版社2009年版，第297页。

(三) 无产阶级国家的崭新性质和过渡性质

无产阶级国家即社会主义国家，是通过无产阶级革命胜利，而取代资产阶级国家的新型国家。马克思和恩格斯在《共产党宣言》中指出："工人革命的第一步就是使无产阶级上升为统治阶级，争得民主。无产阶级将利用自己的政治统治，一步一步地夺取资产阶级的全部资本，把一切生产工具集中在国家即组织成为统治阶级的无产阶级手里，并且尽可能快地增加生产力的总量。"① 只有这样，才能为建成社会主义和实现共产主义奠定政治前提和物质技术基础。

马克思主义国家观阐明了无产阶级国家具有崭新性质和过渡性质。马克思在总结巴黎公社经验的基础上，认为"工人阶级不能简单地掌握现成的国家机器，并运用它来达到自己的目的"，"公社的真正秘密就在于：它实质上是工人阶级的政府，是生产者阶级同占有者阶级斗争的产物，是终于发现的可以使劳动在经济上获得解放的政治形式"。

对此，恩格斯曾指出：巴黎公社"已经不是原来意义上的国家"。② 列宁对其作了进一步的发挥和阐明。他写道："'巴黎公社已经不是原来意义上的国家'，——这是恩格斯在理论上的最重要的论断，看了上文以后，这个论断是完全可以理解的。公社已经不再是国家了，因为公社所要镇压的不是大多数居民，而是少数居民（剥削者）；它已经打碎了资产阶级的国家机器；居民已经自己上台来代替特殊的镇压力量。所有这一切都已经不是原来意义上的国家了。"③ 这就是说，无产阶级国家与包括资产阶级民主共和国在内的一切剥削阶级国家，具有根本性和本质性的区别，尽管它们都具有相应的阶级专政的职能，但其性质是完全相反的。因为，所有剥削阶级国家都是极少数剥削者享有真正的民主权利，绝大多数人民没有或仅有形式上平等的、实际上却是极为有限的民主权利，而在实质上则是剥削和压迫劳动阶级的政治工具；恰恰相反，无产阶级国家是对广大人民群

---

① 《马克思恩格斯文集》第 2 卷，人民出版社 2009 年版，第 52 页。
② 《马克思恩格斯选集》第 3 卷，人民出版社 2012 年版，第 95、102、348 页。
③ 《列宁选集》第 3 卷，人民出版社 2012 年版，第 169 页。

众实行民主,并为维护和发展社会主义事业,而镇压极少数剥削者的反抗和复辟企图。所以,列宁说:"无产阶级专政的实质不仅仅在于暴力,而且主要不在于暴力。它的主要实质在于劳动者的先进部队、先锋队、唯一的领导者即无产阶级的组织性和纪律性。无产阶级的目的是建成社会主义,消灭社会的阶级划分,使全体社会成员成为劳动者,消灭一切人剥削人现象的基础。"① 即是说,无产阶级国家"是新型民主的(对无产者和一般穷人是民主的)和新型专政的(对资产阶级是专政的)国家"。当无产阶级的社会主义国家在经济、政治和文化上发展到比较巩固、发达和不可逆转之时,处于向无阶级社会的过渡形态和"自行消亡"中的国家,可称为"半国家"②。

笔者认为,在当今世界存在着社会主义和资本主义两类国家及其本质区别的情况下,我们只有基于唯物史观,坚持马克思主义国家观,结合当代世界和中国的实际看问题,才能正确地看待和引导人们确立和增进国家认同。因为,只有当一个人对于国家的来龙去脉、国家的本质和国家公共权力的阶级基础及其作用等基本问题,有了起码的了解和认识以后,才能够正确而自觉地获得关于国家认同的应有的认识、态度和感情。否则,他就只能是受其直接利益驱使的、甚至是被迫持有的一种从众、无奈和盲目的国家认同或不认同。

二 从马克思主义的阶级观点来看待和分析国家认同

国家认同问题,实际上是同国家发生、发展,更替和消亡共始终的问题。但从学术观点看,它主要是研究当今世界法制环境下的国家认同问题。当今世界各国家中,既有社会主义国家与资本主义国家的本质区别,也有垄断资本主义国家与发展中国家的差异。其实,我们的世界(除了仅有几个社会主义国家以外)在总体上还是阶级社会,即便是现有的社会主义国家离完全消灭阶级和阶级差别,仍有很长的路程要走。而且,就是社

---

① 《列宁专题文集·论社会主义》,人民出版社2009年版,第139页。
② 《列宁选集》第3卷,人民出版社1995年版,第140、124页。

会主义国家的公民，当他们必须思考对自己国家的认同问题时，也必然会使之同资本主义国家相比较，而决定自己的看法、态度和情感的选择。因此，我们的研究，就不宜停留于"国家认同的一般"，而理应运用马克思主义的阶级观点，来看待和分析具体人对具体国家的认同问题。

当今世界各国都是一个个复杂的社会有机体。故而在国家认同的明确意识中，至少有三个基本层次，包括对由其宪法所规定的国体即国家制度的阶级性质，为其国体所要求的、由宪法和法律所规定的、并适应其民族文化特点所形成的政体即国家权力体制；对由执政党和上层领导集团所实行的施政纲领的认识和态度。就资产阶级国家特别是西方发达国家的执政当局而言，其法律保障、理论辩护和舆论宣传的政治取向，自然都是企望所有公民都能对国家广泛认同、忠诚不渝，对执政当局行使政治权力，给予全面认同和支持，并通过资产阶级多党制竞选等形式上的民主程序，以巩固其执政地位，并争取获得长期执政的合法性。

然而，这些国家的全体公民是划分为不同阶级的，是存在着阶级矛盾的。而且，不同阶级对其国家认同的情况和程度，自然会有所不同，甚至存在本质差别，因而受其影响的国家认同必然存在裂隙。

就发达国家的资产阶级特别是垄断资产阶级而言，它们作为国家的统治阶级而对资本主义的国体和政体之认同，存在着本能的政治亲和力，所以在他们那里一般都不存在国家认同问题。他们在国家认同上可能会有差异，但最多只是对于执政党和上层领导集团持异议。而这往往取决于现任政府及其政策是否能够较好地代表他们所在阶级、阶层和利益集团的实际利益。其实，资产阶级往往都是天然的实用主义者，它们对任何国家和政府的态度，都要以是否有利于资本利润最大化为标准，这一点在西方垄断资产阶级身上表现得最为突出。从这个意义上说，它们所谓"国家认同"和"爱国主义"，往往是个可以任意捏弄的面团。正如列宁所说："资产阶级最崇尚的原则是：'哪里好，哪里就是祖国。'"① 为此，他们通常采取双重标准，高唱"人权高于主权"等论调，推行"人权外交"和"价值观外交"，而干预第三世界国家的内政。所有这些都是服务于其政治霸

---

① 《列宁选集》第3卷，人民出版社2012年版，第775页。

权和经济扩张的,即只允许自己搞国际扩张,而罔顾《联合国宪章》宗旨、原则和国际关系准则,并把别国人民对自己国家的主权和国家认同的坚守,视为大逆不道,而极力分化瓦解之。

就处于世界资本主义体系外围的第三世界国家的资产阶级而言,它们可大致分为两部分:一部分是依附于西方垄断资本的买办资产阶级,它们大多抱着"有奶便是娘"的心态,并不真正认同自己的祖国,而是对西方大国推行的霸权主义和强权政治,唯唯诺诺、亦步亦趋;另一部分是民族资产阶级,它们在一定程度上能够认同自己的祖国,还能对国际垄断资本对该国的主权侵蚀、经济扩张和资源掠夺,特别是对其企业利益的伤害等有所抵制。

而对于资本主义各国工人阶级来说,情形就大不相同。他们虽然在资产阶级革命后已获得了"政治解放",并成为法权平等的国家公民,但因为并未真正成为国家的主人,因为这种公民权大多有名无实。所以,他们对所在的资本主义国家,在阶级本质上难以有根本的共同利益和真正的归属感。正如恩格斯在驳斥法国著名的资产阶级民主主义者加尔涅—帕热斯所说的"所有法国人都是平等的,他们全都过着同样的生活,对他来说,在法国只存在着法兰西公民"的言论时,揭露道:"这就是说,'让资本家继续垄断全部生产力,让工人照旧靠极少的几个钱去过活;但是为了补偿他所受的苦难,我们赠之以公民的称号'。"① 从那时以来,西方发达资本主义国家中工人阶级的经济、政治和文化生活,虽然有所改善和进步,但其大体情况,也依然如此。

理论和实际都表明,在阶级社会中,"一个阶级是社会上占统治地位的物质力量,同时也是社会上占统治地位的精神力量。支配着物质生产资料的阶级,同时也支配着精神生产资料,因此,那些没有精神生产资料的人的思想,一般地是隶属于这个阶级的"②。在资本主义国家中,当工人阶级还只是一个"自在的阶级"之时,他们中大多数人在国家认同上,往往难以认清其本质,而"隶属于"资产阶级。对此,恩格斯指出:"只要被

---

① 《马克思恩格斯全集》第4卷,人民出版社1958年版,第433页。
② 《马克思恩格斯文集》第1卷,人民出版社2009年版,第550页。

压迫阶级——在我们这里就是无产阶级——还没有成熟到能够自己解放自己,这个阶级的大多数人就仍将承认现存的社会秩序是唯一可行的秩序,而在政治上成为资产阶级的尾巴,构成它的极左翼。"[1] 显然,在这种情况下,即使无产阶级群众以某种形式所表达的国家认同,那也只是没有其他选择的一种无奈的认同。在西方发达国家中,至今仍然深受工联主义影响的工人群众,乃至多数工会及其工人运动,基本上都是追随资产阶级的。而那些介于工人阶级和资产阶级之间的社会中间层,在其国家认同上就更是这样。这是当今西方资本主义发达国家虽然在搞普选制,但垄断资产阶级及其政治代理人在强化国家机器(如军队、警察、特工等),以管理和服务社会之时,依旧能够通过强大的舆论和政治网络,操弄名曰"民主政治",实则"金元政治",而实现国家政权在依法运作的基本原因。

然而,正如邓小平所说:"我坚信,世界上赞成马克思主义的人会多起来的,因为马克思主义是科学。"[2] 各国工人阶级终究会觉醒,因为只有他们才代表着人类的未来。2008年以来,在肇始于美国次贷危机、并波及全球的金融危机、主权债务危机等经济危机中,资产阶级国家极力维护金融垄断资本的利益,而大力压缩社会公共福利开支,所造成的对工人阶级的利益伤害,其实已经开始唤醒西方各国工人阶级和广大人民。这包括从发端于世界资本主义老巢的美国"占领华尔街"运动开始,曾扩散到该国几十座城市,随后还蔓延到英伦三岛和西欧多国多座城市的人民抗议资产阶级国家转嫁经济危机的群众运动。其中,有些人士已在把斗争矛头指向资本主义制度。人民群众已向垄断资本家及其政府发出了"我们是99%,你们是1%"的怒吼,甚至有不少人由此关注和看好马克思主义,并想从《资本论》中寻找理论解释,思考资本主义的制度替代问题。这表明,资本主义统治动摇有了新迹象,也在冲击着其国家认同。西方资本主义,并不是遍地鲜花!

至于有些学者把国家认同,简单地视为现代国家的合法性基础,应当说是不够全面的。因为,仅依"票决"获得合法性,往往是一种程序性、

---

[1] 《马克思恩格斯选集》第4卷,人民出版社2012年版,第190页。
[2] 《邓小平文选》第3卷,人民出版社1993年版,第382页。

形式上的合法性,而不是实质的合法性。在马克思主义国家观看来,任何国家是否具有真正的合法性,一是要看它是否有利于社会生产力和生产关系的长远发展,即是否具有其经济必然性和历史正当性;二是要看它是否符合广大人民的长远利益和社会进步利益;三是要看人民群众实际获得的政治参与权利,是在前进、还是在停滞和后退,即要看它是否有利于政治文明在某个历史阶段上的发展,以及向更高阶段迈进。

在共产党人看来,所有局限于资产阶级需要的国家认同、并肯定其合法性的积极意义,只能是教育、训练、组织工人阶级的一种条件和有限手段,而不是工人阶级的根本目的和政治希望本身。工人阶级在阶级本性上会倾向社会主义。但自发的工人运动只能产生工联主义,而科学社会主义要想在工人运动中生根、开花和结果,就要靠自觉的理论"灌输"。资本主义各国工人阶级要想从雇佣劳动制度下获得彻底解放,只有靠其先锋队即共产党长期而不懈地坚持运用马克思主义教育、唤醒和武装工人群众,使之由一个"自在的阶级"提升为"自为的阶级",使他们较普遍地认同社会主义和共产主义,而拒斥资本主义和帝国主义。这种情况的出现,既要靠历史必然性和历史主潮发挥作用,也要靠共产党人团结带领工人阶级和革命人民,自觉地进行长期的艰苦奋斗。

三 社会主义初级阶段国家认同的主体结构及其态度分析

在人类社会发展到垄断资本主义阶段的历史条件下,各国无产阶级革命只能在各自民族国家内独立自主地进行探索和实践;同时尽可能地"就应当以各国工人的兄弟联盟来对抗各国资产者的兄弟联盟"①。因此,各国工人阶级和革命人民,特别是社会主义各国人民及其执政党的政治意识,应是面向未来的国家认同与民族认同、爱国主义与无产阶级国际主义的有机统一。列宁曾说过:"真正的国际主义只有一种,就是进行忘我的工作来发展本国的革命运动和革命斗争,支持(用宣传、声援和物质来支持)

---

① 《马克思恩格斯选集》第1卷,人民出版社2012年版,第316页。

无一例外的所有国家的同样的斗争、同样的路线,而且只支持这种斗争、这种路线。"① 如果把这里讲的"革命"理解为广义的,并能使之同当代的历史条件相结合,那么,其精神实质就依然是正确和有指导意义的,而且也有利于增进我们社会主义制度下人民的国家认同。

我国在社会主义初级阶段,特别是在改革开放的条件下,对国家认同问题更需要作深入的研究和正确的引导,而且应当优化国家认同的各个层次的主体结构,同时应采取多种措施,以增进国家认同的自觉意识和正确态度。

当前,就我国公民对国家认同的状况而言,总体上是乐观的,但必须有紧迫感。首先应肯定,认同和热爱我们社会主义祖国,是我国各民族、各阶级和各阶层人民的主流意识。否则,我国就不会有改革开放、中国特色社会主义建设的巨大成就;但同时也面临着多种严峻的挑战。虽然尚未严峻到发生"国家认同危机"的地步,但在少数人那里,也确实在使国家认同弱化,乃至存在发生动摇和弃之不顾的情况。

从国家认同的主体结构及其基本态度看,其支柱的社会力量,首先是作为我国领导阶级的工人阶级。我国有3亿多工人,其综合素质已有明显提高,并在继续发展壮大。他们中的绝大多数人(包括近2亿农民工),尽管在从事最辛勤的劳动,获得低廉的工资,但他们热爱和认同祖国,仍然是中国特色社会主义事业的顶梁柱和主要的依靠力量,是改革开放和现代化建设最重要的主力军。其中,尤其是在国有企业改革中下岗的老工人,为改革开放所付出的代价最大、却受惠不多。仅从他们默默接受党和政府的这种安排,虽然有些意见和牢骚,但没有因此发生较大的社会动荡来看,就充分显示出这个群体对祖国、对社会主义事业深藏于内心的政治认同和诚挚感情。

其次,再从作为我国政治柱石——工农联盟——的基本构成的农民阶级看,他们仍占我国13亿人口的近一半,依然是我国改革开放、建设中国特色社会主义的重要主力军。在社会主义体制改革中,这个阶级在实践探索中最先站出来,作为我国全面体制改革的探路先锋,而作出了历史性

---

① 《列宁选集》第3卷,人民出版社2012年版,第54页。

贡献。但就其中的大多数人而言，他们在改革开放中受益最早、但也受惠较少。然而，这个阶级不等不靠，尽量利用党和国家的政策优惠，主动自找门路，谋求生存发展。特别是那些来自农民群体的农民工，他们作为我国产业工人的主体部分，而为国家工业和城市发展作出了、并在继续作出自己的突出贡献，可是他们至今尚未获得平等的市民身份。仅从这两方面的情况能够持续至今，而同时维持着国家大局稳定、经济繁荣和城乡和谐的发展态势，就表明农民中的绝大多数人对我们祖国、对中国特色社会主义，是认同和拥护的。

复次，再从我国知识分子和六个"新社会阶层"的社会成员看，他们是我国改革开放中最活跃、最引人注目的社会力量和现代化建设的重要主体，为推进中国特色社会主义事业作出了、并正在作出不可替代的重要贡献。尽管，这些社会阶层的社会地位差别明显，在改革开放中受益程度也大小不等，同西方发达国家同类人群境况的反差也较大。但应该说，他们中绝大多数人对我们祖国、对中国特色社会主义认同和拥护的程度上，可能存在一定差别：其中有些人自觉而坚定，有些人持基本肯定的态度，有些人在大体认同的前提下还有不同程度的疑虑。然而，他们在期盼我们祖国繁荣富强、实现中华民族伟大复兴上，同全中国各族人民都是、至少理应都是心心相印、休戚与共的。

最后，从我国社会主义事业的核心领导力量——中国共产党的状况看，它是我国工人阶级的先锋队，同时也是中国人民和中华民族的先锋队，是我们国家和民族的主心骨，是中国特色社会主义事业的中流砥柱。中国共产党现有 8200 多万党员（截至 2011 年底，总数为 8260.2 万人[①]），接近整个德国的人口总数，是世界第一大政党，而且正在领导 13 亿多中国人民致力于在世界社会主义运动的历史前沿的理论和实践探索，在创造着世界历史上最伟大、最艰巨的和事关人类未来的宏图大业。尽管在目前的工作中，仍有诸多不尽如人意的现象，但从中国共产党仍然保持着工人阶级政党的性质，以及从绝大多数党员的实际表现看，不仅基本上不存在国家认同问题，而且他们正用自己的言行作表率，在引领和不断增进着全

---

① 《全国党员人数 8260.2 万名》，《人民日报》2012 年 7 月 1 日。

国各族人民的国家认同。不然，我们就无法解释我们党和国家已经创造、并正在创造着的辉煌业绩。

　　阳光普照万物，但也伴有阴影。全中国公民在国家认同上，同样也会参差不齐，甚至有些不尽如人意之处。中国共产党是伟大、光荣、正确的党，但在改革开放中，也有不少党员领导干部不仅"前腐后继"地发生腐败，而且有成千的犯罪嫌疑人叛逃到海外；此外，还有一批"身在曹营心在汉"的所谓"裸官"。由于复杂的原因乃至具体的家庭原因，也有极少数青年知识分子，因为已经移民或入外国籍，就有可能淡化原有的国家认同和民族认同。对这类情况，既要做具体分析，也需要党和国家加强教育、舆论和政策上的引导。我国的企业家及其高管们，在探索发展社会主义市场经济，并在国际市场竞争中，既为国家和人民做出了、并正在作出重要贡献，但从中有合法或不合法或打擦边球地产生了一个"暴富"群体。我国宪法和物权法已从法律上庄严宣布、并在实际地维护包括富人群体在内的一切公民的合法财产和其他合法权益。然而其中仍有少数人尚存疑虑，并想通过投资移民，以便把其全部或部分私有财产转移到海外。据北京理工大学法学院同中国与全球化研究中心共同发表的《中国国际移民报告（2012）》得出结论说："中国目前正在经历第三次移民潮"，这次移民潮会将中国新近获得的许多财富带往海外[①]。另据《福布斯》中文版发表的《中国大众富裕阶层财富白皮书》估计，中国有1026万人被认定为富裕。在这个群体中，2.6%的已经移民，21.4%的正"计划移民"。还有，据中国招商银行和贝恩公司共同发布的《2013年中国私人财富报告》显示，2012年可投资资产规模在1000万元人民币以上的高净值人士超过70万人，其中5000万元以上的高净值人士近10万人，1亿元以上的超高净值人士达4万人。然而，他们中约有60%的受访高净值人士称正在考虑或已经完成投资移民。[②] 应该说，正常的私人对外投资和适度的投资移民，是国际经济合作和人员流动的常态，无须大惊小怪。但中国富人中这么高比例的移民意向，就意味着其中有些人的国家认同存在问题。

[①] 转引自《逃离中国：五分之一的中国富人计划移民》，美国《国际财经日报》2013年5月7日。
[②] 转引新华社《参考消息》，2013年5月9日。

此外，最为严重的一种情况，是在国外敌对势力策动和支持下，一些所谓"藏独"、"台独"和"疆独"等分裂势力，在挑战我国主权统一和领土完整。需要指出的是，这就不是简单的国家认同问题，而是一种背叛和分裂祖国的犯罪问题，可以说，这是我国在一定范围内长期存在的阶级斗争的一部分。对上述诸问题，我们应当分辨其性质和程度，而及时采取适当的措施和必要的政策，加以关注、引导、应对和解决。

总之，国家认同问题，是世界各国特别是第三世界广大发展中国家都不同程度存在和需要不断加以解决的一个现实问题。我国在社会主义初级阶段，随着改革开放逐步深化、中国特色社会主义事业不断发展，我们新中国的国家认同主体的结构和态度，既是多层次的、也是在不断变动和优化着的，其总体结构呈现为橄榄型。其中，能自觉而坚定地认同我们社会主义祖国的，是相对的少数；那些对国家认同发生动摇或以其言行在否定国家认同，乃至丧失国格和人格，直至演变为政治问题的人，则是极少数；而介于两者之间的，即对国家认同问题缺乏充分考虑、认识肤浅而具有基本的国家认同（包括少部分人有所淡化），因此处于中间层的人们，则是绝大多数。笔者认为，党和国家及其理论界对国家认同问题，应从坚持中国立场、全球视野和长远眼光的高度，本着实事求是、清醒冷静、积极稳妥的原则和工作取向，给予更多的关注、进行更深入的研究、作出更周密的政策设计和更有效的引导，以促其不断优化我们社会的国家认同的主体结构，以使人们不断增进国家认同的自觉意识。

（原载《中国社会科学》2013 年第 9 期）

编后话

俗话说:"言为心声,文如其人。"凡属严肃的论著,都是其人品、学品和文品的反映;而其文集或文选,则是其心路历程的写照。严格点说,我作为职业理论工作者的学术生涯,是从1981年在中国社会科学院研究生院毕业后留校任教开始的。为了解决夫妻两地分居,我于1983年调到中共上海市委党校工作。后于1988年调动回京,在清华大学(社会科学系和人文学院)任教。至1997年7月,因为工作需要,我又奉调回中国社会科学院,在马克思列宁主义毛泽东思想研究所和由其所扩建的马克思主义研究院工作,并在我院研究生院兼任博士生指导教师至今。

在这30多年学术生涯中,虽然其中有十五六年曾先后担任过系、所的教学和科研管理工作,但主要还是一名理论工作者。因为,我的主要精力和工作职责,是致力于马克思主义理论研究和教学工作。我曾师从赵凤岐、夏甄陶两先生,重点学习和研究马克思主义认识论,力图从现代科学成就中吸取相关的知识营养,以期在深化认识论研究上作些探索,就此也写过这类著作和文章。但由于教学工作的迫切需要,我在理论视野和学术思考上,就不宜局限于认识论,甚至不限于马克思主义哲学。尽管我原是教马克思主义哲学课的,然而其实践性和阶级性极强的这门哲学,必须结合实际、面向实践,必须关注我们国家、中华民族乃至人类的前途命运问题。这就使得其世界观、人生观和价值观处于探寻、确立和变动中的莘莘学子们——从本科生、到硕士生、到博士生等——都程度不同地会去求解自己感到困惑、迷茫的那些理论上的疑点、难点、焦点和热点问题,并急切地期待教师引领和帮助他们思考,力求得到比较符合实际的合理解答。而这些层出不穷的问题,大多并不是哲学思辨的而是现实的、是我国改革开放和现代化建设中的,以及当代世界两个基本的阶级、基本的思想体系和基本社会制度之较量中出现的种种问题。故而,这就促使我的视域、研究和教学上的学术方向,必须立足现实,逐步由其认识论,扩展到以唯物史观为重点的马克思主义哲学,进而扩展到对科学社会主义及其在当代中国的实践运用、发展和创新成果,即对中国特色社会主义理论和实践的学习与研究。这种学科扩展和"转向"的心路历程,是我选编和出版这本《论科学社会主义和中国特色社会主义》专题文选的学术背景。为此,我作如下几点说明:

第一,从我开始成为一名专职理论工作者至今,已发表和出版的理论著作(包括个人专著和合著中本人撰写部分、论文、理论文章、理论研究报告、学术综述等著作;而不含由我执笔的已发已报的工作文件和仅由别人署名的理论文章,不含由我主编和改定的著作、教材和理论读本,不含自己的译作和主持选编的学术文献资料),约有320多万字。其中个人专著2部,合著14部;撰写理论研究报告6篇,发表论文和理论文章260余篇。另外,主编或主撰其他理论读物16本。而这本专题文选,主要是从已经发表的论文中选编而成的。

第二,我此前按院有关主管部门的安排,已经选编和出版过《李崇富选集》和《中国社会科学院学者文选 李崇富集》。前者选有96万多字的较大篇幅和90篇文章,分为《哲理研究篇》、《科社探索篇》和《政见论争篇》三个部分;后者所选编的41万字的篇幅和31篇文章,虽未分篇,但大体上也涵盖了上述三方面的内容。其中的亮点,是首次全文公开发表了我所撰写的——此前作为"中央实施马克思主义理论研究和建设工程"中的马克思主义经典著作基本观点研究课题的专题研究报告已上报过的——题为《正确理解马克思主义经典作家关于阶级和阶级斗争、无产阶级革命和无产阶级专政的思想》的力图达到"四个分清"的长篇理论研究报告。而这本文选的特点,则是从科学社会主义及其在当代中国运用和发展成果的研究方面而作专题选编,并按发表的时序来编排的。收入这本包含21篇文章、35万余字的专题文选中,约有20万字著作是前两本文集所未收入的。

第三,收入这本专题文选的每篇文章都按原文收入,在观点、论述(包括当年所能引用的文献版本)上,一般都未作改动,只对文中新发现的错别字、脱漏字和个别词意不够确切的字句及标点，以及两篇文章题序的表述格式，这次作了技术性订正或改动，以便让读者了解我在这方面学术思想发展的心路历程及思维进路。

第四，收入这本专题文选的有两篇标有与别人合作的文章，但都是由我执笔写成的；而凡是由其他同志主撰的合作文章都未收入。

第五，收入这本文选中的文章，曾用本人笔名发表的都作了注明。有几篇文章并非出于一稿多投的原因，而曾被多家报刊先后全文或压缩采用过，有的多到被五六家报刊自发地采用过。本书收入时一般只注明首发报刊的出处。

这本专题文选在选编和出版中，得到了中国社会科学院学部主席团和马克思主义研究学部的指导和支持，得到了中国社会科学出版社总编辑赵剑英、编辑王茵等同志的鼓励和协助。在此顺致诚挚的谢意！由于时间的关系和思想理论水平的局限，这本专题文选中如有不妥和不足之处，敬请有关领导、同行专家和读者给予批评指正。

李崇富
2013年12月23日　于北京太阳宫寓所